Microsoft SQL Server 2005 für Dummies – Schummelseite

Datentyp	Beschreibung
`bigint`	Speichert ganzzahlige Werte von –9.223.372.036.854.775.808 bis +9.223.372.036.854.775.807. Jeder gespeicherte Wert belegt acht Bytes.
`binary(n)`	Speichert binäre Daten einer vorgegebenen Länge. Die Länge geht von 1 bis 8.000 Bytes.
`bit`	Speichert 0 und 1. Die Zeichenkette TRUE wird in 1 umgewandelt und FALSE in 0.
`char(n)`	Speichert Nicht-Unicode-Daten einer vorgegebenen Länge. Die Länge geht von 1 bis 8.000 Bytes.
`cursor`	Speichert Ausgabeparameter von Variablen oder gespeicherten Prozeduren, die einen Verweis auf einen Cursor enthalten.
`datetime`	Speichert Werte, die ein Datum oder eine Uhrzeit darstellen. Dieser Datentyp speichert Werte vom 1. Januar 1753 bis zum 31. Dezember 9999. Die Genauigkeit beträgt 3,33 Millisekunden.
`decimal(p,s)`	Speichert numerische Werte mit fester Genauigkeit und Skalierung. Die Genauigkeit geht von 1 bis 38 mit einem Standardwert von 18. Skalierung ist die maximale Anzahl an dezimalen Ziffern, die rechts vom Dezimalzeichen gespeichert werden können.
`float(n)`	Speichert numerische Fließkommawerte in einem Bereich von –79E+308 bis –2,23E–308, 0 und 2,23E–308 bis 1,79E+308. Jeder gespeicherte Fließkommawert belegt acht Bytes.
`image`	Speichert binäre Daten mit variabler Länge. Sollte nicht mehr benutzt werden. Verwenden Sie bei neuen Programmierungen `varbinary(max)`.
`int`	Speichert ganzzahlige Werte von –2.147.483.648 bis +2.147.483.647. Jeder gespeicherte `int`-Wert belegt vier Bytes.
`money`	Speichert Werte im Währungsformat von –922.337.203.685.477,5808 bis +922.337.203.685.477,5807
`nchar(n)`	Speichert Unicode-Zeichenketten mit vorgegebener Länge. Jedes Zeichen belegt zwei Bytes. Die Zeichenkette kann von 1 bis zu 4.000 Zeichen haben.
`ntext`	Speichert Unicode-Daten variabler Länge. Sollte nicht mehr benutzt werden. Verwenden Sie bei neuen Programmierungen `nvarchar(max)`.
`numeric`	Identisch mit dem Datentyp `decimal`. Speichert numerische Werte mit fester Genauigkeit und Skalierung. Die Genauigkeit geht von 1 bis 38 mit einem Standardwert von 18. Skalierung ist die maximale Anzahl an dezimalen Ziffern, die rechts vom Dezimalzeichen gespeichert werden können.

Microsoft SQL Server 2005 für Dummies - Schummelseite

Datentyp	Beschreibung
`nvarchar(n)`	Speichert Unicode-Zeichenketten variabler Länge. Jedes Zeichen belegt zwei Bytes. Die Länge geht von 1 bis 4.000 Zeichen.
`nvarchar(max)`	Neu in SQL Server 2005. Jedes Unicode-Zeichen belegt zwei Bytes. Speichert Unicode-Zeichenketten variabler Länge mit bis zu 2^{31}–1 Bytes.
`real(n)`	Speichert Fließkommawerte von –3,4E+38 bis –1,18E–38, 0 und 1,18E–38 bis 3,40E+38.
`smalldatetime`	Speichert Werte, die ein Datum oder eine Uhrzeit darstellen. Dieser Datentyp speichert Werte vom 1. Januar 1900 bis zum 6. Juni 2079. Die Genauigkeit beträgt eine Minute.
`smallint`	Speichert ganzzahlige Werte von –32.768 bis +32.767. Jeder `smallint`-Wert belegt zwei Bytes.
`smallmoney`	Speichert Währungsformate von –214.748,3648 bis +214.748,3647.
`sql_variant`	Speichert jeden beliebigen SQL Server 2005-Datentyp mit Ausnahme von `text`, `ntext`, `image`, `timestamp` und `sql_variant`.
`table`	Speichert temporär das Ergebnis von Abfragen für eine spätere Weiterbearbeitung.
`text`	Speichert Nicht-Unicode-Daten variabler Länge. Sollte nicht mehr benutzt werden. Verwenden Sie bei neuen Programmierungen `varchar(max)`.
`timestamp`	Speichert automatisch generierte, eindeutige, binäre Werte. Dieser Datentyp wird häufig verwendet, um Datenzeilen zu versionieren.
`tinyint`	Speichert ganzzahlige Werte von 0 bis 255. Jeder `tinyint`-Wert belegt ein Byte.
`uniqueidentifier`	Speichert 16-Byte-Werte, die GUIDs (Globally Unique Identifiers) sind.
`varbinary(n)`	Speichert binäre Daten variabler Länge. Die Länge geht von 1 bis 8.000 Bytes.
`varbinary(max)`	Neu in SQL Server 2005. Speichert binäre Daten variabler Länge bis zu 2^{31}–1 Bytes.
`varchar(n)`	Speichert Zeichendaten variabler Länge. Die Länge geht von 1 bis 8.000 Bytes.
`varchar(max)`	Neu in SQL Server 2005. Speichert Zeichendaten variabler Länge bis zu 2^{31}–1 Bytes.
`xml`	Neu in SQL Server 2005. Speichert XML-Daten.

Microsoft SQL Server 2005
für Dummies

Andrew Watt

Microsoft SQL Server 2005 für Dummies

Übersetzung aus dem
Amerikanischen
von Meinhard Schmidt

2., aktualisierte Auflage

WILEY-VCH

WILEY-VCH Verlag GmbH & Co. KGaA

Bibliografische Information Der Deutschen Bibliothek
Die Deutsche Bibliothek verzeichnet diese Publikation
in der Deutschen Nationalbibliografie;
detaillierte bibliografische Daten sind im Internet über
http://dnb.ddb.de abrufbar.

2., aktualisierte Auflage 2006

Printed in Italy

Gedruckt auf säurefreiem Papier

Korrektur Harriet Gehring, Köln
Satz Conrad und Lieselotte Neumann, München
Druck und Bindung Legoprint S.p.A., Trento

ISBN-13: 978-3-527-70289-3
ISBN-10: 3-527-70289-X

Über den Autor

Andrew Watt schrieb sein erstes Computerprogramm 1985. Er arbeitet als freier Berater, erfahrener Autor und Microsoft MVP (Most Valuable Professional). Seine Interessen und Erfahrungsgebiete umfassen XML, Microsoft InfoPath 2003 und SQL Server 2005.

Andrew sammelte seine ersten Erfahrungen mit SQL Server mit der Version 7.0, und er ist seit August 2003 aktiver Teilnehmer am Beta-Programm von SQL Server 2005.

Zu den Büchern, die Andrew (in Englisch) geschrieben hat oder bei denen er als Co-Autor auftritt, gehören *Beginning Regular Expressions*, *Beginning XML*, 3. Auflage, *Beginning RSS & Atom Programming*, *Professional XML*, 2. Auflage, und *Designing SVG Web Graphics*.

Andrew beantwortet häufig Fragen in der Newsgroup für Microsoft SQL Server und in anderen Newsgroups. Sie sollten dort einfach einmal hereinschauen. Sie können unter der E-Mail-Adresse `SVGDeveloper@aol.com` mit Andrew Kontakt aufnehmen. Bitte schreiben Sie die E-Mails auf Englisch. Aufgrund der Vielzahl an E-Mails, die er regelmäßig erhält, kann er leider keine Garantie dafür übernehmen, dass jede Mail beantwortet wird.

Über den Übersetzer

Meinhard Schmidt, Jahrgang 1949 und glücklich verheiratet, beschäftigt sich seit mehr als 20 Jahren mit Soft- und Hardware und arbeitet hauptberuflich als IT-Trainer. Er hat sieben eigene Bücher zu unterschiedlichen IT-Themen veröffentlicht und übersetzt seit vielen Jahren IT-Fachliteratur.

Widmung

Jonathan, Stephen, Hannah, Jeremy, Peter und Naomi, die allesamt besondere Menschen sind

Danksagung

Jedes technische Buch ist das Produkt eines Teams, und dieses Buch macht da keine Ausnahme. Ich möchte mich insbesondere bei dem technischen Lektor Stephen Giles bedanken. Stephen hatte viele gute Ideen für das Buch, aber unglücklicherweise gab es nicht genügend Platz, um sie alle zu realisieren. Es wäre ganz nett, wenn jemand elastisches Papier erfände. Bis dahin sind Bücher durch einen festen Umfang in ihrer Entfaltung eingeschränkt.

Weiterhin möchte ich mich bei meinen beiden Lektoren bedanken, die für die Abschlussarbeiten verantwortlich sind: Terri Varveris und Tiffany Franklin. Terri hatte den erfolgreichsten Sommer des gesamten Teams; der mit der Geburt eines weiteren, liebenswerten Sohnes seinen

Abschluss fand. Vielen Dank an Tiffany für ihre Geduld, als die Zeit anfing zu rasen. Kommt so etwas normalerweise nicht in Science-Fiction-Romanen vor?

Es hat Spaß gemacht, mit Nicole Shelly, der Projektverantwortlichen, zusammenzuarbeiten. Sie hat so viel dafür getan, damit das Projekt ein erfolgreiches Ende finden konnte. Weiterhin möchte ich mich bei Rebecca Senninger bedanken, die bei der Nachbearbeitung die kleinen Fehler gefunden hat, die alle anderen übersehen haben.

Vielen Dank an das gesamte Team. Es war eine schöne Erfahrung für mich, mit euch zusammenarbeiten zu dürfen.

Cartoons im Überblick

von Rich Tennant

Seite 29

Ich hab' doch schon drei Mal eine Suche nach wiederbelebten Frauen abgesetzt und nichts gefunden.

Seite 71

Seite 117

Die Fehlersuche ist ein wenig knifflig. Die Verbindungstabelle zu unseren Zielhosts weist unter anderem einen Schlüssel im Morsealphabet, mehrere Walkie-Talkies und einen Typen mit neun Brieftauben aus.

Seite 173

»Vielleicht solltest du deine Suchbegriffe ›Staatssekretär, Liebe, Ruhm, Schicksal‹ noch einmal überdenken.«

Seite 229

Seite 331

»Wir sind hier, um den Code zu säubern.«

Seite 407

Fax: 001-978-546-7747
Internet: www.the5thwave.com
E-Mail: richtennant@the5thwave.com

Inhaltsverzeichnis

Teil V
Ein SQL Server-System administrieren 229

Kapitel 15
Ein SQL Server-System konfigurieren 231

Kapitel 16
Aufträge mit SQL Server-Agent zeitlich steuern 251

Einführung

Willkommen in der Welt von SQL Server 2005. Ich bin ganz begeistert von den vielen neuen Möglichkeiten, die SQL Server 2005 bietet, und ich hoffe, dass es Ihnen nicht anders geht.

Bei SQL Server 2005 handelt es sich um die neue Ausgabe von Microsofts relationalem Client/ Server-Datenbanksystem SQL Server. Es ist eine vollständig neue Version, die erste seit fünf Jahren. SQL Server 2005 besitzt viele neue Funktionalitäten, die Ihnen dabei helfen, eine relationale Datenbank zu verwalten, und stellt wichtige, neue Funktionalitäten auf dem Gebiet der Business Intelligence zur Verfügung.

Man kann, einfach ausgedrückt, behaupten, dass SQL Server 2005 viel umfangreicher und schneller ist als SQL Server 2000. Er bietet Funktionalitäten und Kalkulationsmöglichkeiten an, die Unternehmen der unterschiedlichsten Größe dabei helfen, ihre kritischen Unternehmensdaten effektiver und effizienter zu verwalten. Wenn Sie jetzt glauben, dass ich zum Stammpersonal von Microsofts Marketingabteilung gehöre, so irren Sie sich. Es ist nun einmal so, dass SQL Server 2005 viele neue Features und Werkzeuge besitzt, die Ihnen dabei helfen, Ihre Daten im Auge zu behalten.

SQL Server 2005 gibt es in verschiedenen Ausgaben:

- ✔ **Enterprise:** Besitzt alle notwendigen Eigenschaften, um das an Skalierbarkeit und kontinuierlicher Verfügbarkeit zu gewährleisten, was von großen Unternehmen benötigt wird. Unterstützt eine unbegrenzte Anzahl an Prozessoren. Besitzt die gesamte Funktionsvielfalt der Business Intelligence.
- ✔ **Standard:** Unterstützt bis zu vier Prozessoren. Besitzt nur eine reduzierte Funktionsvielfalt der Business Intelligence, wie zum Beispiel eingeschränkte Transformationen der Integration Services.
- ✔ **Workgroup:** Unterstützt Business Intelligence stark eingeschränkt. Keine Analysis Services oder Integration Services. Keine Unterstützung der Webservices.
- ✔ **Developer:** Besitzt die gesamte Funktionsvielfalt der Enterprise Edition, ist aber für den produktiven Einsatz nicht lizenziert, sondern nur für Test- und Entwicklungszwecke.
- ✔ **Mobile:** Microsofts Lösung für mobile Systeme (Pocket PCs), der Nachfolger von SQL Server CE.
- ✔ **Express:** Eine abgespeckte Version, die kostenlos ist und nur Datenbanken von maximal vier Gigabyte Größe unterstützt. Der Nachfolger von MSDE. Keine Volltextsuche.

Über dieses Buch

SQL Server 2005 ist riesig. Kein Buch dieses Umfangs ist in der Lage, alle Themenkomplexe durchzugehen. Ich musste mich entscheiden, welche Punkte ich in diesem Buch behandeln will, damit Sie verstehen, wie SQL Server funktioniert, und damit Sie zumindest einen gewissen Bereich seiner Funktionsvielfalt beherrschen lernen.

Die folgende Aufstellung gibt Ihnen einen Überblick über die Dinge, die Sie mithilfe dieses Buchs kennen lernen:

- Finden Sie heraus, wie das SQL Server Management Studio, das neue Verwaltungswerkzeug von SQL Server 2005, das Enterprise Manager und Query Analyzer abgelöst hat, verwendet wird.
- Legen Sie Datenbanken und Tabellen an.
- Erhalten Sie Daten von einer SQL Server-Datenbank.
- Erstellen Sie Datenbankwartungspläne.
- Legen Sie ein Projekt vom Typ Integrated Services an.
- Legen Sie ein einfaches Projekt vom Typ Analysis Services an.
- Wenden Sie Reporting Services an.

Törichte Annahmen über den Leser

Ich muss ein paar Dinge voraussetzen, was Ihr Wissen angeht. Ich setze voraus, dass Sie wissen, wie man liest. Ohne diese Fähigkeit wäre dieses Buch für Sie wertlos.

Ich unterstelle weiterhin, dass Sie wissen, wie Sie Ihren Computer ein- und ausschalten und wie man eine Maus und eine Tastatur bedient.

Und wichtiger noch, ich setze voraus, dass Sie SQL Server 2005 so installiert haben, dass die Anwendung in Ihre Arbeitsumgebung passt. SQL Server 2005 kennt so viele Installationsmöglichkeiten, dass es die Hälfte dieses Buches gekostet hätte, alle zu beschreiben.

Wenn Sie SQL Server 2005 bereits installiert haben, können Sie Zugang zur SQL Server 2005-Onlinedokumentation bekommen. Dabei handelt es sich um die offizielle Dokumentation von SQL Server auf der Microsoft Website. Zum Zeitpunkt der Übersetzung dieses Buchs befand sich diese Dokumentation an folgender Webadresse: `msdn2.microsoft.com/de-de/library/ms130214(SQL.90).aspx`.

Die Setuproutine von SQL Server 2005 ist ziemlich selbsterklärend. Wenn Sie das richtige Betriebssystem als Installationsplattform gewählt und die Hardware-Anforderungen gelesen haben, sollte eigentlich nichts schief gehen.

Wenn Sie alle Komponenten der Developer Edition installiert haben, besitzen Sie die Komponenten, die in diesem Buch Schritt für Schritt erklärt werden.

Konventionen, die in diesem Buch verwendet werden

Unter Konventionen verstehe ich bestimmte Formatierungsregeln: Wenn Text besonders formatiert ist, versteckt sich dahinter eine spezielle Bedeutung. E-Mail-Adressen, URLs oder Bezeichnungen und Namen `sind in dieser Schriftart formatiert`. Listings und alles, was Sie sonst noch einzugeben haben, heben sich durch `diese spezielle Schriftart` vom restlichen Text ab, während besondere Begriffe, die in den Kontext von SQL Server 2005 gehören, *kursiv* dargestellt werden. Alles das, was mit Dialogboxen und Menüs zu tun hat, ist in KAPITÄLCHEN gesetzt.

Wie dieses Buch aufgebaut ist

Microsoft SQL Server 2005 für Dummies besteht aus sieben Teilen. Sie müssen Sie nicht nacheinander lesen, und Sie müssen auch nicht alle Abschnitte eines Kapitels lesen. Sie können das Inhaltsverzeichnis und das Stichwortregister dazu verwenden, die Informationen zu finden, die Sie benötigen, und schnell Antworten zu erhalten. In diesem Abschnitt beschreibe ich kurz, welche Inhalte die einzelnen Kapitel haben.

Teil I: SQL Server 2005: Ein Überblick

In den Kapiteln 1 und 2 erhalten Sie einen tiefer gehenden Überblick über das, was SQL Server 2005 ist und welche neuen Funktionalitäten Microsoft dieser Version spendiert hat.

In Kapitel 3 zeige ich Ihnen, wie Sie sich im neuen Verwaltungswerkzeug des Servers, dem SQL Server Management Studio, zurechtfinden können.

Teil II: Grundlegendes Arbeiten

Sie finden heraus, wie man Datenbanken und Tabellen anlegt und wie Sie Informationen von SQL Server 2005-Datenbanken erhalten.

Sie finden weiterhin heraus, wie einfache Visual Studio 2005-Anwendungen erzeugt werden, um Informationen von SQL Server 2005 zu erhalten.

Teil III: Mit SQL Server arbeiten

Dieser Teil umfasst XML in SQL Server 2005 und die Funktionsweise der neuen CLR (Common Language Runtime).

Weiterhin zeige ich Ihnen, wie man gespeicherte Prozeduren anlegt und mit Fehlern in Code umgeht.

Teil IV: Schützen Sie Ihre Daten

Wechseln Sie in diesen Teil, um folgende Aufgaben zu erledigen:

- ✔ Machen Sie Ihre Daten sicher.
- ✔ Sorgen Sie Datenverlusten vor.
- ✔ Warten Sie Ihre Installation.
- ✔ Erzeugen Sie Trigger.

Teil V: Ein SQL Server-System administrieren

Ich behandele in diesem Teil die folgenden Punkte:

- ✔ Konfigurieren Sie Ihre SQL Server-Installation.
- ✔ Verwenden Sie SQL Server Agent.
- ✔ Richten Sie Notification Services ein.
- ✔ Replikation
- ✔ Verwenden Sie SQL Server Service Broker.

Teil VI: SQL Server Business Intelligence (BI)

Ich erkläre die neuen Analyse-, Report- und Integrationsmodelle von Business Intelligence. Sie können Lösungen erstellen, indem Sie SQL Server Integration Services (Integrationsdienste), Analysis Services (Analysedienste) und Reporting Services (Berichtsdienste) verwenden.

Teil VII: Der Top-Ten-Teil

Ich führe Sie in diesem Teil zu weiteren Quellen und Werkzeugen, die Sie zusammen mit SQL Server 2005 verwenden können.

Über die Website

Weil ich Ihnen die Codebeispiele zu Verfügung stellen will, besitzt dieses Buch eine begleitende Website: `www.dummies.com/go/sqlserver`. Hier finden Sie den Code, der in der englischen Originalversion dieses Buches verwendet wird. Der Code dieser Übersetzung unterscheidet sich von dem Originalcode nur dadurch, dass Bezeichnungen und Namen teilweise eingedeutscht worden sind.

Symbole, die in diesem Buch verwendet werden

Was wäre ein … *für Dummies*-Buch ohne Symbole, die Sie auf besondere Informationen hinweisen, die Sie sicher durch das Buch führen? Ich beschreibe in diesem Abschnitt kurz die Symbole, die ich in diesem Buch einsetze.

Dieses Symbol verweist auf hilfreiche Informationen, die Ihre Arbeit erleichtern sollen.

Dieses Symbol markiert interessante und nützliche Themen – etwas, das Sie sich merken sollten, um später einmal darauf zurückzugreifen.

Das Symbol für Warnungen markiert lauernde Gefahren. Ich sage Ihnen durch dieses Symbol, dass Sie aufpassen müssen und nur vorsichtig weitermachen sollten.

Wenn Sie dieses Symbol sehen, ist technischer Stoff nicht weit entfernt. Wenn Sie sich für so etwas nicht sonderlich interessieren, können Sie diese Informationen überspringen.

Dieses Symbol hebt die neuen Features hervor, die Sie in der neuesten Version von SQL Server 2005 vorfinden.

Wie es weitergeht

Wenn Sie sich mit SQL Server nicht auskennen und einen Überblick darüber erhalten wollen, worum es bei SQL Server 2005 überhaupt geht, lesen Sie in Kapitel 1 weiter. Wenn SQL Server 2005 für Sie neu ist und wenn Sie seine neuen Features kennen lernen wollen, schauen Sie in Kapitel 2 nach.

Ein Kapitel, mit dem Sie sich auf jeden Fall frühzeitig beschäftigen sollten, ist das über SQL Server Management Studio (Kapitel 3). Wenn Sie mit SQL Server 2005 arbeiten, werden Sie eine Menge Zeit mit diesem Werkzeug verbringen, und Sie benötigen in einer Reihe von Kapiteln das Wissen über Management Studio.

Anmerkung des Übersetzers

Sollen die Beispiele aus dem amerikanischen Originalbuch verwendet werden, oder ist es besser, auch sie soweit wie möglich einzudeutschen? Nach langem Überlegen habe ich mich entschlossen, einen gemischten Weg zu gehen.

In vielen Fällen basieren die Beispiele und Codes, die Andrew Watt verwendet, auf den auch in der deutschen Version von SQL Server 2005 vorhandenen Musterdatenbanken `Adventure Works` und `AtventureWorksDW`. Auch bei einer vollständigen Installation der Anwendung übersieht man ihre Installation gerne, weil sie im erweiterten Installationsbereich manuell aktiviert werden müssen (und von dort aber auch nachinstalliert werden können). Bezieht sich Andrew auf diese Datenbanken, habe ich die originalen (englischen) Werte übernommen, weil Sie die Beispiele so am schnellsten nachbauen und ziemlich sicher sein können, dass der Fehler ausschließlich bei Ihnen (und dem von Ihnen verfassten Code) zu suchen ist. Zeigen die Beispiele Arbeitsschritte (wie das Anlegen einer Datenbank), die unabhängig von den Microsoft-Beispielen ablaufen, habe ich diese an den deutschen Sprachgebrauch angepasst.

Teil I

SQL Server 2005: Ein Überblick

In diesem Teil ...

Ich führe Sie in die Merkmale von SQL Server 2005 ein und stelle Ihnen viele der Features vor, die in SQL Server 2005 neu sind.

Weiterhin führe ich Sie in SQL Server Management Studio ein, das wichtigste administrative Werkzeug für SQL Server 2005. SQL Server Management Studio ersetzt Enterprise Manager und Query Analyzer, die Sie vielleicht von SQL Server 2000 kennen. Es gibt Ihnen die Möglichkeit, SQL Server zu verwalten, und zwar unabhängig davon, ob es sich dabei um Serverinstanzen des Datenbankmoduls, von Analyse Services, Integration Services oder Reporting Services handelt.

Einführung in SQL Server 2005

1

In diesem Kapitel

- Finden Sie heraus, welche SQL Server-Edition die beste für Sie ist.
- Entdecken Sie, was SQL Server 2005 wirklich kann.

Ich möchte Ihnen in diesem Kapitel SQL Server 2005 vorstellen. SQL Server 2005 ist ein relationales Datenbankverwaltungssystem, das aus mehreren Komponenten besteht, die um ein leistungsstarkes, hochverfügbares Datenbankmodul herum gruppiert sind.

Die Qualität des SQL Server-Datenbankmoduls ist entscheidend dafür, dass SQL Server 2005 große Datenmengen handhaben kann. SQL Server 2005 ist aber viel mehr als ein Datenbankmodul. Der Server besteht aus einem Paket von Werkzeugen und Komponenten, die Sie dabei unterstützen, eine SQL Server 2005-Installation und die dazu gehörenden Daten zu gestalten, zu verwalten, zu warten und zu programmieren. Zusätzlich gibt es mächtige neue oder verbesserte Werkzeuge für Business Intelligence.

Ich stelle Ihnen viele der wichtigen Features und Tools vor, die Sie in SQL Server 2005 finden werden. Bei SQL Server 2005 handelt es sich um eine so umfangreiche Programmsuite, dass ich viele dieser Funktionalitäten nur kurz anreißen kann. Wie Sie die Features und Tools ans Laufen bekommen, zeige ich Ihnen im Verlauf dieses Buches.

SQL Server 2005 kennen lernen

Sie können SQL Server 2005 dazu verwenden, Informationen für den privaten Gebrauch, den abteilungsweiten Gebrauch, den Gebrauch in einer mittelständischen Firma oder für den unternehmensweiten Gebrauch zu speichern. SQL Server 2005 besitzt verschiedene Editionen (Microsoft liefert unter der Webadresse `www.microsoft.com/germany/sql/editionen/default.mspx` einen vollständigen Produktvergleich), um die Ansprüche in jedem der folgenden Szenarien erfüllen zu können:

- ✔ **Enterprise:** Stellt eine relationale Datenbank zur Verfügung, die genau den Ansprüchen entspricht, die in den größten Unternehmen und am stärksten frequentierten Onlinedatenbanken entstehen. Die Enterprise Edition umfasst Support und das Clustern von hoch qualifizierten Business Intelligence-Lösungen. Ich stelle Ihnen Business Intelligence in den Kapiteln 20 bis 22 vor. Dieses Buch behandelt keine Clusterlösungen.
- ✔ **Standard:** Entspricht den Bedürfnissen mittelständischer Unternehmen oder größerer Abteilungen von großen Unternehmen.
- ✔ **Workgroup:** Entspricht den Bedürfnissen kleinerer bis mittlerer Firmen, die die Funktionsvielfalt der Standard Edition nicht benötigen.

- **Mobile:** Hieß früher SQL Server CE. Dieses Buch behandelt die Mobile Edition nicht.
- **Express:** Eine leichtgewichtige Ausgabe für Anwendungsprogrammierer.

Eine Client/Server-Datenbank

SQL Server 2005 ist eine Client/Server-Datenbank. Das SQL Server 2005-Datenbankmodul wird normalerweise auf einem Server installiert, mit dem Sie so ziemlich alles von wenigen Maschinen bis zu vielen Hundert oder Tausend Clientmaschinen verbinden können.

Eine Client/Server-Architektur ist in der Lage, ein großes Datenvolumen besser zu handhaben, als es eine Desktopdatenbank wie Microsoft Access kann. Die Instanz von SQL Server sorgt für Sicherheit, Verfügbarkeit und Zuverlässigkeit, die Datenbanken wie Access nicht kennen. Eine Client/Server-Architektur ist darüber hinaus in der Lage, den Verkehr im Netz zu reduzieren.

Die Serverseite einer SQL Server-Installation wird für die folgenden beiden weiten Bereiche der Datenverarbeitung eingesetzt: Online Transaction Processing (OLTP – Online-Dialogverarbeitung) und Online Analytical Processing (OLAP – Analytische Onlineverarbeitung).

OLTP

Beim *Online Transaction Processing* handelt es sich um die Art von Datenverarbeitung, die die Datenbanken von Amazon oder einem anderen der großen Onlinehändler durchführen müssen. In wenigen Minuten kommt eine große Anzahl an Bestellungen herein, und die Information über jede dieser Bestellungen muss schnell und zuverlässig in die Datenbank geschrieben werden.

Wenn Sie OLTP verwenden, sind Sie in der Lage, verschiedene Aktionen zu gruppieren. So können beispielsweise die verschiedenen Bestandteile eines banküblichen Geldtransfers zusammen ausgeführt werden: Wenn das Geld von dem einen Konto abgebucht wird, wird es sofort einem anderen Konto gutgeschrieben. Aktionen wie die in diesem Beispiel, die zusammen ausgeführt werden müssen, nennt man eine *Transaktion*. Bei dem Geldtransfer finden entweder beide Transaktionen statt oder keine. Dieses Alles-oder-nichts-Verhalten einer Transaktion stellt sicher, dass die Daten in einem konsistenten Zustand verbleiben. Eine OLTP-Datenbank ist so eingestellt, dass sie ein hohes Transaktionsaufkommen unterstützt, das die Daten in der Datenbank häufig ändert. SQL Server 2005 funktioniert ausgezeichnet als Verwaltungssystem von OLTP-Datenbanken.

Im *Transaktionsprotokoll* werden Informationen über Transaktionen und die Änderungen an Daten gespeichert, die im Verlauf von Transaktionen vorgenommen und nicht zurückgesetzt worden sind. Das Transaktionsprotokoll ist ein wichtiger Container, der Informationen über die Änderungen enthält, die an einer Datenbank vorgenommen worden sind.

OLAP

Sie richten eine Datenbank auf der Basis von *Online Analytical Processing* ein, wenn Sie vorhaben, große Datenmengen zu verarbeiten, ohne dass es häufig zu Änderungen an diesen Daten kommt. Dies ist zum Beispiel bei einem Onlinehändler der Fall, der Verkaufszahlen speichern will, die nach dem aktuellen Monat, dem Gebiet oder der Produktkategorie usw. summiert werden. OLAP ist in SQL Server 2005 Bestandteil der Analysis Services. Sie erstellen in Analysis Services so genannte *Cubes*, deren *Dimensionen* Sie analysieren können. Analysis Service werden im Einzelnen in Kapitel 21 beschrieben.

OLAP wird häufig in einem *Data Warehouse* eingesetzt. Eine der Hauptaufgaben ist das Aufbereiten großer Datenmengen, bevor sie in einem Data Warehaus abgelegt werden, um die Qualität der Daten zu optimieren.

Wenn die Daten miteinander in Verbindung gebracht worden sind, sollten sie von da an nicht mehr geändert werden. Natürlich können sie auf komplexe Art und Weise abgefragt werden. Aus diesem Grund ist eine OLAP-Datenbank normalerweise für das Abfragen großer Datenmengen optimiert.

Eine sichere Datenbank

Wenn die Daten, von denen Ihr Unternehmen abhängt, in SQL Server abgelegt worden sind, müssen Sie die falschen Leute davon abhalten, auf die Daten zuzugreifen oder, was noch schlimmer ist, sie zu ändern oder zu löschen. Stellen Sie sich vor, dass ein Hacker in der Lage wäre, den Preis bestimmter Waren zu ändern und dann eine große Menge davon zu kaufen – Ihr Unternehmen könnte schnell zu einem Ex-Unternehmen werden. Weiterhin dürften Sie kein Interesse daran haben, dass Ihre Mitbewerber in der Lage sind, Zugriff auf Informationen zu bekommen, die etwas über das Leistungsvermögen Ihres Unternehmens aussagen.

In SQL Server 2005 ist Microsofts aktueller Sicherheitsstandard implementiert. Im Verhältnis zur Vorgängerversion SQL Server 2000 ist SQL Server 2005 schon standardmäßig viel sicherer. Viele potenzielle Angriffspunkte sind abgeschaltet worden (bis Sie sie explizit wieder einschalten), was die unbekannten Risiken einer Standardinstallation reduziert. Die SQL SERVER-OBERFLÄCHENKONFIGURATION ist das Werkzeug, um Sicherheitseinrichtungen dieses Servers zu konfigurieren.

SQL Server 2005 baut auf die Funktionalitäten zur Authentifizierung und Autorisierung von SQL Server 2000 auf. Falls Sie Benutzern die Möglichkeit geben wollen, SQL Server 2005 auf eine bestimmte Art und Weise zu verwenden, können Sie – als der SQL Server-Administrator – den Zugang gewähren.

Ich habe in Tabelle 1.1 die wichtigsten Sicherheitsfeatures von SQL Server 2005 zusammengefasst.

Feature	Express Edition	Workgroup Edition	Standard Edition	Enterprise Edition
Authentifizierung und Autorisierung	Ja	Ja	Ja	Ja
Datenverschlüsselung und Schlüsselverwaltung	Ja	Ja	Ja	Ja
Analyse der besten Vorgehensweise	Ja	Ja	Ja	Ja
Integration in Microsoft Baseline Security Analyzer	Ja	Ja	Ja	Ja
Integration in Microsoft Update	Ja	Ja	Ja	Ja

Tabelle 1.1: Die wichtigsten Sicherheitsfeatures von SQL Server 2005

Wie Sie der Tabelle entnehmen können, unterstützen alle Versionen von SQL Server 2005 einen weiten Bereich an Sicherheitsfeatures. Ich gehe in Teil IV ausführlich auf Sicherheitsfunktionen ein.

Eine programmierbare Datenbank

SQL Server 2005 ist eine großartige Umgebung für Programmierer. Wenn Sie Entwickler sind, werden Sie vielleicht bemerken, dass Ihr DBA (Datenbank-Administrator) von der sehr umfangreichen Programmierbarkeit von SQL Server 2005 nur mäßig erfreut sein wird. Die gute Nachricht dabei ist, dass die erweiterte Programmierbarkeit von einem sehr tief gehenden Berechtigungssystem begleitet wird, das die Chancen von bösartigem Code massiv verringert, Ihrem SQL Server zu schaden.

Tabelle 1.2 fasst die wichtigsten Features von SQL Server 2005, die mit Programmierung zu tun haben, zusammen.

Feature	Express Edition	Workgroup Edition	Standard Edition	Enterprise Edition
Gespeicherte Prozeduren und Trigger	Ja	Ja	Ja	Ja
Erweiterungen für T-SQL	Ja	Ja	Ja	Ja
Integration der Unterstützung von Common Language Runtime und .NET	Ja	Ja	Ja	Ja
Benutzerdefinierte Datentypen	Ja	Ja	Ja	Ja
XML-Datentypen	Ja	Ja	Ja	Ja
Unterstützung von XQuery	Ja	Ja	Ja	Ja

Tabelle 1.2: Die wichtigsten Features, die mit Programmierung zu tun haben

Ich gehe auf gespeicherte Prozeduren in Kapitel 9 und auf Trigger in Kapitel 14 ein. Die Common Language Runtime stelle ich in Kapitel 8 vor, und ich beschreibe den Einsatz von XML-Datentypen in Kapitel 7.

Transact-SQL

SQL Server 2005 unterstützt die *Structured Query Language* (SQL). Tatsächlich ist es so, dass SQL die wichtigste Sprache ist, die SQL Server verwendet. SQL Server erfüllt die Voraussetzungen für Standard-SQL, fügt der Sprache eigene SQL-Erweiterungen hinzu und lässt damit zu, dass Sie problemlos Code schreiben können.

Die Microsoft-Ausprägung von SQL heißt *Transact-SQL* (T-SQL). T-SQL gibt Ihnen die Möglichkeit, relationale oder XML-Daten, die in SQL Server 2005 abgelegt sind, zu ändern und abzufragen und neue Daten hinzuzufügen. Ich zeige Ihnen in Kapitel 5, wie Sie T-SQL verwenden, um die gewünschten Daten zu erhalten. Den Umgang mit XML beschreibe ich in Kapitel 7.

SQL Server Management Studio

Die Programmierung mit Transact-SQL wird normalerweise im Abfragefenster von SQL Server Management Studio ausgeführt. Ich behandele SQL Server Management Studio in Kapitel 3.

Sie können auch das Programm SQLCMD verwenden, um T-SQL-Anweisungen interaktiv abzusetzen oder um T-SQL-Skriptdateien laufen zu lassen. Darüber hinaus können Sie T-SQL in Anwendungen verwenden, die Sie erstellen, um Daten zu empfangen oder zu bearbeiten. Auf SQLCMD gehe ich in diesem Buch nicht ein.

Business Intelligence Development Studio

Sie können Business Intelligence Development Studio (BIDS), das auf Komponenten von Visual Studio basiert, dazu verwenden, Business Intelligence-Anwendungen zu erzeugen. BIDS wird eingesetzt, um Projekte der Komponenten SQL Server Integration Services, Analysis Services und Reporting Services anzulegen.

Auf Business Intelligence (BI) gehe ich in Teil IV ein. Ich zeige in Kapitel 20, wie BIDS benutzt wird, um Integration Services-Projekte zu erstellen. In Kapitel 21 führe ich Sie in Analysis Services ein, und in Kapitel 22 stelle ich Ihnen BIDS mit Reporting Services vor.

Eine skalierbare Datenbank

Ein Datenbankverwaltungssystem wie SQL Server 2005 muss mit Ihrem Unternehmen wachsen können. Tabelle 1.3 fasst einige wichtige Features der verschiedenen Editionen von SQL Server 2005 zusammen und führt ihre Beschränkungen auf. Ich gehe in diesem Buch nicht in allen Einzelheiten darauf ein, welche Entscheidungen Sie fällen müssen, um die für Ihr Unternehmen optimal skalierbare Lösung herauszufinden.

Feature	Express Edition	Workgroup Edition	Standard Edition	Enterprise Edition
CPU	1	2	4	Unbegrenzt
RAM	1 GB	3 GB	Unbegrenzt	Unbegrenzt
Datenbankgröße	4 GB	Unbegrenzt	Unbegrenzt	Unbegrenzt
Partitionierung	Nein	Nein	Nein	Ja

Tabelle 1.3: Die Editionen von SQL Server 2005 und ihre Beschränkungen

Kommerzielle Entscheidungen können dazu führen, dass sich die Inhalte der einzelnen Editionen ändern. Es kann deshalb möglich sein, dass die Informationen, die ich Ihnen hier gebe, ein wenig von den endgültigen Produktversionen abweichen.

Datenbankverfügbarkeit

Falls Ihr Unternehmen das World Wide Web nutzt, um Waren zu verkaufen oder Informationen für Kunden zur Verfügung zu stellen, ist es denkbar, dass diese Kunden in der ganzen Welt verteilt wohnen. In diesem Fall muss Ihre auf SQL Server 2005 basierte Anwendung 24 Stunden am Tag und sieben Tage die Woche verfügbar sein. Die Notwendigkeit einer permanenten Verfügbarkeit hat dazu geführt, dass es in SQL Server 2005 eine ganze Reihe entsprechender Features gibt. Tabelle 1.4 fasst die Funktionalitäten für die Verfügbarkeit der einzelnen Servereditionen zusammen.

Funktionalität	Express Edition	Workgroup Edition	Standard Edition	Enterprise Edition
Datenbankspiegelung	Nein	Nein	Teilweise	Ja
Failover Clustering	Nein	Nein	Auf 2 Knoten begrenzt	Ja
Protokollversand	Nein	Ja	Ja	Ja
Systemänderungen online durchführen	Ja	Ja	Ja	Ja
Online-Indizierung	Nein	Nein	Nein	Ja
Seiten und Dateien online wiederherstellen	Nein	Nein	Nein	Ja

Tabelle 1.4: Funktionalitäten von SQL Server 2005

Wenn Sie mehrere Server gruppieren (clustern), können sie zusammenarbeiten und einen Grad an Ausfallsicherheit zur Verfügung stellen, den Sie mit einem einzelnen Server entweder gar nicht oder nur mit sehr hohen Kosten erreichen können. Jede Maschine in einem Cluster wird *Knoten* genannt. Wenn einer dieser Knoten ausfällt, übernimmt ein anderer Knoten im Cluster die Arbeit der ausgefallenen Maschine. Dies reduziert natürlich Ausfallzeiten sehr stark, lässt aber die Hardwarekosten ziemlich ansteigen.

Weitere Änderungen

Wenn Sie über die entsprechende Hardware verfügen, können Sie der SQL Server-Maschine im laufenden Betrieb Arbeitsspeicher hinzufügen. Der Server muss dafür nicht heruntergefahren werden und ist permanent für die Benutzer verfügbar (was wiederum teure Ausfallzeiten einspart).

Eine *Dedicated Administrator Connection* (DAC) erlaubt einem Datenbankadministrator, selbst dann die Kontrolle über einen Server zu übernehmen, wenn eine Operation alle CPUs blockiert. Wenn ein Serverprozess vollständig fehlschlägt, kann er 100 Prozent der CPU-Zeit für sich reservieren. Das führt dazu, dass der Server unbrauchbar oder zumindest sehr langsam wird. Die DAC gibt einem Administrator die Möglichkeit, sich mit dem Server zu verbinden und den außer Kontrolle geratenen Prozess zu beenden, ohne den Server neu starten zu müssen.

Online-Indizierung

Online-Indizierung steht nur in der Enterprise Edition zur Verfügung. Online-Indizierung verbessert die Verfügbarkeit einer Datenbank, indem sie die Notwendigkeit verhindert, eine Tabelle oder Datenbank offline zu setzen, um beispielsweise einen Index neu aufzubauen. Ich gehe in diesem Buch nicht weiter auf Online-Indizierung ein.

Seiten und Dateien online zurückspielen

Dieses Feature steht nur in der Enterprise Edition zur Verfügung. Wenn Sie Daten aus Sicherungen zurückspielen müssen, steht die Datenbank viel schneller wieder zur Verfügung als unter SQL Server 2000. Ich gehe in diesem Buch nicht weiter auf diese Funktionalität ein.

Zuverlässigkeit

Sowohl kleine als auch große Katastrophen können vorkommen. Wenn die Festplatte Ihres SQL Servers kaputt geht, muss das nicht gleichzeitig das Ende Ihrer Firma einläuten.

Daten sichern

Sie können Ihre Daten mit SQL Server Management Studio sichern (siehe Kapitel 3). Sie müssen Ihre Daten regelmäßig sichern, und zwar ganz besonders die folgenden Systemdatenbanken (mit Ausnahme von tempdb):

- ✔ **Master:** Die Datenbank `master` enthält systemspezifische Informationen eines SQL Server 2005-Systems.
- ✔ **Model:** Die Datenbank `model` ist die Vorlage, die verwendet wird, wenn Sie eine neue Datenbank anlegen.

- **Msdb:** Die Datenbank `msdb` wird vom SQL Server Agent verwendet, um Informationen über zeitgesteuerte Warnungen und Aufgaben aufzuzeichnen.
- **Resource:** Die Datenbank `resource` ist neu in SQL Server 2005. Sie enthält die Systemobjekte von SQL Server 2005. Wenn Sie SQL Server 2005 aktualisieren – beispielsweise durch ein Servicepack –, ersetzt die neue Version die Datenbank `ressource`. Passen Sie auf, dass Sie nicht durch ein Wiedereinspielen gesicherter Daten eine aktualisierte `ressource`-Datenbank durch eine alte ersetzen.
- **Distribution:** Die Datenbank `distribution` existiert nur, wenn der Server ein Distributor für Replikationen ist. Die Datenbank enthält Metadaten über Replikationen.
- **Temp:** Die Datenbank `tempdb` wird gelöscht, wenn Sie SQL Server 2005 herunterfahren. Obwohl `temdb` eine Systemdatenbank ist, kann sie nicht gesichert werden.

Replikation

SQL Server 2005 unterstützt Datenreplikation und verwendet dabei die bildlichen Begriffe Publikation und Abonnements. Ich beschreibe Replikationen in Kapitel 19.

Eine verwaltbare Datenbank

Sie müssen eine ganze Reihe von Modulen einer SQL Server 2005-Installation verwalten. Tabelle 1.5 fasst einige Features zusammen, die Verwaltungsaspekte von SQL Server 2005 betreffen.

Funktionalitäten	Express Edition	Workgroup Edition	Standard Edition	Enterprise Edition
Automatische Leistungsoptimierung	Ja	Ja	Ja	Ja
SQL Server Management Studio	Nein	Ja	Ja	Ja
Datenbankmodul-Optimierungsratgeber	Nein	Ja	Ja	Ja
Volltextsuche	Nein	Ja	Ja	Ja
Aufgabenplanung mit SQL Agent	Nein	Ja	Ja	Ja

Tabelle 1.5: Verwaltungsfunktionen von SQL Server 2005

Werkzeuge auf Befehlszeilenebene

Das wichtigste Befehlszeilentool ist SQLCMD. Es gibt Ihnen die Möglichkeit, eine SQL Server 2005-Installation mithilfe der Sprache T-SQL zu administrieren. Sie können T-SQL auf Befehlszeilenebene oder in Form von T-SQL-Skripten verwenden. Ich gehe in diesem Buch nicht detailliert auf SQLCMD ein.

Grafische Werkzeuge

Das wichtigste grafische Werkzeug zur Verwaltung von SQL Server 2005 ist SQL Server Management Studio. Management Studio gibt Ihnen die Möglichkeit, über eine einzige Schnittstelle viele Instanzen von SQL Server 2005-Datenbankmodulen, Instanzen von Analysis Services, Instanzen von Integration Services und Instanzen von Reporting Services zu verwalten. Sie finden eine detaillierte Beschreibung von SQL Server Management Studio in Kapitel 3.

SQL Server Agent

Jeder Datenbankadministrator kennt Aufgaben, die wiederholt ausgeführt werden müssen, und häufig sieht es so aus, dass diese Wiederholungen immer zu derselben Zeit stattfinden. Die Softwarekomponente, die es zulässt, dass Sie solche Aufgaben automatisch erledigen lassen, ist SQL Server Agent (oder einfach *SQL Agent*). Wenn Sie beispielsweise jeden Tag um zwei Uhr morgens eine Datensicherung fahren wollen, ist es für Sie sicherlich viel angenehmer, zu Hause schlafen zu können und den Stress SQL Agent zu überlassen. Sie finden in Kapitel 16 mehr über SQL Server Agent.

Werkzeuge zur Leistungsverbesserung

SQL Server Profiler gibt Ihnen die Möglichkeit, das Leistungsverhalten einer Instanz von SQL Server zu überwachen und zu analysieren. In SQL Server 2005 ist die Möglichkeit neu, auch das Leistungsverhalten von Analysis Services zu überwachen und zu analysieren. Ich gehe in diesem Buch nicht detailliert auf SQL Server Profiler ein.

Eine Datenbank, die Business Intelligence unterstützt

SQL Server 2005 unterstützt viele Bestandteile der Funktionen von Business Intelligence, die unter den Oberbegriffen Integration Services, Analysis Services und Reporting Services existieren. Tabelle 1.6 fasst zusammen, welche Funktionen von Business Intelligence in den einzelnen Editionen von SQL Server 2005 zur Verfügung stehen.

Feature	Express Edition	Workgroup Edition	Standard Edition	Enterprise Edition
Daten können Report Services nutzen	Ja	Ja	Ja	Ja
Report Builder	Nein	Ja	Ja	Ja
Skalierung von Reportservern	Nein	Nein	Nein	Ja
Data Warehousing	Nein	Nein	Ja	Ja
Business Intelligence Development Studio	Nicht enthalten, aber kompatibel	Nicht enthalten, aber kompatibel	Ja	Ja
Analysis Services	Nein	Nein	Ja	Ja

Feature	Express Edition	Workgroup Edition	Standard Edition	Enterprise Edition
Fortgeschrittene Analysefunktionen	Nein	Nein	Ja	Ja
Data Mining	Nein	Nein	Ja	Ja
Integration Services	Nein	Nein	Nein	Ja

Tabelle 1.6: Funktionen von Business Intelligence

Kapitel 20 beschreibt SQL Server Integration Services. Kapitel 21 konzentriert sich auf Analysis Services. Und Kapitel 22 enthält Informationen über Reporting Services.

Neue Features in SQL Server 2005

2

In diesem Kapitel

- Die verbesserten Sicherheitsfunktionalitäten von SQL Server austesten
- Weitere Neuerungen von SQL Server 2005 entdecken

SQL Server 2005 ist seit Jahren die interessanteste Version von SQL Server auf dem Markt. Es handelt sich dabei zwar um die einzige Version seit fünf Jahren, aber man kann diesen Server wirklich als eine hochinteressante Version bezeichnen, weil er voller neuer und nützlicher Features ist. Zusätzlich zu diesen neuen Funktionalitäten enthält SQL Server 2005 viele Features, die im Vergleich mit ihren Gegenstücken in SQL Server 2000 stark verbessert worden sind.

In diesem Kapitel gebe ich einen kurzen Überblick über viele der neuen und verbesserten Features von SQL Server 2005.

Sie sollten alle Abschnitte dieses Kapitel lesen, um ein Gespür für den Umfang der neuen und verbesserten Funktionalitäten von SQL Server 2005 zu erhalten.

Wenn ich diese Features in ihren Einzelheiten beschreiben und erklären wollte, würde das Buch ungefähr zehn Mal so dick werden wie jetzt. Ich musste also eine Auswahl der Werkzeuge oder Funktionalitäten treffen, die ich im Einzelnen behandeln will. Ich muss häufig unterstellen, dass Sie SQL Server 2000 zumindest rudimentär kennen, Sie sollten aber auch in der Lage sein, mit diesem Buch zu arbeiten, wenn Sie keine Erfahrung mit SQL Server haben. Bei vielen der Punkte, die ich in den folgenden Abschnitten vorstelle, finden Sie Verweise auf die Stellen im Buch, an denen ich ausführlicher auf den entsprechenden Themenkomplex eingehe.

Da einer der wichtigsten Aspekte bei Datenbanken die Sicherheit ist (ein Thema, auf das ich detailliert in Teil IV eingehe), beginne ich meine Übersicht damit.

Verbesserungen im Sicherheitsbereich

Das Thema Sicherheit hat bei den neuen Funktionalitäten von SQL Server 2005 einen hohen Stellenwert. Dies hat zum einen mit dem Slammer-Wurm zu tun, der SQL Server 2000 voll getroffen hat. Zum anderen sind die verstärkten Sicherheitseinrichtungen aber auch eine Antwort auf eine Welt, in der immer mehr Geschäftsdaten im Internet veröffentlicht werden. SQL Server muss Ihnen die Werkzeuge liefern, die es ermöglichen, Ihre Daten in einem sicheren Kontext zu halten. Dadurch bekommen Sie die Möglichkeit, den richtigen Personen Zugriff auf bestimmte Daten zu gewähren und andere Benutzer daran zu hindern, unberechtigt Informationen einzusehen.

Ich gehe in Kapitel 11 detailliert auf das Thema Sicherheit und SQL Server 2005 ein.

Sicherheit des Systemkatalogs

Der Systemkatalog von SQL Server 2005 besteht aus Ansichten auf die Datenstruktur des Systems. Benutzer sehen keine der dazu gehörenden Tabellen, was verhindert, dass sie von unerfahrenen oder bösartigen Benutzern geändert oder gelöscht werden können. Dies sorgt dafür, dass weder Sie noch andere in der Lage sind, die zentrale Struktur zu zerstören, auf der Ihre SQL Server-Installation basiert.

Erzwingen von Richtlinien für Kennwörter

Wenn SQL Server 2005 auf einem Windows 2003 Server installiert worden ist, können Sie jede Kennwortrichtlinie von Windows anwenden. Sie sind in der Lage, unter SQL Server 2005 auf dieselbe Art und Weise Richtlinien für das Auslaufen von Kennwörtern und für deren Einrichtung zu erzwingen, wie es für die Windows-Anmeldung gilt. Diese Neuerung wird von Windows 2000 Server nicht unterstützt.

Sie können die zwingenden Kennwortrichtlinien für spezielle Anmeldevorgänge aus- und einschalten. So macht es beispielsweise Sinn, die Kennwortrichtlinie auszuschalten, wenn Sie eine Anwendung einsetzen, die über eine interne Authentifizierungskennung verfügt, auf die Sie keinen Zugriff haben.

In Kapitel 11 zeige ich Ihnen, wie Sie die verstärkten Kennworteinstellungen ändern können.

Die Trennung von Benutzer und Schema

SQL Server 2000 kannte das Konzept des Schemas nicht. Ein Benutzer war Eigentümer eines Datenbankobjekts. Wenn also `Benutzer1` ein Objekt erzeugte, das `meineTabelle` hieß, lautete der qualifizierte Name des Objekts `Benutzer1.meineTabelle`. Wenn Benutzer1 gelöscht wurde, weil er beispielsweise die Firma verlassen hatte, waren Sie gezwungen, eventuell den Code eines Objekts zu ändern, weil in diesem Datenzugriffe namenstechnisch gesteuert waren. Unter SQL Server 2005 ist ein Benutzer in der Lage, ein Schema zu erstellen, das wiederum Datenbankobjekte enthalten kann. Dieses Schema muss nicht identisch mit dem Benutzernamen sein. `Benutzer1` kann ein Schema erstellen, das `HR` heißt, und ein Objekt anlegen, das den Namen `meineTabelle` bekommt. Sie adressieren dieses Objekt über `HR.meineTabelle`. Wenn `Benutzer1` jetzt die Firma verlässt, können Sie den Code Ihrer Anwendung so lassen, wie er ist, weil das Objekt immer noch `HR.meineTabelle` heißt.

Automatisches Erstellen von Zertifikaten für SSL

Wenn Sie unter SQL Server 2000 *Secure Sockets Layer (SSL)* verwendet haben, um sich an einer SQL Server-Instanz anzumelden, mussten Sie manuell ein Zertifikat erstellen, um mit SSL arbeiten zu können. SQL Server 2005 erstellt ein solches Zertifikat automatisch. Dies gibt Ihnen die Möglichkeit, SSL zu nutzen, ohne separat ein Zertifikat erstellen zu müssen.

Verbesserungen von Transact-SQL

SQL Server 2005 kennt eine ganze Reihe von Verbesserungen für Transact-SQL.

Bei Transact-SQL handelt es sich um die Version von Structured Query Language (SQL), die von SQL Server 2005 verwendet wird. Transact-SQL wird häufig mit T-SQL abgekürzt. T-SQL kennt viele Funktionalitäten, die kein Bestandteil von ANSI SQL sind.

Verbesserte XML-Unterstützung

SQL Server 2000 ließ es zu, dass Sie durch die Klausel `FOR XML` relationale Daten als XML vom Server erhalten konnten. Die Klausel `OPEN XML` sorgte dafür, dass XML als relationale Daten in SQL Server gespeichert wurde. SQL Server 2005 besitzt einen neuen Datentyp `xml`, der es zulässt, dass Sie Code schreiben, um XML-Daten auch als XML zu erhalten, ohne dass eine Umwandlung von XML in relationale Daten erfolgt, wie das bei `OPEN XML` der Fall ist. Zusätzlich können Sie ein Schema-Dokument verwenden, das auf der W3C XML Schema Definition-Sprache basiert, um zulässige Strukturen in XML zu spezifizieren. Die W3C XML Schema Definition-Sprache wird auch XSD-Sprache genannt.

Anmerkung: Wenn man es genau nehmen will, speichert der Datentyp `xml` die Daten in einem geschützten binären Format. Im Falle eines Falles können Sie diese Daten als XML erhalten und verändern.

Der Datentyp `xml` unterstützt in T-SQL verschiedene Schlüsselwörter. Ich zeige Ihnen in Kapitel 7, wie Sie diese Schlüsselwörter einsetzen können.

Fehlerbehandlung

SQL Server 2005 gibt Ihnen die Möglichkeit, in Ihrem T-SQL-Code `TRY...CATCH`-Blöcke zu verwenden. Wenn Ihr Code einen Fehler verursacht, geben Sie im `CATCH`-Block an, was in solch einem Fall genau geschehen soll. Wie Sie `TRY...CATCH`-Blöcke einsetzen, zeige ich in Kapitel 10.

Vorlagen in Transact-SQL

Sie finden in SQL Server Management Studio viele Vorlagen, die Ihnen dabei helfen, Routineaufgaben mit Transact-SQL zu lösen. Wenn Sie wissen wollen, welche Vorlagen es dafür gibt, wählen Sie in SQL Server Management Studio ANSICHT|VORLAGEN-EXPLORER. Es erscheint der Vorlagen-Explorer. Anhand der Vielzahl von Knoten, die in diesem Explorer existieren, können Sie ermessen, wie viele Vorlagen es gibt. Lesen Sie in Kapitel 5 nach, um mehr über Vorlagen zu erfahren.

Entwicklerorientierte Programmverbesserungen

SQL Server 2005 kennt einige Verbesserungen für Entwickler, die ich in den folgenden Abschnitten beschreibe.

Unterstützung der Common Language Runtime

Die Common Language Runtime (CLR) wird von .NET-Code verwendet und ist in das Datenbankmodul von SQL Server 2005 eingebettet. Sie können gespeicherte Prozeduren, Trigger, Funktionen, Aggregate und benutzerdefinierte Datentypen schreiben, indem Sie Sprachen wie Visual Basic .Net oder C# verwenden. Gespeicherte Prozeduren, die in einer .NET-Sprache geschrieben sind, ergeben einen guten Ersatz für die erweiterten gespeicherten Prozeduren von SQL Server 2000, weil Sie im .NET-Code Berechtigungsebenen festlegen können.

Es gibt für .NET-Code drei Berechtigungsebenen:

- **Safe:** Diese Ebene lässt keinen Zugriff außerhalb von SQL Server zu. So hat Ihr Code beispielsweise keinen Zugriff auf das Dateisystem, die Registrierungsdatenbank, Systemvariablen oder das Netzwerk. Diese Berechtigungsebene ist die sicherste.
- **External Access:** Diese Berechtigungsebene lässt einen eingeschränkten externen Zugriff durch Ihren Code zu. Sie können insbesondere die Registrierungsdatenbank, das Dateisystem, Umgebungsvariablen und das Netzwerk erreichen.
- **UnSafe:** Sie sind mit dieser Berechtigungsebene in der Lage, auf jede gewünschte Funktionalität zuzugreifen, die sich außerhalb von SQL Server 2005 befindet. Sie sollten diese Berechtigungsebene nur verwenden, wenn Sie sicher sind, dass der Code sehr gut geschrieben ist und Sie seinem Autor vertrauen können.

Neue Datentypen

SQL Server 2005 unterstützt verschiedene neue Datentypen:

- **`varchar(max)`:** Dieser Datentyp gibt Ihnen die Möglichkeit, Zeichenfolgen mit mehr als 8.000 Bytes (8.000 Zeichen) zu erzeugen. Seine Maximalgröße beträgt zwei GBytes.
- **`nvarchar(max)`:** Dieser Datentyp gibt Ihnen die Möglichkeit, Unicode-Zeichenfolgen mit mehr als 8.000 Bytes (4.000 Zeichen) zu erzeugen. Seine Maximalgröße beträgt zwei GBytes.
- **`varbinary(max)`:** Dieser Datentyp gibt Ihnen die Möglichkeit, binäre Daten mit mehr als 8.000 Bytes zu erzeugen.

Jeder dieser Datentypen kann bis zu zwei GByte groß werden. Damit können Sie im Vergleich zu `varchar(8000)` und `nvarchar(8000)` größere Datenmengen ablegen, weil diese beiden eine Begrenzung auf acht KBytes haben.

SQL Management Objects (SMO)

SQL Management Objects (SMO) ersetzen Distributed Management Objects (DMO), die in SQL Server 2000 verwendet wurden. SQL DMO-Anwendungen laufen zwar auf SQL Server 2005, es gab aber kein Update von DMO-Objekten. Entwickler setzten SMO ein. Anwendungen, die mit SMO erzeugt worden sind, besitzen häufig Standardverwaltungswerkzeuge für Administratoren.

SMO ist bei vielen Einstellungen schneller als DMO von SQL Server 2000, weil jedes Objekt nur teilweise instanziiert wird. Wenn Sie beispielsweise Tausende von Datenbanken auf einem extrem leistungsfähigen Server durchzählen wollen, benötigen Sie keine vollständig instanziierten Objekte, um eine Ansicht in Baumstruktur zu füllen. Sie benötigen nur den Namen des Objekts. Wenn Sie nur teilweise instanziierte Objekte einsetzen, sparen Sie bei alltäglichen, einfachen Aufgaben sehr viel Zeit, weil Sie nicht auf vollständig instanziierte Objekte zugreifen müssen, um einen kleinen Teil von vielen Objekten zu verarbeiten.

Skriptingaktionen

Wenn Sie Microsoft-Anwendungen wie Access und Excel benutzen, wissen Sie vielleicht, dass Sie Makros erstellen können, die es Ihnen ermöglichen, bestimmte Aktionen zu automatisieren. SQL Server 2005 besitzt ein Feature, das automatisch Transact-SQL-Skripte aus den Aktionen erstellt, die Sie in der grafischen Oberfläche (im SQL Server Management Studio) durchführen. Sie können diese Skripte so verwenden, wie sie von SQL Server Management Studio erstellt worden sind, oder Sie verändern sie so, dass sie genau auf Ihre Bedürfnisse passen.

HTTP-Endpunkte

Ein neues Feature von SQL Server 2005 sind HTTP-Endpunkte, die es Programmierern erlauben, auf SQL Server zuzugreifen, ohne davon abhängig zu sein, dass auf derselben Maschine auch ein IIS-Server läuft. SQL Server kann mit IIS zusammenarbeiten. Dies ist aber, anders als bei SQL Server 2000, nicht mehr zwingend erforderlich. HTTP-Endpunkte erlauben es Entwicklern, XML-Webdienste zusammen mit SQL Server 2005 zu nutzen. Der HTTP-Endpunkt ist in der Lage, sowohl T-SQL-Stapelanweisungen als auch gespeicherte Prozeduren auszuführen.

Aus Sicherheitsgründen sind HTTP-Endpunkte standardmäßig deaktiviert. Wenn Sie sie nutzen wollen, müssen Sie die Benutzer, gespeicherte Prozeduren und Datenbanken bestimmen, die die Endpunkte unterstützen sollen.

Verbesserungen der Verwaltungswerkzeuge

Die Verwaltungswerkzeuge von SQL Server 2005 unterscheiden sich sehr stark von denen, die es in SQL Server 2000 gibt. Die wichtigste Änderung, besser Neuerung, ist SQL Server Management Studio, auf das ich in Kapitel 3 detailliert eingehe.

Neue Verwaltungswerkzeuge

SQL Server 2005 besitzt neue Verwaltungswerkzeuge. SQL Server Management Studio ersetzt Enterprise Manager und Query Analyzer, die Sie vielleicht aus SQL Server 2000 kennen. SQL Server Management Studio gibt Ihnen zusätzlich die Möglichkeit, Instanzen von Analysis Services zu verwalten, und ersetzt deshalb auch Analysis Manager.

SQL Server Management Studio ermöglicht es, mehrere Instanzen von SQL Server zu verwalten. Sie sind damit in der Lage, über eine Schnittstelle mehrere Instanzen von SQL Server-Datenbankmodulen, Analysis Services, Integration Services und Reporting Services zu administrieren. Einzelheiten zu SQL Server Management Studio beschreibe ich in Kapitel 3.

SQL Server Configuration Manager ist ein neues Werkzeug, das Dienste kontrollieren kann, die zu SQL Server 2005 gehören. Es ersetzt Service Manager und die client- und serverseitigen Netzwerktools. Mit SQL Server Configuration Manager sind Sie in der Lage, die folgenden Objekte zu überwachen:

- ✔ SQL Server
- ✔ SQL Agent
- ✔ SQL Server Analysis Services
- ✔ DTS Server (für SQL Server Integration Services)
- ✔ Volltextsuche
- ✔ SQL Browser

Profiler

Profiler besitzt eine Reihe von Funktionalitäten, die es erlauben, Probleme im Leistungsverhalten von SQL Server 2005 zu analysieren. Er öffnet Fehlerprotokolle, die Sie dann im Dateisystem ablegen können, um Prozesse von SQL Server erneut aufzusetzen und zu analysieren. Profiler kann den Verlauf eines Fehlers grafisch darstellen, sodass Sie in der Lage sind, schnell herauszufinden, was passiert ist.

Profiler kann Daten importieren, die mithilfe der Windows-Ereignisanzeige aufgezeichnet worden sind. Sie können die Daten grafisch aufbereitet ausgeben und damit bestimmte Leistungsparameter über einen vorgegebenen Zeitraum betrachten. Über die grafische Darstellung können Sie das Problem auch zeitlich genau lokalisieren – zum Beispiel wann Ihre CPU anfing, in die Knie zu gehen. Sie sind damit in der Lage, zeitnah herauszufinden, welche Elemente zu Problemen beim Leistungsverhalten des Servers führen können.

Ich gehe in diesem Buch nicht weiter auf Profiler ein.

SQL Server Agent

Die Möglichkeiten von SQL Server Agent, der zeitgesteuerte Aufgaben abarbeitet, sind verbessert worden. So wurde beispielsweise die Anzahl an Aufgaben erhöht, die SQL Server Agent gleichzeitig abarbeiten kann. SQL Server 2000 hat SQL Agent nur eingesetzt, wenn es um Aufgaben ging, die sich auf das Datenbankmodul bezogen, während SQL Server 2005 den Agent auch einsetzen kann, um Jobs von Analysis Services und Integration Services ablaufen zu lassen. Auf diese Jobs gehe ich in Kapitel 16 ein.

SQL Server Agent verwendet Windows Management Instrumentation (WMI). WMI gibt Ihnen die Möglichkeit, einen Code zu schreiben, der verhindert, dass Aufgaben starten, wenn es beispielsweise zu wenig Platz auf der Festplatte für die erfolgreiche Verarbeitung dieser Aufgabe gibt.

Dynamische Konfiguration

Sie können in SQL Server 2005 viele Änderungen an der Konfiguration vornehmen, ohne SQL Server neu starten zu müssen (wenn das darunter liegende Betriebssystem Windows 2003 ist). Dies ist ein großer Fortschritt gegenüber SQL Server 2000, der regelmäßig neu gestartet musste, wenn Änderungen an der Konfiguration vorgenommen worden sind. Unter SQL Server 2005 können Sie problemlos die Bindung an eine CPU oder an I/Os ändern. Wenn Sie über die entsprechende Hardware verfügen, sind Sie in der Lage, den Arbeitsspeicher des Servers im laufenden Betrieb zu erweitern.

Volltextsuche

Sie können Kataloge für die Volltextsuche (das sind die Datenbanken, in denen die Metadaten gespeichert sind) auf dieselbe Art und Weise sichern und wieder zurückspielen wie jede andere Datenbank von SQL Server 2005.

SQL Server Service Broker

SQL Server Service Broker gibt Ihnen die Möglichkeit, asynchrone, auf Nachrichten basierende Anwendungen zu erstellen. Das Asynchrone einer Nachricht von Server Broker bedeutet, dass die Verarbeitung von Aufgaben zeitversetzt erfolgen kann, damit sich das Leistungsverhalten des Servers nicht verschlechtert. Nachrichten werden solange in Warteschlangen gestellt, bis die Serverlast gering geworden ist. Dadurch verbessert sich das Gesamtverhalten des Servers stark.

Wenn Sie weitere Informationen über Server Broker lesen wollen, müssen Sie zu Kapitel 19 blättern.

Dedizierte Administratorenverbindung

Hierbei handelt es sich nicht um eine Verbindung nur für dedizierte Administratoren, sondern um eine, die nur von Administratoren genutzt werden kann. Diese Verbindung wird verwendet, wenn auf dem Server ein Prozess außer Kontrolle geraten ist und Sie Zugriff auf das Datenbankmodul erhalten müssen, um diesen Prozess zu beenden. Selbst wenn dieser Prozess fast 100 Prozent CPU-Auslastung hervorruft, gibt die dedizierte Administratorenverbindung einem Administrator die Möglichkeit, sich einen Teil der CPU-Kapazitäten zu reservieren und den Prozess zu beenden. Das Ganze kann durchgeführt werden, ohne den Server neu starten zu müssen.

SQLCMD

Das Befehlszeilentool SQLCMD ist die Empfehlung, wenn Sie unter SQL Server 2005 Anweisungen auf Befehlszeilenebene absetzen wollen. Sie können individuelle SQLCMD-Anweisungen erstellen oder SQLCMD dazu nutzen, T-SQL-Skripte auszuführen.

SQLCMD erlaubt Ihnen den Gebrauch von Anweisungen auf Befehlszeilenebene, um Variablen eines T-SQL-Strings zu ersetzen. Stellen Sie sich beispielsweise vor, dass Sie ein einfaches Skript zur Datensicherung besitzen, das `backup.sql` heißt:

```
BACKUP DATABASE $(db) TO DISK = "$(pfad)\$(db).bak"
```

Es sichert eine spezielle Datenbank an einen bestimmten Ort. Sie können dieses Skript im Eingabefenster ablaufen lassen und dabei die Parameter `$db` und `$pfad` durch die entsprechenden Namen der Datenbank und des Speicherpfads ersetzen. Wenn Sie zum Beispiel `TolleProjekte` nach `C:\Backups` sichern wollen, geben Sie folgende Anweisung ein:

```
sqlcmd -E -i backup.sql -v db="TolleProjekte" pfad="C:\Backups"
```

Vereinfachte Updates

Systemobjekte befinden sich in SQL Server 2005 in der Datenbank `resource`. Wenn ein Servicepack oder ein anderes Update in die Instanz eines SQL-Servers eingespielt wird, das die Datenbank `resource` ersetzt, werden alle Systemobjekte aktualisiert. Dadurch können Updates viel einfacher eingespielt werden als früher.

Replikation

Einrichtung und Verwaltung von Replikationen sind in SQL Server 2005 stark verbessert worden. Beides wird über SQL Server Management Studio durchgeführt. Es gibt einen neuen Monitor, der es Ihnen erlaubt, die Einstellungen und das Leistungsverhalten von Replikationen zu überprüfen. Er kann Ihnen zum Beispiel sagen, wie lange es dauert, bis die replizierten Daten den Abonnenten erreichen.

Die Konfiguration von WMI

Windows Management Instrumentation (WMI) gibt Ihnen die Möglichkeit, ein breites Spektrum an Systemaufgaben durchzuführen, wie zum Beispiel das Festlegen spezieller Einstellungen für Clients und das Netzwerk. Darüber hinaus können Sie WMI für die Entscheidung nutzen, ob eine Aufgabe zu einer bestimmten Zeit auch sicher und effektiv ausgeführt werden kann. So können Sie zum Beispiel testen, ob es auf einer Festplatte genügend Platz gibt, um eine Datensicherung aufzunehmen.

Datenbank-E-Mail

Datenbank-E-Mail ist ein neues Feature, das SQLMail von SQL Server 2000 abgelöst hat. Datenbank-E-Mail verwendet Simple Mail Transfer Protocol (SMTP). Es gibt keine Abhängigkeiten mehr vom Messaging Application Programming Interface (MAPI), und damit ist Outlook nicht mehr zwingend erforderlich. Dadurch, dass diese Abhängigkeit entfernt worden ist, sind auch viele der Schwierigkeiten verschwunden, die Benutzer von SQL Server 2000 mit der Verfügbarkeit von SQLMail hatten. Zusätzlich ist Datenbank-E-Mail im Gegensatz zu SQLMail clusterfähig. Es kann auf Protokollierungseinträge und Prüfalgorithmen reagieren.

Verbesserungen der Verfügbarkeit

In SQL Server 2005 gibt es drei Hauptbereiche, bei denen es zu einer Verbesserung der Verfügbarkeit gekommen ist:

- ✔ Gleichzeitiger Datenzugriff
- ✔ Verfügbarkeit nach einem Serverausfall oder einer anderen Katastrophe
- ✔ Verfügbarkeit während der Wartung oder Reparatur von Datenbanken

Gleichzeitiger Datenzugriff

Man spricht von einem gleichzeitigen Datenzugriff, wenn jemand Daten erhält, während Dritte ebenfalls darauf zugreifen:

- ✔ **Datenbank-Snapshot:** Erzeugt eine logische Kopie der Datenbank zu einem bestimmten Zeitpunkt. Sie können Snapshots (deutsch: Schnappschüsse) als Grundlage für Berichte mit Reporting Services verwenden, ohne die Originaldatenbank zu belasten.
- ✔ **Snapshot Isolation:** Hierbei handelt es sich um eine neue Isolierungsebene, die die Verfügbarkeit bei lesenden Anwendungen erhöht, weil Schreibvorgänge Lesevorgänge nicht blockieren können. Schreibende Anwendungen unterliegen einer zwangsweisen Konfliktbehandlung.

- **Online-Indizierung:** In der Zeit, in der ein Index neu aufgebaut wird, steht er weiterhin für Datenzugriffe zur Verfügung. Dadurch wird während dieser Zeit das Leistungsverhalten verbessert.

Verfügbarkeit nach einem Serverausfall

SQL Server 2005 sorgt für eine bessere Verfügbarkeit nach einem Serverausfall oder in anderen Katastrophensituationen. Die folgenden Funktionalitäten sind zum Failover Clustering (der Ausfallsicherheit durch Clustern) hinzugekommen, einem Feature, das bisher nur von der Enterprise Edition von SQL Server 2000 unterstützt wurde:

- **Faster Recovery:** Nach einem Ausfall des Servers stehen die Datenbanken den Benutzern während des Wiederherstellungsvorgangs viel schneller wieder zur Verfügung. Dies verbessert die Verfügbarkeit.
- **Datenbankspiegelung:** Sie können durch die Verwendung von Standardhardware erreichen, dass ein Spiegelserver ständig eine aktuelle Kopie der Datenbank verwaltet. Wenn der führende Server ausfallen sollte, steht der Spiegelserver innerhalb von drei Sekunden zur Verfügung. Dies macht den Ausfall unsichtbar für die Benutzer.
- **Transparent Client Redict:** Die Datenbankspiegelung setzt – unsichtbar für den Benutzer – Transparent Client Redict ein. Die MDAC-Schicht (Microsoft Data Access Components) merkt sich den Spiegelserver, wenn er sich mit dem führenden Server verbindet. Falls der führende Server ausfällt, leitet MDAC die Verbindung auf den Spiegelserver um.

Verfügbarkeit während der Wartung von Datenbanken

Der Vorgang von Datensicherung und dem Zurückspielen der Daten muss zuverlässig sein, wenn Sie eine Datenbank – beispielsweise nach einem Hardwarefehler – lauffähig wiederherstellen wollen. Die zu diesem Thema gehörenden Funktionalitäten sind:

- **Onlinewiederherstellung:** Sie können Dateigruppe nach Dateigruppe wiederherstellen und dafür sorgen, dass die Daten verfügbar sind, sobald die primäre Dateigruppe wiederhergestellt worden ist.
- **Verbessertes Verifizieren von Sicherungen:** Das Verifizieren von Datensicherungen ist ausgereifter als in früheren Versionen von SQL Server. Die Syntax `RESTORE VERIFY ONLY` prüft alles, was nur geprüft werden kann, und zwar unmittelbar nachdem die Datensicherung geschrieben worden ist.
- **Spiegelung von Sicherungsmedien:** Hierdurch können Sie zusätzliche Kopien der Datensicherungen machen und damit die Möglichkeit reduzieren, an einer fehlerhaften Wiederherstellung zu scheitern. Weiterhin können Sie eine solche Kopie nutzen, um sie aus Sicherheitsgründen zu archivieren.
- **Prüfsummen von Datenbankseiten:** Es werden einzelnen Seiten der Datenbank Prüfsummen hinzugefügt, um Fehler zu entdecken, auf die man sonst nicht gestoßen wäre.

- ✔ **Datensicherung mit Prüfsummen:** Fügt während der Datensicherung einen weiteren Mechanismus hinzu, der Fehler entdecken soll. Sie haben die Möglichkeit, in einem Fehlerfall weiterzumachen und den Fehler später zu korrigieren.
- ✔ **Sicherung von Daten und Transaktionsprotokollen:** Die Probleme, die es früher gab, wenn Transaktionsprotokolle zur selben Zeit gesichert werden sollten wie die Datenbankdateien, sind behoben worden.

Verbesserungen der Skalierbarkeit

Eines der wichtigsten Ziele von SQL Server 2005 ist es gewesen, die Skalierbarkeit von Datenbanken und von den Anwendungen zu verbessern, die von den Datenbanken abhängen.

Installation in einem Cluster

Sie können SQL Server 2005 in einem Cluster von bis zu acht Knoten installieren und dabei einen Statusbericht über den Installationsfortschritt auf jedem einzelnen Knoten erhalten. Die Installationsroutine von SQL Server 2005 besitzt die Fähigkeit, Analysis Services in einem Cluster zu installieren. Neu ist, dass die Installation in einem Cluster auch unbeaufsichtigt durchgeführt werden kann. SQL Server 2005 ist damit in der Lage, auch in einem Cluster *unattended* eingerichtet zu werden.

Daten partitionieren

Einige der Datenbankobjekte sind sehr groß. Partitionierung teilt diese großen Datenbankobjekte in kleinere auf, die besser verwaltet werden können. Stellen Sie sich vor, dass Sie eine große Tabelle besitzen, die Daten mehrerer Monate enthält. Sie können das Leistungsverhalten der Tabelle dadurch verbessern, dass Sie sie in mehrere kleine Stücke aufteilen, die jeweils nur einen Monat umfassen.

Auch Indizes können partitioniert werden. Wenn die Partitionen für Daten und Indizes parallel zueinander laufen, können Sie Partitionen in eine Tabelle hineinholen oder wieder aus ihr entfernen. Dies ist immer dann nützlich, wenn Sie zum Beispiel die Daten der letzten zwölf Monate nach Monaten partitioniert haben. Sie können die Daten der letzten zwölf Monate verschieben und eine neue Partition für die aktuellen Daten erstellen.

Datenbankmodul-Optimierungsratgeber

Der Datenbankmodul-Optimierungsratgeber, der in der Hilfe von SQL Server 2005 auch als *Database Engine Tuning Advisor* (*DTA*) bezeichnet wird, ersetzt den Index-Erstellungsassistenten von SQL Server 2000. Der Datenbankmodul-Optimierungsratgeber hilft Ihnen nicht nur dabei, Indizes zu optimieren, sondern er ist auch in der Lage, das Leistungsverhalten der gesamten Datenbank zu verbessern.

Der DTA kann mit Partitionen umgehen und ist in der Lage, dabei zu helfen, Operationen zu optimieren, die mehrere Datenbanken umfassen. Er besitzt einen Modus für Hochverfügbarkeitsempfehlungen, der das Erstellen von Indizes nur dann vorschlägt, wenn dies im laufenden Betrieb möglich ist. Damit wird die Verfügbarkeit einer Datenbank während der Indexerstellung merklich verbessert. Sie können eine Maximalzeit festlegen, die dem DTA zur Verfügung steht, um sein Ziel zu erreichen. Damit verhindern Sie, dass der DTA seine Empfehlung in sehr lange laufenden Szenarien umsetzt. Weiterhin sind Sie in der Lage, mithilfe von Wenn-dann-Analysen herauszufinden, welche Effekte die Empfehlungen des Datenbankmodul-Optimierungsratgebers bewirken.

Speicherausbau im laufenden Betrieb

Wenn die Anforderungen an Ihren SQL-Server deutlich steigen und Sie die entsprechende Hardware besitzen, können Sie die Vorteile eines Speicherausbaus im laufenden Betrieb nutzen, wenn SQL Server unter Windows Server 2003 läuft. Dies führt zu Leistungsverbesserungen unter Last und verringert Ausfallzeiten.

Replikation

Das Leistungsverhalten von Replikationen ist unter SQL Server 2005 deutlich verbessert worden. Die Zahl der Abonnenten einer Replikation wurde gesteigert.

Verbesserungen der Business Intelligence

Business Intelligence ist eine der treibenden Kräfte von SQL Server 2005. Es wurden neue Funktionalitäten zu Analyses Services hinzugefügt, Integration Services ersetzen Data Transformation Services und bauen auf den Funktionalitäten von Reporting Services 2000 auf, die erstmalig 2004 freigegeben worden sind.

Business Intelligence verwendet Integrations-, Analyse- und Berichtsmuster. Sie können Integrated Services dazu verwenden, Daten aus unterschiedlichen Quellen zusammenzubringen. Setzen Sie Analysis Services ein, um Einblick in die Daten zu bekommen. Sie können mit Reporting Services Berichte erstellen, um kommerziellen Benutzern die Analysen darzustellen.

Integration Services

SQL Server Integration Services ersetzen SQL Server 2000 Data Transformation Services. Sie können Integration Services dazu verwenden, Daten zu importieren und zu reorganisieren. Weiterhin können Sie mithilfe dieser Dienste Daten in ein Data Warehouse laden. Ich gehe in Kapitel 20 detailliert auf Integration Services ein.

Analysis Services

SQL Server 2005 erweitert die Funktionalitäten von Analysis Services. Sie setzen diese Dienste ein, um Daten, die im geschäftlichen Umfeld wichtig sind, zu extrahieren. Analysis Services enthalten zwei Hauptkomponenten: Online Analytical Processing (OLAP) und Data Mining. Ich beschreibe Analysis Services ausführlicher in Kapitel 21.

Reporting Services

Sie können SQL Server Reporting Services verwenden, um Berichte für Endbenutzer anzupassen. Zwar wurden im Januar 2004 Reporting Services für SQL Server 2000 vorgestellt, sie sind aber von vornherein als neues Feature für SQL Server 2005 geplant gewesen. Wenn Sie Entwickler sind, können Sie Berichtsprojekte im Business Intelligence Development Studio erstellen. Wenn Sie die Enterprise Edition von SQL Server 2005 besitzen, können Sie im Business Intelligence Development Studio ein modellhaftes Reportprojekt erstellen, auf das die Endbenutzer zugreifen können, um mit dem neuen Report Builder *Ad-hoc*-Berichte anzulegen. Ich beschreibe Reporting Services detailliert in Kapitel 22.

Vorstellung und Konfiguration von Management Studio

3

In diesem Kapitel

- Management Studio starten
- Eine Instanz von SQL Server registrieren
- Den Objekt Explorer entdecken
- Einen Blick auf die Registerkarte Summary werfen
- Abfragen im Abfragefenster
- Vorlagen in Management Studio anwenden

SQL Server Management Studio ist *das* Werkzeug, das Sie verwenden, um die Datenbanken von SQL Server 2005 und SQL Server 2000 zu verwalten.

Datenbanken von SQL Server 7.0 können mit diesem Werkzeug nicht administriert werden.

Anmerkung: SQL Server Management Studio hat so bekannte Tools wie Enterprise Manager und Query Analyzer von SQL Server 2000 ersetzt. Sie suchen beides in einer SQL Server 2005-Installation vergebens.

SQL Server Management Studio gibt Ihnen die Möglichkeit, Instanzen von SQL Server, Analysis Services, Integration Services und Reporting Services zu administrieren.

Management Studio starten und mit SQL Server verbinden

Damit SQL Server Management Studio in Ihrer Umgebung auch vorhanden ist, müssen Sie während der Installation von SQL Server 2005 die Arbeitsstationskomponenten auswählen.

Wenn Sie SQL Server Management Studio starten wollen, wählen Sie START|PROGRAMME|MICROSOFT SQL SERVER 2005|SQL SERVER MANAGEMENT STUDIO aus.

Wenn SQL Server Management Studio startet, erscheint die Dialogbox VERBINDUNG MIT SERVER HERSTELLEN (siehe Abbildung 3.1). Sie können sich jetzt für eine Verbindung mit einer SQL Server-Instanz entscheiden oder ohne Verbindung zu einer Server-Instanz arbeiten.

Abbildung 3.1: Die Dialogbox Verbindung mit Server herstellen

Wenn Sie sich mit einer lokalen Instanz des Datenbankmoduls von SQL Server verbinden wollen, wählen Sie in der Dropdownliste Servertyp den Eintrag Datenbankmodul. Wählen Sie dann in der Dropdownliste Servername einen Server aus, oder geben Sie den Namen eines Servers oder `(local)` ein. Wählen Sie die von Ihnen bei der Installation eingestellte Authentifizierungsmethode aus, und klicken Sie auf die Schaltfläche Verbinden. Der Objekt-Explorer enthält einen Knotenbaum, der die lokale Instanz des SQL Server-Datenbankmoduls darstellt. Ich gehe weiter unten in diesem Kapitel im Abschnitt »Datenbankobjekte mithilfe des Objekt-Explorers erforschen« genauer auf dieses Werkzeug ein.

Registrierte Server

Das Fensterelement Registrierte Server von Management Studio gibt Ihnen die Möglichkeit, Instanzen von SQL Server 2005-Datenbankmodulen, von Analysis Services, Reporting Services, SQL Server Mobile und Integration Services anzugeben. Jede dieser fünf Kategorien besitzt im Fensterelement Registrierte Server eine eigene Ansicht, von denen Sie immer nur auf eine zugreifen können.

Die Dialogboxen im Fensterelement Registrierte Server (und der Name des Elements selber) beziehen sich auf *Server*. Tatsächlich ist es so, dass Sie sich mit einer Server*instanz* verbinden – nicht mit einem Server. Auf einem Server können mehrere Instanzen angezeigt werden, mit denen Sie sich verbinden können.

Falls das Fensterelement Registrierte Server nicht sichtbar sein sollte, aktivieren Sie es über das Menü Ansicht|Registrierte Server. Das Fensterelement öffnet sich im linken Teil von Management Studio (wenn Sie seine Position nicht früher einmal verändert haben).

Verwenden Sie das Fensterelement Registrierte Server für folgende Aufgaben:

- ✔ Speichern Sie Verbindungsinformationen über SQL Server-Instanzen im Netz.
- ✔ Lassen Sie anzeigen, ob eine Instanz läuft oder nicht.

- ✔ Verbinden Sie sich im Objekt-Explorer oder im Abfrage-Editor mit einer Instanz.
- ✔ Bearbeiten Sie die Informationen über einen registrierten Server.
- ✔ Gruppieren Sie Ihre Server.

Gehen Sie wie folgt vor, wenn Sie eine Serverinstanz registrieren wollen:

1. **Klicken Sie in der Symbolleiste Registrierte Server auf das Symbol, das für die Art von Instanz steht, die Sie registrieren wollen.**

   Es stehen hier die Optionen Datenbankmodul, Analysis Services, Reporting Services, SQL Server Mobile und SQL Server Integration Services zur Verfügung.

2. **Wenn die Instanz, mit der Sie sich verbinden wollen, nicht angezeigt wird, klicken Sie mit der rechten Maustaste in den leeren Teil des Fensterelements, und wählen Sie aus dem Kontextmenü Neu|Serverregistrierung.**

   Es öffnet sich die Dialogbox Neue Serverregistrierung.

3. **Geben Sie den Namen der Instanz ein, mit der Sie sich verbinden wollen, oder wählen Sie ihn aus.**

   Geben Sie in der Dropdownliste Servername den Namen in der Form `nameComputer\nameInstanz` ein. Wenn Sie sich mit einer Instanz `Test` verbinden wollen, die auf einem Computer mit dem Namen `OnlineVertrieb` liegt, geben Sie `OnlineVertrieb\Test` ein.

4. **Klicken Sie auf die Schaltfläche Testen, um herauszufinden, ob die Verbindung auch sauber arbeitet.**

5. **Wenn der Verbindungstest erfolgreich gewesen ist, klicken Sie auf die Schaltfläche Speichern. Wenn der Verbindungstest fehlschlägt, prüfen Sie sorgfältig Ihre Eingaben aus Schritt 3 und korrigieren Sie sie gegebenenfalls.**

   Der neu registrierte Server erscheint jetzt im Fensterelement Registrierte Server.

Wenn Sie sich mit der Instanz eines SQL Servers verbinden und seine Knoten im Objekt-Explorer anzeigen wollen, geht das so:

1. **Klicken Sie in der Symbolleiste Registrierte Server auf das entsprechende Symbol, um den Typ von Instanz auszuwählen, mit dem Sie sich verbinden wollen.**

   Als Optionen stehen Ihnen zur Auswahl Datenbankmodul, Analysis Services, Reporting Services, SQL Server Mobile und Integration Services. Es werden die Instanzen des ausgewählten Typs angezeigt.

2. **Klicken Sie mit der rechten Maustaste die SQL Server-Instanz an, mit der Sie sich verbinden wollen.**

3. **Wählen Sie im Kontextmenü Verbinden|Objekt-Explorer aus.**

Wenn Sie sich mit einer SQL Server-Instanz verbinden und für diese Instanz eine neue Abfrage erstellen wollen, gehen Sie wie folgt vor:

1. **Klicken Sie in der Symbolleiste Registrierte Server auf das entsprechende Symbol, um den Typ von Instanz auszuwählen, mit dem Sie sich verbinden wollen.**
2. **Klicken Sie mit der rechten Maustaste auf die Serverinstanz, mit der Sie sich verbinden wollen.**
3. **Wählen Sie im Kontextmenü Verbinden|Neue Abfrage aus.**

   Es öffnet sich das Abfragefenster, oder es wird im Abfragefenster eine neue Registerkarte erzeugt, wenn Sie das Fenster bereits geöffnet haben.

Datenbankobjekte mithilfe des Objekt-Explorers überprüfen

Wenn SQL Server Management Studio startet, erscheint die Dialogbox Verbindung mit Server herstellen (siehe Abbildung 3.1). Sie können sich für eine Verbindung mit einer SQL Server-Instanz (Datenbankmodul, Analysis Services, Reporting Services oder Integration Services) entscheiden oder SQL Server Management Studio ohne Verbindung zu einer Server-Instanz hochfahren. Um eine Instanz von SQL Server zu überprüfen und zu verwalten, geben Sie den Namen des Servers und den der Instanz an, mit der Sie sich verbinden wollen.

Das linke Fensterelement von SQL Server Management Studio zeigt normalerweise den Objekt-Explorer (und das Fensterelement Registrierte Server) an. Wenn der Objekt-Explorer beim Start von SQL Server Management Studio nicht sichtbar ist, wählen Sie Ansicht|Objekt-Explorer aus, und er öffnet sich.

Der Objekt-Explorer gibt Ihnen die Möglichkeit, im Management Studio verschiedene Aufgaben durchzuführen, die davon abhängig sind, in welcher Instanz Sie sie auswählen:

- ✔ Datenbanken erstellen und verwalten
- ✔ Datenbankeigenschaften ansehen und verändern
- ✔ Datenbankobjekte wie Tabellen und Sichten erstellen und verwalten
- ✔ Privilegien und Berechtigungen gewähren und zurückziehen
- ✔ Replikationen konfigurieren
- ✔ Pakete von SQL Server Integration Services verwalten (diese Pakete werden im Business Intelligence Development Studio erstellt)
- ✔ Protokolldateien von SQL Server und Windows beobachten
- ✔ SQL Server Agent verwalten

Kapitel 4 beschreibt die zum Erstellen von Datenbanken und Datenbankobjekten nötigen Schritte.

Abbildung 3.2 stellt die oberste Knotenebene im Objekt-Explorer dar.

Abbildung 3.2: Die oberste Knotenebene im Objekt-Explorer

Datenbankeigenschaften betrachten und verändern

Um die Eigenschaften einer Datenbank zu betrachten und zu verändern, folgen Sie diesen Schritten:

1. **Klicken Sie auf das Plus (+) links vor dem Knoten DATENBANKEN.**

   Es erscheinen der Knoten mit den Systemdatenbanken und die einzelnen Knoten der benutzerspezifischen Datenbanken.

2. **Wenn Sie sich die Eigenschaften einer Systemdatenbank anschauen wollen, klicken Sie auf den gleichnamigen Knoten, damit die einzelnen Systemdatenbanken angezeigt werden.**

3. **Klicken Sie mit der rechten Maustaste auf den Namen der Datenbank.**

   Abbildung 3.3 zeigt, dass ich eine Datenbank mit dem Namen `AbenteurErleben` ausgewählt habe.

4. **Wählen Sie im Kontextmenü die Option EIGENSCHAFTEN.**

   Es öffnet sich die als Abbildung 3.3 dargestellte Dialogbox.

5. **Wählen Sie nacheinander alle Registerkarten des linken Fensterelements aus, um die verfügbaren Eigenschaften zu inspizieren.**

   Die als Datenbankeigenschaften verfügbaren Optionen sind unter den folgenden Registerkarten gruppiert:

   - Allgemein
   - Dateien
   - Dateigruppen
   - Optionen
   - Berechtigungen
   - Erweiterte Eigenschaften
   - Spiegelung
   - Protokollversand

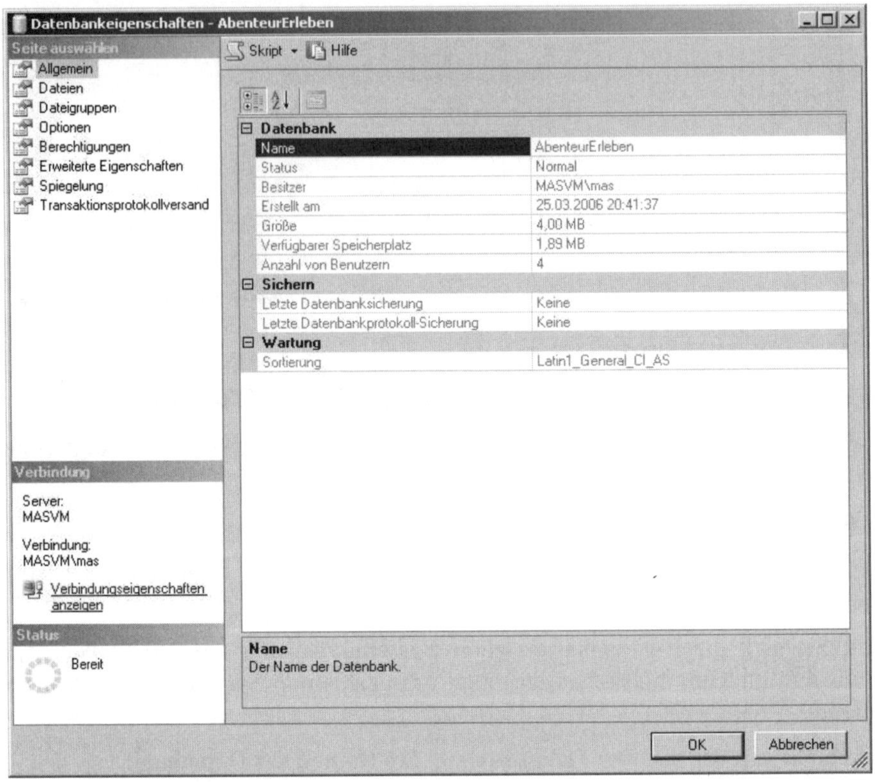

Abbildung 3.3: Die Dialogbox DATENBANKEIGENSCHAFTEN

In einem gewissen Umfang können Sie die Eigenschaften einer Datenbank ändern.

Wenn Sie die Systemdatenbanken (oder genauer: Sichten auf versteckte Systemdatenbanken) anschauen wollen, gehen Sie so vor:

1. **Klicken Sie auf das Plus (+) links vor dem Knoten SYSTEMDATENBANKEN.**

   Es werden die Systemdatenbanken angezeigt. Bei einer Standardinstallation sind dies die Datenbanken `master`, `model`, `msdb` und `tempdb`.

2. **Klicken Sie auf das Plus (+) links vor dem Datenbankknoten** `master`**.**

   Es werde die Knoten der `master`-Datenbank angezeigt. Bei diesen Knoten handelt es sich um TABELLEN, SICHTEN, SYNONYME, PROGRAMMIERBARKEIT, SERVICE BROKER, SPEICHER und SICHERHEIT.

3. **Schauen Sie sich die Inhalte der einzelnen Knoten an, indem Sie auf das Plus (+) vor jedem Knoten klicken.**

Sicherheit

Auf zwei Ebenen existieren Knoten mit der Bezeichnung SICHERHEIT: auf der Ebene der SQL Server-Instanz und auf Datenbankebene.

Der Knoten SICHERHEIT, den Sie sehen, wenn sich der Objekt-Explorer öffnet, enthält Informationen über die SQL Server-Instanz. Sie verwenden diesen Knoten, um Sicherheitseinstellungen anzuschauen oder zu verwalten, die auf der Ebene der SQL Server-Instanz wichtig sind.

Um in der SQL Server-Instanz ein neues Anmeldekonto zu erstellen, gehen Sie wie folgt vor:

1. **Klicken Sie mit der rechten Maustaste auf den Knoten SICHERHEIT, und wählen Sie im Kontextmenü NEU|ANMELDUNG aus.**

   Es öffnet sich die Dialogbox ANMELDUNG – NEU.

2. **Geben Sie auf der Registerkarte ALLGEMEIN einen neuen Anmeldenamen ein.**

3. **Wenn Sie das neue Anmeldekonto zu einer der Systemrollen hinzufügen wollen, klicken Sie auf die Registerkarte SERVERROLLEN, und markieren Sie ein oder mehrere Kontrollkästchen.**

4. **Wenn Sie Berechtigung auf eine bestimmte Datenbank setzen wollen, klicken Sie auf die Registerkarte BENUTZERZUORDNUNG, und markieren Sie die Kontrollkästchen der Datenbanken, auf die das neue Anmeldekonto zugreifen darf.**

Wenn Sie auf der Ebene der Datenbanken arbeiten, erstellen Sie im Knoten SICHERHEIT einen Benutzer und kein Anmeldekonto. Arbeiten Sie die folgenden Punkte ab, um einen neuen Benutzer für die Beispieldatenbank `AdventureWorks` (oder eine andere Datenbank) zu erstellen:

1. **Falls der Knoten Datenbanken nicht erweitert ist, klicken Sie auf das Plus (+) links vor dem Knoten.**

   Es werden die untergeordneten Knoten angezeigt.

2. **Klicken Sie auf das Plus (+) links vor dem Knoten `AdventureWorks`.**

   Es werden die untergeordneten Knoten der Datenbank `AdventureWorks` angezeigt. Wählen Sie einen anderen Knoten aus, wenn Sie die Beispieldatenbank `AdventureWorks` nicht installiert haben.

3. **Klicken Sie mit der rechten Maustaste auf den Knoten SICHERHEIT (der ein Unterknoten von `AdventureWorks` ist), und wählen Sie NEU|BENUTZER aus.**

   Es öffnet sich die Dialogbox DATENBANKBENUTZER – NEU (siehe Abbildung 3.4).

4. **Geben Sie dem neuen Benutzer einen Namen.**

5. **Verknüpfen Sie gegebenenfalls den neuen Benutzer mit einem existierenden Anmeldenamen und/oder einem Standardschema.**

6. **Wenn Sie den neuen Benutzer zum Eigentümer eines Schemas machen wollen, markieren Sie eines oder mehrere der Kontrollkästchen auf der Registerkarte ALLGEMEIN.**

7. **Wenn Sie den neuen Benutzer zu einer oder mehrerer Rolle(n) hinzufügen wollen, markieren Sie eines oder mehrere der entsprechenden Kontrollkästchen**

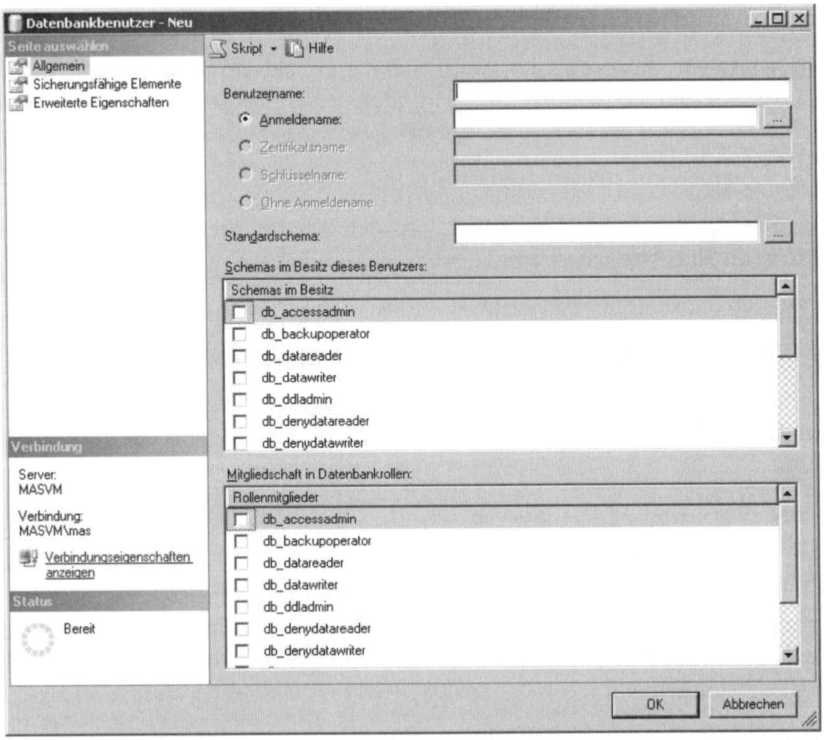

Abbildung 3.4: Die Dialogbox Datenbankbenutzer – Neu

In Kapitel 11 erfahren Sie mehr über Sicherheitseinstellungen.

Replikation

Am Knoten Replikation können Sie einstellen, ob eine Instanz von SQL Server an Replikationen teilnimmt. SQL Server 2005 verwendet bei Replikationen die Metapher von Publikation und Abonnement. SQL Server Management Studio lässt es zu, dass Sie sowohl Publikationen als auch Abonnements erstellen.

Klicken Sie auf das Plus (+) links vor dem Knoten Replikation, um die Unterknoten – Lokale Publikationen und Lokale Abonnements – sichtbar zu machen.

Ich beschreibe Replikationen in allen Einzelheiten in Kapitel 19.

Sich einen Überblick mithilfe der Registerkarte Zusammenfassung verschaffen

Wenn Sie SQL Server Management Studio zum ersten Mal öffnen, finden Sie die Registerkarte ZUSAMMENFASSUNG rechts neben dem Objekt-Explorer und dem Fensterelement REGISTRIERTE SERVER. Diese Registerkarte sorgt für Informationen, die Merkmale der Instanz von SQL Server zusammenfassen, mit der Sie gerade verbunden sind.

Abbildung 3.5 zeigt, wie die Registerkarte Zusammenfassung aussieht, wenn die Instanz von SQL Server ausgewählt worden ist.

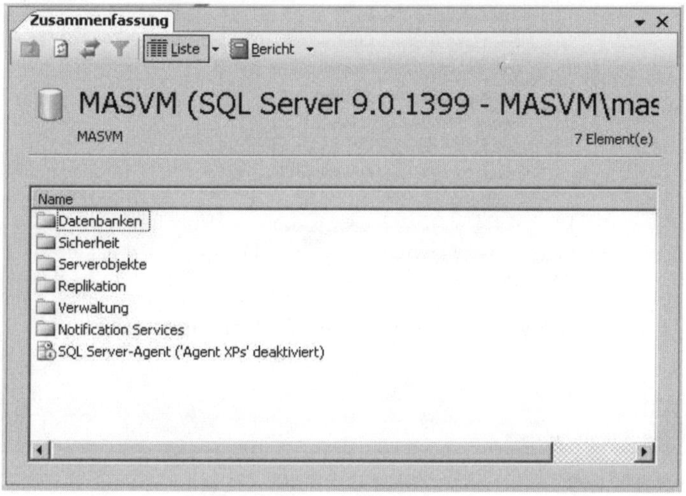

Abbildung 3.5: Die Registerkarte ZUSAMMENFASSUNG

Beachten Sie die Navigationssymbole im Kopfbereich der Registerkarte. Das Symbol BERICHT enthält ein ziemlich umfassendes Menü, wie Abbildung 3.6 zeigt.

Abbildung 3.7 stellt das Serverdashboard der Instanz des Standarddatenbankmoduls dar.

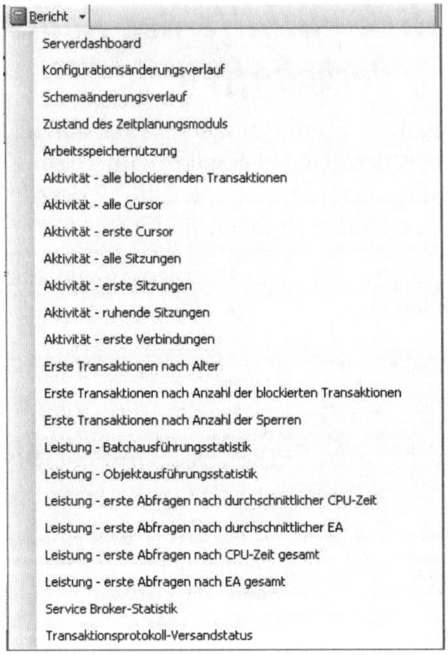

Abbildung 3.6: Die Optionen des Symbols BERICHT

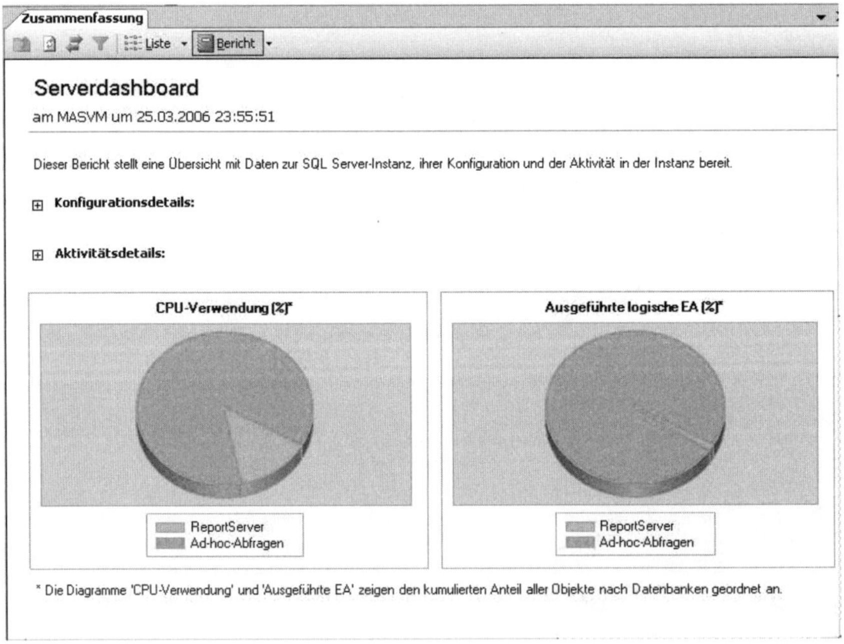

Abbildung 3.7: Das Serverdashboard

Im Abfragefenster Fragen stellen

Um eine neue Abfrage zu starten, klicken Sie im linken Bereich der Standardsymbolleiste auf die Schaltfläche NEUE ABFRAGE. Zusätzlich zu dieser Schaltfläche gibt es fünf weitere Symbole, über die Sie direkt den Typ der Abfrage auswählen können, die Sie erstellen wollen (siehe Abbildung 3.8).

Abbildung 3.8: Sie können mithilfe dieser Symbole den Abfragetyp festlegen.

Management Studio unterstützt die folgenden Abfragetypen:

- ✔ **Transact-SQL:** Läuft gegen das relationale Datenbankmodul.
- ✔ **MDX (Multi-Dimensional Expressions):** Läuft gegen Analysis Services.
- ✔ **DMX (Data Mining Extensions):** Läuft gegen Analysis Services.
- ✔ **XMLA (XML for Analysis):** Läuft gegen Analysis Services.
- ✔ **SQL Server Mobile Query:** Läuft gegen eine Instanz von SQL Server 2005 Mobile Edition.

Wenn Sie eine einfache Abfrage erstellen und dabei die Beispieldatenbank `AdventureWorks` verwenden wollen, gehen Sie wie folgt vor:

1. **Klicken Sie auf das Symbol DATENBANKMODUL-ABFRAGE.**

   Entweder öffnet sich das Abfragefenster, oder einem geöffneten Fenster wird eine neue Registerkarte hinzugefügt.

2. **Geben Sie im Abfragefenster folgenden Transact-SQL-Code ein:**

   ```
   USE AdventureWorks
   SELECT LastName, FirstName, Title
   FROM Person.Contact
   ORDER BY LastName
   ```

   Die erste Zeile des Codes legt fest, dass die Datenbank `AdventureWorks` verwendet wird. Die zweite Zeile enthält eine SELECT-Anweisung, die drei Spalten auswählt: `LastName`, `FirstName` und `Title` aus der Tabelle `Contact` im Schema `Person`.

3. **Klicken Sie in der Symbolleiste auf AUSFÜHREN.**

   Falls Sie es vorziehen, können Sie auch [F5] drücken, um den T-SQL-Code auszuführen.

   Das Ergebnis der Abfrage wird im Normalfall in einem Tabellenraster angezeigt (wenn Sie die Einstellungen für die Wiedergabe nicht geändert haben) und ist in Abbildung 3.9 dargestellt.

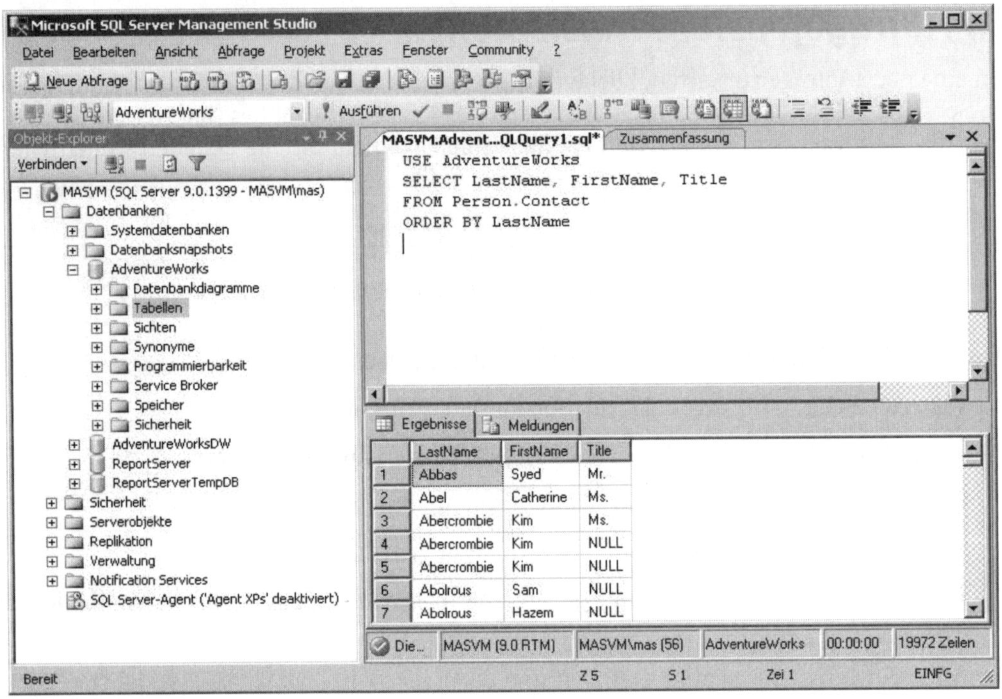

Abbildung 3.9: Ergebnisse einer T-SQL-Abfrage über die Datenbank `AdventureWorks`

Sie erkennen, dass die drei ausgewählten Spalten im Raster angezeigt werden und dass sie nach dem Nachnamen (`LastName`) sortiert sind.

In Kapitel 5 gehe ich detaillierter darauf ein, wie Sie einen SQL-Server mithilfe von T-SQL abfragen können.

Die Anwendungsumgebung anpassen

SQL Server 2005 stellt eine Reihe von Optionen zur Verfügung, um die Arbeitsweise von SQL Server Management Studio einzustellen.

Wenn Sie diese Optionen sehen wollen, wählen Sie EXTRAS|OPTIONEN aus. Abbildung 3.10 zeigt einige von ihnen. Erweitern Sie die Knoten im linken Teil der Dialogbox, um einen Blick auf alle Optionen zu werfen.

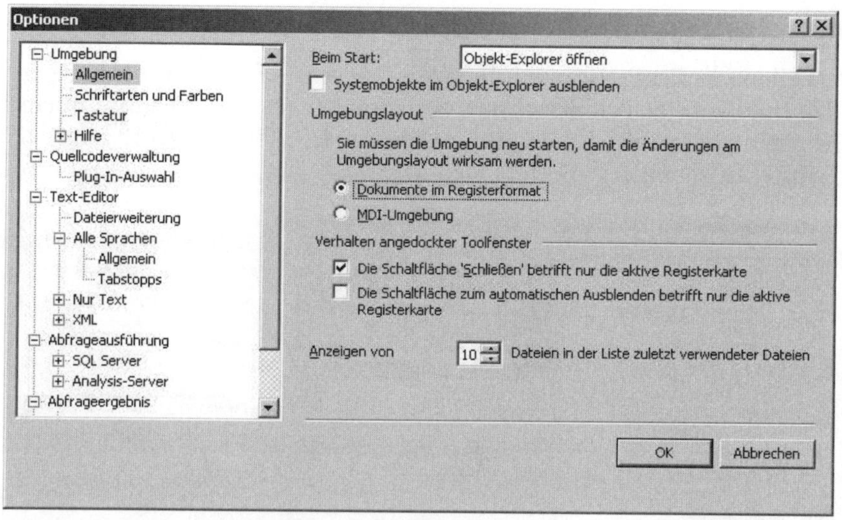

Abbildung 3.10: Einige der Einstellungsmöglichkeiten von SQL Server Management Studio

Starteinstellungen festlegen

Im Knoten UMGEBUNG können Sie unter ALLGEMEIN festlegen, welches Element angezeigt wird, wenn Sie SQL Server Management Studio öffnen (siehe Abbildung 3.11).

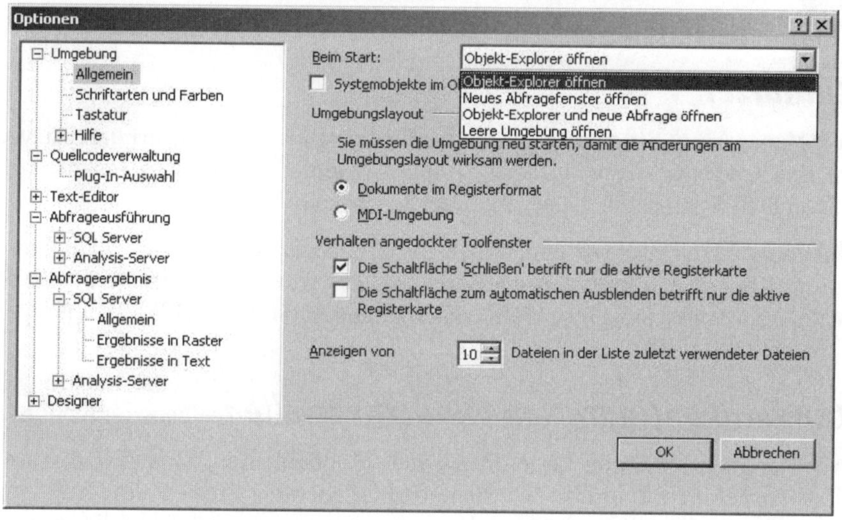

Abbildung 3.11: Startoptionen für SQL Server Management Studio festlegen

Ergebnisse anzeigen

Um die Darstellung der Ergebnisse einer Abfrage zu ändern, wählen Sie in der Kategorie ABFRAGE-ERGEBNIS den Unterknoten SQL SERVER aus. Sie können sich die Ergebnisse in einem Raster oder als Text anzeigen lassen oder sie an eine Datei senden. Abbildung 3.12 zeigt, wie Sie diese Optionen einstellen können.

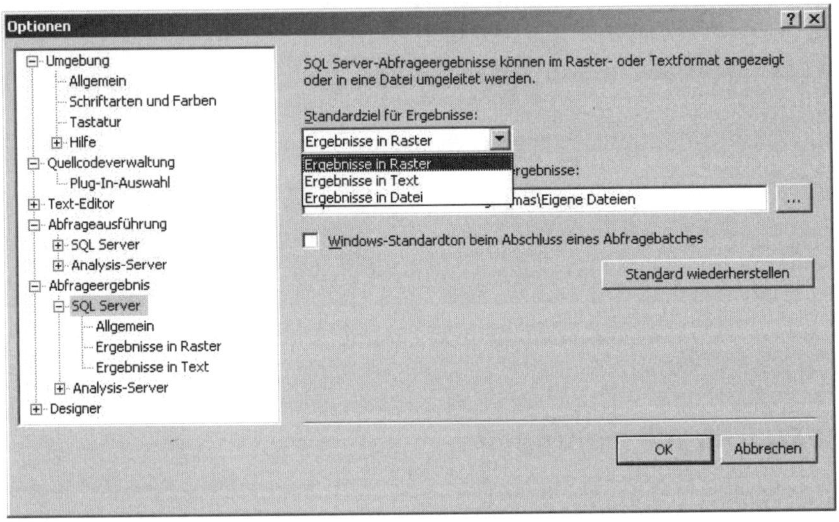

Abbildung 3.12: Festlegen, wie die Ergebnisse von Abfragen dargestellt werden

Tastaturkürzel

SQL Server Management Studio unterstützt zwei Möglichkeiten, Tastaturkürzel zu verwenden. Eine folgt den Konventionen von Visual Studio. Die andere ähnelt den Tastaturkürzeln, die vielleicht von SQL Server 2000 Query Analyzer her bekannt sind.

Um ein Tastaturschema auszuwählen, öffnen Sie über EXTRAS|OPTIONEN die Dialogbox OPTIONEN, in der Sie im Knoten ALLGEMEIN auf die Kategorie TASTATUR klicken. Dort können Sie in der Dropdownliste TASTATURSCHEMA Ihre Wahl treffen (siehe Abbildung 3.13).

Die Standardkonfiguration wiederherstellen

SQL Server Management Studio bietet Ihnen viele Möglichkeiten, Einstellungen am Erscheinungsbild vorzunehmen. Damit haben Sie natürlich auch die Chance, eine Konfiguration zu erstellen, die Ihnen eigentlich nicht gefällt, sodass Sie gerne wieder auf die ursprünglichen Einstellungen zurückgreifen würden. Sie erreichen dies, indem Sie auf FENSTER|FENSTERLAYOUT ZURÜCKSETZEN klicken.

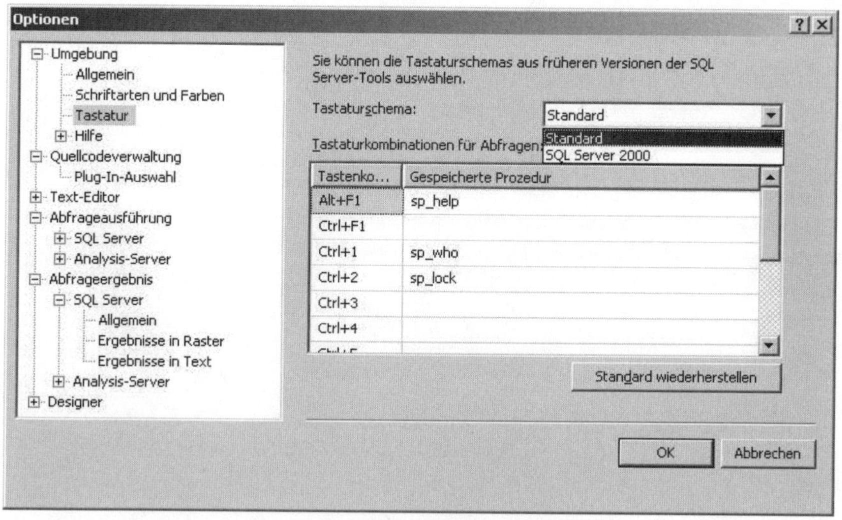

Abbildung 3.13: Ein Tastaturschema auswählen

Vorlagen verwenden

Wenn Sie eine Transact-SQL-Abfrage erstellen, kann eine Vorlage sehr nützlich sein, auf die Sie zurückgreifen können, um die gewünschten Effekte zu erzielen. Microsoft stellt in SQL Server 2005 eine Vielzahl von Vorlagen zur Verfügung, die Sie an Ihre speziellen Bedürfnisse anpassen können.

Sie greifen über ANSICHT|VORLAGEN-EXPLORER auf diese Vorlagen zu.

Teil II

Grundlegendes Arbeiten

Ich hab' doch schon drei Mal eine Suche nach wiederbelebten Frauen abgesetzt und nichts gefunden.

In diesem Teil ...

Ich zeige Ihnen, wie man Transact-SQL (T-SQL) verwendet, um Datenbanken und Tabellen in SQL Server zu erstellen. Ich erkläre Ihnen, was Sie machen müssen, um über T-SQL Daten von einer SQL Server-Datenbank zu erhalten.

Ich zeige Ihnen weiterhin, wie einfach es ist, Windows-Anwendungen zu erstellen, die auf den Daten von SQL Server 2005 basieren.

Datenbanken, Tabellen und Beziehungen

4

In diesem Kapitel

- SQL Server 2005 starten
- In den Objekt-Explorer einsteigen
- Datenbanken entwickeln
- Schlüssel verwenden, um Beziehungen aufzubauen
- Einschränkungen hinzufügen
- Daten in die Datenbank eingeben

Bei SQL Server 2005 handelt es sich um ein relationales Datenbankverwaltungssystem, das auf einem Server mehrere Instanzen haben kann. Jede dieser Instanzen ist in der Lage, mehrere relationale Datenbanken zu verwalten. Relationale Datenbanken bestehen aus Tabellen. Die meisten relationalen Datenbanken enthalten mehrere Tabellen mit Daten, die über Schlüssel in logischen Beziehungen zueinander stehen.

SQL Server Management Studio gibt Ihnen die Möglichkeit, auf Datenbankobjekte wie Tabellen zuzugreifen, die von SQL Server 2005 kontrolliert werden. Das Studio ersetzt Enterprise Manager und Query Analyzer von SQL Server 2000.

Ich zeige Ihnen in diesem Kapitel, wie Sie Datenbankobjekte mit dem Objekt-Explorer von SQL Server Management Studio steuern und wie Sie SQL Server Management Studio einsetzen können, um Datenbankobjekte anzulegen, die in normalen Datenbanken des geschäftlichen Alltags unentbehrlich sind.

Jedes Teil einer Datenbank – einschließlich der Datenbank selbst – kann als Datenbankobjekt angesehen werden. Beispiele für Datenbankobjekte sind Tabellen, Sichten, Indizes und gespeicherte Prozeduren.

Damit Datenbanken und Tabellen erstellt werden können, muss SQL Server 2005 installiert sein.

SQL Server 2005 ans Laufen bekommen

Um die Aufgaben durchzuführen, die ich im Verlauf dieses Kapitels beschreibe, muss SQL Server 2005 laufen. Sie können SQL Server 2005 normalerweise als Dienst einrichten, wenn die Anwendung unter Windows 2003 oder Windows XP installiert worden ist. Sie können während der Installation festlegen, dass der SQL Server-Dienst automatisch startet, wenn Windows hochfährt. Ansonsten müssen Sie SQL Server 2005 manuell hochfahren.

Wie das Öffnen des Fensters mit den Diensten vor sich geht, ist ein wenig von dem Betriebssystem abhängig, das Sie einsetzen. Um zu prüfen, ob der SQL Server 2005-Dienst läuft, und um ihn gegebenenfalls manuell zu starten, gehen Sie wie folgt vor:

1. **Wählen Sie unter Windows XP Start|Einstellungen|Systemsteuerung|Verwaltung|Dienste aus. Unter Windows 2003 wählen Sie Start|Programme|Verwaltung|Dienste aus.**

   Im Fenster Dienste werden alle verfügbaren Dienste aufgelistet (siehe Abbildung 4.1).

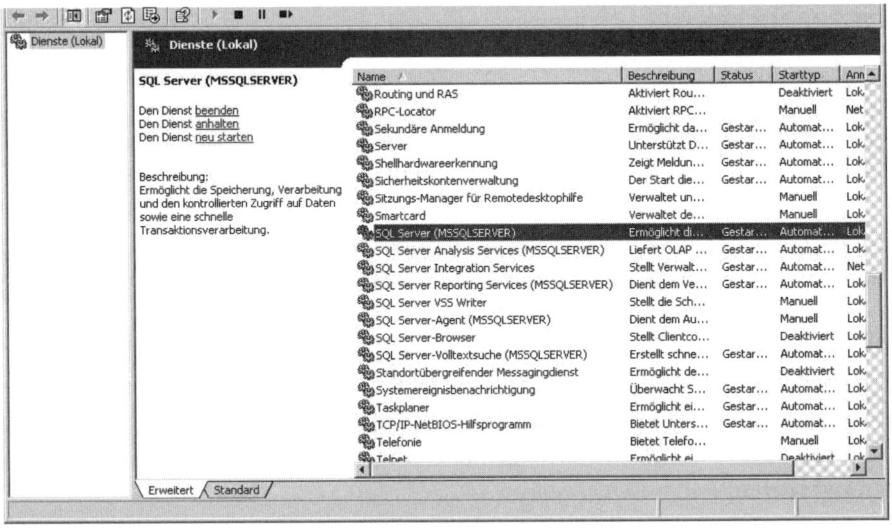

Abbildung 4.1: Das Fenster Dienste

2. **Rollen Sie im Fenster nach unten, bis Sie den in Abbildung 4.1 markierten Dienst SQL Server (MSSQLSERVER) erreichen.**

   Wenn Sie SQL Server als benannte Instanz installiert haben, wird der Name des Dienstes als »SQL Server (*Instanzenname*)« angezeigt.

3. **Überprüfen Sie den Wert in der Spalte Status und den Starttyp. Falls SQL Server noch nicht gestartet ist, erledigen Sie dies über die Option Start oder über das entsprechende Symbol.**

Sie können SQL Server aber auch so einstellen, dass der Start des Dienstes automatisch erfolgt, indem Sie so vorgehen:

1. **Klicken Sie mit der rechten Maustaste auf den Starttyp, und wählen Sie Eigenschaften aus, um SQL Server bei einem Systemstart automatisch mit hochzuziehen.**

   Es öffnet sich die Dialogbox Eigenschaften von SQL Server (MSSQLSERVER).

2. **Wählen Sie in der Dropdownliste STARTTYP der Registerkarte ALLGEMEIN die Option AUTOMATISCH aus.**

Damit Sie die Aufgaben durchführen können, die ich weiter unten in diesem Kapitel beschreibe, müssen Sie auch SQL Server Management Studio starten (START|PROGRAMME|MICROSOFT SQL SERVER 2005|SQL SERVER MANAGEMENT STUDIO).

Wenn SQL Server Management Studio startet, müssen Sie sich mit einer Instanz eines SQL Server-Datenbankmoduls verbinden. Wenn das Management Studio startet, erscheint automatisch die Dialogbox VERBINDUNG MIT SERVER HERSTELLEN. Die Verbindung mit einem Server stellen Sie so her:

1. **Wählen Sie in der Dropdownliste SERVERTYP den Eintrag DATENBANKMODUL aus.**
2. **Wählen Sie einen existierenden Namen in der Dropdownliste SERVERNAME aus.**

   Wenn Sie nur eine Standardinstanz installiert haben, können Sie entweder `.` (einen Punkt) oder `(local)` eingeben. Falls Sie eine benannte Instanz installiert haben, geben Sie ein: `.\`*`instanzenname`* (ein Punkt, gefolgt von einem umgedrehten Schrägstrich und dem Namen der Instanz). Wenn Sie sich mit einem entfernten Server verbinden wollen, schreiben Sie *`servername`*`\`*`instanzenname`* (Name des Servers, gefolgt von einem umgedrehten Schrägstrich und dem Namen der Instanz).

3. **Wählen Sie die entsprechende Methode zur Authentifizierung aus.**

   Hier hängt Ihre Wahl davon ab, wie Sie SQL Server 2005 installiert haben.

Sie können auf einem physikalisch vorhandenen Server mehrere Kopien von SQL Server 2005 installiert haben. Jede dieser Kopien von SQL Server wird *Instanz* genannt. Eine dieser Instanzen ist die Standardinstanz, sie hat keinen Namen. Alle anderen Instanzen müssen benannt werden. Wenn auf Ihrer Maschine mehrere Instanzen laufen, besitzt jede von ihnen einen eigenen Eintrag im Dienste-Fenster.

Den Objekt-Explorer kennen lernen

Der Objekt-Explorer, der Bestandteil von SQL Server Management Studio ist, bietet Ihnen die Möglichkeit, auf alle Objekte unterschiedlicher Datenbanken zuzugreifen, die von SQL Server 2005 kontrolliert werden. Damit Sie mit dem Objekt-Explorer arbeiten können, muss SQL Server Management Studio geöffnet sein. Der Objekt-Explorer wird in diesem Fall standardmäßig angezeigt, und seine Standardposition liegt im linken Teil des SQL Server Management Studio-Fensters.

Wenn der Objekt-Explorer nicht sichtbar ist, wählen Sie ANSICHT|OBJEKT-EXPLORER aus. Er ist solange leer, bis Sie sich erfolgreich mit einer SQL Server-Instanz verbunden haben. Danach wird im Objekt-Explorer eine Hierarchie von Datenbankobjekten angezeigt (siehe Abbildung 4.2).

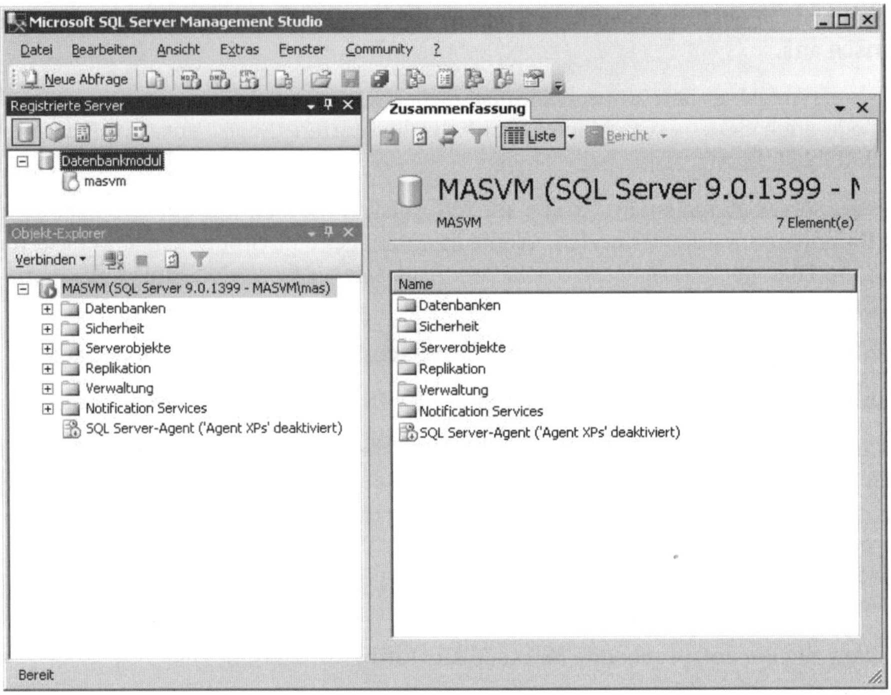

Abbildung 4.2: SQL Server Management Studio, das Datenbankobjekte im Objekt-Explorer anzeigt

Oberhalb des Objekt-Explorers befindet sich das Fensterelement »Registrierte Server«. In ihm finden sich alle Instanzen von SQL Server wieder, die Sie installiert und registriert haben. Sie können im Objekt-Explorer nur auf Server zugreifen, die registriert sind.

Wenn Sie ein Datenbankmodul registrieren wollen, gehen Sie so vor:

1. **Klicken Sie in der Symbolleiste von »Registrierte Server« auf das Symbol DATENBANKMODUL.**

2. **Es erscheint die Gruppe DATENBANKMODUL, auf Sie mit der rechten Maustaste klicken. Wählen Sie NEU.**

3. **Wählen Sie SERVERREGISTRIERUNG aus.**

   Es öffnet sich die Dialogbox NEUE SERVERREGISTRIERUNG.

4. **Geben Sie den Namen des Servers ein.**

5. **Klicken Sie auf die Schaltfläche TESTEN, um zu prüfen, ob Sie über die Standardverbindungseinstellungen eine Verbindung zum ausgewählten Server herstellen können.**

6. **Wenn der Test erfolgreich gewesen ist, klicken Sie auf SPEICHERN.**

   Der Server erscheint unterhalb der Registrierungsgruppe DATENBANKMODUL im Fensterelement REGISTRIERTE SERVER.

Die Objekte sind im Objekt-Explorer hierarchisch angeordnet. Jedes Element der Hierarchie, das Sie erweitern können, wird *Ordner* oder *Knoten* genannt. Beide Begriffe werden hier synonym verwendet.

Der einzige registrierte Server in Abbildung 4.2 heißt MASVM. Die erste Zeile des Objekt-Explorers zeigt, dass er geöffnet ist und dass es sich bei diesem Server um eine Instanz von SQL Server 2005 mit der Versionsnummer 9.0 handelt. Standardmäßig sind die Knoten im Objekt-Explorer nicht erweitert.

Datenbanken erstellen

Wenn Sie Ihre Geschäftsdaten abspeichern wollen, müssen Sie eine Datenbank entwerfen und erstellen, die Ihren geschäftlichen Bedürfnissen entspricht. Um mit dem Objekt-Explorer eine neue Datenbank anzulegen, klicken Sie im Explorer mit der rechten Maustaste auf den Knoten DATENBANKEN. Wählen Sie im Kontextmenü NEUE DATENBANK aus. Es öffnet sich die Dialogbox NEUE DATENBANK (siehe Abbildung 4.3).

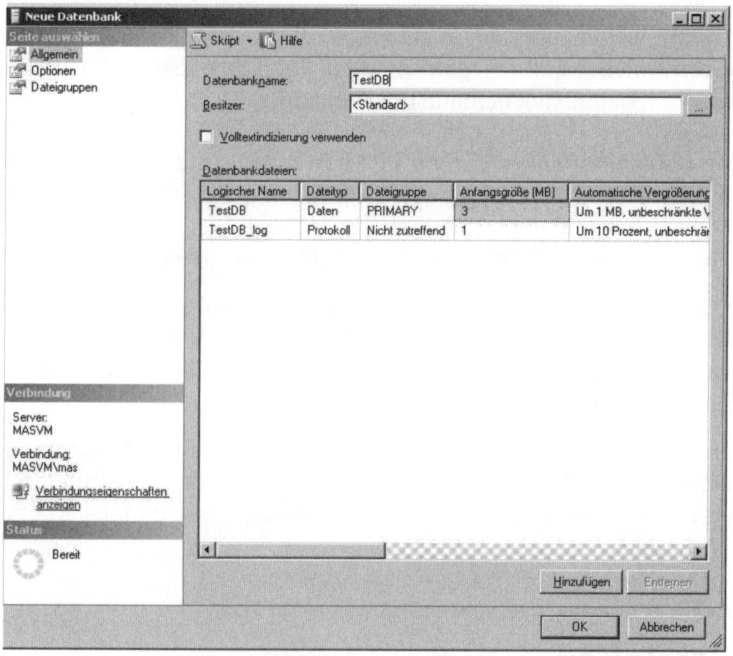

Abbildung 4.3: Die Dialogbox NEUE DATENBANK

Sichern Sie die `master`-Datenbank, bevor Sie eine neue Datenbank erstellen. Diese Datenbank enthält Informationen über alle Datenbanken, die eine Instanz von SQL Server 2005 verwaltet. Das Sichern der `master`-Datenbank schützt Sie vor den Folgen falscher Entscheidungen, weil ein Zurückspielen der Sicherung den

Zustand wiederherstellt, der auf dem Server herrschte, bevor Sie mit Ihrer eventuell experimentellen Arbeit begonnen haben.

Auf der Registerkarte Allgemein der Dialogbox Neue Datenbank müssen Sie der Datenbank einen Namen geben. Weiterhin müssen Sie festlegen, wer der Eigentümer der Datenbank sein soll, die Sie gerade anlegen. Standardmäßig ist dies der Benutzer `sa`.

Alle Instanzen von SQL Server 2005 besitzen mehrere Systemdatenbanken. Diese enthalten Informationen, die SQL Server 2005 benötigt, um Datenbanken fehlerfrei verwalten zu können. Wenn Sie sich die Systemdatenbanken anschauen wollen, klicken Sie auf den Knoten Datenbanken, und wählen Sie Systemdatenbanken aus. Zu den Systemdatenbanken gehören zum Beispiel die Datenbanken `master` und `model`.

Ändern Sie keine Systemdatenbank, und löschen Sie sie auch nicht, bevor Sie nicht genau wissen, welche Auswirkungen Ihr Handeln hat.

Die Datenbank, die Sie erstellen, erbt die Standardeigenschaften aus der Datenbank `model` (die sichtbar wird, wenn Sie im Objekt-Explorer auf den Knoten Systemdatenbanken klicken).

Wenn Sie wollen, dass die Datenbanken, die Sie erstellen, nicht dem vorgegebenen, sondern einem von Ihnen gewünschten Standard entsprechen, passen Sie zunächst die `model`-Datenbank dementsprechend an.

Wenn Sie Ihrer Datenbank einen Namen gegeben haben und damit fertig sind, Optionen auszuwählen, klicken Sie in der Dialogbox Neue Datenbank auf OK. Es wird eine Datei erstellt, die die Endung `.mdf` hat und die Daten aufnehmen wird. Weiterhin wird eine Datei mit der Endung `.ldf` für das Transaktionsprotokoll der Datenbank erstellt.

Klicken Sie als Bestätigung dafür, dass Sie wirklich eine Datenbank angelegt haben, im Objekt-Explorer auf den Knoten Datenbanken, und erweitern Sie ihn. Datenbanken, die keine Systemdatenbanken sind, werden unterhalb der Systemdatenbanken in eigenen Ordnern aufgelistet. Ihre neue Datenbank sollte hier angezeigt werden.

Der Inhalt des Objekt-Explorers wird nicht automatisch aktualisiert, wenn Sie Datenbankobjekte hinzufügen oder löschen. Um die Objekthierarchie zu aktualisieren, ist es notwendig, mit der rechten Maustaste zu klicken und Aktualisieren auszuwählen.

Tabellen erstellen

Nachdem Sie eine Datenbank angelegt haben, müssen Sie Tabellen entwerfen und erstellen, die die Daten aufnehmen.

In einer relationalen Datenbank werden die Daten in Tabellen gehalten. Eine *Tabelle* besteht aus einem zweidimensionalen Raster aus Spalten und Zeilen.

Jede *Spalte* eines Rasters enthält Informationen über ein bestimmtes Merkmal. Die Daten einer jeden Spalte besitzen einen speziellen Datentyp. So kann zum Beispiel in einer Tabelle, die Informationen über einen Auftrag enthält, eine Spalte `ArtikelPreis` den Preis des Artikels enthalten und vom Datentyp MONEY (Währung) sein.

Im Spickzettel sind alle Datentypen von SQL Server 2005 aufgelistet.

Eine *Zeile* enthält alle Informationen einer bestimmten Eingabe. Eine Zeile, die zum Beispiel Informationen über einen Auftrag speichert, enthält in den Spalten Werte für `ArtikelPreis`, `AnzahlArtikel` und `GesamtPreis`. Jede Zeile einer Tabelle enthält Informationen über ein Element; so stehen in einer Auftragstabelle in den einzelnen Zeilen Informationen über die einzelnen Aufträge. Zusätzlich enthält jede Tabelle normalerweise eine Spalte (oder eine Kombination von Spalten), die es SQL Server möglich macht, die Zeile eindeutig zu identifizieren.

Sie müssen Tabellen zu einer Datenbank hinzufügen, wenn Sie Daten abspeichern wollen. Das Hinzufügen einer Tabelle geschieht wie folgt:

1. **Klicken Sie auf den Namen des Knotens, der Ihre Datenbank enthält.**
2. **Klicken Sie mit der rechten Maustaste auf den Knoten TABELLEN, und wählen Sie im Kontextmenü NEUE TABELLE aus.**

   Im rechten Fensterelement von SQL Server Management Studio erscheint eine neue Registerkarte, die *Tabellen-Designer* heißt (siehe Abbildung 4.4).

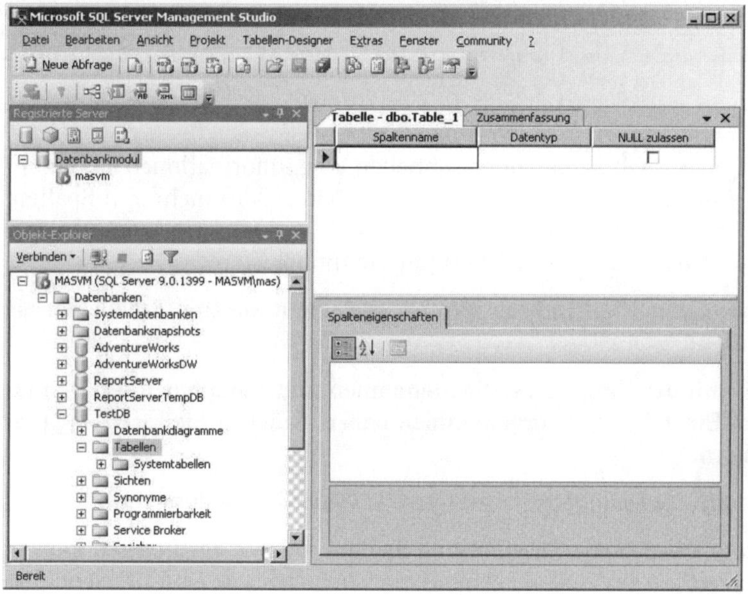

Abbildung 4.4: Die Registerkarte TABELLE

Der Tabellen-Designer enthält die Spalten SPALTENNAME, DATENTYP und NULL ZULASSEN. Jede Zeile im Tabellen-Designer enthält die Angaben für eine Spalte der Tabelle, die Sie erstellen wollen.

3. **Geben Sie im Tabellen-Designer Namen für die einzelnen Spalten Ihrer neuen Tabelle ein, legen Sie die entsprechenden Datentypen fest, und geben Sie an, ob Sie NULL-Werte zulassen wollen. Zusätzlich können Sie Indizes hinzufügen, indem Sie das Kontextmenü verwenden (siehe Abbildung 4.5), und Sie können für eine Volltextindizierung sorgen.**

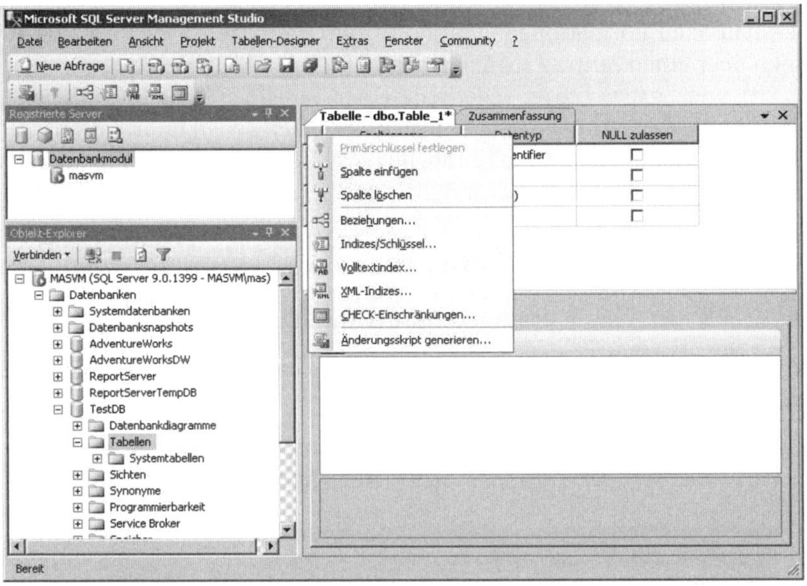

Abbildung 4.5: Das Kontextmenü im Tabellen-Designer

Ein *Index* bietet SQL Server einen schnellen Weg, Informationen aus einer Datenbank zu erhalten. Ein Index enthält Schlüssel, die zu einer oder mehreren Spalten einer Tabelle (oder Sicht) gehören. Eine Tabelle kann zwei verschiedene Arten von Indizes besitzen: gruppierte (clustered) oder nicht gruppierte (nonclustered).

SQL Server aktualisiert Indizes automatisch, wenn Sie eine Tabelle oder eine Sicht verändern.

4. **Wenn Sie mit der Eingabe der Spaltennamen und Datentypen fertig sind und auch die restlichen Einstellungen vorgenommen haben, drücken Sie** Strg **+** S**, um Ihre Arbeit zu speichern.**

Es öffnet sich die Dialogbox NAMEN AUSWÄHLEN (siehe Abbildung 4.6).

Anmerkung: Namen von Tabellen und Spalten müssen bestimmten Regeln entsprechen. Das erste Zeichen eines Namens muss ein Buchstabe, @, ein Unterstrich oder # sein. Das erste Zeichen kann ein Buchstabe von a bis z oder von A bis Z sein. Sie sollten unbedingt auf Sonderzeichen (ö, Ü usw.) verzichten. Namen, die mit @ oder # beginnen, dienen in der Regel besonderen Zwecken, deshalb sollten Sie auch auf den Gebrauch dieser Zeichen verzichten. Die folgenden Zeichen eines Namens können auch Ziffern oder Währungszeichen (Đ, $ usw.) sein. Die Namen dürfen nicht mit reservierten Bezeichnungen von Transact-SQL übereinstimmen.

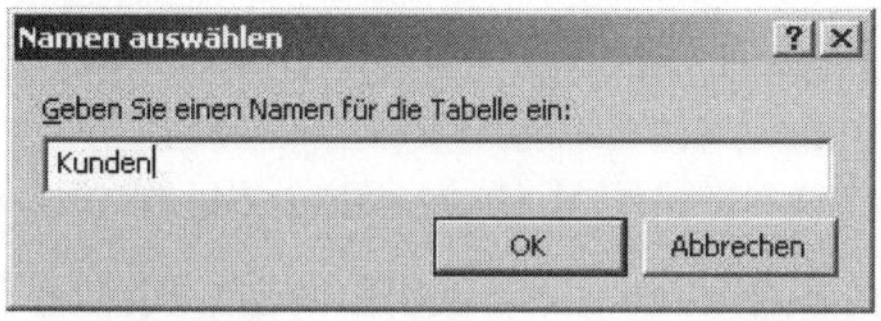

Abbildung 4.6: Die Dialogbox NAMEN AUSWÄHLEN

5. **Geben Sie einen Namen für Ihre neue Tabelle ein, und klicken Sie auf OK.**

Prüfen Sie, ob Sie die Tabelle mit ihren Spalten auch richtig erstellt haben, indem Sie auf den Knoten Ihrer neuen Datenbank im Objekt-Explorer klicken:

1. **Klicken Sie auf den Knoten TABELLEN.**

   Die neue Tabelle besitzt einen eigenen Knoten.

2. **Klicken Sie auf diesen Knoten, um ihn zu erweitern.**

   Die Spalten, die Sie angelegt haben, werden angezeigt.

   In Ihrer Tabelle gibt es zwar noch keine Daten, aber Sie können eine Transact-SQL-Abfrage gegen Ihre Tabelle laufen lassen.

3. **Klicken Sie im Management Studio in der Symbolleiste auf die Schaltfläche NEUE ABFRAGE, wählen Sie DATENBANKMODUL-ABFRAGE aus, und geben Sie im Abfrage-Editor den folgenden Code ein:**

   ```
   USE TestDB
   SELECT * FROM Kunden
   ```

4. **Klicken Sie in der Symbolleiste auf ERGEBNISSE IN RASTER.**

5. **Klicken Sie auf die Schaltfläche AUSFÜHREN.**

   Die Spaltennamen, die Sie erstellt haben, werden im Raster ausgegeben.

Beziehungen festlegen

Relationale Datenbanken arbeiten, indem sie Beziehungen verwenden, die zwischen den Tabellen einer Datenbank existieren. Beziehungen helfen zu verhindern, dass Informationen dupliziert werden. Indem Sie dies verhindern, reduzieren Sie die Wahrscheinlichkeit, inkonsistente Datenbestände zu erhalten. Sie definieren Beziehungen mithilfe von Primär- und Sekundärschlüsseln.

Ein *Primärschlüssel* identifiziert eine Zeile einer Tabelle eindeutig. Häufig enthält eine Spalte der Zeile einen Primärschlüssel, obwohl es auch Situationen gibt, in denen zwei oder mehr Spalten zusammen diesen Schlüssel bilden. Wenn es zwischen Tabellen eine Beziehung gibt, existiert in der anderen Tabelle eine Spalte mit einem Schlüssel, dessen Inhalte mit den eindeutigen Werten der ersten Tabelle übereinstimmen. Dieser Schlüssel wird Sekundärschlüssel oder *Fremdschlüssel* genannt. Ein Sekundärschlüssel hat immer ein Gegenüber in Form eines Primärschlüssels.

Um Beziehungen zwischen Tabelle aufzubauen, gehen Sie so vor:

1. **Wenn der Tabellen-Designer noch nicht geöffnet ist, klicken Sie im Objekt-Explorer mit der rechten Maustaste auf die Tabelle, und wählen Sie im Kontextmenü ÄNDERN aus.**

2. **Klicken Sie mit der rechten Maustaste in den Tabellen-Designer, um die Fremdschlüsseleinstellungen festzulegen.**

3. **Wählen Sie im Kontextmenü BEZIEHUNGEN aus.**

   Es öffnet sich die Dialogbox FREMDSCHLÜSSELBEZIEHUNGEN.

4. **Klicken Sie in der Dialogbox auf die Schaltfläche HINZUFÜGEN, um eine neue Fremdschlüsselbeziehung aufzubauen.**

   Im linken Element der Dialogbox wird für die Beziehung ein Standardname eingetragen, während Sie im rechten Fensterelement die entsprechenden Eigenschaften sehen.

5. **Klicken Sie im rechten Fensterelement auf die Generator-Schaltfläche (in Abbildung 4.7 rechts unter dem Mauszeiger), um die Dialogbox TABELLEN UND SPALTEN zu öffnen.**

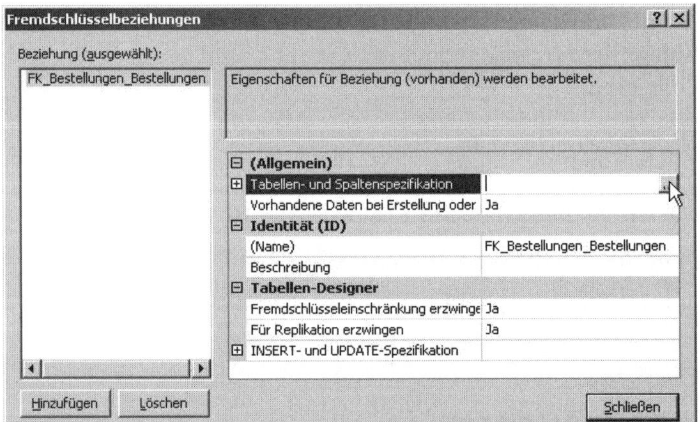

Abbildung 4.7: Erweitern Sie den Knoten TABELLEN- UND SPALTENSPEZIFIKATION.

6. **Geben Sie in der Dialogbox FREMDSCHLÜSSELBEZIEHUNGEN einen Namen für die Tabellenbeziehung ein (siehe Abbildung 4.8).**

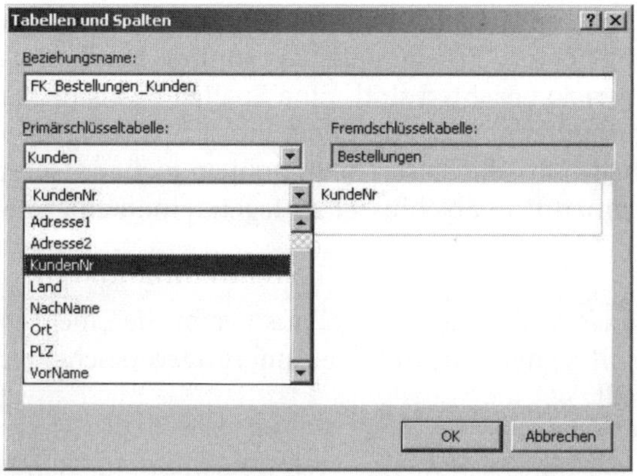

Abbildung 4.8: Die Dialogbox FREMDSCHLÜSSELBEZIEHUNGEN

7. **Legen Sie die Tabelle und die Spalte fest, die den Primärschlüssel besitzt, der zum Fremdschlüssel passt (in Abbildung 4.8 die Tabelle `Kunden` mit der Spalte `KundenNr`).**
8. **Geben Sie die Spalte der aktuellen Tabelle an, die als Fremdschlüssel dient (ebenfalls `KundenNr`).**
9. **Klicken Sie auf OK, um Ihre Änderungen zu übernehmen.**
10. **Klicken Sie auf SCHLIESSEN, um die Beziehung zu speichern.**

Einschränkungen hinzufügen

SQL Server 2005 gibt Ihnen die Möglichkeit, Werte einzuschränken. Zwar schränkt auch ein Datentyp Werte einer Spalte ein, dies wird aber nicht als Einschränkung (englisch: Constraint) bezeichnet.

SQL Server 2005 unterstützt fünf Arten von Einschränkungen:

- ✔ **NOT NULL:** Wenn diese Einschränkung gesetzt wird, darf kein Feld der Spalte leer bleiben.
- ✔ **CHECK:** Diese Einschränkung legt erlaubte Werte fest. So muss beispielsweise das Alter von Angestellten eines Unternehmens zwischen 16 und 65 liegen.
- ✔ **Eindeutig (UNIQUE):** Diese Einschränkung legt fest, dass der Wert in einem Feld der Spalte nicht noch einmal in einem anderen Feld der gleichen Spalte vorkommen darf.
- ✔ **Primärschlüssel:** Diese Einschränkung legt fest, dass in jedem Feld einer Spalte ein Wert stehen muss, der als eindeutiger Identifizierer der Zeile dient.
- ✔ **Fremdschlüssel:** Diese Einschränkung referenziert einen eindeutigen Identifizierer einer anderen Tabelle der Datenbank.

Wenn Sie eine Tabelle erstellen, fügen Sie normalerweise einen Primärschlüssel zur Tabelle hinzu. Eine Tabelle darf immer nur einen Primärschlüssel haben.

Wenn Sie darauf verzichten, eine Spalte (oder eine Kombination von Spalten) als Primärschlüssel festzulegen, während Sie die Tabelle anlegen, können Sie dies später nachholen, wobei dabei einige Bedingungen zu beachten sind. Eine Spalte, die als Primärschlüssel dienen soll, darf keine leeren Felder besitzen, und jeder Wert in der Spalte muss eindeutig sein. Wenn es schon Daten in der Tabelle gibt, die diesen Bedingungen nicht entsprechen, ruft Ihr Versuch, auf eine solche Spalte einen Primärschlüssel zu legen, eine Fehlermeldung hervor, und der Primärschlüssel wird nicht erstellt.

Wählen Sie einen Primärschlüssel aus, wenn Sie eine Tabelle erstellen. Sie vermeiden damit später zeitintensive Änderungsversuche, wenn die Tabelle bereits Daten enthält.

Wenn Sie die Spalte (oder die zusammengesetzten Spalten), die den Primärschlüssel bilden, ändern wollen, müssen Sie zuerst den bestehenden Schlüssel löschen, bevor Sie ihn neu setzen können. Wenn der alte Primärschlüssel von einem Fremdschlüssel referenziert wird, müssen Sie zuerst die Einschränkung durch den Fremdschlüssel löschen, bevor Sie den eigenen Primärschlüssel entfernen können.

Wenn Sie eine CHECK-Einschränkung einrichten wollen, gehen Sie wie folgt vor:

1. **Klicken Sie im Tabellen-Designer mit der rechten Maustaste auf die Zeile, die die Spalte enthält, für die die Einschränkung gelten soll.**

2. **Wählen Sie im Kontextmenü CHECK-Einschränkungen aus.**

3. **Klicken Sie in der Dialogbox CHECK-Einschränkungen auf Hinzufügen.**

4. **Klicken Sie in der Zeile Ausdruck auf die Generator-Schaltfläche (mit den drei Punkten) (siehe Abbildung 4.9).**

   Es öffnet sich die Dialogbox CHECK-Einschränkungsausdruck.

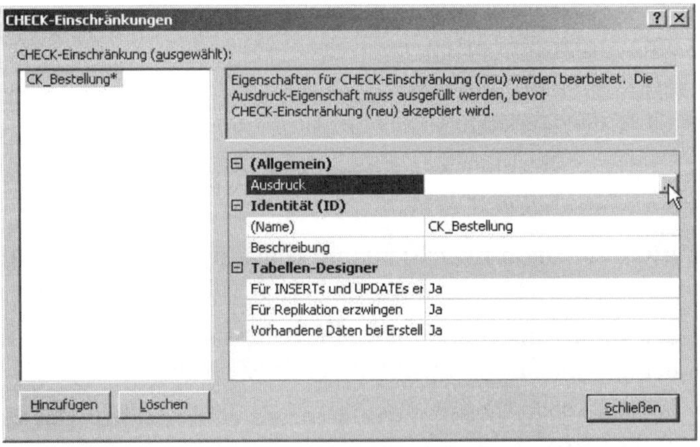

Abbildung 4.9: Klicken Sie auf die Generator-Schaltfläche (unter dem Mauszeiger), um die Eigenschaft Ausdruck von CHECK-Einschränkungen zu öffnen.

5. Geben Sie einen Ausdruck ein, der eine Einschränkung bedeutet.

Welcher Ausdruck an dieser Stelle zulässig ist, hängt von dem Datentyp der Spalte ab. So können Sie beispielsweise in einer Spalte `Alter` festlegen, dass die erlaubten Werte zwischen 16 und 65 liegen, indem Sie folgenden Ausdruck verwenden:

```
Alter >=16 AND Alter <= 65
```

Daten in die Datenbank eingeben

Wenn Sie eine Datenbank und Tabellen entwerfen und erstellen, müssen Sie auch Daten eingeben. Um das zu erledigen, gehen Sie so vor:

1. **Markieren Sie im Objekt-Explorer die Datenbank, in die Sie Daten eingeben wollen.**
2. **Erweitern Sie den Datenbankknoten, und erweitern Sie den Knoten TABELLEN.**
3. **Klicken Sie mit der rechten Maustaste auf den Knoten der Tabelle, in die Sie Daten eingeben wollen, und wählen Sie TABELLE ÖFFNEN.**

   Die Tabelle öffnet sich im rechten Teil von SQL Server Management Studio. Sie können die Daten direkt in die Tabelle eingeben.

4. **Geben Sie die Daten Zeile für Zeile ein.**

   Stellen Sie sicher, dass Sie in jedes Feld einen Wert eingeben, wenn Sie festgelegt hatten, dass die Felder ein NULL enthalten dürfen (also leer bleiben).

   Abbildung 4.10 zeigt eine Tabelle, in die Daten eingegeben worden sind.

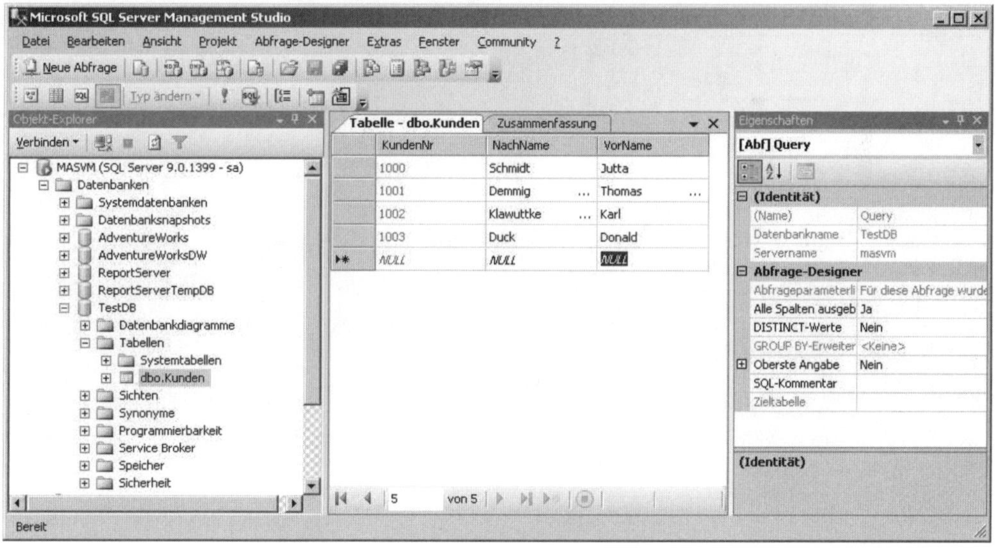

Abbildung 4.10: Daten in eine Tabelle eingeben

Wenn Sie versuchen, Daten in eine Tabelle einzugeben, die einen Fremdschlüssel besitzt, klappt dies nur, wenn in der Tabelle die korrespondierenden Primärschlüssel einer Tabelle stehen, zu der eine Beziehung existiert.

Fragen stellen und Antworten erhalten

5

In diesem Kapitel

- Abfragen mit dem Abfrage-Editor
- Daten mithilfe einer SELECT-Anweisung erhalten
- Festlegen, welche Daten zurückgegeben werden sollen
- Sortieren mit ORDER BY
- Daten mithilfe von Abfragen und Verknüpfungen aus mehreren Tabellen erhalten
- Eine Vorlage verändern

Eines der Dinge, die Sie am häufigsten mit einer Datenbank machen, ist, dass Sie Fragen zu den Daten stellen, die die Datenbank enthält. Bestandteil von SQL Server Management Studio ist der Abfrage-Editor, der es Ihnen ermöglicht, SQL Server problemlos abzufragen.

Ich erkläre Ihnen in diesem Kapitel, wie Sie einer SQL Server-Datenbank Fragen stellen, indem Sie den Abfrage-Editor von SQL Server Management Studio verwenden.

Der Abfrage-Editor

Klicken Sie in SQL Server Management Studio auf die Schaltfläche NEUE ABFRAGE, um den Abfrage-Editor zu starten. Es öffnet sich die Dialogbox MIT SERVER VERBINDEN (siehe Abbildung 5.1). Sie ermöglicht Ihnen festzulegen, ob Sie mit einer Instanz des Datenbankmoduls (der Standard) oder mit einer Instanz von Analysis Services oder SQL Server Mobile verbunden werden. Weiterhin geben Sie hier den Namen der entsprechenden Instanz an und legen fest, ob Sie Windows-Authentifizierung oder SQL Server-Authentifizierung verwenden wollen.

Im rechten Teil von SQL Server Management Studio öffnet sich eine neue Registerkarte, auf deren Oberfläche Sie T-SQL-Code eingeben können.

Wenn Sie eine weitere Abfrage gegen die gleiche Instanz absetzen wollen, klicken Sie erneut auf die Schaltfläche NEUE ABFRAGE. Wenn Sie die anzufragende Instanz ändern wollen, klicken Sie auf eines der Symbole DATENBANKMODUL-ABFRAGE, MDX-ABFRAGE FÜR ANALYSIS SERVICES, DMX-ABFRAGE FÜR ANALYSIS SERVICES, XML-ABFRAGE FÜR ANALYSIS SERVICES oder SQL SERVER MOBILE-ABFRAGE. Die Symbole, die hier angesprochen werden, sind in Abbildung 5.2 dargestellt.

Abbildung 5.1: Die Dialogbox MIT SERVER VERBINDEN

Abbildung 5.2: Die Symbole zum Starten von Abfragen

Sie können im Abfragefenster mehrere Registerkarten geöffnet haben. Jede von ihnen hat eine eigene Verbindung zum Server. Damit sind Sie zum Beispiel in der Lage, sich auf einer Registerkarte mit einer Instanz des Datenbankmoduls und auf einer anderen Registerkarte mit einer Instanz von Analysis Services zu verbinden.

Wenn Sie eine T-SQL-Abfrage eingegeben haben, können Sie durch Klicken auf AUSFÜHREN in der Symbolleiste (oder durch Drücken von F5) die gesamte Abfrage laufen lassen. Markieren Sie aber nur einen bestimmten T-SQL-Code, und klicken Sie dann auf AUSFÜHREN, wird nur der markierte Codeteil ausgeführt.

Standardmäßig erfolgt die Ausgabe der Daten in einem Tabellenraster. Wenn Sie als Ausgabeform Text vorziehen, wählen Sie ABFRAGE|ERGEBNISSE IN|ERGEBNISSE IN TEXT. Wenn die Ausgabe der Abfrage an eine Datei gesendet werden soll, wählen Sie ABFRAGE|ERGEBNISSE IN|ERGEBNISSE IN DATEI.

Die Anweisung SELECT

Vieles von dem, was Sie in T-SQL programmieren, hat mit Suchen und Empfangen von Daten zu tun, indem Sie eine der vielen Syntaxvarianten der `SELECT`-Anweisung einsetzen.

Die Beispiele, die ich vorstelle, verwenden die Beispieldatenbanken `AdventureWorks` (die nicht identisch mit `AdventureWorks2000` von SQL Server 2000 ist) und `pubs`. `AdventureWorks` kann zusammen mit SQL Server 2005 (oder auch nachträglich) installiert werden. `pubs` (und `Northwind`) können Sie an folgender Adresse herunterladen:

```
http://www.microsoft.com/downloads/details.aspx?FamilyId=06616212-0356-
46A0-8DA2-EEBC53A68034&displaylang=en
```

Um die Datenbank pubs zu installieren, gehen Sie so vor:

1. **Laden Sie das Paket mit den Beispieldaten von der Microsoft Homepage herunter, und installieren Sie es nach Vorgabe.**

2. **Wählen Sie START|PROGRAMME|MICROSOFT SQL SERVER 2000 SAMPLE DATABASE SCRIPTS.**

   Es öffnet sich der Ordner, der die T-SQL-Installationsskripte enthält.

3. **Klicken Sie doppelt auf `inetpubs.sql`.**

   Das T-SQL-Skript `inetpubs.sql` wird im Abfragefenster von SQL Server Management Studio geöffnet.

4. **Klicken Sie in der Symbolleiste von SQL Server Management Studio auf AUSFÜHREN (oder drücken Sie die Taste [F5]).**

5. **Erstellen Sie eine neue Datenbankabfrage, um zu prüfen, ob die Installation erfolgreich gewesen ist:**

   ```
   USE pubs
   SELECT *
   FROM authors
   ```

6. **Klicken Sie auf AUSFÜHREN.**

   Im Tabellenraster werden alle Zeilen zurückgegeben, die in der Tabelle Authors der Datenbank pubs existieren.

Falls der URL für den Download nicht mehr stimmen sollte, finden Sie die Datenbank AdventureWorks, wenn Sie auf die Website von Microsoft gehen und dort unter SUCHEN IN MICROSOFT.COM den Datenbanknamen eingeben. pubs finden Sie, wenn Sie an dieser Stelle Beispieldatenbanken pubs eintragen.

Sie setzen die Anweisung SELECT ein, um Daten von einer Datenbank zu erhalten. Unter SQL Server 2005 können Sie die Datenbank festlegen, von der Sie Daten erhalten wollen, indem Sie in SQL Server Management Studio Ihre Auswahl über die Dropdownliste VERFÜGBARE DATENBANKEN tätigen (siehe Abbildung 5.3).

Ab und an vergesse ich, auf welche Datenbank ich gerade zugreife. Ich verwende deshalb häufig die USE-Anweisung, um die entsprechende Datenbank auszuwählen. Der folgende T-SQL-Code legt fest, dass Sie Daten von der Datenbank pubs erhalten wollen:

```
USE pubs
```

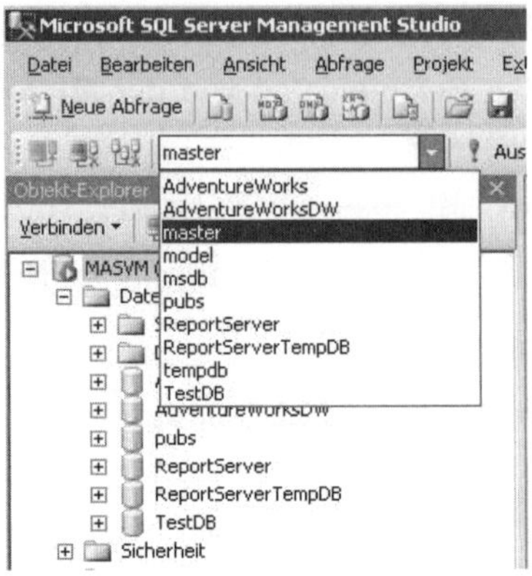

Abbildung 5.3: Die Dropdownliste VERFÜGBARE DATENBANKEN

Wenn Sie eine Liste der Vornamen und Nachnamen der Autoren haben wollen, die in der Datenbank `pubs` stehen, gehen Sie so vor:

1. **Öffnen Sie SQL Server Management Studio, und verbinden Sie sich mit der Instanz von SQL Server, in der Sie die Datenbank `pubs` installiert haben.**

2. **Klicken Sie auf die Schaltfläche NEUE ABFRAGE, und wählen Sie die Option DATENBANKMODUL-ABFRAGE aus.**

   Im Abfragefenster öffnet sich eine neue Registerkarte.

3. **Geben Sie im Abfragefenster folgenden T-SQL-Code ein:**

   ```
   USE pubs
   SELECT au_fname, au_lname
   FROM dbo.authors
   ```

4. **Klicken Sie in der Symbolleiste auf AUSFÜHREN.**

Das Ergebnis der Abfrage sollte so ähnlich aussehen, wie das in Abbildung 5.4, wobei die Darstellung von Ihren Einstellungen in SQL Server Management Studio abhängt (siehe Kapitel 3).

Die erste Zeile Ihres T-SQL-Codes gibt an, dass die Daten, auf die Sie zugreifen wollen, in der Datenbank `pubs` zu finden sind. Die Zeile

```
SELECT au_fname, au_lname
```

enthält eine `SELECT`-Anweisung. Eine solche Anweisung wird häufig eingesetzt, um Daten aus den Spalten von Tabellen auszulesen. Sie können sie aber auch dazu verwenden, um Literale aus Zeichenketten oder um Ausdrücke auszuwerten. Die Namen, die hinter dem Schlüsselwort `SELECT` stehen, bezeichnen eine Liste mit Spalten (in diesem Fall zwei), von denen die Daten erhalten werden.

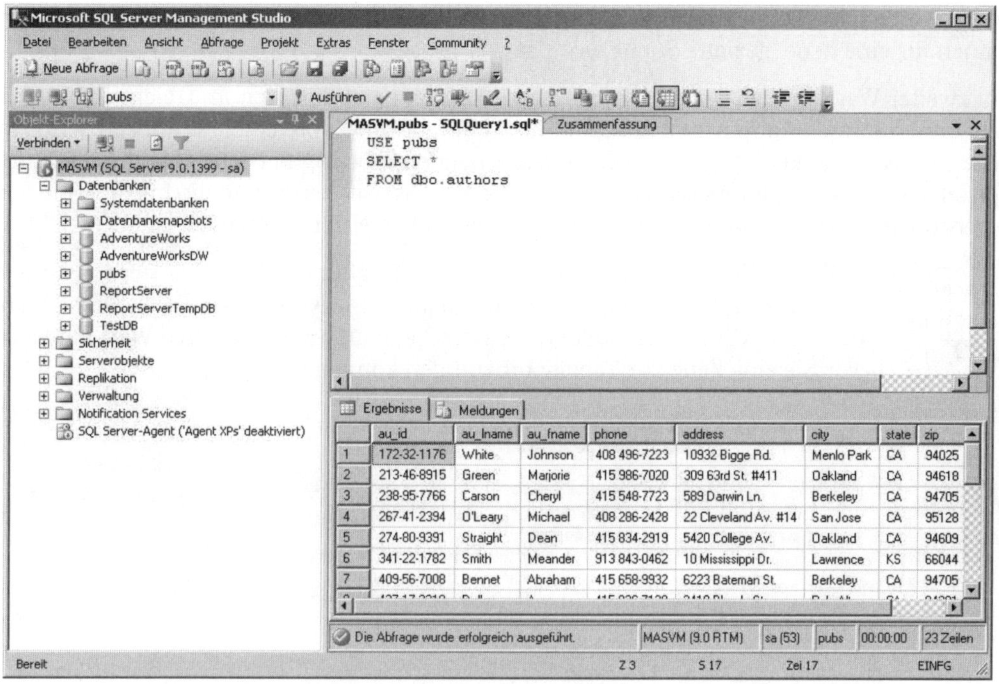

Abbildung 5.4: Das Ergebnis Ihrer SELECT-Abfrage im Tabellenraster

Die FROM-Klausel

```
FROM dbo.authors
```

legt die Tabelle der Datenbank `pubs` fest, aus der Sie die Daten erhalten. Der Name der Tabelle (`dbo.authors`) besteht aus zwei Teilen: Der erste Teil, `dbo`, bezeichnet das Schema, während der zweite Teil der eigentliche Name der Tabelle ist (`authors`).

Ein *Schema* bietet unter SQL Server 2005 eine Möglichkeit, Namenskollisionen zu vermeiden. Wenn ein Unternehmen Informationen über Personen speichert, die aus Kunden und Mitarbeitern bestehen, könnten diese Daten in einer `Personen`-Tabelle abgelegt werden. Wenn es jetzt jeweils eine `Personen`-Tabelle in den Schemata `Kunden` und `Mitarbeiter` gibt, können diese beiden Tabellen nur dann verwechselt werden, wenn Sie bei der Abfrage auf die Übergabe des Schemanamens verzichten.

Häufig kommt es vor, dass Sie Daten aus einer Tabelle erhalten wollen, die Sie nicht in allen Einzelheiten kennen. Sie müssen aber die Namen der Spalten der Tabelle kennen, um mit einer Abfrage erfolgreich zu sein. Um dennoch zu einem Ziel zu gelangen, können Sie das Sternchen (*) als Platzhalter einsetzen:

```
SELECT *
FROM dbo.authors
```

Damit werden alle Spalten der Tabelle aufgelistet, und Sie können die dadurch gewonnenen Namen für eine neue, gezielte Suche einsetzen.

Ein zweiter Weg, an die Namen der Spalten zu kommen, ist der, sich im Objekt-Explorer in der Ordnerhierarchie abwärts zu bewegen. Wenn Sie auf den Knoten SPALTEN klicken, wird eine Liste der Spalten angezeigt, die es in der entsprechenden Tabelle gibt (siehe Abbildung 5.5). Ein Vorteil des Objekt-Explorers ist, dass gleichzeitig mit den Spaltennamen die Information ausgegeben wird, welchen Datentyp die Spalte besitzt und ob NULL zugelassen ist oder nicht.

Der Wert NULL zeigt an, dass es keine Werte gibt, das Feld also leer ist. Dies ist nicht dasselbe, als wenn ein Leerzeichen oder eine Null in dem Feld stünde. Wenn eine Spalte NULL nicht zulässt, müssen Sie in dieser Spalte einen Wert eingeben, bevor Sie eine Zeile zur Tabelle hinzufügen können.

Abbildung 5.5: Spalten im Objekt-Explorer untersuchen

Einfache `SELECT`-Anweisungen wie diese hier geben Ihnen die Möglichkeit festzulegen, aus welchen Spalten Sie Daten erhalten wollen. Häufig ist es aber notwendig, die Daten zu filtern, damit nur wenige Zeilen der Tabelle zurückgegeben werden. An dieser Stelle kommt die Klausel `WHERE` ins Spiel.

Daten filtern mit der Klausel WHERE

Die Klausel `WHERE` ist Teil der `SELECT`-Anweisung. Die `WHERE`-Klausel gibt Ihnen die Möglichkeit festzulegen, welche Zeilen der Daten zurückgegeben werden (wenn Sie beispielsweise nur die Zahlen eines bestimmten Geschäftsjahres oder Autoren mit einem bestimmten Nachnamen benötigen).

Es ist nicht schwer, Autoren zu filtern, die von der Datenbank `pubs` zurückgegeben werden. Um Informationen über Autoren zu erhalten, deren Nachname »Ringer« ist, gehen Sie so vor:

1. **Öffnen Sie SQL Server Management Studio. Klicken Sie auf das Symbol für DATENBANKMODUL-ABFRAGE.**

2. **Geben Sie den folgenden Code ein (oder fügen Sie die `WHERE`-Klausel in das letzte Beispiel ein):**

   ```
   USE pubs
   SELECT au_lname, au_fname
   FROM dbo.authors
   WHERE au_lname = 'Ringer'
   ```

3. **Klicken Sie auf Ausführen.**

Die `WHERE`-Klausel sorgt dafür, dass nur Zeilen zurückgegeben werden, bei denen der Nachname des Autors genau mit dem Namen Ringer in der Spalte `au_lname` übereinstimmt. Sie erhalten von der Datenbank `pubs` zwei Zeilen zurück. Beachten Sie, dass der Begriff, nach dem Sie in diesem Beispiel filtern, von einem Paar einfacher Anführungszeichen eingeschlossen wird.

Sie können in der `WHERE`-Klausel auch andere Operatoren einsetzen, um in der Spalte `au_lname` einen Wertebereich auszuwählen. Wenn Sie alle Zeilen erhalten wollen, bei denen der Nachname des Autors Ringer ist oder im Alphabet hinter Ringer steht, ändern Sie Ihren T-SQL-Code so:

```
USE pubs
SELECT au_lname, au_fname
FROM dbo.authors
WHERE au_lname >= 'Ringer'
```

Indem Sie das Gleichheitszeichen (=) in der WHERE-Klausel in größer oder gleich (>=) ändern, können Sie einen Bereich von Nachnamen auswählen. Tabelle 5.1 fasst einige Operatoren zusammen, die Sie in einer WHERE-Klausel einsetzen können:

Operator	Beschreibung
=	Der Wert in der Zeile ist gleich dem angegebenen Wert.
<>	Der Wert in der Zeile ist ungleich dem angegebenen Wert.
!=	Der Wert in der Zeile ist ungleich dem angegebenen Wert.
>=	Der Wert in der Zeile ist größer oder gleich dem angegebenen Wert.
<=	Der Wert in der Zeile ist kleiner oder gleich dem angegebenen Wert.
`NOT`	Kann nur zusammen mit anderen Operatoren verwendet werden. Verneint den normalen Sinn eines Operators.
`BETWEEN`	Gibt Zeilen zurück, deren Wert zwischen zwei angegebenen Werten liegt.
`IN`	Gibt Zeilen zurück, deren Wert Bestandteil einer vorgegebenen Werteliste ist.
`LIKE`	Gibt Zeilen zurück, bei denen der Wert einer Spalte einem vorgegebenen Zeichenmuster entspricht.

Tabelle 5.1: Operatoren der WHERE-Klausel

Sie können in der `WHERE`-Klausel auch dafür sorgen, dass Zeilen zurückgegeben werden, bei denen die Werte einer Spalte einem vorgegebenen Wert nur ähnlich sind, indem Sie das Schlüsselwort `LIKE` verwenden. Mithilfe dieses Schlüsselworts können Sie Treffer erhalten, die mit einer bestimmten Zeichenfolge anfangen oder eine bestimmte Zeichenfolge enthalten.

Das Schlüsselwort `LIKE` verwendet zwei Zeichen als Platzhalter. Der Unterstrich (_) dient als Platzhalter für ein einzelnes Zeichen. Das Prozentzeichen (%) kann keines bis alle Zeichen ersetzen.

Um Autoren zu erhalten, deren Nachname mit `Green` beginnen, gehen Sie wie folgt vor:

1. **Öffnen Sie SQL Server Management Studio. Klicken Sie auf das Symbol für DATENBANKMODUL-ABFRAGE.**

2. **Geben Sie den folgenden Code ein (oder fügen Sie die `WHERE`-Klausel in das letzte Beispiel ein):**

```
USE pubs
SELECT au_lname, au_fname
FROM dbo.authors
WHERE au_lname LIKE 'Green%'
```

3. **Klicken Sie auf AUSFÜHREN.**

Die Zeichenfolge in der letzten Zeile Ihrer T-SQL-Anweisung entspricht einer literalen Folge: `Green`, plus dem Platzhalter `%` (der null bis viele Zeichen ersetzt). Die `WHERE`-Klausel sorgt also bei den Daten der Tabelle `authors` dafür, dass nur solche Zeilen zurückgegeben werden, bei denen der Inhalt der Spalte `au_lname` mit `Green` oder `Greene` übereinstimmt, wie Abbildung 5.6 zeigt. Gäbe es in der Tabelle auch Autoren wie `Greening` oder `Greenberg`, würden auch sie als Treffer im Tabellenraster erscheinen.

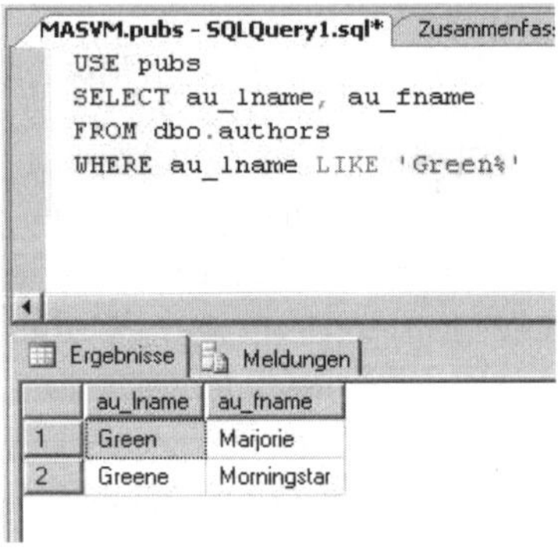

Abbildung 5.6: Das Schlüsselwort LIKE verwenden

Um alle Autoren zu erhalten, deren Nachnamen mit C oder D anfangen, gehen Sie so vor:

1. **Ändern Sie die letzte Zeile Ihrer Anweisung:**

```
USE pubs
SELECT au_lname, au_fname
FROM dbo.authors
WHERE au_lname BETWEEN 'C' AND 'E'
```

2. **Klicken Sie auf AUSFÜHREN.**

Abbildung 5.7 zeigt nur noch Autoren der Datenbank pubs, deren Nachnamen mit C oder D anfangen.

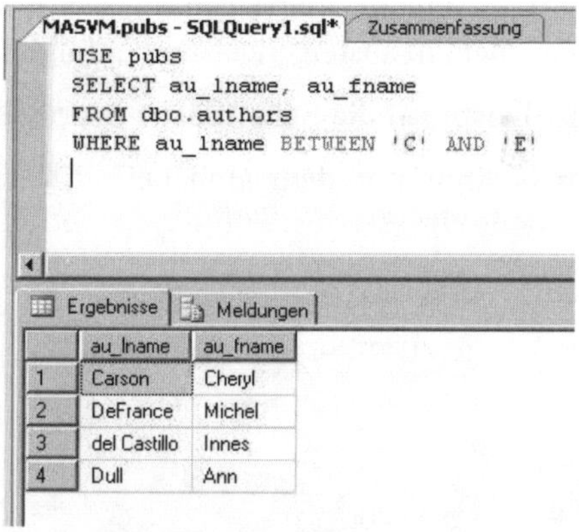

Abbildung 5.7: Das Schlüsselwort BETWEEN in einer WHERE-Klausel verwenden

Sortieren mit ORDER BY

Sie können die Klausel ORDER BY verwenden, um die Ergebnisse einer SELECT-Anweisung so zu sortieren, wie Sie es benötigen. Wenn Sie auf ORDER BY verzichten, können Sie nicht davon ausgehen, dass die Daten in einer bestimmten Reihenfolge zurückgegeben werden.

Um eine Sortierreihenfolge festzulegen, gehen Sie folgendermaßen vor:

1. **Erstellen Sie in SQL Server Management Studio eine neue Abfrage, indem Sie auf Datenbankmodul-Abfrage klicken.**

2. **Geben Sie im Abfragefenster folgenden T-SQL-Code ein:**

   ```
   USE pubs
   SELECT au_lname, au_fname
   FROM dbo.authors
   ORDER BY au_lname ASC
   ```

   Das Schlüsselwort ASC (*ascending* – aufsteigend) legt fest, dass die Zeilen in aufsteigender Reihenfolge nach Nachnamen sortiert werden.

3. **Klicken Sie in der Symbolleiste auf die Schaltfläche Ausführen.**

   Die Daten werden im Tabellengitter in aufsteigender Reihenfolge angezeigt (siehe Abbildung 5.2).

4. **Um die Daten in absteigender Reihenfolge zu sortieren, ändern Sie den Code wie folgt ab:**

   ```
   USE pubs
   SELECT au_lname, au_fname
   ```

```
FROM dbo.authors
ORDER BY au_lname DESC
```

Das Schlüsselwort DESC (*descending* – absteigend) legt fest, dass die Zeilen, die von der Abfrage zurückgegeben werden, in absteigender Reihenfolge sortiert werden.

5. **Klicken Sie in der Symbolleiste auf die Schaltfläche Ausführen.**

   Die Anzeige der Daten beginnt mit dem alphabetisch letzten Namen (siehe Abbildung 5.8).

Abbildung 5.8: Autorennamen, absteigend nach dem Nachnamen sortiert

Daten aus mehreren Tabellen erhalten

Im letzten Abschnitt habe ich Ihnen gezeigt, wie Sie Daten aus einer Tabelle erhalten können. Im Alltag ist es in der Regel aber so, dass Sie Daten benötigen, die in mindestens zwei – häufig auch in noch mehr – Tabellen stehen. Ich erkläre Ihnen in diesem Abschnitt, wie Sie auf solche Daten zugreifen.

Zunächst zeige ich Ihnen, wie Sie in der Datenbank pubs alle Titel finden, die von einem Autor stammen, der mit Nachnamen Green heißt. Machen Sie Folgendes:

1. **Öffnen Sie SQL Server Management Studio, und erstellen Sie eine neue Datenbankmodul-Abfrage, indem Sie auf das gleichnamige Symbol klicken.**

2. **Geben Sie im Abfragefenster folgenden T-SQL-Code ein:**

```
USE pubs
SELECT authors.au_lname, authors.au_fname, titleauthor.au_id,
       titles.title
FROM dbo.authors, dbo.titleauthor, dbo.titles
WHERE authors.au_lname = 'Green'
AND titleauthor.au_id = authors.au_id
AND titles.title_id = titleauthor.title_id
```

Dieser Code verknüpft zwei Tabellen über die `WHERE`-Klausel miteinander. Eine solche Verknüpfung heißt im Datenbankumfeld *Join*. Sie können denselben Join aber auch mithilfe der Klause `FROM` erstellen:

```
USE Pubs
SELECT authors.au_lname, authors.au_fname, titleauthor.au_id,
       titles.title
FROM dbo.authors
JOIN dbo.titleauthor
ON (authors.au_id = titleauthor.au_id)
JOIN dbo.titles
ON (titleauthor.title_id = titles.title_id)
WHERE authors.au_lname = 'Green'
```

Wenn Sie mit Tabellenverknüpfungen arbeiten, beschreitet man normalerweise den zweiten Weg (mit `FROM`), aber beide Wege funktionieren mit T-SQL. Weiter unten in diesem Kapitel gehe ich ausführlicher auf `JOIN` ein.

3. **Klicken Sie auf das Symbol AUSFÜHREN.**

Es erscheinen die Ergebnisse (siehe Abbildung 5.9). Sie sehen, dass Marjorie Green zwei Titel geschrieben hat.

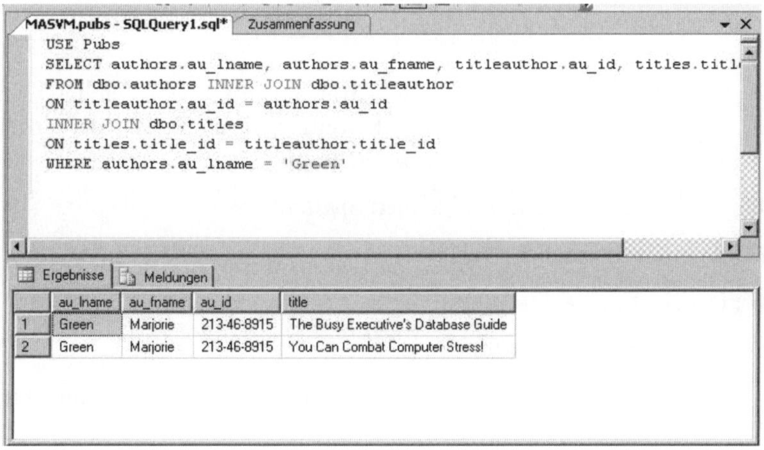

Abbildung 5.9: Sie erhalten alle Titel, die von einer Person mit dem Nachnamen Green geschrieben wurden.

Um zu verstehen, wie das Abfragen mehrerer Tabellen funktioniert, gehen wir ein paar Schritte zurück und schauen uns an, wie die Tabellen in der Datenbank `pubs` gegliedert sind.

Ich schlage vor, dass Sie die folgenden Schritte in SQL Server Management Studio nacharbeiten.

Um die Tabellen der `pubs`-Datenbank zu analysieren, gehen Sie so vor:

1. **Öffnen Sie SQL Server Management Studio.**
2. **Wählen Sie unter REGISTRIERTE SERVER die SQL Server-Instanz aus, die die Datenbank `pubs` enthält. Klicken Sie mit der rechten Maustaste darauf, und wählen Sie VERBINDEN|OBJEKT-EXPLORER aus.**
3. **Erweitern Sie den Knoten DATENBANKEN. Erweitern Sie den Knoten `pubs`, und erweitern Sie den Knoten TABELLEN.**

   Abbildung 5.10 stellt das Ergebnis Ihres Klickens dar.

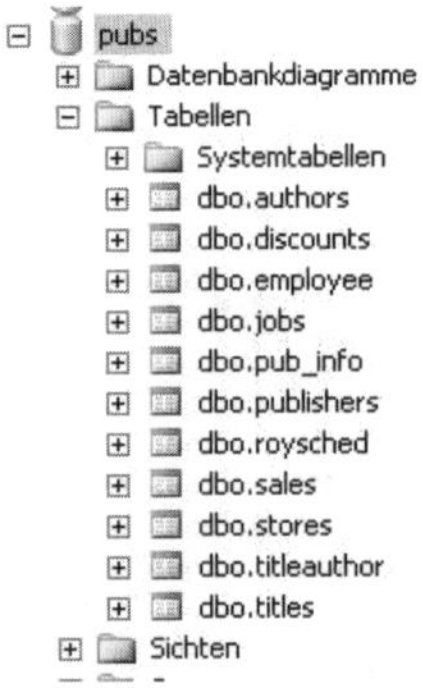

Abbildung 5.10: Der Knoten TABELLEN der Datenbank `pubs`

Bei den drei Tabellen, die ich in den letzten Schritten abgefragt habe, handelt es sich um `dbo.authors`, `dbo.titleauthor` und `dbo.titles`. Erweitern Sie die Knoten der einzelnen Tabellen, und schauen Sie sich die Spalten an, die sie besitzen.

Die Tabelle `dbo.authors` besteht aus folgenden Spalten:

- ✔ **`au_id`:** Der Primärschlüssel der Tabelle
- ✔ **`au_lname`:** Der Nachname des Autors
- ✔ **`au_fname`:** Der Vorname des Autors

Die Tabelle hat zwar noch ein paar Spalten mehr, aber ich benötige für die aktuelle Abfrage nur diese drei.

Wenn Sie einen Blick auf die Spalten der Tabelle dbo.authors werfen, können Sie feststellen, dass es keine Spalte für die Buchtitel gibt. Dies ist eine für relationale Datenbanken normale Situation. Der Entwurf einer relationalen Datenbank sieht vor, dass jede Information nur einmal erfasst wird. Falls die Tabelle sowohl Angaben zum Autor als auch zu seinen Büchern enthielte, müsste die Information über den Autor mehrfach in der Tabelle vorkommen. In einer relationalen Datenbank werden die Information über den Autor in einer und die Informationen über die von ihm oder ihr verfassten Titel in einer anderen Tabelle gespeichert. Sie finden die Daten zu den Buchtiteln in der Tabelle dbo.titles.

Wenn Sie den Objekt-Explorer verwenden, um sich die Tabelle dbo.titles anzuschauen, finden Sie folgende Spalten:

✔ **title_id:** Der Primärschlüssel der Tabelle

✔ **title:** Der Titel des Buches

✔ **price:** Der Preis des Buches

Sie können also die Informationen über Buchtitel in der title-Spalte der Tabelle dbo.titles finden. Wie aber lässt sich ein Titel einem Autor zuordnen?

An dieser Stelle sollten Sie über die Beziehungen zwischen einem Autor (oder Autoren) und einem Buch (oder Bücher) nachdenken. Ein Autor kann viele Bücher schreiben. Und ein Titel kann mehrere Autoren haben. Dies nennt man eine *Viele-zu-viele-Beziehung*.

Normalerweise baut man eine Verbindung zwischen zwei Tabellen, die in einer Viele-zu-viele-Beziehung stehen, über eine Tabelle auf, die zwei Spalten besitzt, die den Primärschlüsselspalten der beiden anderen Tabellen entsprechen.

In diesem Beispiel heißt die Tabelle, die genau diese Arbeit leistet, dbo.titleauthor. Sie enthält die folgenden Spalten, die ich auch in der Abfrage benutzt habe:

✔ **au_id:** Diese Spalte gibt Ihnen die Möglichkeit, eine logische Verbindung zur Spalte au_id der Tabelle dbo.authors herzustellen.

✔ **title_id:** Diese Spalte ermöglicht, eine logische Verbindung zur Spalte title_id der Tabelle dbo.titles herzustellen.

Und genau das ist der Weg, über den die Viele-zu-viele-Beziehung zwischen Autoren und Titeln in der Datenbank pubs hergestellt wird.

Mit diesem Hintergrundwissen ausgestattet, sind Sie jetzt viel besser in der Lage, den T-SQL-Code zu lesen.

Zunächst beschreibe ich, wie die Syntax der WHERE-Klausel funktioniert, die ich der Einfachheit halber hier noch einmal vorstelle:

```
USE pubs
SELECT authors.au_lname, authors.au_fname, titleauthor.au_id, titles.title
FROM dbo.authors, dbo.titleauthor, dbo.titles
WHERE authors.au_lname = 'Green'
```

```
AND titleauthor.au_id = authors.au_id
AND titles.title_id = titleauthor.title_id
```

Die erste Zeile legt fest, dass die Datenbank pubs abgefragt werden soll.

Die nächste Zeile empfängt Daten aus vier Spalten: au_lname und au_fname von der Tabelle dbo.authors plus au_id von der Tabelle dbo.titleauthor plus title von der Tabelle dbo.titles.

Die FROM-Klausel legt fest, dass Sie Daten von drei verschiedenen Tabellen erhalten können: dbo.authors, dbo.titleauthor und dbo.titles.

Die erste Zeile der WHERE-Klausel legt fest, dass Sie nur die Daten erhalten wollen, bei denen in der Spalte Nachname »Green« steht.

Markieren Sie die letzten beiden Zeilen des Codes, und klicken Sie in der Symbolleiste auf das Symbol für KOMMENTIERT DIE AUSGEWÄHLTEN TEXTZEILEN AUS. Klicken Sie auf AUSFÜHREN.

Das Ergebnis der Abfrage liefert 450 Zeilen zurück. Wenn Sie sich diese richtig anschauen, werden Sie feststellen, dass Marjorie Green 25 verschiedene Bücher mit dem Titel *But Is It User Friendly?* geschrieben haben soll.

Was ist hier geschehen? Ohne die beiden letzten Zeilen sorgt der Code für diese Abfrage: »Erstelle eine neue Tabelle, die eine Spalte mit dem Namen au_lname und dem Inhalt Green besitzt, plus die Spalten au_fname und au_id, die dadurch erzeugt werden, dass sie Daten aus den beteiligten Tabellen enthalten.«

Sie wollten aber eine Abfrage erstellen, die eigentlich folgendes Ziel hat: »Erstelle eine neue Tabelle, bei der der Inhalt der Spalte au_lname Green ist, und finde in der Tabelle dbo.titles Zeilen, bei denen der Autor jemand mit dem Nachnamen Green ist.«

Wenn Sie die Auskommentierung der vorletzten Zeile wieder zurücksetzen und die Abfrage erneut ausführen, erhalten Sie ein Ergebnis mit 36 Zeilen. Es gibt eine Zeile für jeden Wert, der in der Spalte title der Tabelle dbo.tiles existiert. Sie müssen jetzt noch dafür sorgen, dass nur Titel zurückgegeben werden, die von Green geschrieben worden sind. Wenn Sie auch die Auskommentierung der letzten Zeile wieder entfernen, erhalten Sie als Ergebnis die beiden Titel, die Marjorie Green geschrieben hat.

Die Technik, die ich Ihnen hier vorgestellt habe, nutzt die WHERE-Klausel, um Spalten von mehreren Tabellen zu erhalten. Sie können dieselben Ergebnisse mit *Joins* erreichen, die ich im nächsten Abschnitt beschreibe.

Joins

Sie können die WHERE-Klausel, die ich im vorigen Abschnitt beschrieben habe, dazu nutzen, so genannte *Inner Joins* aufzubauen. Dies ist die am häufigsten verwendete Art von Joins. Wenn es aber um mehr als um einfachste Joins geht, wird die WHERE-Syntax sehr unhandlich. Bei komplexeren Abfragen kommen Sie nicht an der JOIN-Syntax vorbei.

SQL Server 2005 unterstützt mehrere Arten von Joins. Ich gehe in diesem Kapitel aber nur auf den `INNER JOIN` ein. Insgesamt gibt es folgende Joins:

- ✔ **`INNER JOIN`:** Gleicht Zeilen normaler Spalten ab und gibt Zeilen zurück, bei denen die Werte in den entsprechenden Spalten übereinstimmen.
- ✔ **`OUTER JOIN`:** Hiervon gibt es zwei Arten, `RIGHT OUTER JOIN` und `LEFT OUTER JOIN`.
- ✔ **`FULL JOIN`**
- ✔ **`SELF JOIN`**

Ein Join gibt Ihnen die Möglichkeit, Daten aus mehreren Tabellen zu erhalten. Es ist viel einfacher, komplexe Abfragen mithilfe der `JOIN`-Syntax zu schreiben als mit `WHERE`.

Ich zeige Ihnen, wie Sie dasselbe Ergebnis wie im vorherigen Beispiel erzielen, indem Sie einen Inner Join verwenden. Gehen Sie so vor:

1. **Öffnen Sie SQL Server Management Studio, und öffnen Sie eine neue Abfrage, indem Sie auf das Symbol für DATENBANKMODUL-ABFRAGE klicken.**

2. **Geben Sie den folgenden T-SQL-Code ein:**

```
USE pubs
SELECT authors.au_lname, authors.au_fname, titleauthor.au_id,
       titles.title
FROM dbo.authors INNER JOIN dbo.titleauthor
ON titleauthor.au_id = authors.au_id
INNER JOIN dbo.titles
ON titles.title_id = titleauthor.title_id
WHERE authors.au_lname = 'Green'
```

3. **Klicken Sie in der Symbolleiste auf AUSFÜHREN.**

   Abbildung 5.11 stellt das Ergebnis dar.

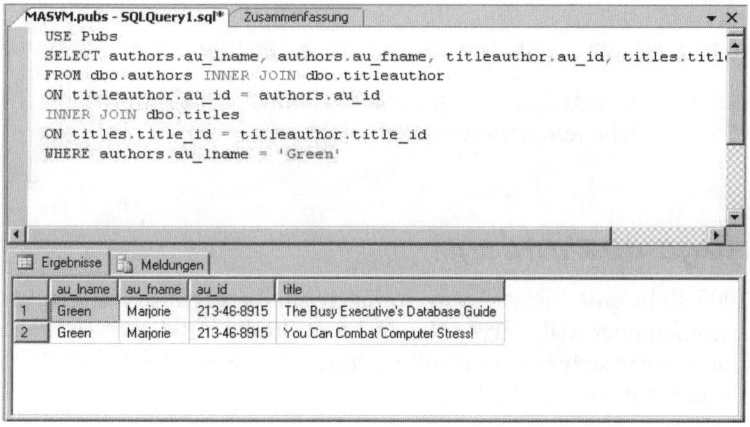

Abbildung 5.11: INNER JOIN für eine Abfrage mehrerer Tabellen verwenden

Die Klausel `SELECT` gibt an, dass Sie Daten von den vier Spalten `authors.au_lname`, `authors.au_fname`, `titleauthor.au_id` und `titles.title` erhalten wollen.

Die ersten beiden Zeilen der `FROM`-Klausel

```
FROM dbo.authors INNER JOIN dbo.titleauthor
ON titleauthor.au_id = authors.au_id
```

legen fest, dass Sie einen Inner Join auf die beiden Tabellen `dbo.authors` und `dbo.titleauthor` legen wollen, für den die Bedingung gilt, dass `titleauthor.au_id` und `authors.au_id` gleich sind.

Weil die Beziehung zwischen Titeln und Autoren eine Viele-zu-viele-Beziehung ist, benötigen Sie einen zweiten Inner Join:

```
INNER JOIN dbo.titles
ON titles.title_id = titleauthor.title_id
```

Damit wird der Name eines Autors richtig mit dem/den Titel(n) verknüpft, den/die er beziehungsweise sie geschrieben hat.

Die abschließende `WHERE`-Klausel

```
WHERE authors.au_lname = 'Green'
```

filtert die Ergebnisse, damit nur Zeilen zurückgegeben werden, bei denen der Name des Autors »Green« ist.

Sie können in solchen Abfragen die ganze Bandbreite der `WHERE`-Klausel abdecken. Um beispielsweise alle Autoren von Carlson bis Panteley zu erhalten, schreiben Sie:

```
WHERE authors.au_lname BETWEEN ÄC' AND 'R'
```

Natürlich können Sie in solchen Abfragen auch die `ORDER BY`-Klausel einsetzen. Fügen Sie der `WHERE`-Klausel die folgende Zeile hinzu:

```
ORDER BY titles.title
```

Damit werden die Ergebnisse alphabetisch nach Titeln sortiert.

Die am häufigsten verwendete Join-Art ist der Inner Join. Auf die Join-Arten `LEFT JOIN`, `RIGHT JOIN` und `CROSS JOIN` gehe ich in diesem Buch nicht weiter ein.

Eine Vorlage abwandeln

SQL Server 2005 stellt eine Vielzahl von Vorlagen zur Verfügung, die fertigen T-SQL-Code enthalten. Sie greifen über SQL Server Management Studio auf diese Vorlagen zu. Wenn der Vorlagen-Explorer nicht sichtbar sein sollte, wählen Sie ANSICHT|VORLAGEN-EXPLORER aus. Wie dieser Explorer aussieht, zeigt Abbildung 5.12.

Abbildung 5.12: Der Vorlagen-Explorer

Ich empfehle Ihnen, möglichst viele der Vorlagen anzuschauen, indem Sie sich einmal durch die Knotenhierarchie klicken.

Eine Einsatzmöglichkeit von Vorlagen ist das Erstellen von Datenbanken. Arbeiten Sie die folgenden Schritte nach, um eine neue Datenbank mit T-SQL zu erstellen.

1. **Klicken Sie im Vorlagen-Explorer auf den Knoten DATABASE, um ihn zu erweitern.**
2. **Führen Sie auf dem Knoten CREATE DATABASE einen Doppelklick aus.**

   Es öffnet sich ein neues Abfragefenster, das so ähnlich aussehen sollte wie das in Abbildung 5.13.

   Beachten Sie, dass ein Teil des Codes zwischen spitzen Klammern (< und >) steht.

3. **Wählen Sie ABFRAGE|WERTE FÜR VORLAGENPARAMETER ANGEBEN aus.**

   Es öffnet sich die Dialogbox WERTE FÜR VORLAGENPARAMETER ANGEBEN (siehe Abbildung 5.14).

   Wenn Sie die Spalten in der Dialogbox mit den Werten in den spitzen Klammern im Abfragefenster vergleichen, werden Sie feststellen, dass sie identisch sind. Die Dialogbox WERTE FÜR VORLAGENPARAMETER ANGEBEN gibt Ihnen die Möglichkeit, einen Wert einmal als Parameter einzugeben (ein zweiter Aufruf dieser Dialogbox zeigt nur noch ein leeres, nicht bearbeitbares Fenster an). SQL Server 2005 fügt den Wert an seinem entsprechenden Platz im T-SQL-Code ein.

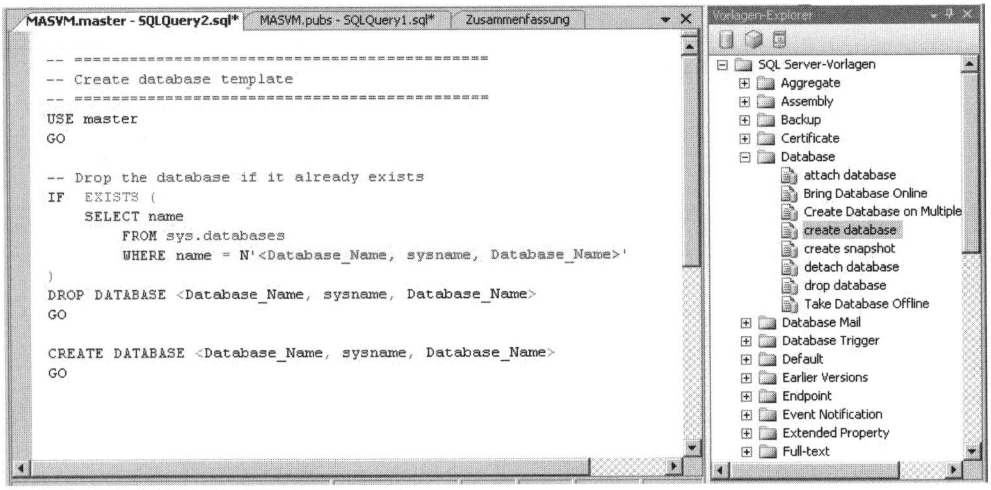

Abbildung 5.13: Die neue Abfrage, über eine Vorlage erstellt

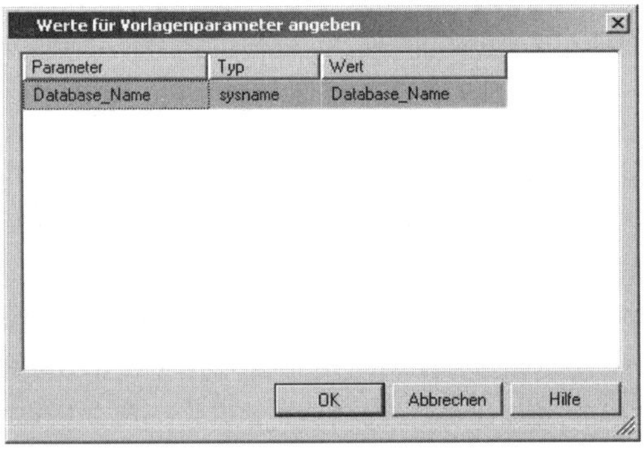

Abbildung 5.14: Die Dialogbox WERTE FÜR VORLAGENPARAMETER ANGEBEN

4. **Führen Sie in der Dialogbox WERTE FÜR VORLAGENPARAMETER ANGEBEN auf der Spalte WERT einen Doppelklick aus, und geben Sie `AusVorlage` ein.**

5. **Klicken Sie auf OK. Untersuchen Sie den Code im Abfragefenster, und achten Sie darauf, dass der Parameter durch den Namen `AusVorlage` ersetzt worden ist.**

   Die spitzen Klammern sind verschwunden, weil sie nicht länger als Platzhalter benötigt werden.

6. **Klicken Sie in der Symbolleiste auf AUSFÜHREN, um den Code ablaufen zu lassen.**

7. **Klicken Sie im Objekt-Explorer mit der rechten Maustaste auf den Knoten DATENBANKEN, und wählen Sie AKTUALISIEREN aus.**

   Die Datenbank `AusVorlage` wird sichtbar.

Eine einfache Anwendung aufbauen

6

In diesem Kapitel

- Die Entwicklungsumgebung anpassen
- Verbindungen hinzufügen
- Die Benutzerschnittstelle anlegen
- Probleme erkennen

Sie können SQL Server 2005 für viele Dinge nutzen. Wenn Sie Datenbankadministrator sind, können Sie die Verwaltungswerkzeuge wie SQL Server Management Studio einsetzen, die Ihnen helfen, eine oder mehrere Instanzen von SQL Server zu administrieren. Wenn Sie Datenbankentwickler sind, können Sie Standardanwendungen erstellen, die auf SQL Server 2005 basieren. Typischerweise setzen Sie in diesem Fall eine der verschiedenen Editionen von Visual Studio 2005 ein, um Anwendungen zu erstellen, die SQL Server 2005 als Backend-Datenbank verwenden.

Sie können das Business Intelligence Development Studio verwenden, das Bestandteil von SQL Server 2005 ist, um Anwendungen zu erstellen, die für SQL Server Integration Services, Analysis Services und Reporting Services optimiert sind. Wie Sie das Business Intelligence Development Studio einsetzen, um solche Anwendungen zu erstellen, beschreibe ich in den Kapiteln 20, 21 und 22.

In diesem Kapitel erkläre ich Ihnen die grundlegenden Techniken, um eine einfache Anwendung zu erstellen, die SQL Server 2005 als Backend-Datenbank verwendet. Ich setze Visual Studio 2005 ein, um das Frontend der Anwendung anzulegen. Damit Sie die Beispielanwendung, die ich in diesem Kapitel vorstelle, nachbauen können, müssen Sie eine beliebige Version von Visual Studio installiert haben. Da es davon wiederum diverse Ausführungen gibt, kann ich diese Installation nicht beschreiben.

Von Visual Studio und damit zusammenhängenden Produkten gibt es folgende aktuelle Versionen:

- ✔ Visual Basic 2005 Express Edition
- ✔ Visual C# 2005 Express Edition
- ✔ Visual C++ 2005 Express Edition
- ✔ Visual Web Developer 2005 Express Edition
- ✔ Visual Studio 2005 Standard Edition
- ✔ Visual Studio 2005 Professional Edition
- ✔ Visual Studio 2005 Team Suite

- Visual Studio 2005 Team Foundation Server
- Visual Basic 2005 Standard Edition
- Visual C# 2005 Standard Edition

Anmerkung: Ich verwende in diesem Kapitel den Begriff »Visual Studio« und beziehe mich damit auf irgendeines der oben aufgeführten Produkte. Wenn Sie also Visual Studio lesen, können Sie sich aussuchen, welches Produkt Sie verwenden wollen.

Wenn Sie mehr über Visual Studio 2005 erfahren wollen, empfehle ich von Bill Sempf, *Visual Basic 2005 für Dummies* (Wiley-VCH).

Die Anwendung entwerfen

Visual Studio 2005 besitzt eine komplexe Benutzerschnittstelle, die unzählige Optionen kennt, mit denen Sie die Entwicklungsumgebung anpassen können. Für das, was ich hier vorstellen will, habe ich die Standardeinstellungen beibehalten. Wenn Sie bei Ihrer Version von Visual Studio 2005 Einstellungen individuell angepasst haben, kann es sein, dass Sie etwas anders vorgehen müssen, als ich es beschreibe. Da die Beispielanwendung, die ich in diesem Kapitel erzeuge, aber ausschließlich grundlegende Funktionalitäten von Visual Studio nutzt, können Sie eine ähnliche Anwendung mit jeder Version von Visual Studio erstellen.

Wenn Sie eine Anwendung entwerfen, müssen Sie dafür sorgen, dass alle Daten in SQL Server 2005 gespeichert werden. Wenn Sie eine Datenbank sauber planen, müssen Sie an eine breite Palette von geschäftlichen Interessen denken – an heutige und an zukünftige. Wenn Sie sich daran machen, praxisbezogen zu arbeiten, werden Sie feststellen, dass ein Großteil der Zeit damit vergeht zu entscheiden, welche Daten gespeichert werden müssen und wo sie gespeichert werden sollen.

Wenn Sie eine Anwendung erstellen, sollten Sie sich über die folgenden Punkte Gedanken machen:

- Müssen Benutzer über ein Firmennetz oder das Internet auf die Anwendung zugreifen?
- Wie viele Personen benötigen einen Zugriff auf die Daten? Um welche Zeit greifen die meisten Benutzer auf die Daten zu?
- Wollen die Benutzer die Daten nur lesen, oder müssen sie die Möglichkeit haben, Daten hinzuzufügen oder zu bearbeiten?
- Wie können Sie die Informationen am besten präsentieren? Sie müssen sich zum Beispiel überlegen, welche Benutzergruppen auf welche Schnittstelle zugreifen dürfen, damit die geschäftlichen Anforderungen am besten erfüllt werden.

In Abhängigkeit von den Antworten auf einige der oben stehenden Fragen müssen Sie sich für eine der verschiedenen Versionen von SQL Server 2005 entscheiden, damit die Daten den Benutzern auch dementsprechend aufbereitet übergeben werden können. Welche Editionen von SQL Server 2005 am Markt sind, können Sie in Kapitel 1 nachlesen.

In Kapitel 11 finden Sie die Informationen über die Sicherheitsfunktionalitäten, die SQL Server 2005 kennt, und ich zeige Ihnen, wie Sie sie einsetzen, um die Kontrolle über Ihre SQL Server 2005-Daten zu behalten. Wenn Sie eine Anwendung entwerfen, müssen Sie sorgfältig darauf achten, wie Sie Ihre Daten sicher machen und wie Sie berechtigten Benutzern den Zugriff darauf ermöglichen.

Um das Beispiel einfach zu halten, benutze ich eine der Beispieldatenbanken von Microsoft für SQL Server, `pubs`. Ich möchte in der Beispielanwendung Informationen über die Autoren erhalten, die in der Datenbank stehen. Das Ziel dieser kleinen Anwendung ist es, die Namen der Autoren und ihre Telefonnummer in alphabetischer Reihenfolge auszugeben.

Sie finden in Kapitel 5 eine Anleitung, wie Sie die Datenbank `pubs` herunterladen und installieren können.

Wenn Sie eine Anwendung erstellen, ist ein gutes Verständnis der Datenstrukturen und ihrer Speicherung sehr nützlich. Wenn Sie Anwendungen schreiben, bekommen Sie die Struktur von Datenbanken und Tabellen über folgende Schritte heraus:

1. **Öffnen Sie SQL Server Management Studio, indem Sie START|PROGRAMME|MICROSOFT SQL SERVER 2005|SQL SERVER MANAGEMENT STUDIO auswählen.**
2. **Verbinden Sie sich mit der SQL Server-Instanz, die Sie für die Entwicklung Ihrer Anwendung verwenden wollen.**

   Dies sollte auf keinen Fall ein produktiver Server sein.
3. **Klicken Sie im Fensterelement REGISTRIERTE SERVER von SQL Management Studio mit der rechten Maustaste auf den Server, den Sie nutzen wollen, und wählen Sie VERBINDEN|OBJEKT-EXPLORER aus.**
4. **Bewegen Sie sich im Knotenbaum des Objekt-Explorers zu der Datenbank, die Sie für Ihre Anwendung verwenden wollen.**

   Ich habe in diesem Beispiel (von oben nach unten) die Knoten der SQL Server-Instanz DATENBANKEN, `pubs`, TABELLEN, `dbo.authors` und SPALTEN von `dbo.authors` erweitert. Die Spalten von `dbo.authors` haben die Struktur, die als Abbildung 6.1 dargestellt ist. Beachten Sie, dass der Objekt-Explorer auch Informationen über die Datentypen der einzelnen Spalten anzeigt.

Abbildung 6.1: Der erweiterte Knoten SPALTEN der Tabelle `dbo.authors` der Datenbank `pubs`

Ich greife in diesem Beispiel auf die Spalten `au_lname`, `au_fname` und `phone` zu.

Es kann Ihnen in großen Datenbanken geschehen, dass Sie auf zwei Tabellen mit dem gleichen Namen stoßen. Seien Sie in solch einem Fall besonders sorgfältig, und nehmen Sie das Schema, zu dem die Tabelle gehört, in den Namen mit auf. In diesem Beispiel gehört die Tabelle `authors` zum Schema `dbo`, so dass die Bezeichnung `dbo.authors` lautet.

Ein neues Projekt anlegen

Sie müssen in einer für die Produktion gedachten Anwendung sorgfältig darauf achten, wie Sie Informationen für Benutzer bereitstellen und ob Sie es zulassen, dass Benutzer Daten hinzufügen oder verändern.

Ich erstelle in diesem Beispiel eine sehr einfache Anwendung, die Informationen über den Namen und die Telefonnummer von Autoren empfängt und auf dem Bildschirm tabellarisch ausgibt.

Um in Visual Studio eine Anwendung auf der Basis von Windows Forms zu erstellen, machen Sie Folgendes:

1. **Klicken Sie auf Start|Microsoft Visual Studio 2005|Microsoft Visual Studio 2005.**

   Wenn Sie eines der Express-Produkte verwenden, sieht der Pfad ähnlich aus.

2. **Wählen Sie Datei|Neu|Projekt, um ein neues Projekt anzulegen.**

   Es öffnet sich die Dialogbox Neues Projekt, die Sie in Abbildung 6.2 sehen.

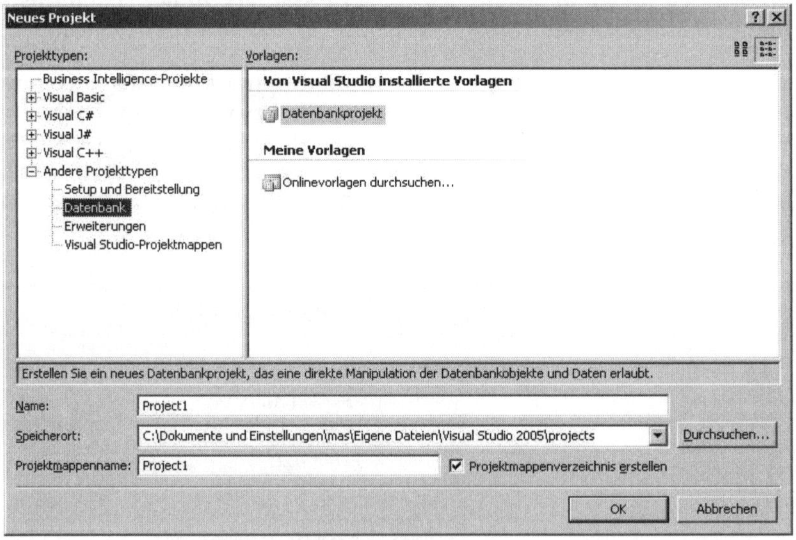

Abbildung 6.2: Die Dialogbox Neues Projekt

Die Möglichkeit, in dieser Dialogbox Optionen auszuwählen, variiert in Abhängigkeit von der Version von Visual Studio, die Sie einsetzen.

3. **Wählen Sie im Fensterelement PROJEKTTYPEN wenn möglich VISUAL BASIC aus. Markieren Sie WINDOWS. Wählen Sie im Fensterelement VORLAGEN den Punkt WINDOWS-ANWENDUNG aus.**

   Wenn Sie Visual C# oder Visual C# Express verwenden, wählen Sie die Optionen für eine Windows-Anwendung aus.

4. **Geben Sie in die Textbox NAME `EinfachesProjekt` als Bezeichnung des Projekts ein.**

   Ihre Arbeitsoberfläche sollte jetzt so ähnlich aussehen wie in Abbildung 6.3.

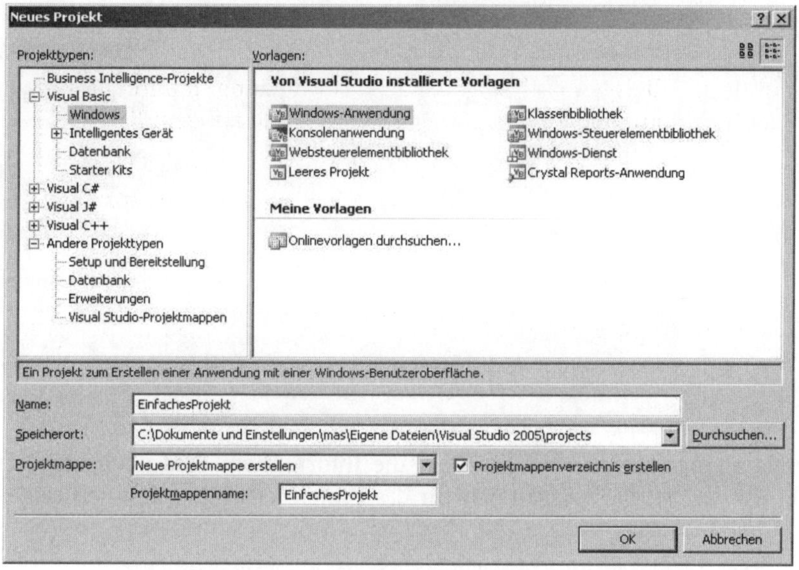

Abbildung 6.3: Ein neues Projekt anlegen und benennen

5. **Achten Sie darauf, dass in der Textbox SPEICHERORT ein Ablageverzeichnis für Dateien angeben wird.**

   Der Pfad, der hier angezeigt wird, hängt davon ab, wo Sie Visual Studio installiert haben. Solange Sie den Ort, an dem Sie Visual Studio-Projekte anlegen, nicht ändern wollen, können Sie die Standardeinstellung verwenden, die Visual Studio vorschlägt.

6. **Klicken Sie auf OK.**

   Nach einer Pause von ein paar Sekunden sollte Ihr Bildschirm so ähnlich aussehen wie in Abbildung 6.4. Das graue Rechteck stellt das Formular dar, das Sie als Benutzerschnittstelle anpassen müssen.

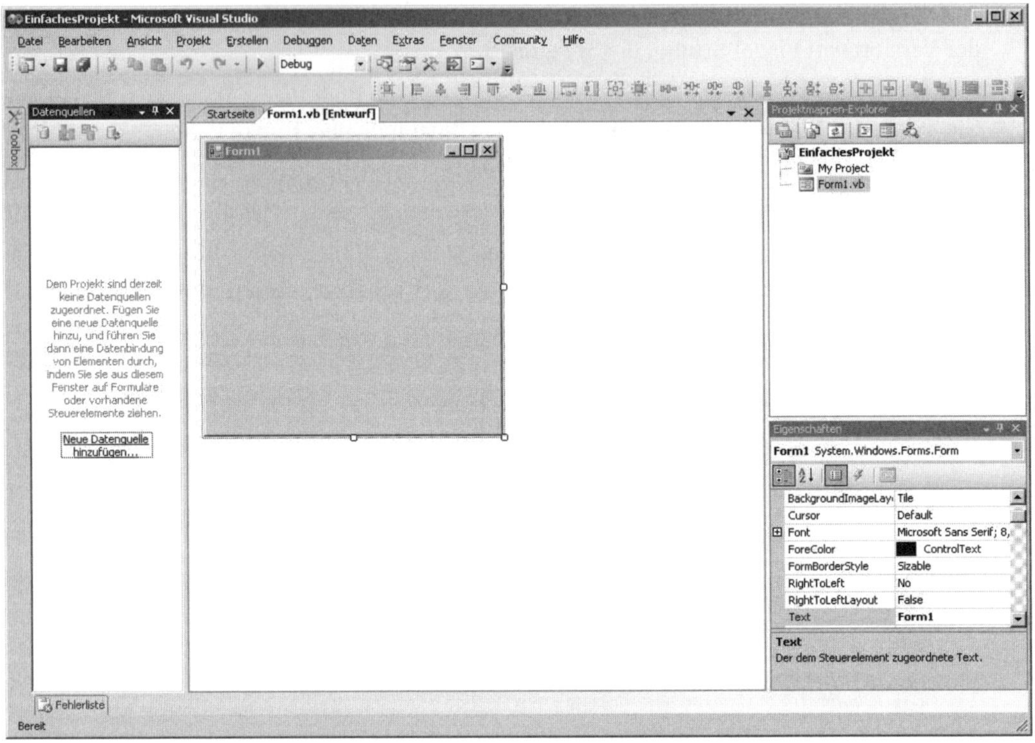

Abbildung 6.4: Ein neues Visual Studio-Projekt

Im Fensterelement DATENQUELLEN finden Sie die Information, dass noch keine Datenquelle eingerichtet worden ist. Sie müssen dies für das Projekt erledigen, und ich zeige Ihnen, wie das geht.

Die Verbindung zu den Daten herstellen

Wenn Sie eine Verbindung zur Datenbank pubs herstellen und dabei den ASSISTENTEN ZUM KONFIGURIEREN VON DATENQUELLEN verwenden wollen, gehen Sie so vor:

1. **Klicken Sie auf DATEN|NEUE DATENQUELLE HINZUFÜGEN.**

   Es öffnet sich der ASSISTENT ZUM KONFIGURIEREN VON DATENQUELLEN (siehe Abbildung 6.5).

2. **Standardmäßig ist die Option DATENBANK markiert (die in diesem Beispiel auch benötigt wird). Klicken Sie auf WEITER.**

   Im nächsten Schritt müssen Sie angeben, woher die Daten kommen.

3. **Klicken Sie auf die Schaltfläche NEUE VERBINDUNG.**

   Es öffnet sich die Dialogbox DATENQUELLE AUSWÄHLEN (siehe Abbildung 6.6).

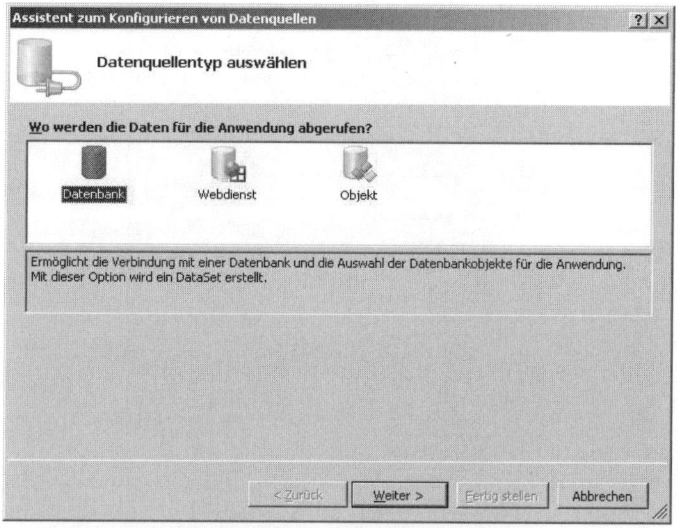

Abbildung 6.5: Der ASSISTENT ZUM KONFIGURIEREN VON DATENQUELLEN

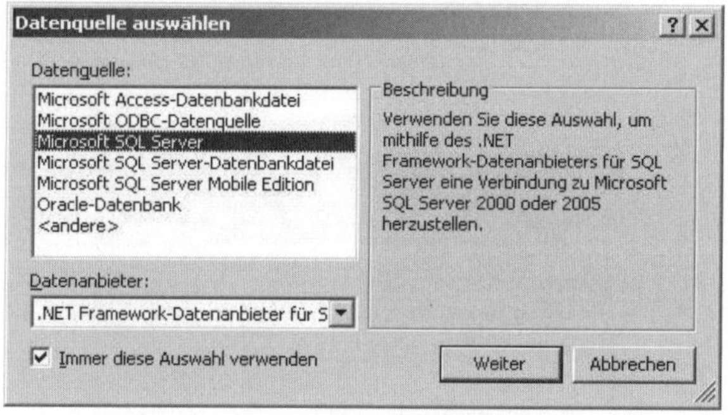

Abbildung 6.6: Die Dialogbox DATENQUELLE AUSWÄHLEN

4. **Wählen Sie die Option MICROSOFT SQL SERVER aus. Klicken Sie auf WEITER.**

   Es öffnet sich, wie Abbildung 6.7 zeigt, die Dialogbox VERBINDUNG HINZUFÜGEN.

5. **Geben Sie in der Textbox SERVERNAME den Namen des Servers und der Instanz ein (wenn Sie benannte SQL Server-Instanzen verwenden).**

6. **Wählen Sie in der Dropdownliste WÄHLEN SIE EINEN DATENBANKNAMEN AUS ODER GEBEN SIE EINEN EIN die Datenbank** pubs **aus (siehe Abbildung 6.8).**

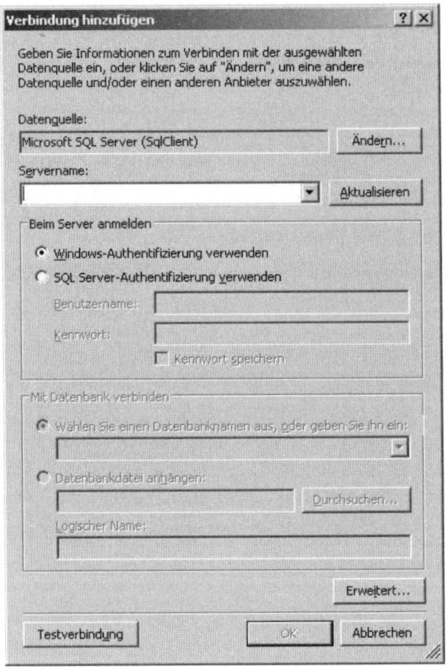

Abbildung 6.7: Die Dialogbox VERBINDUNG HINZUFÜGEN

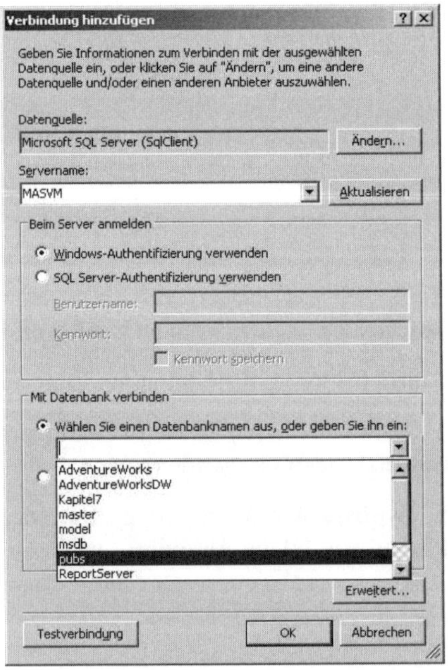

Abbildung 6.8: Eine Verbindung zur Datenbank pubs *als Datenquelle markieren*

Wenn die gewünschte Datenbank nicht in der Dropdownliste zur Verfügung steht, prüfen Sie, ob Sie wirklich mit der richtigen Serverinstanz verbunden sind und ob `pubs` auch installiert ist.

7. **Klicken Sie auf die Schaltfläche TESTVERBINDUNG, um zu testen, ob die Verbindung auch steht.**

   Wenn alles fehlerfrei funktioniert, wird die Dialogbox aus Abbildung 6.9 angezeigt.

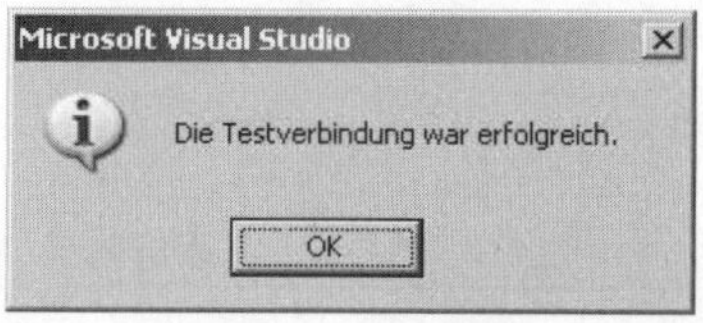

Abbildung 6.9: Die Bestätigung, dass eine Verbindung zur gewünschten Datenbank existiert

8. **Klicken Sie in dieser Dialogbox auf OK, und klicken Sie dann in der Dialogbox VERBINDUNG HINZUFÜGEN ebenfalls auf OK.**

   Falls die Verbindung fehlschlägt, überprüfen Sie Ihre Einstellungen aus den letzten Schritten. Wenn Sie sich über ein Netzwerk verbinden, prüfen Sie nach, ob Sie Zugriff auf die SQL Server-Instanz haben, indem Sie SQL Server Management Studio verwenden.

   Sie gelangen wieder zurück zum ASSISTENT ZUM KONFIGURIEREN VON DATENQUELLEN.

9. **Klicken Sie im ASSISTENT ZUM KONFIGURIEREN VON DATENQUELLEN auf WEITER.**

10. **Sie haben jetzt die Möglichkeit, Ihre Verbindungszeichenfolge zu speichern. Klicken Sie auf WEITER.**

    Es erscheint die nächste Seite, die wie Abbildung 6.10 aussehen sollte.

    Sie müssen nun die Datenbankobjekte auswählen, zu denen Sie sich verbinden wollen. Wählen Sie für das Beispiel in der Tabelle `dbo.authors` die Spalten `au_lname`, `au_fname` und `phone` aus.

11. **Erweitern Sie den Knoten TABELLEN, erweitern Sie den Knoten `authors`, und markieren Sie die Kontrollkästchen der Spalten `au_lname`, `au_fname` und `phone`.**

    Sie sehen, dass in diesem Dialog keine Schemainformationen angezeigt werden.

12. **Klicken Sie auf die Schaltfläche FERTIG STELLEN.**

    Sie gelangen in das Hauptfenster von Visual Studio zurück. Das Fensterelement DATENQUELLEN enthält nun eine Datenquelle, die `pubsDataSet` heißt, wenn Sie den Standardnamen nicht geändert haben (siehe Abbildung 6.11).

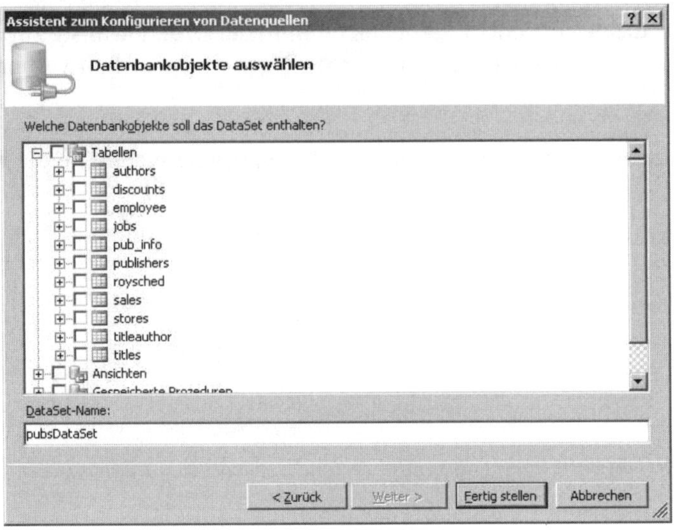

Abbildung 6.10: Datenbankobjekte auswählen

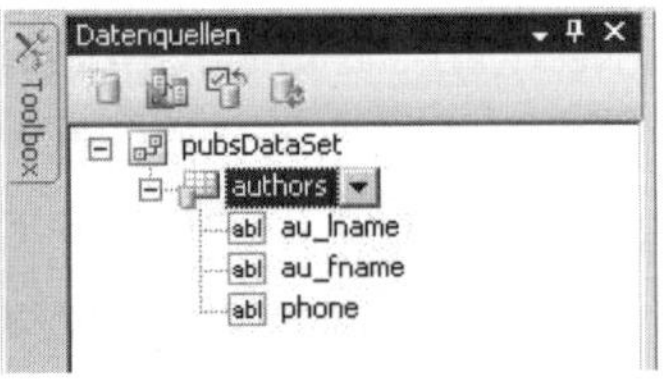

Abbildung 6.11: Eine Datenquelle, die dem Fensterelement DATENQUELLEN hinzugefügt worden ist

Die Benutzerschnittstelle aufbauen

Um eine einfache Benutzerschnittstelle hinzuzufügen, gehen Sie so vor:

1. **Erweitern Sie im Fensterelement DATENQUELLEN den Knoten `pubsDataSet`.**

2. **Ziehen Sie die Tabelle `authors` auf das Formular.**

   Nach ein paar Sekunden sollte das Formular so aussehen wie das in Abbildung 6.12 gezeigte. Eventuell müssen Sie den grauen Bereich vergrößern, damit er dem der Abbildung entspricht.

   Im Hauptbereich des Formulars ist ein Steuerelement vom Typ DATAGRID hinzugefügt worden. Im unteren Teil des Fensters gibt es jetzt vier Steuerelemente, die den Zugriff auf die Daten ermöglichen. Diese Steuerelemente sind nicht sichtbar, wenn Ihre Anwendung läuft. Sie sorgen nur dafür, dass die Daten geliefert werden, die Sie sehen wollen.

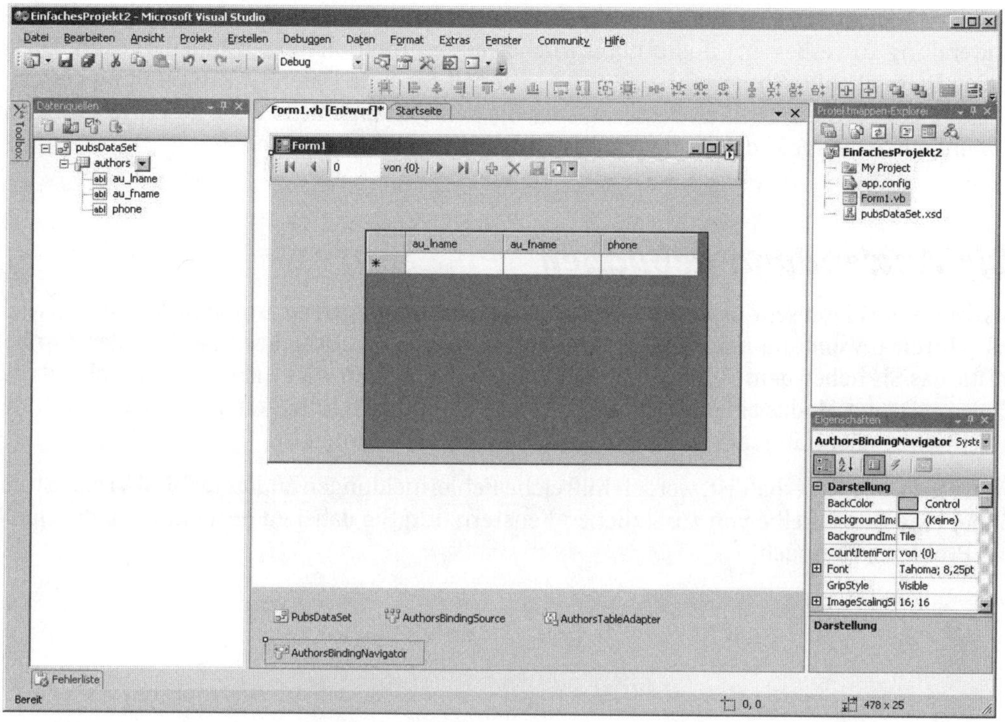

Abbildung 6.12: Die Tabelle `authors` *ist in das Formular gezogen worden.*

3. **Wählen Sie DATEI|ALLES SPEICHERN, um alle Dateien des Projekts zu speichern.**
4. **Drücken Sie F5, um die Anwendung im Debug-Modus laufen zu lassen.**

   Wenn alles sauber funktioniert, sollten die Daten ungefähr so in Ihrem Formular dargestellt werden, wie es Abbildung 6.13 zeigt.

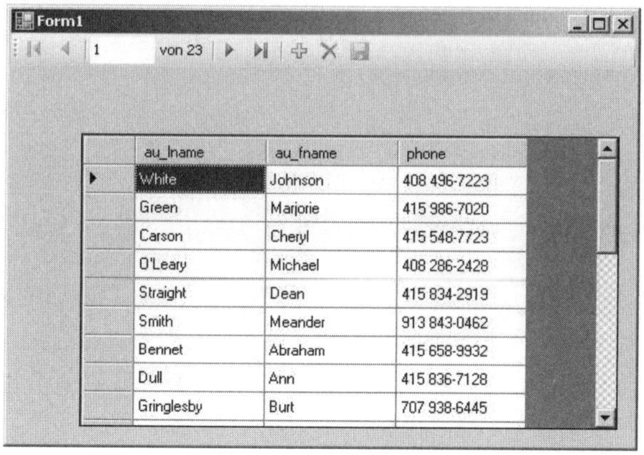

Abbildung 6.13: Informationen über Autoren, angezeigt in einem Windows-Formular

Visual Studio bietet eine Reihe von Techniken an, um das optische Erscheinungsbild der Anwendung zu verbessern und um anspruchsvollere Funktionalitäten hinzuzufügen. Dieses kleine Beispiel sollte Ihnen nur zeigen, wie schnell Sie eine Datenbankanwendung erstellen können. Haben Sie eigentlich bemerkt, dass Sie keine einzige Zeile Code geschrieben haben, obwohl ich Sie aufgefordert hatte, ein Visual Basic-Projekt auszuwählen?

Die Anwendung debuggen

Visual Studio bietet sehr mächtige Werkzeuge für das Debuggen an, um während der Entwicklung Ihrer Anwendung mit Fehlerdiagnosen zu helfen. Das Dropdownmenü in der Symbolleiste, das Sie neben dem Symbol mit dem grünen Pfeil finden, gibt Ihnen die Möglichkeit, den Code im Debug-Modus ablaufen zu lassen. Dabei ist es gleichgültig, ob dieser Code von Ihnen geschrieben oder automatisch von Visual Studio erstellt worden ist.

Wenn Ihr Code fehlerhaft ist, werden hilfreiche Fehlermeldungen angezeigt, und Visual Studio öffnet eine ganze Reihe von zusätzlichen Fenstern, um Sie dabei zu unterstützen, die Quelle des Problems zu finden.

Teil III

Mit SQL Server arbeiten

In diesem Teil ...

Ich führe Sie in das Arbeiten mit dem neuen XML-Datentyp von SQL Server 2005 und in den Gebrauch der Common Language Runtime (CLR) ein, die zum Bestandteil von SQL Server 2005 geworden ist.

Ich zeige Ihnen, wie man mit gespeicherten Prozeduren arbeitet und mit Fehlern umgeht.

Mit XML arbeiten

7

In diesem Kapitel

- Vorstellen von XML
- Erstellen von XML-Dokumenten und -Fragmenten
- Speichern von XML durch typisiertes und nicht typisiertes XML
- Abfragen von XML
- Ändern von Daten mit der XML Data Modification Language
- Konvertieren von Daten nach und von XML

Nicht alle Daten sind unmittelbar dafür geeignet, in relationalen Tabellen abgelegt zu werden, indem relationale Ausdrücke verwendet werden, um logische Verbindungen zwischen Teilen der Daten auszudrücken. XML, e*X*tensible *M*arkup *L*anguage, bietet eine ansprechende Alternative, um bestimmte Datentypen darzustellen – insbesondere Daten, die eine hierarchische Struktur haben. Hierarchische Daten kommen im geschäftlichen Alltag regelmäßig vor. So enthält zum Beispiel eine Rechnung unterschiedliche Elemente wie Datum, Rechnungsnummer und Zeilenelemente. Sie können die Rechnung als die Spitze einer Hierarchie und die übrigen Elemente als untergeordnete Bestandteile der Hierarchie betrachten. Der Zeilenabschnitt wiederum enthält verschiedene Zeilenelemente. Sie können eine derartige Datenstruktur, die auf einem strengen Konzept beruht, sehr leicht in XML darstellen.

XML ist weiterhin sehr nützlich, um Informationen, die sich Dokument für Dokument in ihrer Struktur voneinander unterscheiden, in einem Netzwerk abzulegen oder zu übermitteln. XML wurde als Entwurf vom World Wide Web Consortion (W3C) entwickelt und wird deshalb international weitestgehend akzeptiert.

Ab und an wird der Begriff *teilstrukturiert* verwendet, wenn es um XML geht, weil es nicht so strukturiert ist wie beispielsweise relationale Daten. In Wirklichkeit sind XML-Daten aber immer strukturiert – aber eben anders als relationale Daten.

SQL Server 2005 bietet verschiedene Werkzeuge, die es Ihnen ermöglichen, XML abzuspeichern und bestimmte Teile davon in selbst geschriebenen Anwendungen wieder zu erhalten. Sie können XML-Daten in eine Struktur aufbrechen, die in SQL Server abgelegt werden kann, und Sie sind in der Lage, die Ergebnisse einer relationalen Datenabfrage zu nehmen und in einer XML-Struktur zusammenzufassen. SQL Server 2005 lässt zum ersten Mal zu, dass XML-Daten in SQL Server gespeichert und so abgefragt werden, als wenn es XML wäre. SQL Server 2005 speichert, genau gesagt, XML in einem proprietären, binären Format und nicht als Zeichenfolge ab. Das binäre Format erlaubt es, dass Sie Ihre XML-Daten schneller finden, weil die Indizes, die Sie auf das binäre Format legen, es möglich machen, dass Sie sich schnell und effizient in der logischen Struktur von XML bewegen.

XML vorgestellt

XML ist eine sehr flexible Auszeichnungssprache. Anders als bei HTML, das eine ganze Reihe von vordefinierten Elementen besitzt, können Sie in XML-Dokumenten Ihre eigenen Elementnamen definieren. Dies macht XML sehr flexibel – was aber wiederum Probleme hervorrufen kann. Wenn Sie nicht wissen, wie ein Geschäftspartner seine in XML geschriebene Bestellung strukturiert hat, werden Sie Schwierigkeiten damit haben, einen Weg zu finden, diese Bestellung automatisch zu verarbeiten. Üblicherweise versucht man dieses Problem dadurch zu lösen, dass man sicherstellt, dass eine Klasse von Dokumenten auf vorhersehbare Art und Weise strukturiert ist. Dies erreicht man, indem ein *Schema* verwendet wird, das die Struktur eines jeden Dokuments der Klasse überprüfbar macht. Ein Schema legt einfach nur fest, welche Strukturen in einer bestimmten Klasse von XML-Dokumenten zulässig sind. Sie können zwei Schemasprachen wählen, um ein XML-Schema zu erstellen: Document Type Definition (DTD) und XSD (auch W3C XML Schema Definition genannt). SQL Server 2005 unterstützt XSD. Ich gehe weiter unten in diesem Kapitel (im Abschnitt »Die Sprache XML Schema Definition verstehen«) näher auf XSD ein.

Ein XML-Dokument muss bestimmten Regeln entsprechen:

- ✔ Ein XML-*Dokument* muss aus einem einzigen Dokument-Element bestehen, und alle anderen Elemente müssen Bestandteil dieses Dokument-Elements sein. Ein XML-*Fragment* muss diesem Kriterium nicht entsprechen.
- ✔ Jedes Tag eines Elements muss ein passendes Endtag haben, es sei denn, ein Element ist zulässigerweise leer.
- ✔ Attribute werden zu einem Starttag (oder leeren Element) hinzugefügt.

Sie können eine einfache Bestellung (`Bestellung.xml`) in XML so ausdrücken:

```
<?xml version="1.0"?>
<Bestellung>
 <Datum></Datum>
 <Von>IrgendEineFirma</Von>
 <Kontakt>Jupp Kowalski</Kontakt>
 <Telefon>0123-45678-90</Telefon>
 <ZeilenElemente>
  <ZeilenElement Menge="3">Ein Artikel</ZeilenElement>
  <ZeilenElement Menge="12">Ein anderer Artikel</ZeilenElement>
  <ZeilenElement Menge="300">Noch mehr Artikel</ZeilenElement>
 </ZeilenElemente>
</Bestellung>
```

Die erste Zeile des Codes ist die XML-*Deklaration*. Sie ist nicht obligatorisch, kann aber Informationen über die eingesetzte XML-Version und die Kodierung der Zeichen im Dokument beinhalten. Standardmäßig unterstützt der XML-Parser Unicode: UTF-8 und UTF-16. Wenn Sie eine andere Kodierung Ihrer Zeichensätze benötigen, fügen Sie ein `encoding`-Attribut hinzu, dessen Wert die Kodierung des Dokuments bestimmt.

Das Element `Bestellung` ist das *Dokument-Element* (manchmal auch *Wurzelelement* oder *Root Element* genannt). Es besitzt ein *Starttag* in der zweiten Zeile und ein *Endtag* in der letzten Zeile des Codes. Alle anderen Elemente müssen zwischen dem Starttag und dem Endtag des Elements `Bestellung` stehen.

Die übrigen Elemente des Dokuments müssen eigene Start- und Endtags besitzen (es sei denn, sie sind leer). Beachten Sie, dass das Element `Datum`

```
<Datum></Datum>
```

geschrieben wurde. Weil es keinen Inhalt hat, es also leer ist, können Sie hier auch die spezielle Syntax für leere Elemente anwenden:

```
<Datum/>
```

Die Reihenfolge von Elementen dieser Art ist für ein XML-Dokument wichtig. Wenn ein Element zwei oder mehr Attribute besitzt, ist die Reihenfolge dieser Attribute im Dokument unwichtig.

XML und SQL Server 2000

SQL Server 2000 war die erste Version von SQL Server, die XML unterstützte. Es wurden zwei XML-Funktionalitäten angeboten: die Klausel `FOR XML`, die Sie bei der Abfrage relationaler Daten nutzen können, um das Ergebnis im XML-Format zu erhalten, und das Schlüsselwort `OPENXML`, mit dem Sie XML in Komponenten aufteilen, die in den Tabellen einer relationalen Datenbank gespeichert werden können.

XML und SQL Server 2005

Unter SQL Server 2005 ist die XML-Unterstützung ausgebaut worden, indem Microsoft neue Funktionalitäten hinzugefügt hat:

- ✔ Ein neuer Datentyp für XML, der Datentyp `xml`, den ich im nächsten Abschnitt beschreibe
- ✔ Unterstützung bei der Abfrage von XML, indem die XML-Abfragesprache (XML Query Language) XQuery verwendet wird
- ✔ Eine XML Data Manipulation Language (eine proprietäre Erweiterung von XQuery), die Sie dazu nutzen können, Komponenten von XML-Daten, die als xml-Datentypen abgelegt worden sind, einzufügen, zu aktualisieren oder zu löschen
- ✔ Verbesserungen der T-SQL-Klausel FOR XML
- ✔ Die Möglichkeit, XML-Webdienste zu verwenden, die HTTP-Endpunkte nutzen

Der Datentyp xml

SQL Server 2005 unterstützt den Datentyp `xml`, den es in SQL Server 2000 noch nicht gab. Es können zwei Ausprägungen von XML verwendet werden: XML-Dokumente und XML-Fragmente. Ich gehe im nächsten Abschnitt auf diese Ausprägungen ein und beschreibe, wie sie eingesetzt werden können.

Sie können den Datentyp `xml` in folgenden Fällen verwenden:

- ✔ Spalten einer SQL Server 2005-Tabelle
- ✔ Variablen
- ✔ Gespeicherte Prozeduren
- ✔ Parameter von Funktionen

So erstellen Sie in einer Tabelle eine Spalte vom Datentyp `xml`, um zum Beispiel Bestellungen, die in XML geschrieben sind, zu speichern:

```
CREATE TABLE xmlBeispiel (ID int primary key, Bestellung xml)
```

Eine Variable vom Datentyp `xml` erstellen Sie so:

```
DECLARE @meineXMLVariable xml
```

Sie erstellen eine gespeicherte Prozedur, die einen Parameter vom Datentyp `xml` besitzt, wie folgt:

```
CREATE PROCEDURE meineProzedur (meinXMLDok xml)AS -- der Rest der gespei
cherten Prozedur folgt hier
```

Ich zeige Ihnen weiter unten in diesem Kapitel, wie Sie XML-Daten in Spalten, die vom Datentyp `xml` sind, ablegen und von dort wieder empfangen. Im Abschnitt »XML abfragen« zeige ich Ihnen, wie Sie XML-Daten erhalten können.

XML-Dokumente und -Fragmente erstellen

Die XML-Spezifikation kennt viele Regeln, die festlegen, wie XML-Dokumente und XML-Fragmente aufzubauen sind. Auf diese Punkte detailliert einzugehen, würde den Rahmen dieses Kapitel sprengen. Sie sollten sich auf jeden Fall einen XML-Editior wie XML Spy, XMLwriter oder Stylus Studio anschaffen. Diese und andere Editoren prüfen, ob Ihr XML auch den Konventionen entspricht, und markieren Fehler, damit Sie sie schneller finden.

Viele dieser Editoren sorgen für eine automatische Vervollständigung von eingegebenen Elementen. Sobald Sie damit beginnen, ein Tag einzugeben, erstellt der Editor automatisch ein passendes Endtag. Wenn Sie diese Funktionalität nutzen, sollten Sie darauf achten, die Elemente in einer Reihenfolge zu erstellen, bei der die Autorvervollständigung eine Hilfe und kein Hemmnis ist.

Viele XML-Editoren lassen es zu, dass Sie ein XML-Dokument gegen ein XSD-Schemadokument abprüfen. Über diese Validierung können Sie sicher sein, dass das XML, das Sie in SQL Server ablegen wollen, richtig erstellt worden ist und dabei den Einschränkungen des Schemas entspricht. Sie können SQL Server veranlassen, XML zu überprüfen, wenn Sie typisierte XML-Spalten verwenden, auf die ich im nächsten Abschnitt eingehe.

Häufig ist ein XML-Dokument die erste Wahl, wenn Sie XML verwenden wollen. Alle XML-Parser und XML-Editoren können damit umgehen.

Ein XML-Fragment erfüllt nicht die Anforderung, ein einzelnes Dokument-Element zu besitzen, das wiederum weitere Elemente enthält. Natürlich muss auch ein Fragment Formatierungsvoraussetzungen entsprechen, damit es erfolgreich in ein XML-Dokument eingefügt werden kann. Falls Sie mit XML-Fragmenten arbeiten, erzeugen einige Parser und Editoren unsinnige Fehlermeldungen.

Nicht typisiertes und typisiertes XML verwenden

SQL Server 2005 lässt es zu, dass Sie XML auf zwei verschiedene Wege abspeichern. *Nicht typisiertes XML* ist XML, das gespeichert wird, ohne dass es ein passendes Schema gibt. *Typisiertes XML* ist XML, dem ein Schemadokument zugeordnet ist, das festlegt, welche Struktur(en) in dem XML erlaubt ist/sind, das gespeichert wird.

Es ist einfacher, nicht typisiertes XML zu verwenden, weil Sie kein Schemadokument erstellen müssen. Weiterhin ist es flexibler, weil Sie die Struktur eines XML-Dokuments ändern können. Der Nachteil von nicht typisiertem XML ist, dass die Daten, die Sie in dieser Spalte ablegen, Fehler enthalten können, die Sie beim Einsatz von typisiertem XML vermieden hätten.

Wenn Sie typisiertes XML einsetzen, wird jedes XML-Dokument überprüft, damit sichergestellt wird, dass es eine gültige Struktur hat – zum Beispiel bevor es in einer Spalte einer SQL Server-Tabelle gespeichert wird.

Gespeichertes XML kann pro Instanz zwei GBytes nicht überschreiten – und zwar unabhängig davon, ob es sich dabei um typisiertes oder um nicht typisiertes XML handelt. Das bedeutet, dass die Daten in einer Spalte vom Typ `xml` nicht größer als zwei GBytes werden dürfen. Im Normalfall sollte diese Beschränkung kein Problem sein.

Nicht typisiertes XML verwenden

Um Ihnen zu zeigen, wie nicht typisiertes XML verwendet werden kann, greife ich auf die Bestellung zurück, die weiter oben in diesem Kapitel als Beispiel angelegt worden ist.

Sie können für die Beispiele dieses Kapitels den Code entweder eingeben oder eine T-SQL-Datei verwenden, die den Code enthält. Wenn Sie den Code schrittweise ablaufen lassen wollen, markieren Sie die entsprechenden Passagen und drücken Sie F5.

Um die Tabelle `Bestellungen` anzulegen und ihr eine Bestellung hinzuzufügen, gehen Sie so vor:

1. **Öffnen Sie SQL Server Management Studio, und erstellen Sie eine neue Datenbankmodul-Abfrage.**

   Sie können den Code später als `NichtTypisiertesXML.sql` speichern.

2. **Legen Sie eine Datenbank an, die `Kapitel 7` heißt, indem Sie diesen Code eingeben:**

   ```
   CREATE DATABASE Kapitel7
   ```

3. **Wechseln Sie in diese neue Datenbank:**

   ```
   USE Kapitel7
   ```

4. **Erstellen Sie eine Tabelle mit zwei Spalten.**

   Die Spalte `BestellNr` enthält einen ganzzahligen Wert, und die Spalte `Bestellung` enthält ein XML-Dokument. Geben Sie diesen Code ein:

   ```
   CREATE TABLE Bestellungen
      (BestellNr int primary key, Bestellung xml)
   ```

5. **Fügen Sie eine Bestellung zur Tabelle `Bestellungen` hinzu, indem Sie folgenden Code schreiben:**

   ```
   INSERT INTO Bestellungen
      VALUES(1, '<?xml version="1.0"?>
   <Bestellung>
     <Datum>2006/04/01</Datum>
     <Von>IrgendEineFirma</Von>
     <Kontakt>Jupp Kowalski</Kontakt>
     <Telefon>0123-45678-90</Telefon>
     <ZeilenElemente>
       <ZeilenElement Menge="3">
         Ein Artikel</ZeilenElement>
       <ZeilenElement Menge="12">
         Ein anderer Artikel</ZeilenElement>
       <ZeilenElement Menge="300">
         Noch mehr Artikel</ZeilenElement>
     </ZeilenElemente>
   </Bestellung>')
   ```

6. **Machen Sie die Bestellung, die Sie zur Tabelle `Bestellungen` hinzugefügt haben, wieder sichtbar, indem Sie diesen Code eingeben:**

   ```
   SELECT Bestellung FROM Bestellungen
   ```

   Abbildung 7.1 stellt das Ergebnis Ihrer Abfrage dar.

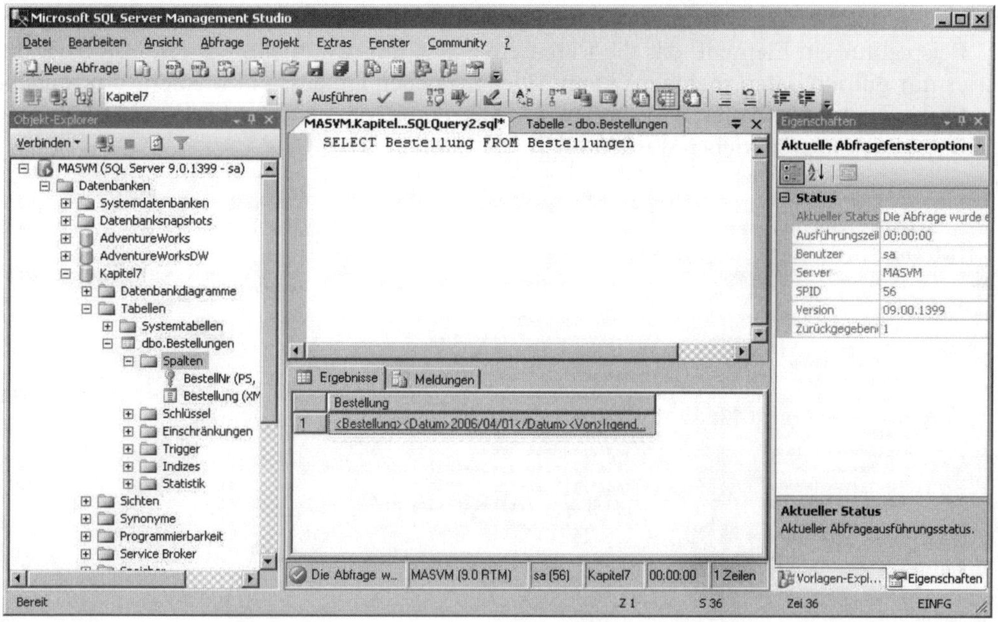

Abbildung 7.1: Das Ergebnis einer Suche nach Bestellungen

7. **Wenn Sie das XML-Dokument, das im Tabellengitter von Abbildung 7.1 angezeigt wird, anschauen wollen, ziehen Sie den Spaltenbegrenzer nach rechts.**
8. **Um das ganze XML-Dokument hierarchisch dargestellt zu sehen, klicken Sie den XML-Text an.**

   Es öffnet sich ein Fenster, das die Mitte von Abbildung 7.2 bildet.

Die Sprache XML Schema Definition verstehen

Das W3C hat eine Schema Definition-Sprache definiert, die häufig auch als W3C XML Schema Definition-Sprache bezeichnet und XSD abgekürzt wird. Die einzige Sprache zur Definition von Schemata, die SQL Server 2005 unterstützt, ist XSD. XSD hat die proprietäre Schemadefinitionssprache XML Data Reduced (XDR) abgelöst, die es noch unter SQL Server 2000 gab.

Ein XSD-Schema kann XML-Dokumenten die folgenden Einschränkungen auferlegen:

- ✔ Die Struktur der Elemente im Dokument
- ✔ Die Anzahl ähnlicher Elemente, die an einer Stelle der XML-Struktur zulässig sind. Sie können beispielsweise angeben, ob ein Element optional ist (keinmal oder einmal vorkommt) oder ob es in einer vorgegebenen Anzahl existiert.
- ✔ Ob ein bestimmtes Element eines oder mehrere Attribute hat oder nicht.

- ✔ Die Werte, die für ein bestimmtes Element oder Attribut erlaubt sind. Sie können zum Beispiel für ein Element, das die Daten einer Rechnung aufnehmen soll, festlegen, dass es nur gültige Daten speichern kann. Oder Sie geben an, dass ein Element nur alphabetische Zeichen enthalten darf, und verhindern damit, dass arithmetische Ausdrücke oder Datumswerte geschrieben werden.

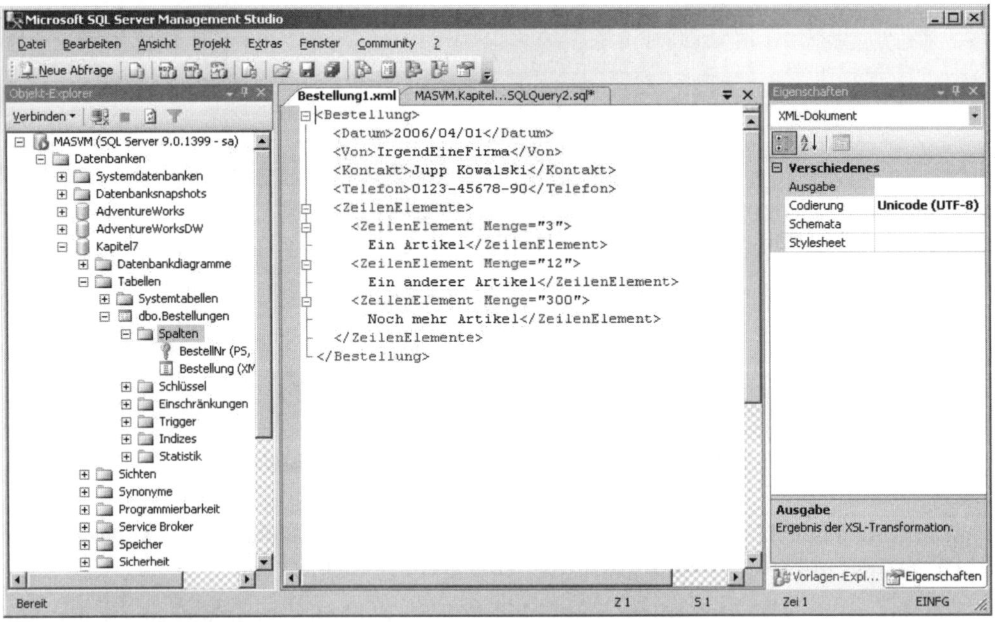

Abbildung 7.2: Das gespeicherte XML-Dokument wird in einem neuen Fenster angezeigt.

Diese Einschränkungen reduzieren mögliche Probleme auf ein Minimum und verhindern, dass die Datenklassen, die Sie speichern wollen, sich ständig verändern. Dies verbessert die Qualität der Daten, aber Sie sind gezwungen, ein XSD-Schemadokument zu erstellen und anzuwenden.

SQL Server validiert das XML, das gespeichert werden soll, jedes Mal, wenn Sie Daten einer Spalte hinzufügen oder dort ändern.

W3C XML Schema ist ein so umfangreiches Thema, dass es in einem eigenen Buch behandelt werden muss.

Wenn Sie Visual Studio 2005 besitzen, können Sie für die Bestellung, die in einem Beispiel weiter oben (im Abschnitt »Nicht typisiertes XML verwenden«) verwendet wird, ein XSD-Schema erstellen, indem Sie so vorgehen:

1. **Öffnen Sie Visual Studio 2005.**
2. **Öffnen Sie in Visual Studio die Datei `Bestellung.xml`, indem Sie auf DATEI|ÖFFNEN|DATEI gehen und in das Verzeichnis wechseln, in dem Sie die Datei abgelegt haben.**

3. Um ein XSD-Schema zu erstellen, wählen Sie XML|Schema erstellen.

Das Menü XML wird nur angezeigt, wenn eine XML-Datei geöffnet ist.

Nach einer Pause, in der Visual Studio das XSD-Schema erstellt, sollte die Darstellung auf Ihrem Bildschirm so ähnlich aussehen wie die in Abbildung 7.3.

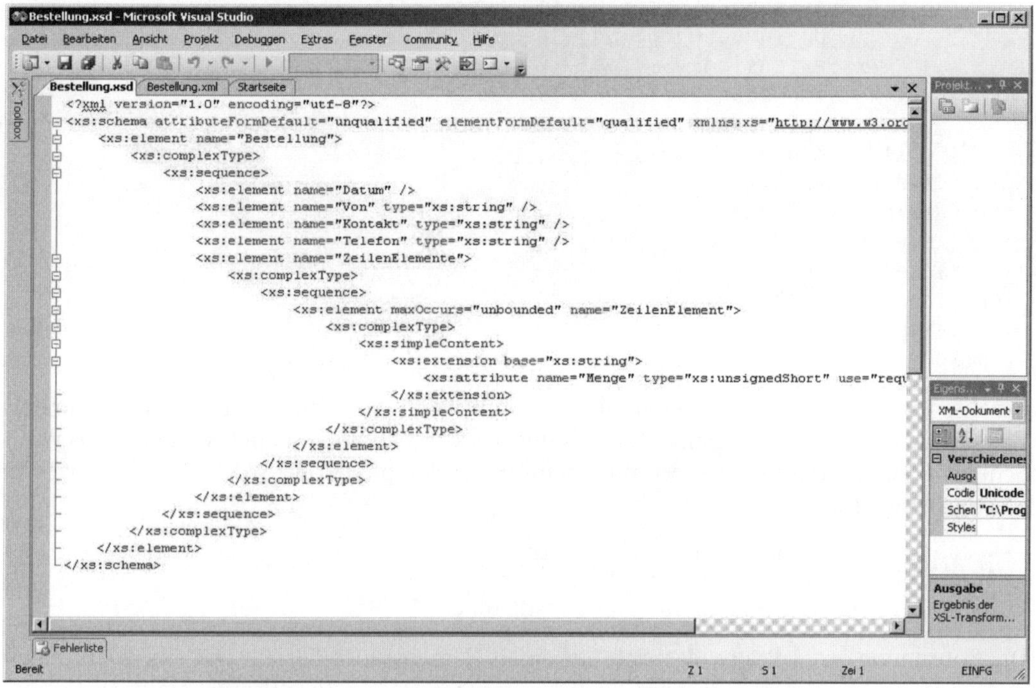

Abbildung 7.3: Ein XSD-Schema mit Visual Studio erstellt

Das Schema, das Visual Studio erstellt hat, wird in der Datei `Bestellung.xsd` gespeichert. Damit es in Ruhe besprochen werden kann, drucke ich es hier noch einmal ab:

```
<?xml version="1.0" encoding="utf-8"?>
<xs:schema attributeFormDefault="unqualified"
    elementFormDefault="qualified"
    xmlns:xs="http://www.w3.org/2001/XMLSchema">
 <xs:element name="Bestellung">
  <xs:complexType>
   <xs:sequence>
    <xs:element name="Datum" />
    <xs:element name="Von" type="xs:string" />
    <xs:element name="Kontakt" type="xs:string" />
```

```
    <xs:element name="Telefon" type="xs:string" />
    <xs:element name="ZeilenElemente">
     <xs:complexType>
      <xs:sequence>
       <xs:element maxOccurs="unbounded"
           name="ZeilenElement">
         <xs:complexType>
         <xs:simpleContent>
          <xs:extension base="xs:string">
           <xs:attribute name="Menge" type="xs:
               unsignedShort" use="required" />
          </xs:extension>
         </xs:simpleContent>
        </xs:complexType>
       </xs:element>
      </xs:sequence>
     </xs:complexType>
    </xs:element>
   </xs:sequence>
  </xs:complexType>
 </xs:element>
</xs:schema>
```

Beachten Sie, dass das XSD-Schema selbst wiederum ein XML-Dokument ist. Das Dokument-Element ist ein `xs:schema`-Element. Der Name des `xs:schema`-Elements definiert es als W3C-Schema-Element. Das Präfix `xs` ist mit einem URL verknüpft, der bei W3C-XML-Schemata im Starttag eindeutig ist:

```
<xs:schema attributeFormDefault="unqualified"
  elementFormDefault="qualified"
  xmlns:xs="http://www.w3.org/2001/XMLSchema">
```

Die Zuordnung eines Präfix, das sich auf einen Namensraum bezieht, zu einem auf einen Namensraum bezogenen URL wird auch *Namespace Declaration* (Namensraumerklärung) genannt.

Das XSD-Dokument ist, wie das häufig vorkommt, viel länger als das entsprechende XML-Dokument, das es beschreibt. Das erste `xs:element`

```
<xs:element name="Bestellung">
```

sagt Ihnen, dass der Name des Dokument-Elements von `Bestellung.xml` und anderer Dokumente derselben Klasse `Bestellung` ist. Der Rest des Schemas legt fest, wie die Strukturen einer Bestellung auszusehen haben.

Sie besitzen jetzt ein XSD-Schema, das Sie in einer typisierten XML-Spalte einsetzen können.

Typisiertes XML verwenden

Typisiertes XML wird so ähnlich verwendet wie nicht typisiertes. Sie müssen aber das Schema angeben, das mit dem typisierten XML verbunden ist, bevor Ihr XML gespeichert werden kann, indem SQL Server die XML-Daten automatisch validiert. Mit typisiertem XML können auch mehrere Schemata gleichzeitig verbunden werden.

Sie können ein XSD-Schema in folgenden Fällen mit XML verbinden:

- ✔ Spalte
- ✔ Parameter einer Funktion
- ✔ Variable

Die folgenden Schritte zeigen Ihnen, wie Sie eine Tabelle erstellen, die eine typisierte XML-Spalte besitzt. Sie können die Schritte 1 und 2 überspringen, wenn Sie die Datenbank `Kapitel7` in einem früheren Beispiel dieses Kapitels (im Abschnitt »Nicht typisiertes XML verwenden«) erstellt haben und SQL Server Management Studio geöffnet ist.

1. **Öffnen Sie SQL Server Management Studio, und erstellen Sie eine neue Datenbankmodul-Abfrage.**
2. **Legen Sie eine Datenbank an, die `Kapitel7` heißt, indem Sie diesen Code verwenden:**

   ```
   CREATE DATABASE Kapitel7
   ```

3. **Wechseln Sie zu dieser neuen Datenbank:**

   ```
   USE Kapitel7
   ```

4. **Erstellen Sie in der Datenbank `Kapitel7` eine XML-Schemasammlung, die `Bestellungen Collection` heißt, indem Sie folgenden Code eingeben:**

   ```
   CREATE XML SCHEMA COLLECTION
       BestellungenCollection AS
   '<?xml version="1.0" encoding="utf-8"?>
   <xs:schema attributeFormDefault="unqualified"
       elementFormDefault="qualified"
       xmlns:xs="http://www.w3.org/2001/XMLSchema">
    <xs:element name="Bestellung">
     <xs:complexType>
      <xs:sequence>
       <xs:element name="Datum" type="xs:string" />
       <xs:element name="Von" type="xs:string" />
       <xs:element name="Kontakt" type="xs:string" />
       <xs:element name="Telefon" type="xs:string" />
       <xs:element name="ZeilenElemente">
        <xs:complexType>
         <xs:sequence>
          <xs:element maxOccurs="unbounded"
              name="ZeilenElement">
           <xs:complexType>
   ```

```
          <xs:simpleContent>
           <xs:extension base="xs:string">
            <xs:attribute name="Menge" type="xs:unsignedShort"
                          use="required" />
           </xs:extension>
          </xs:simpleContent>
         </xs:complexType>
        </xs:element>
       </xs:sequence>
      </xs:complexType>
     </xs:element>
    </xs:sequence>
   </xs:complexType>
  </xs:element>
</xs:schema>'
```

Die Anweisung `CREATE SCHEMA COLLECTION` legt den Namen der Schemasammlung fest, und Sie übergeben als Argument ein literales XSD-Schemadokument.

5. **Überprüfen Sie, ob die Schemasammlung erstellt worden ist, indem Sie diesen Code verwenden:**

```
SELECT name, create_date
FROM sys.xml_schema_collections
```

Sie sollten ein Ergebnis erhalten, das wie Abbildung 7.4 aussieht.

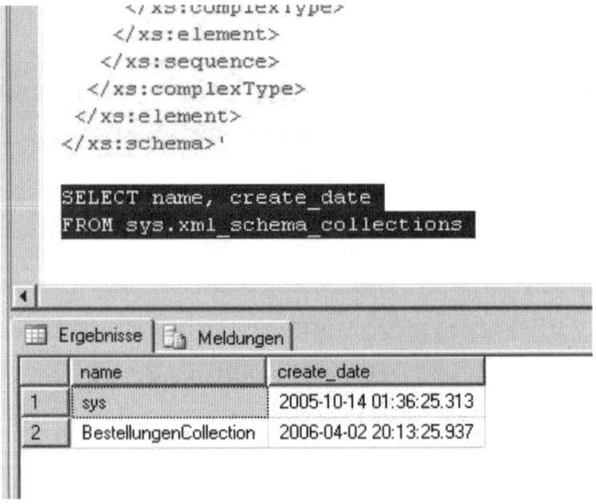

Abbildung 7.4: Die Prüfung, ob die Schemasammlung `BestellungenCollection` *erfolgreich erstellt wurde*

6. **Erstellen Sie die Tabelle `TypisierteBestellungen`, indem Sie folgenden Code verwenden:**

```
CREATE TABLE TypisierteBestellungen (BestellNr int primary key,
  Bestellung xml (BestellungenCollection))
```

Denken Sie daran, dass Sie den Namen einer XML-Schemasammlung übergeben müssen, nachdem Sie die Spalten (BestellNr und Bestellung) normal definiert haben, um festzulegen, welches Schema auf die Spalte Bestellung angewendet werden soll.

7. **Fügen Sie zur Tabelle TypisierteBestellungen eine Bestellung hinzu, indem Sie folgenden Code verwenden:**

```
INSERT INTO TypisierteBestellungen
   VALUES(1, '<?xml version="1.0"?>
<Bestellung>
  <Datum>2006/04/01</Datum>
  <Von>IrgendEineFirma</Von>
  <Kontakt>Jupp Kowalski</Kontakt>
  <Telefon>0123-45678-90</Telefon>
  <ZeilenElemente>
    <ZeilenElement Menge="3">
      Ein Artikel</ZeilenElement>
    <ZeilenElement Menge="12">
      Ein anderer Artikel</ZeilenElement>
    <ZeilenElement Menge="300">
      Noch mehr Artikel</ZeilenElement>
  </ZeilenElemente>
</Bestellung>')
```

Abgesehen vom Namen der Tabelle ist die Syntax dieselbe wie die bei nicht typisiertem XML. Nachdem Sie das Schema in Schritt 6 einer Spalte zugeordnet haben, fügen Sie das XML der Spalte genauso hinzu wie beim nicht typisierten XML.

8. **Prüfen Sie nach, ob die Bestellung auch richtig abgespeichert worden ist, indem Sie folgenden Code verwenden:**

```
SELECT Bestellung FROM TypisierteBestellungen
```

9. **Versuchen Sie, eine ungültige Bestellung zur Tabelle TypisierteBestellungen hinzuzufügen, indem Sie folgenden Code eingeben.**

Beachten Sie, dass dieses XML zwei Kontakt-Elemente besitzt, obwohl laut Schema nur eines zulässig ist. Sie erhalten eine Fehlermeldung.

```
INSERT INTO TypisierteBestellungen
   VALUES(1, '<?xml version="1.0"?>
<Bestellung>
  <Datum>2006/04/01</Datum>
  <Von>IrgendEineFirma</Von>
  <Kontakt>Jupp Kowalski</Kontakt>
  <Kontakt>Hier nicht zulässig</Kontakt>
  <Telefon>0123-45678-90</Telefon>
  <ZeilenElemente>
    <ZeilenElement Menge="3">
      Ein Artikel</ZeilenElement>
    <ZeilenElement Menge="12">
```

```
      Ein anderer Artikel</ZeilenElement>
    <ZeilenElement Menge="300">
      Noch mehr Artikel</ZeilenElement>
  </ZeilenElemente>
</Bestellung>')
```

Sie haben gesehen, wie man sowohl nicht typisiertes als auch typisiertes XML ablegen kann. Natürlich müssen Sie darauf auch wieder zugreifen können.

XML abfragen

Sie haben gesehen, dass XML anders gespeichert wird als normale, relationale Daten. Deshalb dürfte es Sie auch nicht überraschen, dass der Weg, XML abzufragen, nicht derselbe ist wie der beim Abfragen relationaler Daten. Da Sie die Daten von Spalten eines SQL Servers erhalten, verwenden Sie – als Gerüst – T-SQL.

XQuery verstehen

Die Sprache, die Sie verwenden, um Daten zu erhalten, die in Spalten vom Typ `xml` abgelegt sind, heißt *XML Query Language* (XQuery). Microsoft hat sich entschlossen, eine Untermenge der XQuery-Spezifikation zu verwenden, obwohl man sich bewusst ist, dass diese Spezifikation zurzeit noch nicht vom W3C fertig gestellt worden ist. Microsoft hofft, dass sich die verwendete Untermenge von XQuery gegenüber der endgültigen Version nicht ändert – eine Garantie dafür gibt es aber nicht.

XQuery basiert auf einer früheren XML-Spezifikation, die *XML Path Language* (XPath) heißt. Falls Sie früher schon mit XML gearbeitet haben, kennen Sie vielleicht XPath 1.0. XQuery basiert auf XPath 2.0.

XQuery verwendet unter anderem diese Syntax, um XML-Daten zu erhalten:

- `XPath`-Ausdrücke
- `FLWOR`-Ausdrücke

Ein `FLWOR`-Ausdruck kennt die folgenden Komponenten:

- `FOR`
- `LET`
- `WHERE`
- `ORDER BY`
- `RETURN`

Das Schlüsselwort `LET` wird von SQL Server 2005 nicht unterstützt.

Sowohl XPath-Ausdrücke als auch die von FLWOR verwenden unter SQL Server 2005 das Schlüsselwort query. Die allgemeine Syntax sieht so aus:

```
SELECT SpaltenListe
FROM SpaltenName.query('XPathOderXQueryAusdruck')
```

Um zu demonstrieren, wie XPath-Ausdrücke angewendet werden, möchte ich Daten aus der Tabelle Bestellungen des ersten Beispiels erhalten. Es handelt sich dabei zwar um nicht typisiertes XML, die Syntax ist aber dieselbe.

Um bestimmte Teile der Spalte Bestellung zu erhalten, gehen Sie so vor:

1. **Öffnen Sie SQL Server Management Studio, und erstellen Sie eine neue Datenbankmodul-Abfrage.**
2. **Sorgen Sie dafür, dass Sie die Datenbank Kapitel7 verwenden:**

```
USE Kapitel7
```

3. **Prüfen Sie nach, ob Sie Daten von der Tabelle Bestellungen erhalten können:**

```
SELECT * FROM Bestellungen
```

4. **Sie erhalten das Element Bestellung und seine Kinder, indem Sie folgenden Code verwenden:**

```
SELECT Bestellung.query('/Bestellung')
AS Ergebnis
FROM dbo.Bestellungen
```

5. **Sie erhalten das Element Datum und seinen Inhalt, indem Sie folgenden Code verwenden:**

```
SELECT Bestellung.query('/Bestellung/Datum')
AS Ergebnis
FROM dbo.Bestellungen
```

Im Tabellenraster werden das Datumselement und sein Inhalt angezeigt.

6. **Sie erhalten den Wert, der im Element Datum steht, indem Sie folgenden Code verwenden:**

```
SELECT Bestellung.query('/Bestellung/Datum/text()')
AS Ergebnis
FROM dbo.Bestellungen
```

Die Funktion text() ist eine XPath-Funktion, die den Wert empfängt, der in einem XML-Element steht.

7. **Um zu testen, wie XPath-Ausdrücke zusammen mit der WHERE-Klausel eingesetzt werden können, fügen Sie der Tabelle eine neue Bestellung hinzu:**

```
INSERT INTO Bestellungen
   VALUES(2, '<?xml version="1.0"?>
<Bestellung>
```

```
    <Datum>2006/04/02</Datum>
    <Von>NochIrgendEineFirma</Von>
    <Kontakt>Jutta Musterfrau</Kontakt>
    <Telefon>0923-45678-91</Telefon>
    <ZeilenElemente>
      <ZeilenElement Menge="4">
        Ein Artikel</ZeilenElement>
      <ZeilenElement Menge="13">
        Ein anderer Artikel</ZeilenElement>
      <ZeilenElement Menge="300">
        Noch mehr Artikel</ZeilenElement>
    </ZeilenElemente>
</Bestellung>')
```

8. **Prüfen Sie nach, ob Sie Daten von der Tabelle `Bestellungen` erhalten können:**

```
SELECT * FROM Bestellungen
```

   Achten Sie darauf, dass Sie jetzt zwei Zeilen zurückgeliefert bekommen.

9. **Um das Datum der Bestellung zurückgeliefert zu bekommen, bei der im Feld `BestellNr` der Wert `2` steht, verwenden Sie diesen Code:**

```
SELECT BestellNr, Bestellung.query('/Bestellung/Datum')
AS Ergebnis
FROM dbo.Bestellungen
WHERE BestellNr = 2
```

   Das Ergebnis sollte so aussehen wie das in Abbildung 7.5.

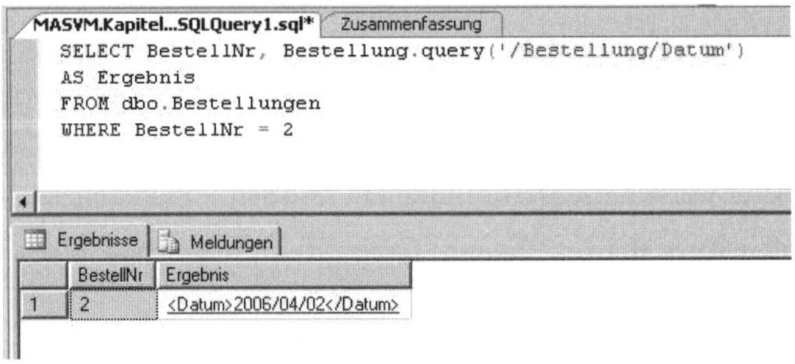

Abbildung 7.5: Die Klausel WHERE in einem XPath-Ausdruck verwenden

Indizes für XML-Datentypen erstellen

Wenn Sie XML-Daten so abfragen, wie ich das in dem letzten Beispiel getan habe, werden der Reihe nach alle Zeilen der Tabelle `Bestellungen` abgefragt. Bei Datenbanken, die sich im Produktionsbetrieb befinden und viel größer sind, ist diese Methode sehr ineffizient und langsam. Sie können einen oder mehrere Indizes erstellen, um das Leistungsverhalten der Datenbank zu verbessern.

Es gibt zwei Arten von XML-Indizes:

- **Primär:** Ein primärer XML-Index muss existieren, bevor Sie einen sekundären Index erstellen können.
- **Sekundär:** Es gibt drei Arten, `PATH`, `VALUE` und `PROPERTY`.

Ein sekundärer `PATH`-Index kann zu einem verbesserten Leistungsverhalten führen, wenn XPath-Ausdrücke verwendet werden (wie ich sie im letzten Abschnitt vorgestellt habe). Ein `VALUE`-Index kann zu einem verbesserten Leistungsverhalten führen, wenn Werte miteinander verglichen werden (zum Beispiel bei `XPath`-Prädikaten).

Die XML Data Modification Language

XQuery, das ich im letzten Abschnitt kurz vorgestellt habe, ist ein W3C-Standard, was die Entwicklung angeht. Die Version 1.0 von XQuery kennt keine Syntax, um XML-Daten hinzuzufügen, zu löschen oder zu aktualisieren. SQL Server 2005 enthält eine proprietäre Erweiterung von XQuery, die diese Funktionalitäten unterstützt. Es ist gut möglich, dass die XQuery Working Group von W3C eine Syntax aufnimmt, die der von Microsoft in SQL Server 2005 verwendeten ziemlich nahe kommt, es ist aber genauso gut möglich, dass es zu gravierenden Unterschieden kommt. Soweit es die erste Version von SQL Server 2005 betrifft, gibt es drei Schlüsselwörter, die es Ihnen möglich machen, Daten zu modifizieren:

- `insert`
- `delete`
- `change value of`

Jedes dieser Schüsselwörter berücksichtigt Groß- und Kleinschreibung. Es ist also wichtig, dass Sie auf die Schreibweise achten, damit es nicht zu Fehlern kommt, wenn Sie Ihren Code ausführen.

Um XML hinzuzufügen, verwenden Sie das Schlüsselwort `insert`. Sie können mithilfe der folgenden Schlüsselwörter angeben, wo der zusätzliche XML-Code hingeschrieben werden soll:

- **`after`:** Fügt etwas hinter dem angegebenen Punkt in die bestehende XML-Struktur ein.
- **`before`:** Fügt etwas vor dem angegebenen Punkt in die bestehende XML-Struktur ein.
- **`into`:** Fügt etwas an einem angegebenen Punkt ein, indem die Schlüsselwörter `as first` oder `as last` verwendet werden.

Ich erstelle im folgenden Beispiel eine Variable, die vom Datentyp `xml` ist, setze ihren Wert auf ein `Kontakt`-Element und ändere sie, um ein Element `KontaktName` hinzuzufügen. Wenn Sie dieses Beispiel nachvollziehen wollen, gehen Sie so vor:

1. **Öffnen Sie SQL Server Management Studio, und klicken Sie auf das Symbol für eine Datenbankmodul-Abfrage, um eine neue Abfrage zu erstellen.**

2. **Legen Sie fest, dass Sie die Datenbank `Kapitel7` verwenden wollen:**

```
USE Kapitel7
```

3. **Geben Sie den folgenden Code ein, markieren Sie ihn, und drücken Sie F5, um ihn auszuführen.**

   Es ist wichtig, dass Sie den Code in einem Stapel ablaufen lassen, weil Sie ansonsten nur Fehlermeldungen zurückbekommen.

```
DECLARE @insertXML xml
SET @insertXML = '<Kontakt>Dieser Kontakt ist eingefügt.</Kontakt>'
SELECT @insertXML


SET @insertXML.modify('
insert <KontaktName>Karlchen Mustermann</KontaktName>

after
/Kontakt[1]
')
SELECT @insertXML
```

In der ersten Zeile deklarieren Sie eine `insertXML`-Variable. In der zweiten Zeile wird der Wert dieser Variablen festgelegt. Die `SELECT`-Anweisung in der dritten Zeile sorgt dafür, dass der Wert der Variablen im Ergebnisraster angezeigt wird. Dieser Wert wird in Abbildung 7.6 im oberen Bereich des Ergebnisrasters dargestellt.

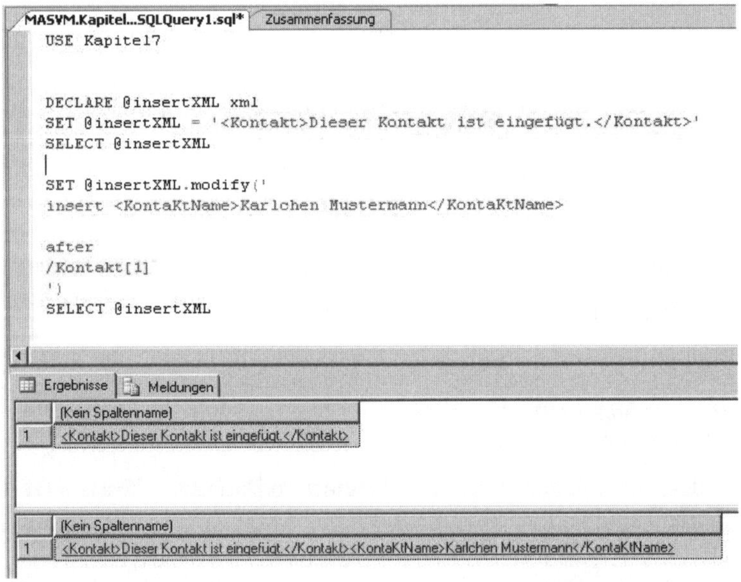

Abbildung 7.6: Der Wert der Variablen @insertXML an zwei Stellen im Beispielcode

Die SET-Anweisung verwendet das Schlüsselwort modify (das in Kleinbuchstaben geschrieben werden muss), um den Wert der Variablen insertXML zu verändern. Es wird ein Element mit dem Namen KontaktName hinzugefügt. Achten Sie auf das Schlüsselwort after, das angibt, dass das neue Element hinter dem Element Kontakt angelegt wird.

Die abschließende SELECT-Anweisung erhält die Werte der Variablen, nachdem diese geändert worden ist.

Daten von und nach XML konvertieren

Weiter oben in diesem Kapitel beschreibe ich den Datentyp xml. Unter SQL Server 2005 sind die Möglichkeiten verbessert worden, relationale Daten mithilfe der Anweisung FOR XML zu erhalten. Zusätzlich gibt es das Schlüsselwort OPENXML, um XML so aufzuspalten, dass es als relationale Daten gespeichert werden kann (wobei Sie in diesem Fall natürlich genau wissen müssen, ob diese Art der Ablage Ihren Ansprüchen genügt).

Die Anweisung FOR XML

Eine T-SQL-Anweisung vom Typ SELECT empfängt relationale Daten in Form einer zeilenorientierten Ergebnisliste. Die Klausel FOR XML, die Sie in eine SELECT-Anweisung integrieren können, gibt Ihnen die Möglichkeit, eine Ergebnisliste in XML umzuwandeln.

Die Klausel FOR XML kennt unter SQL Server 2005 diese Optionen:

✔ **AUTO:** Diese Option erstellt automatisch eine XML-Hierarchie, über die Sie größtenteils keine Kontrolle haben. Sie können verschachtelte FOR XML-Abfragen einsetzen, um die XML-Struktur wenigstens etwas kontrollieren zu können. Das Dokument-Element wird automatisch angelegt und bekommt den Namen der Tabelle.

✔ **EXPLICIT:** Diese Option verschafft Ihnen eine fast vollständige Kontrolle über die Struktur des zurückgegebenen XML – aber nur auf Kosten einer äußerst komplexen Syntax, die weder leicht zu verstehen noch einfach zu verändern oder zu debuggen ist.

✔ **PATH:** Diese Option ist neu in SQL Server 2005 und versorgt Sie mit der gleichen vollständigen Kontrolle, die Sie über EXPLICIT erhalten können – aber mit einer viel weniger komplexen Syntax.

✔ **RAW:** Diese Option erstellt für jede Zeile, die in der Ergebnisliste zurückgegeben wird, ein Zeilenelement. Wenn Sie eine Hierarchie von XML-Elementen erstellen wollen, können Sie FOR XML-Abfragen verschachteln.

Um relationale Daten von der Datenbank AdventureWorks zu erhalten und über die Option AUTO darzustellen, gehen Sie so vor:

1. **Öffnen Sie SQL Server Management Studio, und klicken Sie auf das Symbol für eine Datenbankmodul-Abfrage, um eine solche neu zu erstellen.**
2. **Geben Sie den folgende Code ein (der als ForXML.sql auch heruntergeladen werden kann):**

```
USE AdventureWorks

SELECT *
FROM Person.Contact
WHERE ContactID = 1
FOR XML AUTO
```

Die erste Zeile des Codes gibt an, dass die Datenbank `AdventureWorks` genutzt werden soll. Die `SELECT`-Anweisung erhält alle Spalten der Tabelle `Person.Contact`. Die `WHERE`-Klausel gibt an, dass die Daten gefiltert werden, damit nur Daten angezeigt werden, bei denen `ContactID=1` gilt. `FOR XML AUTO` legt fest, dass die gefilterten Daten in XML umgewandelt werden.

3. **Klicken Sie auf die zurückgegebenen Daten, und Sie sollten eine Darstellung erhalten, die so ähnlich aussieht wie Abbildung 7.7.**

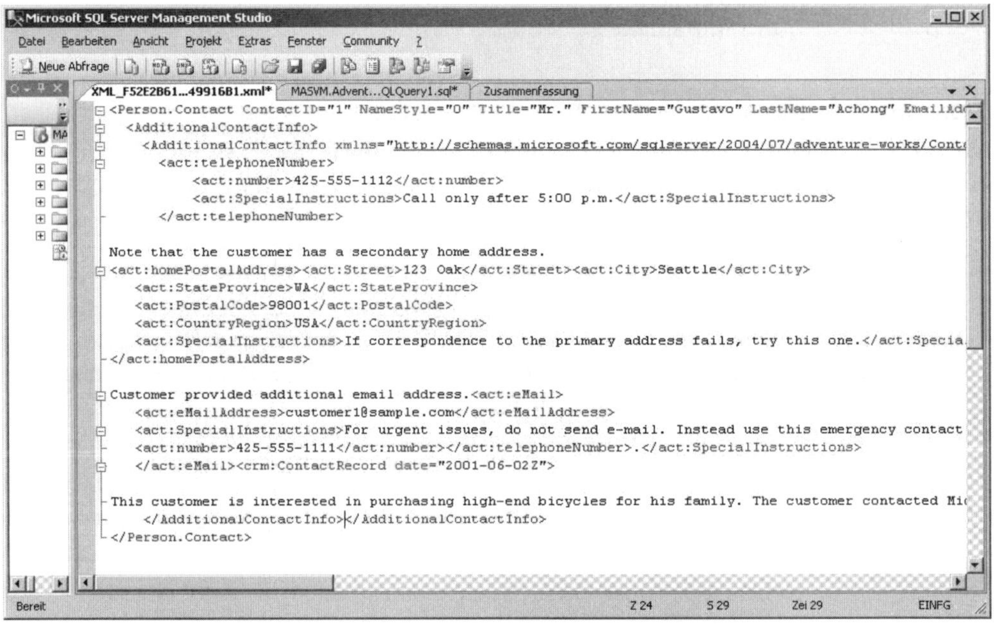

Abbildung 7.7: Mit FOR XML AUTO bearbeitete Kontaktinformationen

Das Schlüsselwort OPENXML

Das Schlüsselwort `OPENXML` nimmt ein XML-Dokument und stückelt es zeilenweise, damit die so entstandenen Zeilen in relationalen Spalten von SQL Server gespeichert werden können.

Die gespeicherte Prozedur `sp_xml_preparedocument` wird dazu verwendet, das XML-Dokument zu parsen. Danach können Sie angeben, welche Teile des XML-Dokuments Zeilen in SQL Server anlegen sollen.

Die Common Language Runtime

8

In diesem Kapitel

- Einführung in die Integration von CLR
- Vergleich der CLR-Integration mit anderen Vorgehensweisen
- CLR sicher machen

In SQL Server 2000 und den noch früheren Versionen von SQL Server gab es nur eine Sprache, die Sie in der Datenbankumgebung verwenden konnten: T-SQL (Transact-SQL). T-SQL ist gut geeignet, Aufgaben wie das Speichern und Zurückliefern von Daten zu erledigen, es ist aber keine Programmiersprache, die viel mehr als das kann. Viele Programmieraufgaben können mit T-SQL nur mühsam oder überhaupt nicht erledigt werden.

Falls man es dennoch geschafft hatte, solche Aufgaben mit T-SQL zu lösen, war der entsprechende Code sehr umfangreich und komplex. Das Schreiben dieses Codes war sehr schwierig, und es war fast unmöglich, ihn später zu warten. Als Folge der Einschränkungen bei Aufgaben, die mehr als reine Datenbearbeitung verlangen, wandten sich Entwickler häufig den *erweiterten gespeicherten Prozeduren* zu, um doch noch die Dinge zu erledigen, die T-SQL nicht schaffen konnte. Erweiterte gespeicherte Prozeduren haben nun aber den Nachteil, dass sie Sicherheitslücken aufweisen und nicht sonderlich zuverlässig sind.

Microsoft hat SQL Server 2005 so erweitert, dass Sie auf der Datenbankebene Managed Code verwenden können. Bei *Managed Code* handelt es sich um Code, der in der Common Language Runtime (CLR) des .Net Frameworks abläuft. Die Unterstützung der Common Language Runtime bedeutet, dass Sie oder Entwicklerkollegen in SQL Server 2005 Code verwenden können, der in Visual Basic.NET oder Visual C#.NET geschrieben worden ist.

Sprachen wie Visual Basic.NET oder Visual C#.NET sind viel besser als T-SQL geeignet, Probleme – wie zum Beispiel die Bearbeitung von Zahlen – zu lösen. Wenn beispielsweise im Datenumfeld eine komplexe Verarbeitung von Zahlen zu bewältigen ist, stehen Sie vor der Frage, wie Sie diesen Job am besten erledigen können. Unter SQL Server 2000 gäbe es als Lösung eine erweiterte gespeicherte Prozedur. Unter SQL Server 2005 steht Ihnen eine neue, zuverlässigere und viel sicherere Option zur Verfügung: Verwenden Sie die in den Server integrierten Möglichkeiten der Common Language Runtime.

SQL Server 2005 überwacht den Code, der in der CLR abläuft. Falls ein CLR-Prozess zu viel Arbeitsspeicher oder CPU-Zyklen mit Beschlag belegt, kann SQL Server diesen Prozess herunterfahren. Damit ist sichergestellt, dass SQL Server effizient weiterarbeiten kann.

Einführung in die CLR-Integration

SQL Server 2005 unterstützt die Common Language Runtime (CLR) von .NET Framework 2.0. Dies ist dieselbe Version von .NET Framework, die auch Visual Studio 2005 verwendet. Sie können Code in jeder .NET-Spache schreiben. Dazu gehören unter anderem

- ✔ Visual Basic .NET
- ✔ Visual C#.Net
- ✔ Visual C++

Darüber hinaus sind auch andere .NET-Sprachen in der Lage, den maschinenunabhängigen Code, auch *Intermedite Language* oder *IL* genannt, zu erzeugen, mit dem die CLR arbeiten kann. Unter Visual Studio 2005 werden die oben aufgeführten Sprachen unterstützt, wenn es darum geht, .NET-Projekte zu erstellen. Die meisten Entwickler von CLR-Code, der unter SQL Server 2005 laufen soll, verwenden eine dieser drei Sprachen und erstellen ihre Projekte in Visual Studio 2005.

Natürlich können Sie auch eine beliebige andere Entwicklungsumgebung statt Visual Studio 2005 verwenden. Sie sollten aber bedenken, dass Visual Studio 2005 so eng mit SQL Server 2005 verbunden ist, dass es sogar eine Vorlage für SQL Server-Projekte besitzt. Deswegen ist Visual Studio 2005 bei vielen SQL Server 2005-Entwicklern die erste Wahl.

Sie können eine der .NET-Sprachen dazu verwenden, um folgende Objekt zu erstellen:

- ✔ Prozeduren
- ✔ Trigger
- ✔ Funktionen
- ✔ Benutzerdefinierte Typen
- ✔ Benutzerdefinierte Aggregate

Visual Studio 2005 unterstützt die folgenden Aufgaben für Managed Code, der unter SQL Server 2005 verwendet wird:

- ✔ Entwicklung
- ✔ Veröffentlichung
- ✔ Debugging

Ich werde in den folgenden Abschnitten kurz auf alle diese Gesichtspunkte von CLR eingehen, soweit sie SQL Server 2005 betreffen.

Entwicklung

Visual Studio 2005 kennt für die Entwicklung von CLR-Projekten unter SQL Server 2005 einen neuen Projekttyp: das SQL Server Projekt. Das ist das Objekt, mit dem Sie Ihre CLR-Projekte realisieren.

Die Umgebung von Visual Studio macht das Arbeiten mit dem Code von Visual C# oder Visual Basic.NET wirklich einfach. Das SQL Server-Projekt verfügt über eine ganze Reihe neuer Bildschirmelemente. Es würde den Rahmen dieses Kapitels aber sprengen, auf die Einzelheiten eines SQL Server-Projekts unter Visual Studio einzugehen.

Visual Studio 2005 unterstützt eine Vielzahl von Features, die mit dem Debuggen einer Anwendung zu tun haben. Sie müssen dabei keine Rücksicht auf eventuell vorhandene Grenzen zwischen den Sprachen T-SQL und Visual Basic .NET oder Visual C# Rücksicht nehmen. Und der Typ der Verbindung zu SQL Server ist unwichtig geworden – es werden sowohl HTTP (*HyperText Transfer Protocol*, das Protokoll, das im World Wide Web verwendet wird) als auch TDS (*Tabular Data Stream*, das Protokoll, das von SQL Server verwendet wird) unterstützt.

Manuell kodieren und veröffentlichen

Wenn Sie sich dazu entschlossen haben, Ihren .NET-CODE manuell zu erstellen und zu veröffentlichen, sollten Sie folgende Punkte beherzigen:

- ✔ Wenn Sie gespeicherte Prozeduren, Funktionen und Trigger schreiben, wird die .NET-Klasse als `static` festgelegt, wenn Sie mit C# arbeiten, und als `shared`, wenn Sie Visual Basic einsetzen.
- ✔ Benutzerdefinierte Typen und benutzerdefinierte Aggregate werden als vollständige Klassen geschrieben.
- ✔ Der Entwickler kompiliert den Code, den er geschrieben hat. Dies erstellt ein Anwendermodul.
- ✔ Nachdem das Anwendermodul erstellt worden ist, verwenden Sie die Anweisung `CREATE ASSEMBLY`, um das Anwendermodul (englisch: Assembly) in SQL Server hochzuladen.
- ✔ Um aus diesem Anwendermodul ein T-SQL-Objekt zu erstellen, das zum Beispiel einer Prozedur entspricht, verwenden Sie die Anweisung `CREATE PROCEDURE`. Sie setzen die Anweisungen `CREATE FUNCTION`, `CREATE TRIGGER`, `CREATE TYPE` und `CREATE AGGREGATE` ein, um Funktionen, Trigger, Typen und Aggregate zu erstellen.
- ✔ Nachdem Sie ein T-SQL-Objekt erstellt haben, können Sie es ganz normal in Ihrem T-SQL-Code verwenden.

Um ein einfaches C#-Beispiel zu erstellen und es zu veröffentlichen, gehen Sie so vor:

1. **Öffnen Sie einen Editor, und geben Sie folgenden C#-Code ein:**

```
using System;
using System.Data;
using Microsoft.SqlServer.Server;
```

```
using System.Data.SqlTypes;

public class Kapitel8Proc
{
  [Microsoft.SqlServer.Server.SqlProcedure]
  public static void Kapitel8()
  {
    SqlContext.Pipe.Send("Das Beispiel aus Kapitel 8 funktioniert !\n");
  }
}
```

Beachten Sie die Verwendung der Namensräume `System`, `System.data`, `Microsoft.SQLServer.Server` und `System.Data.SqlTypes`. Sie verwenden diese Namensräume immer wieder, wenn Sie .NET-Code für SQL Server 2005 schreiben.

2. **Wechseln Sie zu Ihrem C#-Compiler. Er ist normalerweise unter C:\Windows\Microsoft.NET\Framework\v2.0.50727 zu finden. Geben Sie auf der Befehlszeilenebene ein:**

```
csc /target:library C:\Speicherort CSharp-Datei\Kapitel8.cs
```

Im Ordner von .NET Framework wird eine `dll` erstellt, die `Kapitel8.dll` heißt. Sie sollten den .NET Framework-Ordner in die Pfad-Variable Ihres Systems aufnehmen.

3. **Öffnen Sie SQL Server Management Studio, und legen Sie eine neue Datenbankmodul-Abfrage an, indem Sie auf das gleichnamige Symbol klicken. Erstellen Sie in Ihrer Instanz von SQL Server 2005 ein Anwendermodul, indem Sie folgenden Code eingeben:**

```
CREATE ASSEMBLY Kapitel8
FROM 'c:\windows\microsoft.net\framework\v2.0.50727\kapitel8.dll'
WITH PERMISSION_SET = SAFE
```

Beachten Sie, dass die Berechtigungsebene `SAFE` ist, weil diese Prozedur nur innerhalb von SQL Server arbeitet. Gegebenenfalls müssen Sie den `FROM`-Parameter an Ihre Umgebung anpassen.

4. **Erstellen Sie eine Prozedur, die `Kapitel8` heißt, indem Sie diesen Code verwenden:**

```
CREATE PROCEDURE Kapitel8
AS EXTERNAL NAME kapitel8.Kapitel8Proc.Kapitel8
```

5. **Versuchen Sie, die Prozedur `Kapitel8` auszuführen, indem Sie diesen Code verwenden:**

```
EXEC Kapitel8 -- Schlägt fehl, wenn CLR nicht aktiviert ist
```

Solange Sie die CLR-Unterstützung nicht ausdrücklich eingeschaltet haben, wird Ihr Versuch, die gespeicherte Prozedur auszuführen, fehlschlagen.

6. **Führen Sie den folgenden Code aus, um CLR einzuschalten:**

```
sp_configure 'clr enabled', 1
GO
RECONFIGURE
GO
```

7. **Führen Sie die benutzerdefinierte Prozedur `Kapitel8` aus, die Sie weiter oben erstellt haben:**

```
EXEC Kapitel8 -- Jetzt sollte es keine Probleme mehr geben
```

Als Ergebnis dieser gespeicherten Prozedur wird im Ergebnisfenster eine Nachricht ausgegeben, die ins Abbildung 8.1 dargestellt ist.

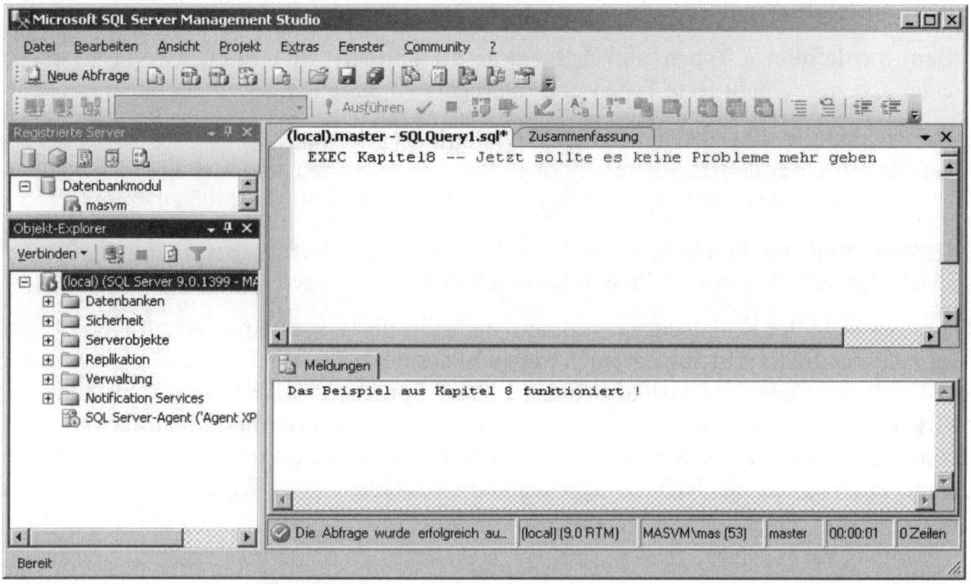

Abbildung 8.1: Erfolgreiche Ausführung der benutzerdefinierten Prozedur `Kapitel8`

Ein Vergleich mit traditionellen Arbeitsweisen

Ich möchte in diesem Abschnitt kurz auf die Vorteile der Integration von CLR in SQL Server 2005 eingehen und dann die Anwendung von CLR mit den traditionellen Arbeitsweisen vergleichen:

- ✔ T-SQL
- ✔ Erweiterte gespeicherte Prozeduren
- ✔ Middle-Tier-Techniken

Die möglichen Vorteile einer CLR-Integration

Die Integration der CLR bietet Entwicklern die folgenden Vorteile:

- **Ein umfangreicheres Programmiermodul:** Sie haben Zugriff auf Programmiermöglichkeiten, die es in T-SQL nicht gibt. Zusätzlich haben Sie Zugriff auf die Klassen des .NET Frameworks und können diese Klassen als Basis für Ihren Code verwenden.
- **Verbesserte Sicherheitseinstellungen:** Die CLR liefert im Vergleich mit den erweiterten gespeicherten Prozeduren, die Sie unter SQL Server 2000 verwenden konnten, um Aufgaben zu erledigen, die mit T-SQL nicht durchzuführen sind, stark verbesserte Sicherheitseinstellungen.
- **Benutzerdefinierte Typen und Aggregate:** Sie können .NET-Sprachen verwenden, um eigene, benutzerdefinierte Typen und Aggregate zu erstellen.
- **Entwicklung in einer bekannten Entwicklungsumgebung:** Viele Entwickler kennen sich bereits mit einer der früheren Versionen von Visual Studio aus. Für diese Entwickler ist es nur ein kleiner Schritt, SQL Server-Projekte in Visual Studio 2005 zu erstellen.
- **Optimierung des Leistungsverhaltens:** Die .NET-Sprachen bieten die Möglichkeit, das Leistungsverhalten und die Skalierbarkeit von Anwendungen zu verbessern.

T-SQL lässt viele der Konstrukte vermissen, die es in den allgemeiner gehaltenen Programmiersprachen gibt. Es gibt zum Beispiel weder Arrays noch `for each`-Schleifen, Sammlungen oder Klassen. Im Gegensatz dazu unterstützen .NET-Sprachen wie Visual Basic.NET und Visual C#.NET diese Konstrukte und besitzen zusätzlich noch objektorientierte Fähigkeiten wie Vererbung, Kapselung und Polymorphie. Wenn es darum geht, mehr zu erledigen, als einfach nur Daten zu ändern, sind die .NET-Sprachen und die CLR die bessere Wahl.

Die Base Class Library besitzt viele Klassen, die nützliche Funktionalitäten wie Behandlung von Zahlen und Zeichenketten, Dateizugriff und Verschlüsselung unterstützen. Wenn Sie numerische Daten vielfältig bearbeiten müssen, ist es sehr wahrscheinlich, dass Visual Basic.NET oder Visual C#.NET eine bessere Alternative sind als T-SQL. Ähnliches gilt für die Behandlung komplexer Zeichenketten. Die Unterstützung regulärer Ausdrücke in Visual Basic.NET oder Visual C#.NET bietet einen höheren Grad an Kontrollmöglichkeiten als beispielsweise das T-SQL-Schlüsselwort `LIKE`.

SQL Server 2005 unterstützt nicht alle Klassen, die Teil von .NET Framework 2.0 sind. Der Code muss in SQL Server 2005 ablaufen, sodass einige Klassen – wie zum Beispiel die für eine Fensterbehandlung – in diesem Kontext ungeeignet sind und nicht unterstützt werden.

Die Common Language Runtime bietet eine sichere Umgebung, in der Code ablaufen kann. Sie hindert zum Beispiel Code daran, Arbeitsspeicher auszulesen, und hilft dabei, Situationen zu verhindern, in denen Code auf nicht verwaltete Speicherbereiche zugreifen könnte. Zusätzlich sorgt eine Typensicherheit dafür, dass Typen nur auf zulässige Art und Weise behandelt werden. Zusammengefasst lässt sich sagen, dass diese Features der CLR viele Fehlermöglichkeiten verhindern.

Die Möglichkeit, Code mithilfe von Klassen und Namensräumen zu verwalten, gibt Entwicklern bei größeren Projekten die Möglichkeit, den Code auf eine Art und Weise zu strukturieren, die ihn verständlicher macht. Diese verbesserten Codestrukturen erlauben Ihnen, Code einfach zu erstellen und noch einfacher zu pflegen.

CLR und T-SQL im Vergleich

T-SQL besitzt zwei große Komponenten: eine Data Definition Language (DDL – Daten-Definitionssprache) und eine Data Modification Language (DML – Daten-Bearbeitungssprache). Die DML kennt satzbasierte Konstrukte und prozedurale Konstrukte. Satzbasierte Konstrukte umfassen zum Beispiel die Anweisungen `SELECT` und `INSERT`. Zu den prozeduralen Konstrukten gehören unter anderem Prozeduren und Trigger.

Wenn die Aufgabe, die Sie erledigen müssen, hauptsächlich oder ausschließlich mit der Behandlung von Daten zu tun hat, ist T-SQL das Instrument, das Sie einsetzen. Es wurde genau für diese Aufgabe entwickelt, was bei Sprachen wie Visual Basic.NET und Visual C#.NET nicht der Fall ist. Die satzbasierte Verarbeitungsweise von T-SQL liefert in diesen Fällen das bessere Leistungsverhalten.

Die .NET-Sprachen kennen Datenstrukturen wie Listen und Arrays, die in T-SQL unbekannt sind. Zusätzlich sind diese Sprachen hervorragend dafür geeignet, mit Zahlen umzugehen. Wenn es also darum geht, komplexe Berechnungen durchzuführen, können die .NET-Sprachen Dinge erledigen, die die Möglichkeiten von T-SQL weit übersteigen.

Die Unterstützung regulärer Ausdrücke in den .NET-Sprachen sorgt für die Möglichkeit, Werte in ausgewählten Spalten so zu kontrollieren, wie es mit T-SQL niemals möglich wäre. Benutzerdefinierte Typen, die .NET-Sprachen nutzen, sorgen für eine wirkliche Kontrolle über die entsprechenden Werte.

.NET-Typen und SQL Server-Datentypen sind nicht dasselbe. Wenn Sie CLR- und T-SQL-Code zusammen ablaufen lassen, achten Sie auf die Unterschiede zwischen den beiden Arten von Datentypen.

Weil es bei der Verwendung von .NET-Sprachen Ähnlichkeiten gibt, um mit Client Layer oder Middle-Tier, der mittleren Schicht des Three-Tier-Modells, auf Daten zuzugreifen, sind Entwickler in der Lage, ihre Kenntnisse von ADO.NET wirklich wirksam einzusetzen. Weiterhin kann Code viel umfangreicher sein als mit T-SQL. Ab jetzt ist es wichtig, das richtige Werkzeug (häufig T-SQL) einzusetzen, um auf Daten zuzugreifen, weil dies oft für das Leistungsverhalten Ihrer Datenbanken entscheidend ist.

In Situationen, bei denen sich der Datenzugriff auf Weiterleiten oder Lesen beschränkt, können die .NET-Sprachen, die `SQLDataReader` verwenden, schneller sein als T-SQL, wobei aber satzbasierte Operationen häufig doch die schnelleren sind.

CLR und erweiterte gespeicherte Prozeduren im Vergleich

Wenn Sie unter SQL Server 2000 Code benötigten, den T-SQL nicht umsetzen konnte, waren Sie gezwungen, eine erweiterte gespeicherte Prozedur zu schreiben.

Die CLR bietet Administratoren ein viel höheres Maß an Sicherheit, als unter erweiterten gespeicherten Prozeduren zu erreichen war. Die Sicherheitseinstellungen `SAFE`, `EXTERNAL_ACCESS` und `UNSAFE` der CLR bieten Administratoren eine konsistente Möglichkeit festzulegen, was eine in einer .NET-Sprache geschriebene gespeicherte Prozedur alles darf.

Darüber hinaus sorgt der Einsatz von .NET-Sprachen für einen besseren Schutz vor gespeicherten Prozeduren, die Arbeitsspeicher blockieren, der von SQL Server benötigt wird. Erweiterte gespeicherte Prozeduren sind in der Lage, den Arbeitsspeicher von SQL Server zu verändern, ohne dass SQL Server eine Kontrolle über die Ausführung der erweiterten gespeicherten Prozedur hätte. Im Gegensatz dazu kann SQL Server Managed Code herunterfahren, wenn seine Ausführung zu viel Arbeitsspeicher oder zu viele CPU-Zyklen verwendet.

Datenzugriffe auf die Instanzen eines lokalen SQL Servers sind einfacher und effizienter zu realisieren, als dies bei den Rücksprungmechanismen der erweiterten gespeicherten Prozeduren möglich war.

Wenn Sie die Datentypen `xml`, `varchar(max)`, `nvarchar(max)` und `varbinary(max)`, die es neu in SQL Server 2005 gibt, in einer erweiterten gespeicherten Prozedur verwenden wollen, müssen Sie eine .NET-Sprache verwenden. Die neuen Datentypen werden nicht von erweiterten gespeicherten Prozeduren unterstützt.

Wenn Sie Managed Code verwenden, ist SQL Server in der Lage, die Ausführung der Prozesse zu überwachen. Jeder Prozess, der unangemessen lange läuft, kann abgebrochen werden, damit andere SQL Server-Prozesse ungehindert ablaufen können. SQL Server besitzt keine vergleichbaren Überwachungsmöglichkeiten für erweiterte gespeicherte Prozeduren und kann deshalb außer Kontrolle geratene erweiterte gespeicherte Prozeduren nicht automatisch korrigieren.

CLR und Middle-Tier im Vergleich

Dadurch, dass die Unterstützung von CLR im Datenbankverwaltungssystem von SQL Server 2005 erfolgt, erhalten Entwickler eine zusätzliche – wenn vielleicht auch kontrovers zu diskutierende – Wahlmöglichkeit, wo Code ablaufen soll, der in einer .NET-Sprache geschrieben worden ist. Prinzipiell sieht es so aus, dass .NET-Code, der in SQL Server geschrieben wird, die Netzlast verringert (was bei Code, der für Middle-Tier geschrieben wurde, nicht der Fall ist). Der Nachteil ist, dass das Verschieben der Verarbeitung von der mittleren Schicht zur Datenbankschicht CPU-Zeit kostet, die von SQL Server für andere Zwecke besser genutzt werden könnte.

CLR-Sicherheit bei Codezugriffen

Es ist mehr als natürlich, dass viele Datenbankadministratoren nur mäßig erfreut darüber sind, dass CLR-basierter Code innerhalb der SQL Server 2005-Umgebung laufen soll.

Managed Code (Code also, der in der CLR abläuft) verwendet Code Access Security, um zu kontrollieren, was der Code machen darf.

Managed Code kann mit folgenden Einstellungen laufen:

- ✔ **SAFE:** Nur Berechnungen und lokale Datenzugriffe sind erlaubt.
- ✔ **EXTERNAL_ACCESS:** Wie SAFE plus Zugriffe auf Dateien, Umgebungsvariablen, die Registrierungsdatenbank und das Netzwerk
- ✔ **UNSAFE:** Unbegrenzter Zugriff auf die Umgebung, in der SQL Server läuft. Teilweise kann Code, der als UNSAFE arbeitet, Unmanaged Code aufrufen.

Gespeicherte Prozeduren

9

In diesem Kapitel

- Entdecken Sie gespeicherte Prozeduren
- Erstellen Sie eine gespeicherte Prozedur
- Rufen Sie eine gespeicherte Prozedur auf
- Erstellen Sie eine gespeicherte CLR-Prozedur

In diesem Kapitel stelle ich Ihnen gespeicherte Prozeduren vor und erkläre Ihnen, worum es sich dabei handelt und wie Sie sie in SQL Server 2005 einsetzen können.

Viele der Funktionalitäten, die gespeicherte Systemprozeduren früherer Versionen von SQL Server besitzen, haben sich nicht geändert. Sie sollten aber die Onlinedokumentation von SQL Server lesen, wenn Sie neuen Code planen, weil einige der gespeicherten Systemprozeduren nur noch existieren und schon heute dafür vorgesehen sind, in zukünftigen Versionen von SQL Server nicht mehr vorhanden zu sein.

Sie können unter SQL Server 2005 benutzerdefinierte gespeicherte Prozeduren entweder mit T-SQL oder mit einer .NET-Sprache und der Common Language Runtime (CLR) erstellen.

Was ist eine gespeicherte Prozedur?

Eine *gespeicherte Prozedur* ist ein Codemodul, das es Ihnen erlaubt, ein bestimmtes Stückchen Funktionalität wiederholt zu nutzen und unter einem Namen aufzurufen. Sie können eine gespeicherte Prozedur aber auch als eine Routine betrachten, die nicht in einem skalaren Ausdruck verwendet werden kann. Dies ist auch der entscheidende Punkt, in dem sich eine gespeicherte Prozedur von einer Funktion unterscheidet (die Sie in einem skalaren Ausdruck verwenden können).

Eine gespeicherte Prozedur ist ein Datenbankobjekt von SQL Server 2005. Sie können einzelnen gespeicherten Prozeduren Berechtigungen zuweisen, um zu kontrollieren, wer sie ausführen darf.

Eine gespeicherte Prozedur kann mehrere Parameter haben. Ich zeige Ihnen weiter unten in diesem Kapitel, wie Sie gespeicherte Prozeduren mit und ohne Parameter verwenden.

Eine benutzerdefinierte gespeicherte Prozedur bietet eine Möglichkeit, Code zu speichern, der von Anwendungen aufgerufen werden kann, die Sie oder Entwicklerkollegen erstellt haben. Diese gespeicherten Prozeduren bieten erhebliche Sicherheitsvorteile. So wird zum Beispiel Text, der in einer Webseite eingegeben wird, nicht unmittelbar ausgeführt, sondern zunächst als Parameter an eine gespeicherte Prozedur übergeben. Diese Vorgehensweise kann verhindern, dass SQL Server von innen her angegriffen wird, was auch *Injection Attack* genannt wird.

Die unterschiedlichen gespeicherten Prozeduren

Wenn Sie mit SQL Server 2005 arbeiten, stehen Ihnen unterschiedliche Arten von gespeicherten Prozeduren zur Verfügung:

- ✔ **Benutzerdefinierte gespeicherte T-SQL-Prozeduren:** Eine benutzerdefinierte gespeicherte T-SQL-Prozedur besteht aus verschiedenen T-SQL-Anweisungen. Sie kann optional einen oder mehrere Eingabeparameter und einen oder mehrere Ausgabeparameter haben.
- ✔ **Benutzerdefinierte gespeicherte CLR-Prozeduren:** Eine gespeicherte CLR-Prozedur ist ein Verweis auf eine Methode, die mit einer der .NET Framework-Sprachen geschrieben worden ist. Wenn Sie sich mit der CLR unter SQL Server 2005 nicht so gut auskennen, lesen Sie in Kapitel 8 nach. Eine solche Prozedur kann, wie eine gespeicherte T-SQL-Prozedur, einen oder mehrere Eingabeparameter und/oder einen oder mehrere Ausgabeparameter haben.
- ✔ **Erweiterte gespeicherte Prozeduren:** Eine erweiterte gespeicherte Prozedur ist prozeduraler Code, der häufig in C geschrieben und im Speicherbereich von SQL Server ausgeführt wird. Heute wird von ihrem Einsatz abgeraten. Natürlich werden existierende erweiterte gespeicherte Prozeduren von SQL Server 2005 unterstützt. Sie können auch neue erweiterte gespeicherte Prozeduren schreiben, müssen aber damit rechnen, dass Microsoft sie in zukünftigen Versionen von SQL Server nicht mehr zulässt. Ich empfehle Ihnen, auf gespeicherte CLR-Prozeduren umzusteigen. Weiterhin könnte es eine gute Idee sein, nach und nach alle bestehenden erweiterten gespeicherten Prozeduren auf CLR-Prozeduren umzustellen.

Zusätzlich zu diesen benutzerdefinierten gespeicherten Prozeduren besitzt SQL Server 2005 eine Vielzahl gespeicherter Systemprozeduren, auf die ich weiter unten in diesem Kapitel eingehe.

Was macht eine gespeicherte Prozedur?

Eine gespeicherte Prozedur kann im Prinzip alles das erledigen, was Sie auch mithilfe von T-SQL oder einer der .NET-Sprachen machen können. Sie können beispielsweise eine gespeicherte Prozedur dazu verwenden, Daten in eine Tabelle einzufügen oder dort zu aktualisieren, oder Sie können sie dazu nutzen, Daten von einer oder mehreren Tabellen an Clientanwendungen zu liefern.

In einem Onlineszenarium könnte ein Benutzer angeben, in welcher Gegend er eine Niederlassung Ihres Unternehmens sucht, und Sie verwenden eine gespeicherte Prozedur, um die Eingabe des Benutzers aufzunehmen und zu verarbeiten.

Gründe für gespeicherte Prozeduren

Gespeicherte Systemprozeduren, auf die ich im nächsten Abschnitt eingehe, stellen Code zur Verfügung, mit dem sich viele administrative SQL Server-Aufgaben erledigen lassen. Weil diese gespeicherten Systemprozeduren für die Verarbeitung von Standardaufgaben optimiert sind, lohnt es sich, regen Gebrauch von ihnen zu machen.

Ein weiterer, wichtiger Grund für den Gebrauch gespeicherter Prozeduren ist, dass sie Code für Aufgaben wiederverwenden können, die eventuell auf unterschiedliche Art und Weise in einer SQL Server-Datenbank durchgeführt werden. Wenn Sie später an diesem Code Änderungen vornehmen müssen, können Sie diese Änderungen an einer einzigen Stelle durchführen – in der gespeicherten Prozedur. Dies vereinfacht die Wartung von Funktionalitäten stark, wenn man durch Änderungen des geschäftlichen Alltags dazu gezwungen ist.

Ein weiterer Vorteil von gespeicherten Prozeduren ist, dass Sie in mehrschichtigen Anwendungen die Datenbankebene schnell anpassen können, ohne die Clientanwendung ändern zu müssen. Sie können den Code in einer benutzerdefinierten gespeicherten Prozedur ändern und die Clientanwendung solange unangetastet lassen, wie sich die Parameter nicht ändern, die diese Anwendung verwendet.

Wenn Sie in einer Webanwendung eine gespeicherte Prozedur nutzen, die Parameter benötigt, sorgt sie für ein Sicherheitsvolumen, das verhindert, dass SQL von innen über eine so genannte SQL-Injektion angegriffen wird. Ein solcher Angriff verwendet T-SQL-Code, der von einem Benutzer eingegeben wird, um unberechtigt auf Informationen zuzugreifen. Das kann SQL Server für zukünftige Angriffe verwundbarer machen, weil ein Hacker dadurch Informationen über die Strukturen sammeln kann, die in SQL Server verwendet werden. Wenn Sie aber eine gespeicherte Prozedur mit Parametern einsetzen, wird jede Information, die ein Benutzer eingibt, nicht unmittelbar ausgeführt. Wenn die Information nicht so strukturiert ist, dass sie als Parameter verwendet werden kann, hat ein Hacker keine Chance herauszufinden, wie Ihre SQL Server-Installation aussieht.

Ein Angriff über eine SQL-Injektion kann immer dann passieren, wenn Sie eine Anwendung erstellen, die dynamisches T-SQL ausführt. Stellen wir uns einmal vor, dass Sie einen Verlag besitzen, der seinen Buchkatalog online zur Verfügung stellen will. Es gibt ein Formular mit einer Textbox, in die ein Benutzer den Namen eines Autors eingeben kann. Der Code der Anwendung könnte so aussehen:

```
var sql = "SELECT * FROM Titel WHERE Autor = '" +
GesuchterAutor + "'";
```

Wenn nun ein Benutzer `Andrew Watt` als Wert eingibt, gibt der T-SQL-Code die Titel dieses Autors zurück. Wenn aber ein bösartiger Benutzer den folgenden Code in die Textbox eingibt, sorgt er dafür, dass die Tabelle `Titel` gelöscht wird:

```
Andrew Watt'; DROP TABLE Titel --
```

Dies passiert, weil der T-SQL-Code, der ausgeführt werden soll, die folgende Form erhält:

```
SELECT * FROM Titel WHERE Autor = 'Andrew Watt';
DROP TABLE Titel --
```

Die erste Zeile arbeitet wie vom Entwickler geplant. Die Anweisung `DROP TABLE` löscht die Tabelle `Titel`, was sicher so nicht vorgesehen ist.

Wenn Sie aber eine benutzerdefinierte gespeicherte Prozedur erstellen, die nur den Parameter `Autor` akzeptiert, schlägt der bösartige Code fehl, und es wird nur eine leere Zeile zurückgegeben, weil es keinen Autor gibt, der `Andrew Watt'; DROP TABLE Titel --` heißt.

Gespeicherte Systemprozeduren

SQL Server 2005 stellt eine Vielzahl von gespeicherten Systemprozeduren zur Verfügung, die nur auf Sie warten. Gespeicherte Systemprozeduren sind unter anderem in den Datenbanken `master` (unterhalb des Knotens PROGRAMMIERBARKEIT) und `resource` abgelegt. Sie können diese gespeicherten Systemprozeduren auf einem weiten Feld administrativer Aufgaben einsetzten. Gespeicherte Systemprozeduren können Ihnen bei vielen verschiedenen Aufgaben helfen, die ich in Tabelle 9.1 zusammengefasst habe.

Kategorie	Zweck
Active Directory	Diese gespeicherten Prozeduren werden dazu verwendet, Instanzen von SQL Server und Datenbanken in Active Directory zu registrieren.
Catalog (Katalog)	Diese gespeicherten Prozeduren werden in Verbindung mit ODBC verwendet.
Cursor	Diese gespeicherten Prozeduren geben Ihnen die Möglichkeit, Informationen zu erhalten, die mit Cursor-Variablen zusammenhängen.
Database Engine (Datenbankmodul)	Diese gespeicherten Prozeduren werden für die Wartung einer SQL Server-Instanz verwendet.
Database Mail	Diese gespeicherten Prozeduren werden dazu verwendet, mit dem neuen Database Mail von SQL Server 2005 arbeiten zu können.
Database Maintenance Plan (Datenbankwartungsplan)	Diese gespeicherten Prozeduren unterstützen administrative Aufgaben, die mit Datenbankwartungsplänen zu tun haben. Diese gespeicherten Prozeduren werden in SQL Server 2005 durch Datenbankwartungspläne ersetzt, die diese Gruppe von gespeicherten Prozeduren nicht mehr nutzen.
Distributed Queries (Verteilte Abfragen)	Diese gespeicherten Prozeduren werden dazu verwendet, verteilte Abfragen einzurichten und zu verwalten.
Full-text Search (Volltextsuche)	Diese gespeicherten Prozeduren geben Ihnen die Möglichkeit, Volltextkataloge zu erstellen oder zu löschen und Indexoperationen zu kontrollieren.
Log Shipping (Protokollversand)	Diese gespeicherten Prozeduren geben Ihnen die Möglichkeit, Konfigurationseinstellungen des Protokollversands einzurichten, zu ändern und zu überwachen.

Kategorie	Zweck
Notification Services	Diese gespeicherten Prozeduren geben dem Administrator die Möglichkeit, SQL Server 2005 Notification Services zu verwalten. Wenn Sie diese Gruppe gespeicherter Prozeduren verwenden, sind Sie zum Beispiel in der Lage, Notification Services zu administrieren und zu debuggen und in Problemfällen einzugreifen.
OLE Automation	Diese gespeicherten Prozeduren lassen es zu, dass in einem T-SQL-Stapel Objekte die OLE-Automation verwenden.
Replication (Replikation)	Diese gespeicherten Prozeduren geben Ihnen die Möglichkeit, Replikationen zu verwalten. Sie können sie für einmalige Aufgaben oder in Stapelverarbeitungsdateien und Skripten verwenden.
Security (Sicherheit)	Diese gespeicherten Prozeduren sorgen für einen weiten Bereich von Techniken, mit denen Sie SQL Server-Sicherheiten verwalten können. Einige dieser gespeicherten Prozeduren sind veraltet und stehen in zukünftigen Versionen von SQL Server nicht mehr zur Verfügung.
SQL Mail	Diese gespeicherten Prozeduren werden verwendet, um Funktionalitäten von SQL Mail zu unterstützen. Diese Gruppe gespeicherter Prozeduren ist veraltet und steht in zukünftigen Versionen von SQL Server nicht mehr zur Verfügung.
SQL Server Agent	SQL Server Agent verwendet diese gespeicherten Prozeduren für die Verwaltung zeitgesteuerter und ereignisgesteuerter Aufgaben.
SQL Server Profile	Diese Gruppe von gespeicherten Prozeduren wird von SQL Server Profiler verwendet.
Web Task (Webaufgaben)	Diese gespeicherten Prozeduren werden dazu verwendet, Webseiten zu erstellen. Sie sind standardmäßig nicht aktiv. Diese Gruppe von gespeicherten Prozeduren ist veraltet. Für neue Entwicklungen sollten Sie Reporting Services einsetzen.
XML	Diese gespeicherten Prozeduren unterstützen die Verwaltung von XML-Dokumenten, die im Speicher MSXML-Parser-basiert dargestellt werden.
General Extended	Diese gespeicherten Prozeduren sorgen für eine Schnittstelle von einer Instanz von SQL Server 2005 zu externen Programmen und werden für Wartungsarbeiten genutzt. Diese gespeicherten Prozeduren sind standardmäßig deaktiviert.

Tabelle 9.1: Gespeicherte Systemprozeduren, nach Kategorien zusammengefasst

Eine Alternative zur Gruppe Replication der gespeicherten Systemprozduren sind die Replication Management Objects, die es in SQL Server 2005 neu gibt. Ich gehe nicht auf die Replication Management Objects ein, weil dies den Rahmen dieses Buches sprengen würden.

Um auf einige der Systemprozeduren zugreifen zu können, müssen Sie zunächst mithilfe der gespeicherten Systemprozedur `sp_configure` die Advanced Options der Prozeduren einschalten. Um zum Beispiel den Web Assistant zu aktivieren, der für die gespeicherten Systemprozeduren der Kategorie Web Tasks benötigt wird, verwenden Sie den folgenden Code (der wiederum die gespeicherte Prozedur `sp_configure` nutzt):

```
sp_configure 'show advanced options', 1;
GO
RECONFIGURE;
GO
sp_configure 'Web Assistant Procedures', 1;
GO
RECONFIGURE
GO
```

Wenn Sie gespeicherte Systemprozeduren der Kategorie XML verwenden wollen, sollten Sie darauf achten, dass der MSXML-Parser ungefähr ein Achtel des Speichers des SQL Server-Caches verwendet. Um wieder Arbeitsspeicher freizugeben, der von einem XML-Dokument belegt war, verwenden Sie die gespeicherte Systemprozedur `sp_xml_removedocument`.

Wenn Sie erweiterte gespeicherte Prozeduren verwenden wollen, müssen Sie das entsprechende Modul einschalten. Verwenden Sie dazu diesen Code:

```
sp_configure 'show advanced options', 1
RECONFIGURE
GO
sp_configure 'xp_cmdshell', 1;
RECONFIGURE
GO
```

Dieser Code gibt Ihnen die Möglichkeit, die gespeicherte Systemprozedur `xp_cmdshell` zu verwenden. Geben Sie den folgenden Code ein, um mithilfe von `xp_cmdshell` die Dateien des Hauptverzeichnisses der Festplatte C: anzeigen zu lassen:

```
EXEC master..xp_cmdshell 'dir c:\*.*'
```

Wenn ich diesen Code ablaufen lassen, erhalte ich ein Ergebnis, das in Abbildung 9.1 dargestellt wird.

Sie können auf Befehlszeilenebene viele Anweisungen als Argument für `xp_cmdshell` verwenden. Dies gibt Ihnen die Möglichkeit, Informationen vom Betriebssystem zu erhalten oder Einstellungen der Umgebung zu verändern, in der SQL Server arbeitet.

Einzelne gespeicherte Systemprozeduren haben eine ihnen speziell zugewiesene Berechtigungsebene. Es würde den Rahmen dieses Kapitels sprengen, wenn ich eine vollständige Beschreibung aller Berechtigungsebenen aller gespeicherten Systemprozeduren liefern würde, die SQL Server 2005 unterstützt. Sie finden diese Information in ausführlicher Form in der SQL Server 2005-Onlinedokumentation. Dort ist jede einzelne gespeicherte Systemprozedur ausführlich mit ihren individuellen Sicherheitsebenen beschrieben. Wenn Sie die Onlinedokumentation von SQL Server 2005 installieren wollen, wählen Sie START|PROGRAMME|MICROSOFT SQL SERVER 2005|DOKUMENTATION UND LERNPROGRAMME|SQL SERVER-ONLINEDOKUMENTATION aus.

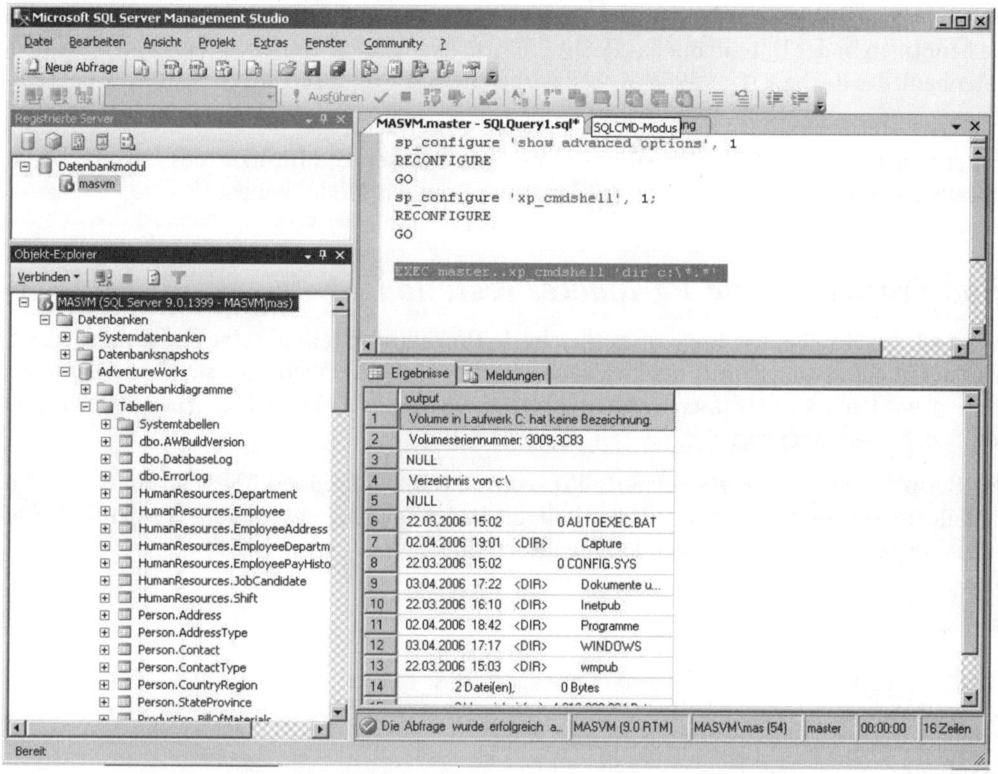

Abbildung 9.1: Verwendung von `xp_cmdshell` *zur Anzeige von Dateien*

Eine gespeicherte Prozedur erstellen

Um eine benutzerdefinierte gespeicherte Prozedur zu erstellen, verwenden Sie die Anweisung `CREATE PROCEDURE`. Sie können eine gespeicherte Prozedur immer nur in der aktuellen Datenbank anlegen.

Wenn Sie eine benutzerdefinierte gespeicherte Prozedur in T-SQL erstellen wollen, müssen Sie in der Prozedur auf einige T-SQL-Anweisungen verzichten. Die folgenden Anweisungen dürfen kein Bestandteil einer gespeicherten Prozedur sein:

- ✔ `CREATE DEFAULT`
- ✔ `CREATE PROCEDURE`
- ✔ `CREATE RULE`
- ✔ `CREATE TRIGGER`
- ✔ `CREATE VIEW`

Sie benötigen einige Berechtigungen, wenn Sie eine gespeicherte Prozedur erstellen wollen. Sie benötigen in der Datenbank das Recht CREATE PROCEDURE. Weiterhin benötigen Sie in der Datenbank das Recht ALTER SCHEMA, weil gespeicherte Prozeduren durch Schemata begrenzte Objekte sind.

Um eine gespeicherte CLR-Prozedur zu erstellen, müssen Sie Besitzer des entsprechenden Anwendermoduls sein oder das Recht REFERENCES auf das Modul haben.

Eine Prozedur ohne Parameter erstellen

Wenn ich beschreibe, wie Sie eine gespeicherte Prozedur erstellen, setze ich voraus, dass Sie über die im letzten Abschnitt beschriebenen Rechte verfügen. Wenn Sie sich nicht damit auskennen, wie Rechte zugewiesen werden, schlagen Sie in Kapitel 11 die Sicherheitseinstellungen von SQL Server 2005 nach.

Das Beispiel erstellt eine gespeicherte Prozedur, die Informationen über den Namen und die E-Mail-Adresse von Kontaktpersonen erhält, die in der Tabelle Person.Contact der Datenbank AdventureWorks stehen. Verwenden Sie diesen Code:

```
USE AdventureWorks
GO

CREATE PROCEDURE Person.sp_getContactNames
AS
 SELECT LastName, FirstName, EmailAddress
 FROM Person.Contact
GO
```

Die erste Zeile der Anweisung CREATE PROCEDURE legt den Namen der gespeicherten Prozedur fest, die Sie erstellen. Beachten Sie, dass der Name der gespeicherten Prozedur auch den Namen eines Schemas, Person, enthält. Da sich die gespeicherte Prozedur in einem anderen Schemabereich als dbo befindet, riskieren Sie keine Namenskonflikte, falls Microsoft auf die Idee käme, in einer der zukünftigen Versionen von SQL Server ein Schema hinzuzufügen, das genauso heißt wie Ihres (dann aber zum Schema dbo gehört).

Um diese gespeicherte Prozedur auszuführen, starten Sie diesen Code:

```
EXEC Person.sp_getContactNames
```

Abbildung 9.2 zeigt das Ergebnis, wenn Ihre gespeicherte Prozedur ausgeführt wird.

Wenn Sie die Datenbank AdventureWorks wieder in ihren ursprünglichen Zustand versetzen wollen, können Sie die gespeicherte Prozedur mit diesem Code löschen:

```
DROP PROCEDURE Person.sp_getContactNames
```

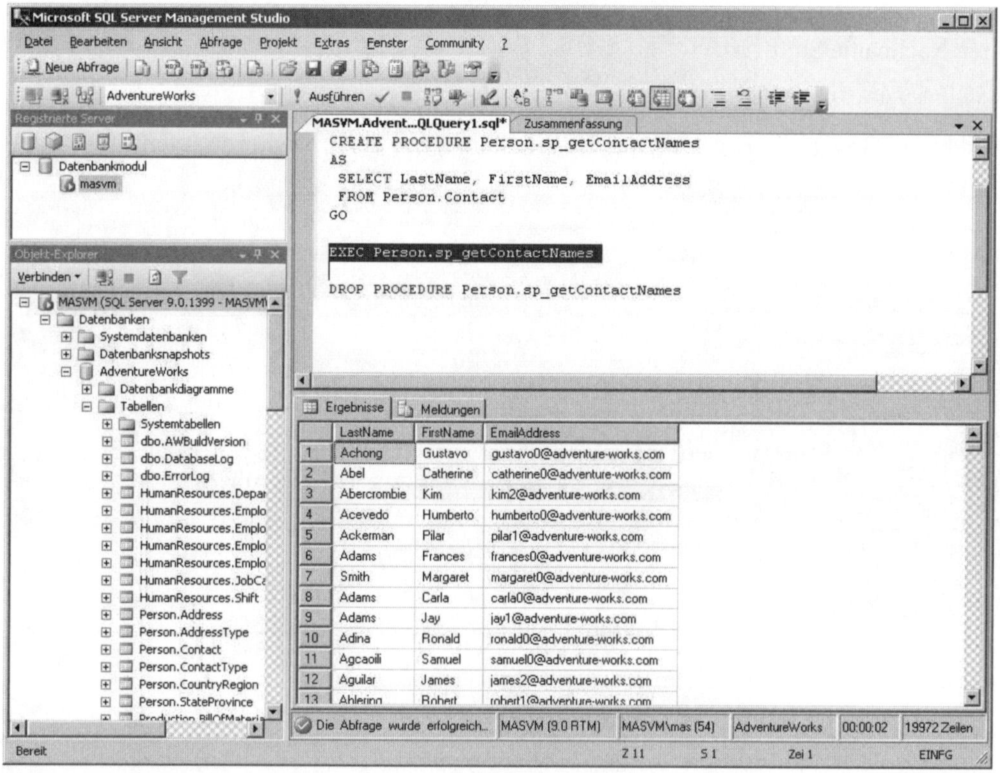

Abbildung 9.2: Das Ergebnis der gespeicherten Prozedur `sp_getContactNames`

Eine gespeicherte Prozedur mit Parametern erstellen

Ich zeige Ihnen in diesem Abschnitt, wie Sie eine gespeicherte Prozedur erstellen, die mit einem Parameter arbeitet. Diese gespeicherte Prozedur führt dieselbe Auswahl durch wie die vorherige Prozedur, sie erwartet aber einen Parameter. Verwenden Sie diesen Code:

```
USE AdventureWorks
GO
CREATE PROCEDURE Person.sp_getContactNames2
 @nachName varchar(10)
 AS
 SELECT LastName, FirstName, EmailAddress
 FROM Person.Contact
 WHERE LastName = @nachName
```

Beachten Sie die vierte Zeile des Codes. Dort deklarieren Sie einen Parameter `@nachName`, der vom Typ `varchar(10)` ist. Dieser Parameter wird in der WHERE-Klausel der SELECT-Anweisung verwendet.

Verwenden Sie den folgenden Code, um Kontaktinformationen über eine Person zu erhalten, deren Nachname Smith ist:

```
EXEC Person.sp_getContactNames2 'Smith'
```

Abbildung 9.3 zeigt das Ergebnis, das Sie erhalten, wenn die Prozedur gelaufen ist.

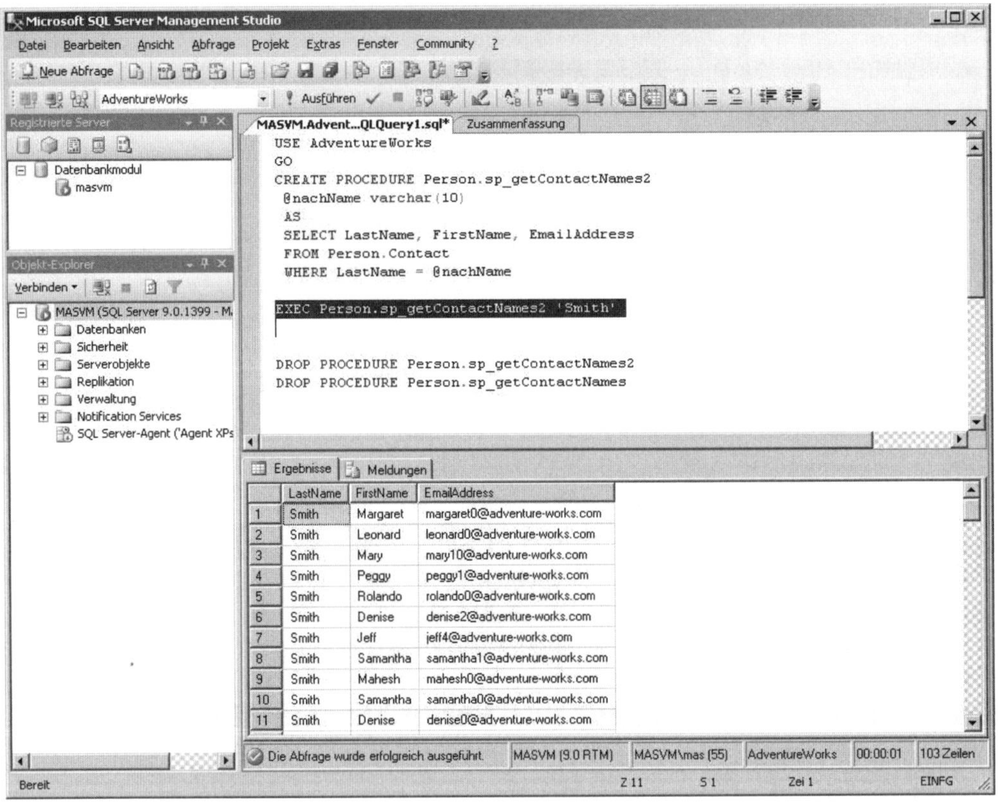

Abbildung 9.3: Einen Parameter bei der Ausführung einer gespeicherten Prozedur verwenden

Um die gespeicherte Prozedur `Person.sp_getContactNames2` zu löschen und die Datenbank `AdventureWorks` wieder in den Originalzustand zu versetzen, führen Sie diesen Code aus:

```
DROP PROCEDURE Person.sp_getContactNames2
```

Gespeicherte Prozeduren und Namenskonventionen

Viele der gespeicherten Systemprozeduren, die mit SQL Server 2005 ausgeliefert werden, fangen mit `sp_` an. Sie können dieses Präfix natürlich auch für Ihre gespeicherten Prozeduren verwenden, Microsoft empfiehlt aber dringend, darauf zu verzichten. Es ist nämlich denkbar, dass Microsoft genau den Namen, den Sie einer benutzerdefinierten gespeicherten Prozedur gegeben haben, in einer zukünftigen Version von SQL Server für eine Systemprozedur verwendet. Diese Situation kann dann leicht zu unvorhersehbaren Problemen mit Ihrem Code führen. Wenn Sie eine benutzerdefinierte gespeicherte Prozedur erstellen und das System-Präfix `sp_` verwenden (und der Name der Prozedur dabei nicht auf ein eigenes Schema verweist oder sogar zum Schema `dbo` gehört), scheitert Ihre Arbeit in dem Augenblick, in dem Microsoft eine namensidentische gespeicherte Systemprozedur ausliefert.

Sie haben zwei Möglichkeiten, dieses Risiko zu umgehen. Die eine sieht so aus, dass Sie einfach das Präfix `sp_` vermeiden. Die zweite Option verlangt, dass Sie bei benutzerdefinierten gespeicherten Prozeduren Schema-qualifizierte Namen verwenden. Da sich damit alle (auch die zukünftigen) Systemprozeduren in einem anderen Namensraum befinden als die von Ihnen erstellten, kann es niemals zu einem Namenskonflikt kommen.

Eine gespeicherte Prozedur aufrufen

Der Aufruf einer gespeicherten Prozedur geht unkompliziert vonstatten. Sie verwenden die Anweisung `EXEC` zusammen mit dem Namen einer gespeicherten Systemprozedur oder dem einer benutzerdefinierten gespeicherten Prozedur. Da eine benutzerdefinierte gespeicherte Prozedur immer einer Datenbank zugeordnet ist, müssen Sie darauf achten, dass die aktuelle Datenbank auch diejenige ist, die die Prozedur enthält.

Um eine benutzerdefinierte gespeicherte Prozedur aufzurufen, die `Person.sp_getContactNames` heißt und zur Datenbank `AdventureWorks` gehört, verwenden Sie diesen Code:

```
USE AdventureWorks
GO
EXEC Person.sp_getContactNames
```

Dieser Code funktioniert immer, und zwar unabhängig davon, wie die gerade aktuelle Datenbank heißt. Die Anweisung `USE` legt fest, dass `AdventureWorks` zur aktiven Datenbank wird, bevor die gespeicherte Prozedur `Person.sp_getContactNames` ausgeführt wird.

Gespeicherte CLR-Prozeduren

Neu in SQL Server 2005 ist die Common Language Runtime (CLR). Mit diesem Code, der in einer .NET-Sprache geschrieben wird, können Sie gespeicherter Prozeduren erstellen.

Die folgenden Punkte zeigen Ihnen, wie Sie eine gespeicherte CLR-Prozedur mit einer .NET-Sprache anlegen:

- ✔ Erstellen Sie in der .NET-Sprache Ihrer Wahl eine statische Methode einer Klasse.
- ✔ Verwenden Sie den Compiler Ihrer Sprache und wandeln Sie die Klasse in ein Anwendermodul um.
- ✔ Registrieren Sie das Anwendermodul in SQL Server mit der Anweisung `CREATE ASSEMBLY`.
- ✔ Wenn das Anwendermodul registriert ist, können Sie die Anweisung `CREATE PROCEDURE` benutzen, um eine gespeicherte Prozedur zu erstellen, die Ihre Methode ausführt.

Fehlerbehandlung unter T-SQL

10

In diesem Kapitel

- Fehler mit T-SQL abfangen
- Das Konstrukt TRY...CATCH entdecken
- Fehlerfunktionen und @@ERROR verwenden

Eines der neuen Features, die es in SQL Server 2005 gibt, ist der einfache Umgang mit Fehlern, die in T-SQL-Code vorkommen. In den früheren Versionen von SQL Server existierte keine strukturierte Fehlerbehandlung, die es in Programmiersprachen wie Visual C++ oder C# gibt. Die Informationen über individuelle Fehler waren stark eingeschränkt. Und proportional zur Länge und Komplexität des geschriebenen Codes stieg die Notwendigkeit an, eine einfach zu handhabende Fehlerbehandlung in T-SQL zu integrieren.

Fehlerbehandlung mit T-SQL

Es gibt zwei große Wege, mit Fehlern in T-SQL umzugehen. Neu in SQL Server 2005 ist das Konstrukt `TRY . . . CATCH`, auf das ich im nächsten Abschnitt näher eingehe. Sie können `TRY . . . CATCH` sowohl zusammen mit Fehlerfunktionen als auch mit der Funktion `@@Error` verwenden, die es schon unter SQL Server 2000 gibt. Ich gehe weiter unten in diesem Kapitel im Abschnitt »Fehlerfunktionen verwenden« ausführlicher auf diese Möglichkeit ein.

Wenn Sie Code schreiben müssen, der sowohl unter SQL Server 2005 als auch unter (beispielsweise) SQL Server 2000 laufen soll, müssen Sie die Funktion `@@Error` verwenden, die weniger Informationen zurückliefert als die Fehlerfunktionen, die es seit SQL Server 2005 gibt. Weiterhin müssen Sie in diesem Fall auf das Konstrukt `TRY...CATCH` verzichten, weil es unter SQL Server 2000 nicht lauffähig ist.

Das Konstrukt TRY . . . CATCH

Das Konstrukt `TRY...CATCH` ist unter SQL Server 2005 der Dreh- und Angelpunkt der Fehlerbehandlung, wenn es um T-SQL-Code geht. Dieses Konstrukt hat diese allgemeine Form:

```
BEGIN TRY
 -- Hier steht T-SQL-Code.
 -- Falls es zu einem Fehler kommt, springt die
 -- ausführende Routine in den CATCH-Block.
END TRY
```

```
BEGIN CATCH
 -- Hier steht anderer T-SQL-Code, der ausgeführt
 -- werden kann, wenn es im Code zwischen BEGIN TRY
 -- und END TRY zu einem Fehler kommt
END CATCH
```

Sowohl innerhalb des TRY-Blocks als auch innerhalb des CATCH-Blocks können Sie jede beliebige T-SQL-Anweisung oder ganze Anweisungsblöcke unterbringen. Sie können TRY...CATCH-Konstrukte verschachteln, und ich zeige Ihnen weiter unten in diesem Kapitel (im Abschnitt »Verschachtelte TRY ... CATCH-Konstrukte«), wie das geht.

Wenn es während der Ausführung des T-SQL-Codes zu keinem Fehler zwischen BEGIN TRY und END TRY kommt, wird der CATCH-Block nicht ausgeführt. Wenn der gesamte Code des TRY-Blocks abgearbeitet worden ist, wird die Zeile angesprungen, die auf END CATCH folgt.

Regeln für das TRY ... CATCH-Konstrukt

Um das Konstrukt TRY...CATCH richtig anwenden zu können, müssen Sie diese Regeln einhalten:

- ✔ Es darf zwischen den Zeilen END TRY und BEGIN CATCH keinen Code geben. Falls Sie dort Code unterbringen, kommt es zu einem Syntaxfehler.
- ✔ Ein TRY ... CATCH-Konstrukt kann sich nicht über mehrere Stapelverarbeitungsdateien erstrecken.
- ✔ Ein TRY ... CATCH-Konstrukt kann sich nicht über mehrere Blöcke von T-SQL-Code erstrecken.

Schweregrade von Fehlermeldungen

Jeder Fehlermeldung ist unter SQL Server 2005 ein Schweregrad zugeordnet. Das Konstrukt TRY ... CATCH reagiert nur auf Fehler mit einem Schweregrad größer als 10. Das Konstrukt ist nicht in der Lage, auf Fehler zu reagieren, die zwar einen Schweregrad von mehr als 10 erzeugen, die aber gleichzeitig dazu führen, dass die Verbindung zur Datenbank verloren geht.

Sie finden in der SQL Server-Onlinedokumentation eine vollständige Liste aller Schweregrade von Fehlern (unter dem Punkt DATENBANKMODUL|FEHLERMELDUNGEN VON SQL SERVER|GRUNDLEGENDES ZU DATENBANKMODULFEHLERN|SCHWEREGRADE VON DATENBANKMODULFEHLERN).

Fehlerfunktionen verwenden

Unter SQL Server 2005 gibt es eine Reihe von Fehlerfunktionen, die Informationen liefern, die wiederum in einer CATCH-Anweisung ausgewertet werden können.

Sie können unter SQL Server 2005 mit T-SQL auf folgende Fehlerfunktionen zugreifen:

- **ERROR_LINE:** Liefert die Zeile, in der der Fehler höchstwahrscheinlich aufgetreten ist.

  Die Zeile, die ERROR_LINE zurückgibt, muss nicht unbedingt die Zeile sein, die den Fehler wirklich enthält. Sie sollten immer den Prozedurenablauf – zum Beispiel von verschachtelten Skriptobjekten – überprüfen, um genau herauszubekommen, wodurch der Fehler hervorgerufen wird.

- **ERROR_MESSAGE:** Gibt eine kurze Nachricht aus, die auf die Natur des Fehlers verweist.

  Viele SQL Server-Fehlermeldungen beinhalten Parameter, die Informationen über den speziellen Kontext liefern, in dem es zum Fehler gekommen ist. Die Funktion ERROR_MESSAGE ersetzt die Werte, die für den entsprechenden Kontext von Bedeutung sind, durch »lesbaren Text« und gibt diesen dann als Meldung zurück. Sie sind in der Lage, auf die Spalte `text` des Katalogs `sys.messages` zuzugreifen.

- **ERROR_NUMBER:** Gibt die Nummer des Fehlers zurück. Wenn ein Fehler in einer gespeicherten Prozedur oder einem Trigger auftritt, wird die Nummer der Zeile in der Routine zurückgegeben.

  Die Funktion ERROR_NUMBER gibt die Nummer des Fehlers innerhalb eines CATCH-Blocks zurück. Wenn Sie versuchen, ERROR_NUMBER außerhalb des CATCH-Blocks anzuwenden, gibt die Funktion NULL zurück.

- **ERROR_PROCEDURE:** Gibt NULL zurück, wenn der Fehler nicht innerhalb einer gespeicherten Prozedur auftritt. Wenn der Fehler in einer gespeicherten Prozedur oder einem Trigger auftritt, gibt diese Funktion den Namen der gespeicherten Prozedur oder des Triggers zurück.

- **ERROR_SEVERITY:** Gibt den Schweregrad eines SQL Server-Fehlers zurück.

- **ERROR_STATE:** Gibt einen Wert vom Typ `int` zurück. Es wird NULL zurückgegeben, wenn die Funktion außerhalb des CATCH-Blocks aufgerufen wird. Die Funktion liefert Informationen, die als Ergänzung zu denen von ERROR_NUMBER dienen können.

  Die Funktion ERROR_STATE liefert zusätzliche Informationen, die Ihnen dabei helfen sollen, die Daten zu verstehen, die von der Funktion ERROR_NUMBER geliefert werden. Einige dieser Fehlernummern können verschiedenen Werten von ERROR_STATE entsprechen. Wenn Sie versuchen, Fehler zu verstehen und abzuarbeiten, benötigen Sie in der Regel beide Informationsquellen – um beispielsweise die Microsoft Knowledge Base effektiv nutzen zu können.

Der Katalog `sys.messages` enthält eine vollständige Liste aller Fehlernummern und der dazu gehörenden Meldungen. Wenn Sie alle Fehler und die entsprechenden Meldungen sehen wollen, geben Sie diesen Code ein:

```
SELECT * FROM sys.messages
ORDER BY message_id
```

Abbildung 10.1 zeigt das Ergebnisraster mit der Information über Fehler 8134.

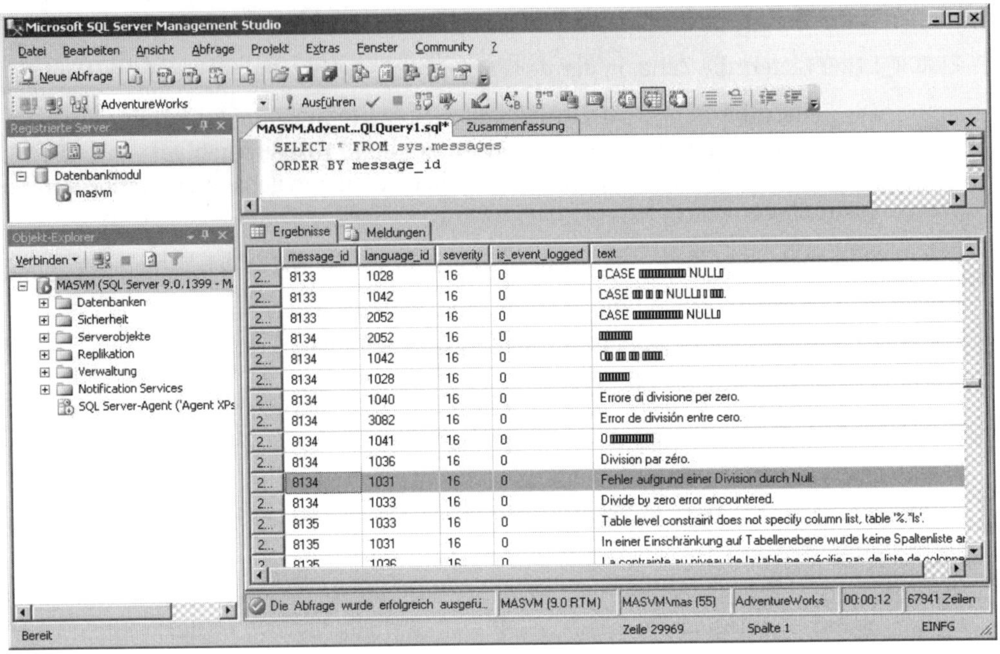

Abbildung 10.1: Fehler und die dazu gehörenden Nachrichten

In der Spalte `severity` finden Sie den Schweregrad des Fehlers angegeben. Die Spalte `is_event_logged` gibt an, ob ein Fehler zurzeit protokolliert wird oder nicht. Der Wert `0` (Null) zeigt an, dass der entsprechende Fehler momentan nicht protokolliert wird.

Wenn Sie eine Fehlernummer und den Schweregrad eines Fehlers suchen und nur einen Teil der Fehlermeldung kennen, können Sie einfach Code wie diesen verwenden, um zum Ziel zu gelangen:

```
SELECT * FROM sys.messages
WHERE text LIKE '%Null%'
```

Dieses Beispiel findet alle Nachrichten, in denen das Wort Null vorkommt – einschließlich Fehler 8134.

Das Schlüsselwort `LIKE` in der `WHERE`-Klausel gibt Ihnen die Möglichkeit, den Platzhalter `%` zu verwenden. Dieses Zeichen kann keines bis beliebig viele Zeichen ersetzen. Wenn Sie diesen Platzhalter am Anfang oder am Ende des Wortes verwenden, das Sie suchen, finden Sie jede Form von Null in der Spalte `text`.

Wenn Sie Informationen über Fehler finden wollen, mit denen das Konstrukt `TRY . . . CATCH` etwas anfangen kann, geben Sie diesen Code ein:

```
SELECT * FROM sys.messages
WHERE severity > 10 AND severity < 20
ORDER BY severity
```

Das Konstrukt `TRY . . . CATCH` kann nur etwas mit Fehlern anfangen, bei denen der Schweregrad größer als 10 ist (und die Datenbankverbindung nicht unterbrochen ist). Fehler mit einem Schweregrad von 10 oder kleiner sorgen für Warnungen, die nur informativen Charakter haben. Es können auch einige Fehler mit einem Schweregrad von 20 und mehr über den `CATCH`-Block verarbeitet werden, wenn die Verbindung zur Datenbank nicht unterbrochen wurde.

Fehlercodes verwenden

Der folgende Code soll demonstrieren, wie Sie Fehlerfunktionen in SQL Server 2005 einsetzen können, um Informationen über einen Fehler anzuzeigen, der im `TRY`-Block auftritt. Die Funktion verwendet den Versuch, eine Division durch null durchzuführen, um den Fehler hervorzurufen:

```
USE master
GO

BEGIN TRY
SELECT 1/0 -- Ruft Divison-durch-Null-Fehler hervor.
END TRY
BEGIN CATCH
 SELECT
 ERROR_LINE() AS ErrorLine,
 ERROR_MESSAGE() AS ErrorMessage,
 ERROR_NUMBER() AS ErrorNumber,
 ERROR_PROCEDURE() AS ErrorProcedure,
 ERROR_SEVERITY() AS ErrorSeverity,
 ERROR_STATE() AS ErrorState
END CATCH
```

Wenn Sie diesen Code ablaufen lassen, sollten Sie ein Ergebnis erhalten, das wie das in Abbildung 10.2 aussieht.

Das erste Ergebnisfester zeigt nichts an, weil der Versuch, durch null zu teilen, nichts zurückgibt. Im zweiten Ergebnisraster gibt jede Fehlerfunktion ihr Ergebnis in einer eigenen Zeile zurück.

Wenn Sie die Werte, die von den Fehlerfunktionen zurückgeliefert werden, speichern wollen, müssen Sie sie in Variablen auffangen. Dann sind Sie in der Lage, den Wert der Variablen mit `INSERT` in eine Prüftabelle einzufügen.

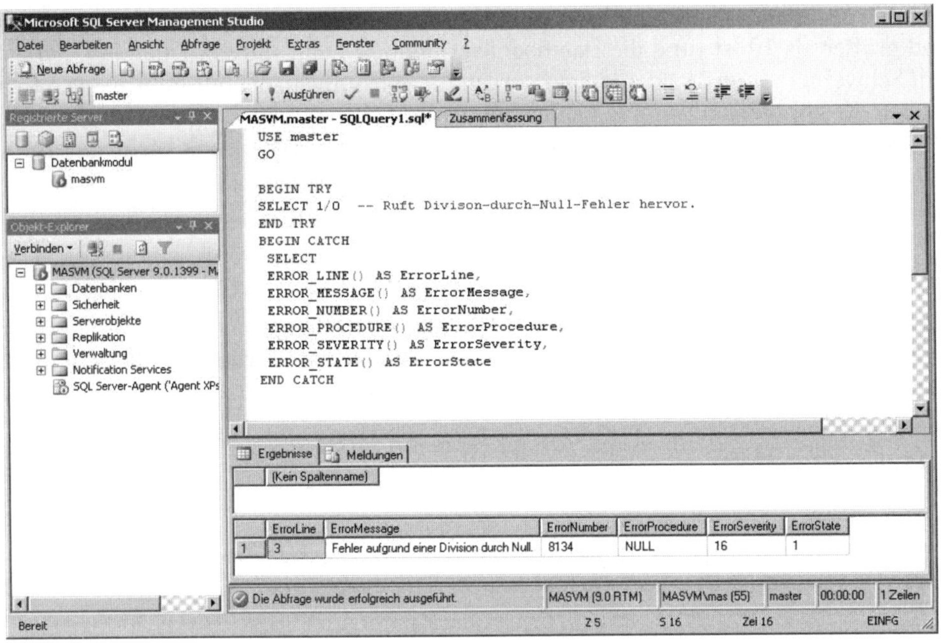

Abbildung 10.2: Das Ergebnis einer Fehlerfunktion wird angezeigt.

RAISERROR

Die Funktion `RAISERROR` kann auf eine benutzerdefinierte Meldung zugreifen, die in `sys.messages` abgelegt ist, oder Sie kodieren einen Fehler dynamisch, indem Sie `RAISERROR` verwenden.

Wenn Sie Code mit `RAISERROR` schreiben, hat er folgendes Aussehen:

```
RAISERRROR(50100, 12, 1, 'Text einer Nachricht.')
```

Setzen Sie den folgenden Code ein, um einen neuen, benutzerdefinierten Fehler in `sys.messages` einzufügen und dann als Beispiel einen Fehler mit genau der eben eingefügten Nummer zu erzeugen. Im nächsten Abschnitt behandel ich `RAISERROR` im Zusammenhang mit verschachtelten `TRY . . . CATCH`-Konstrukten. Sie erzeugen auf diese Art und Weise in `sys.messages` eine neue Nachricht:

```
sp_addmessage @msgnum = 50100,
 @severity = 12,
 @msgtext = N'This is a test error.',
 @lang = 'us_english';
GO

sp_addmessage @msgnum = 50100,
 @severity = 12,
```

```
 @msgtext = N'Dies ist ein Testfehler.',
 @lang = 'German';
GO
```

Wundern Sie sich nicht darüber, dass sp_addmessage zweimal ausgeführt werden muss – einmal mit der Spracheinstellung us_english und ein zweites Mal mit der Spracheinstellung German. Wenn Sie mehrsprachige Meldungen erzeugen wollen (und alles, was nicht englisch ist, ist mehrsprachig), muss die Meldung zuerst in englischer Sprache und erst dann (mit den gleichen Parametern – mit Ausnahme der sprachspezifischen Parameter) in einer oder mehreren weiteren Sprachen erfolgen.

Die gespeicherte Systemprozedur sp_addmessage wird dazu verwendet, neue Nachrichten zu sys.messages hinzuzufügen. In unserem Beispiel erhält sie vier Parameter: die Nummer, den Schweregrad, den Text der neuen Nachricht und die Sprache.

Sie können prüfen, ob die neue Nachricht erfolgreich hinzugefügt worden ist, indem Sie folgenden Code verwenden:

```
SELECT * FROM sys.messages
WHERE message_id = 50100
```

Sie können RAISERROR in einem TRY . . . CATCH-Konstrukt so einsetzen:

```
BEGIN TRY
 RAISERROR(50100, 12, 1, '')
END TRY
BEGIN CATCH
 SELECT ERROR_MESSAGE() AS ErrorMessage
END CATCH
```

Das Ergebnis dieses Aufrufs ist in Abbildung 10.3 dargestellt.

Sie löschen die Nachricht in sys.messages wieder, indem Sie diesen Code verwenden:

```
sp_dropmessage @msgnum = 50100
```

Verschachtelte TRY . . . CATCH-Konstrukte verwenden

Es sind Situationen denkbar, in denen Sie TRY . . . CATCH-Konstrukte verschachteln müssen. Diese Verschachtelung erfolgt im CATCH-Block des äußeren TRY...CATCH-Konstrukts.

Das folgende Beispiel verwendet RAISERROR, um zu zeigen, wie verschachtelte TRY...CATCH-Konstrukte kodiert werden.

Fügen Sie zunächst zwei Nachrichten zum Katalog sys.messages hinzu, indem Sie den folgenden Code verwenden. Denken Sie daran, dass Sie dabei »mehrsprachig« zu arbeiten haben. Die Nachrichten beschreiben, in welchem Konstrukt sie vorkommen.

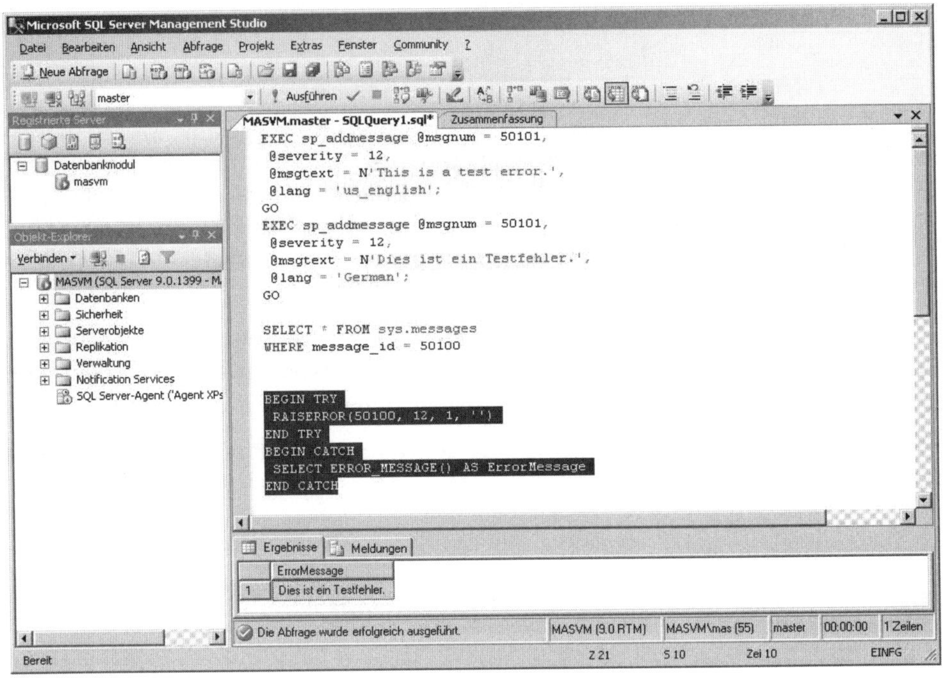

Abbildung 10.3: RAISERROR verwenden

```
sp_addmessage
@msgnum = 50200,
@severity = 12,
@msgtext = N'This is in the outer TRY block.',
@lang = 'us_english';
GO

sp_addmessage
@msgnum = 50300,
@severity = 14,
@msgtext = N'This is in the **INNER** TRY block.',
@lang = 'us_english';
GO

sp_addmessage
@msgnum = 50200,
@severity = 12,
@msgtext = N'Dies ist der äußere TRY-Block.',
@lang = 'German';
GO

sp_addmessage
@msgnum = 50300,
```

```
@severity = 14,
@msgtext = N'Dies ist der **INNERE** TRY-Block.',
@lang = 'German';
GO
```

Nachdem Sie nun die beiden benutzerdefinierten Nachrichten hinzugefügt haben, können Sie sie verwenden, um zu sehen, wie man mit Fehlern in einem verschachtelten `TRY . . . CATCH`-Konstrukt umgeht. Der folgende Code benutzt ein verschachteltes `TRY . . . CATCH`-Konstrukt und `RAISERROR`, um einen Fehler in jedem der Konstrukte hervorzurufen:

```
BEGIN TRY
 RAISERROR(50200,12,1,'')
END TRY
BEGIN CATCH
 SELECT ERROR_NUMBER() AS FehlerNummerAußen,
  ERROR_MESSAGE() AS FehlerMeldungAußen
 BEGIN TRY
 RAISERROR(50300, 14, 1, '')
 END TRY
 BEGIN CATCH
  SELECT ERROR_NUMBER() AS FehlerNummerInnen,
   ERROR_MESSAGE() AS FehlerMeldungInnen
 END CATCH -- Verschachteltes CATCH
END CATCH -- Äußeres CATCH
```

Das Ergebnis dieses Aufrufs zeigt Abbildung 10.4.

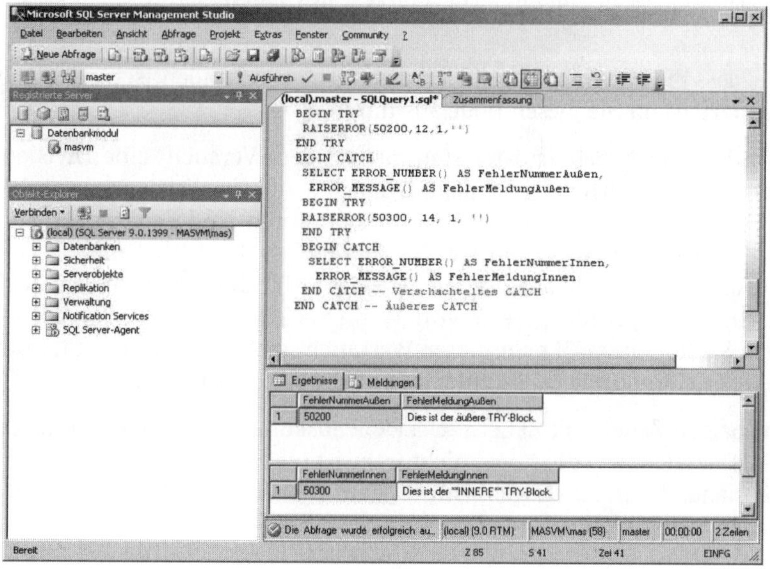

Abbildung 10.4: Fehlerinformationen, die vom äußeren und vom inneren `TRY...CATCH`-Konstrukt zurückgegeben werden

@@Error

Die Funktion @@Error war unter SQL Server 2000 (und früher) die Hauptinformationsquelle für Fehlermeldungen. Wenn Sie T-SQL-Code schreiben wollen, der sowohl auf SQL Server 2005 als auch auf früheren Versionen von SQL Server laufen muss, sollten Sie verstehen, wie man die Funktion @@Error verwendet, um Fehlerinformationen einzufangen.

@@Error unterscheidet sich in einigen Punkten von den Fehlerfunktionen, die ich weiter oben beschreibe. Diese Funktion gibt die Fehlernummer nur in der T-SQL-Anweisung zurück, die unmittelbar an den Fehler anschließt, oder wenn @@Error als erste Anweisung in einem CATCH-Block eingesetzt wird. Wenn die davor liegende T-SQL-Anweisung fehlerfrei arbeitet, gibt @@Error null zurück.

Das folgende Beispiel zeigt, dass @@Error wirklich nur dann einen sinnvollen Wert enthält, wenn es in der ersten Zeile des CATCH-Blocks steht:

```
BEGIN TRY
 SELECT 1/0;
 PRINT @@ERROR;
END TRY
BEGIN CATCH
SELECT @@ERROR
SELECT @@ERROR
IF @@ERROR = 8134
 SELECT 'Division-durch-Null-Fehler gefunden.'
ELSE
 SELECT 'Kein Division-durch-Null-Fehler gefunden.'
END CATCH
```

Beachten Sie, dass die ersten beiden Zeilen des CATCH-Blocks identisch sind. Abbildung 10.5 zeigt, was passiert, wenn Sie diesen Code ausführen.

Das erste Ergebnis im Ergebnisraster stammt von dem Versuch, eine Division durch null durchzuführen – was natürlich fehlschlägt. Deshalb wird kein Wert angezeigt. Das zweite Ergebnis liefert den Wert 8134. Er weist einen Division-durch-Null-Fehler nach und wird durch das erste SELECT @@ERROR im CATCH-Block hervorgerufen. Das dritte Ergebnis liefert den Wert 0. Er zeigt an, dass @@Error (in der zweiten Zeile des CATCH-Blocks) nach dem Ausführen einer jeden T-SQL-Anweisung zurückgesetzt wird. Wenn Sie @@Error = 8134 in der IF-Anweisung prüfen, stellen Sie fest, dass @@Error diesen Wert nicht mehr enthält (er ist tatsächlich wieder 0), weil »Kein Division-durch-Null-Fehler gefunden« angezeigt wird.

Wenn Sie die beiden Zeilen mit SELECT @@ERROR auskommentieren, heißt die erste Zeile im CATCH-Block IF @@ERROR = 8134, was nicht wahr ist (da es sich hierbei um die erste Zeile des CATCH-Blocks handelt), und im Ergebnisraster wird die Fehlermeldung »Division-durch-Null-Fehler gefunden« angezeigt.

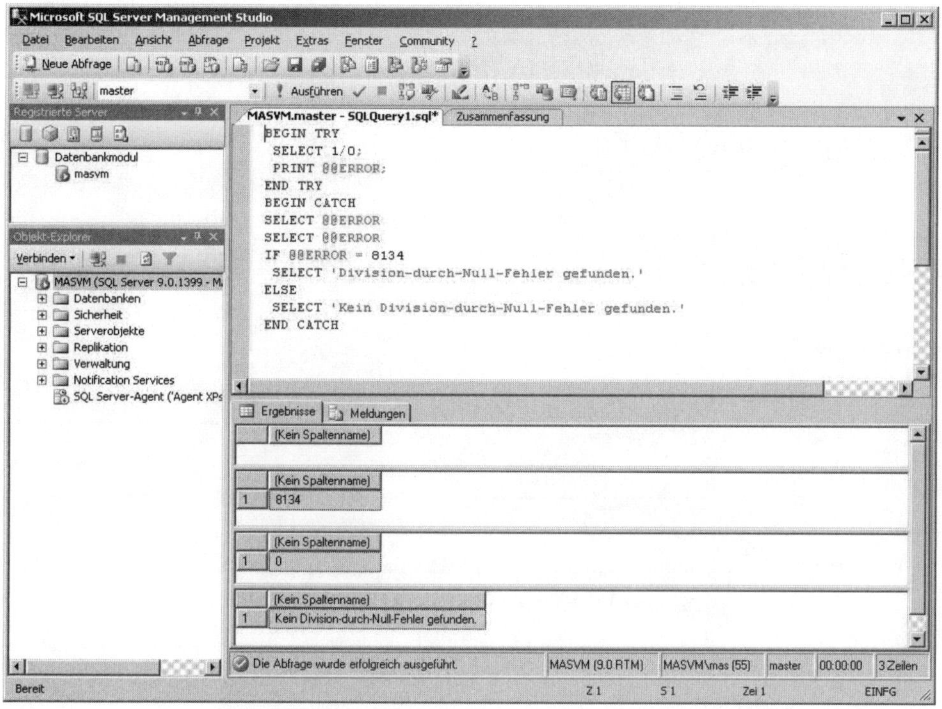

Abbildung 10.5: Die Funktion `@@Error` *verwenden*

Wenn Sie anstelle von `@@Error` die Funktion `ERROR_NUMBER` einsetzen. gibt `ERROR_NUMBER` jedes Mal, wenn Sie diese Funktion verwenden, den gleichen Wert zurück, wie der folgende Code nachweist:

```
BEGIN TRY
 SELECT 1/0;
 PRINT @@ERROR;
END TRY
BEGIN CATCH
SELECT ERROR_NUMBER() AS FehlerNummer
IF ERROR_NUMBER() = 8134
 SELECT 'Division-durch-Null-Fehler gefunden.'
ELSE
 SELECT 'Kein Division-durch-Null-Fehler gefunden.'
END CATCH
```

Abbildung 10.6 stellt das Ergebnisraster dar.

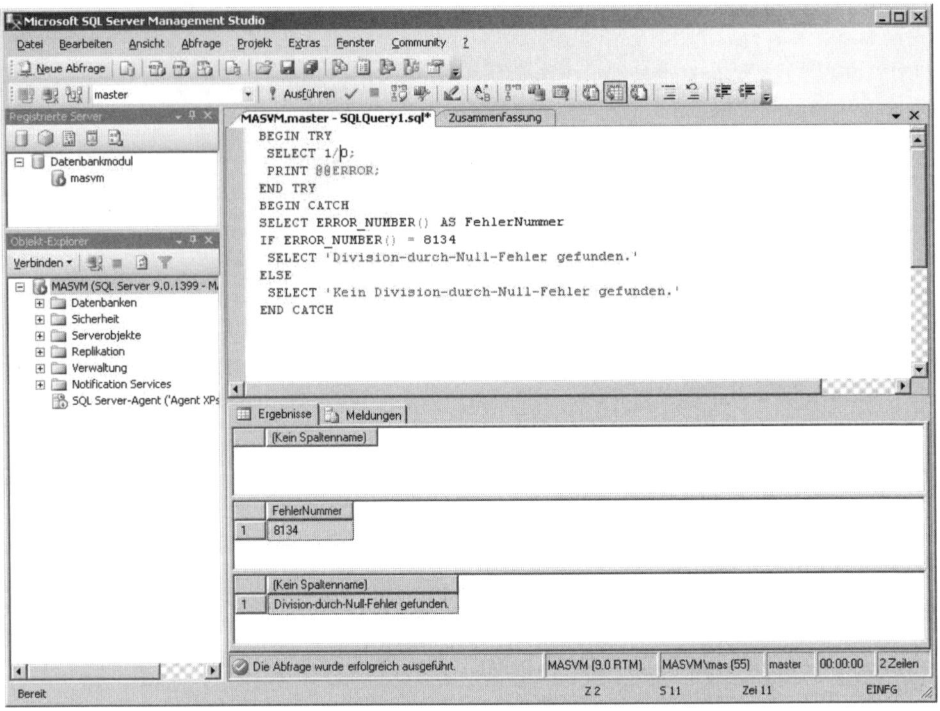

Abbildung 10.6: Die Funktion `ERROR_NUMBER` *verwenden*

Abbildung 10.6 zeigt, dass die Zahl, die im zweiten Ergebnisraster zurückgegeben wird, `8134` ist. Der Test der `IF`-Anweisung liefert `TRUE` (weil `ERROR_NUMBER` diesen Wert liefert), sodass die Fehlermeldung »Division-durch-Null-Fehler gefunden« angezeigt wird.

Wenn Sie aus Kompatibilitätsgründen `@@Error` einsetzen müssen, weisen Sie den Wert von `@@Error` einer Variablen zu. Sie können dann diese Variable so verwenden, als würden Sie mit `ERROR_NUMBER` arbeiten.

Teil IV

Schützen Sie Ihre Daten

Die Fehlersuche ist ein wenig knifflig. Die Verbindungstabelle zu unseren Zielhosts weist unter anderem einen Schlüssel im Morsealphabet, mehrere Walkie-Talkies und einen Typen mit neun Brieftauben aus.

In diesem Teil ...

Ich führe Sie in Techniken ein, die Ihnen dabei helfen, Ihre Daten sicher zu machen und Datenverluste zu vermeiden.

Ich zeige Ihnen, wie Transaktionen genutzt werden können und wie Sie Datenbanktrigger erstellen und anwenden.

Daten sicher machen

11

In diesem Kapitel

- Das neue Sicherheitsmodell entdecken
- Allgemeine Sicherheitsaufgaben durchführen
- Die Sicherheit der Common Language Runtime verwenden

Eine der Schlüsselüberlegungen bei der Benutzung eines ernsthaften Datenbankmanagementsystems ist die Kontrolle darüber, wer Zugriff auf welche Daten hat. Ich kann mir vorstellen, dass Sie nicht sonderlich begeistert davon wären, wenn Ihre Mitbewerber Ihre finanziellen Daten sähen oder Zugriff auf Informationen über ein neues Produkt hätten, das Sie gerade herausbringen wollen. Und Sie wollen vielleicht auch verhindern, dass Ihre Angestellten sehen, was die übrigen Mitarbeiter verdienen oder was es sonst noch an sensiblen Daten über die Kollegen gibt. Andererseits müssen Sie es Ihren Benutzern so einfach und bequem wie nur irgend möglich machen, an die Daten zu gelangen, die sie benötigen, um ihre Arbeit erledigen oder Bestellungen bei Ihrem Unternehmen aufgeben zu können.

Das Sicherheitsmodell von SQL Server 2005 versucht beides: Sicherheit zu gewährleisten und eine einfache Handhabung für autorisierte Benutzer und Kunden zu ermöglichen. SQL Server 2005 besitzt in seinem Sicherheitsmodell eine Reihe wesentlicher Unterschiede zu SQL Server 2000, um diese Ziele zu erreichen.

Die einzelnen Teile des Sicherheitsmodells von SQL Server 2005 sind voneinander unabhängig. Ich empfehle Ihnen, dieses Kapitel zunächst einmal quer zu lesen, um einen Überblick über die Sicherheitsfunktionalitäten von SQL Server 2005 zu bekommen. Dann sollten Sie das Kapitel noch einmal sorgfältig durchgehen, um die Einzelheiten in ihrem Kontext zu verstehen.

Mir steht in diesem Kapitel leider nicht genügend Platz zur Verfügung, auf jedes nur denkbare Szenarium einzugehen, in dem Sie SQL Server 2005 einsetzen könnten. Wenn Sie Sicherheitseinstellungen für eine bestimmte Situation festlegen, sollten Sie darauf achten, alle mit hoher Wahrscheinlichkeit möglichen Bedrohungen zu berücksichtigen, und dann nehmen Sie sich die Zeit, sorgfältig auch noch über die Risiken nachzudenken, die nicht so offensichtlich sind. Zeit, die Sie dafür opfern, ist niemals vertane Zeit. Microsoft gibt Ihnen die Werkzeuge an die Hand, mit denen Sie Ihre Daten sicher machen können. Nehmen Sie sich die Zeit, diese Sicherheitswerkzeuge auch zu verstehen, und denken Sie gründlich darüber nach, wie Sie sie in Ihren alltäglichen Szenarien einsetzen können.

Das neue Sicherheitsmodell

Microsoft hat nach den peinlichen Sicherheitsproblemen mit SQL Server 2000 bei SQL Server 2005 großen Wert auf stark verbesserte Sicherheitseinstellungen gelegt. SQL Server 2005 sollte Folgendes werden:

- **Sicher vom Entwurf her:** Microsoft hat während der Entwicklung von SQL Server 2005 eine detaillierte Gefährdungsanalyse für SQL Server durchgeführt. Man hat versucht, alle möglichen Gefahren, die Microsoft identifizieren oder sich vorstellen konnte, in die Überlegungen einzubeziehen. Diese Analysen sind zumindest teilweise durch die Sicherheitsprobleme veranlasst worden, die es bei den Versionen von SQL Server 2000 gegeben hat. Jeder möglichen Schwächung des Sicherheitssystems von SQL Server 2005, die zu einer Gefahr hätte werden können, ist man bereits in der Entwurfsphase von SQL Server 2005 durch Verbesserungen am Sicherheitsmodell entgegengetreten, und die Änderungen am Design wurden rigoros getestet.
- **Sicher vom Standard her:** In den Standardeinstellungen einer SQL Server 2005-Installation sind viele Features ausgeschaltet. Durch dieses Ausschalten von Funktionalitäten wird die Angriffsfläche, die eine standardmäßig durchgeführte SQL Server 2005-Installation bietet, verringert, was wiederum weniger Platz für Angriffe durch Hacker lässt. Dadurch, dass Features standardmäßig deaktiviert sind, kann es nicht zu der Situation kommen, dass Sie als Datenbankadministrator eine neue Funktionalität – und damit das potenzielle Sicherheitsrisiko – nicht kennen und deswegen auch keine entsprechenden Sicherheitsmaßnahmen einleiten können, während einem Hacker die Neuerungen alle bekannt sind und er deswegen keine Probleme hat, in Ihr System einzudringen. Wenn Sie auf diese Neuerungen zugreifen wollen, müssen Sie sie explizit aktivieren. Man geht davon aus, dass Sie sich die Zeit nehmen, das entsprechende Feature und seine Auswirkungen auf die Systemsicherheit zu verstehen, bevor Sie es einschalten.

  Von den Sicherheitsgesichtspunkten her ist das standardmäßige Ausschalten von Funktionalitäten eine gute Sache. Betrachtet man die Angelegenheit aber aus der Sicht des Datenbankadministrators, müssen Sie sich darüber im Klaren sein, dass Sie viele Funktionalitäten erst einmal einschalten müssen, bevor Sie sie nutzen können. Höhere Sicherheit kann man nur auf Kosten von Bequemlichkeit erkaufen.

  Das Tool SQL SERVER-OBERFLÄCHENKONFIGURATION bietet eine Stelle, von der aus Sie die gesamte Oberfläche einer SQL Server 2005-Installation konfigurieren können. Um die SQL Server-Oberflächenkonfiguration zu starten, wählen Sie START|PROGRAMME|SQL SERVER 2005|KONFIGURATIONSTOOLS|SQL SERVER-OBERFLÄCHENKONFIGURATION aus.
- **Sicher im Einsatz:** Beim Ausrollen von SQL Server 2005 wurde das *Prinzip des geringsten Rechts* angewendet. Dies bedeutet, dass Sie das Benutzer- oder Anmeldekonto verwenden sollten, das gerade so viele Rechte besitzt, dass die anstehende Aufgabe erledigt werden kann, und dass Sie auf Benutzer- und Anmeldekonten verzichten sollten, die über unnötige Rechte verfügen. Damit erreichen Sie, dass ein Hacker, der sich unberechtigterweise Zugriff auf das System verschafft hat (was Sie eigentlich immer zu verhindern wissen sollten), nur mit eingeschränkten Rechten »arbeiten« kann. Je weniger nicht notwendige Rechte

Sie einem Benutzer geben, desto weniger Schaden kann ein Hacker mit einem solchen Konto anrichten.

Die größten Gefahren bei Hackerangriffen gehen vom Konto `sa` und von anderen administrativen Konten aus.

Terminologie im Sicherheitsumfeld

Wenn Sie sich mit Sicherheit unter SQL Server 2005 beschäftigen, hilft es, in Begriffen wie *Absicherbares* – das sind Dinge, die sicher gemacht werden können, wie Server, Datenbanken, Tabellen und Anwendermodule – und *Prinzipale* (zum Beispiel Anmeldekonten und Benutzer), denen Berechtigungen an Absicherbarem gewährt werden können, zu denken.

Sowohl Prinzipale als auch Absicherbares gehören zu der Hierarchie, die ich als Nächstes beschreibe.

Hierarchie der Prinzipale

Sie können die Sicherheiten, soweit sie für SQL Server 2005 gelten, als dreistufige Hierarchie betrachten, die mit Prinzipalen in Zusammenhang stehen:

Ebene	*Prinzipale*
Windows	Gruppen
	Domänenanmeldekonten
	Lokale Anmeldekonten
SQL Server-Instanz	Feststehende Serverrollen
	Anmeldungen
Datenbank	Feststehende Datenbankrollen
	Benutzer
	Anwendungsrollen
	Gruppen

Ich gehe weiter unten in diesem Kapitel detaillierter auf diese Prinzipale ein.

Hierarchie der Absicherbaren

Die Windows-Ebene kennt keine absicherbaren SQL Server 2005-Elemente, aber die übrigen Ebenen haben Absicherbares. Damit gibt es auch hier eine dreistufige Hierarchie: SQL Server – Datenbank – Schema. Im Einzelnen gilt das für folgende Objekte:

Absicherbares an SQL Server		
SQL Server-Anmeldekonto	Endpunkt	Datenbank
Absicherbares an der Datenbank		
Anwendermodul (Assembly)	Anwendungsrolle	
Asymmetrischer Schlüssel	Benutzer	
Nachrichtentyp	Rolle	
Remote Service Binding	Route	
Symmetrischer Schlüssel	Vertrag	
Volltextkatalog	Zertifikat	
Absicherbares am Schema		
Funktion	Prozedur	
Queue	Sicht	
Synonym	Tabelle	
Typ	XML-Schemasammlung	

Die T-SQL-Schlüsselwörter `GRANT`, `DENY` und `REVOKE` haben mit der Autorisierung dieser absicherbaren Objekte zu tun. Ich zeige weiter unten in diesem Kapitel, wie sie eingesetzt werden.

Neue Sicherheitsfunktionalitäten

SQL Server 2005 kennt die folgenden neuen oder geänderten Sicherheitsfunktionalitäten. Ich zeige später in diesem Kapitel, wie man einige von ihnen anwendet.

- ✔ **Anmeldungen:** Bei Anmeldungen handelt es sich um Prinzipale auf Instanzenebene (von SQL Server).
- ✔ **Benutzer:** Benutzer sind Prinzipale auf Datenbankebene.
- ✔ **Trennung von Benutzern und Schemata:** Zu jedem Schema gibt es einen Benutzer, der Eigentümer des Schemas ist. Ein Schema ist der Eigentümer der Objekte im Schema. Es besteht die Möglichkeit, den Eigentümer eines Schemas zu ändern, ohne eine einzige Zeile Anwendungscode, der auf Objekte des Schemas zugreift, mit ändern zu müssen. Dies verhindert Probleme, die daraus resultieren, dass zum Beispiel der Eigentümer von Datenbankobjekten das Unternehmen verlässt.
- ✔ **Katalogsicherheit:** Metadaten sind nur in der Tabelle sichtbar, auf die ein Benutzer Berechtigungen hat. Dies hilft dabei, Informationen vor Benutzern zu verstecken, die nicht über die entsprechende Autorisierung verfügen.
- ✔ **Ausführungskontext für Module:** Dies ersetzt Besitzverkettungen aus SQL Server 2000.

- **Abgestufte Berechtigungskontrolle:** Das Zuweisen von Berechtigungen ist mehrfacher abgestuft möglich als unter SQL Server 2000. Damit sind Sie jetzt in der Lage, Aufgaben über ein Benutzerkonto auszuführen, das nicht mehr die vollen administrativen Rechte besitzt (wie es bisher notwendig gewesen ist).
- **Erzwingen von Kennwortrichtlinien:** Wenn Sie SQL Server 2005 unter Windows 2003 Server laufen lassen, gibt es die Möglichkeit, unter SQL Server 2005 jede Kennwortrichtlinie zu erzwingen, die bereits für Windows-Anmeldekonten existiert.

Abgestufte Berechtigungskontrolle

Unter SQL Server 2000 wurden Berechtigungen dadurch zugewiesen, dass man auf die feststehenden Serverrollen zugriff, die SQL Server 2000 unterstützt. Damit war es nicht möglich, Rechte in diversen Abstufungen zu setzen. Der am wenigsten privilegierte Prinzipal besaß immer noch viel zu viele (überflüssige) Rechte und konnte mehr tun, als für seine Aufgaben eigentlich notwendig gewesen wäre.

Unter SQL Server 2005 werden folgende Ebenen an abgestuften Berechtigungen vergeben:

- **Server:** Auf Serverebene können Anmeldungen Berechtigungen erhalten.
- **Datenbank:** Auf Datenbankebene können Benutzer, Datenbankrollen oder Anwendungsrollen Berechtigungen erhalten.
- **Schema:** Jedes Schema einer Datenbank hat seine eigene Berechtigungsverwaltung.
- **Objekt:** Objekte in einem Schema können über eine eigenständige Berechtigungsverwaltung verfügen.

Grundsätzliches zu Berechtigungen

SQL Server unterstützt drei Schlüsselwörter, die mit Berechtigungen zu tun haben:

- `GRANT`: Gewährt ein Recht.
- `DENY`: Verweigert ein Recht ausdrücklich.
- `REVOKE`: Widerruft ein `GRANT` oder `REVOKE`.

Ein `DENY` hat auf jeder Ebene der Berechtigungsstruktur die höchste Priorität. Wenn einem Benutzer Leserechte an einer Datenbank gewährt worden sind, er aber gleichzeitig einer Rolle angehört, der diese Rechte an der Datenbank verweigert werden, hat `DENY` Vorrang, und der Benutzer hat keinen Zugriff auf die Daten in der Datenbank.

Berechtigungsebenen

Sie sind mithilfe der Schlüsselwörter GRANT, DENY und REVOKE in der Lage, einen ganzen Bereich von Berechtigungsebenen zu kontrollieren. Die Berechtigungsebenen von SQL Server 2005 finden Sie hier aufgelistet:

- CONTROL: Dies gewährt eigentümerähnliche Rechte an einem Objekt. Ein Prinzipal, der CONTROL erhalten hat, besitzt alle Rechte an einem Absicherbaren. Dies schließt auch das Recht ein, anderen Prinzipalen Berechtigungen zu gewähren.
- ALTER: Gewährt das Recht, ein Element zu ändern und davon abhängige Unterelemente mit CREATE, ALTER und DROP zu bearbeiten. Wenn Sie beispielsweise ALTER auf eine Datenbank gewähren, gewähren Sie gleichzeitig CREATE, ALTER und DROP auf die Tabellen der Datenbank. Diese Berechtigung erlaubt es dem Berechtigten nicht, das Eigentumsrecht an dem abgesicherten Objekt zu ändern.
- ALTER ANY X: Gewährt das Recht, jedes Objekt der definierten Art zu ändern. Dieses Recht kann sowohl auf Serverebene als auch auf Datenbankebene gewährt werden. ALTER ANY TABLE gewährt zum Beispiel das Recht, jede Tabelle einer Datenbank zu ändern.
- CREATE <*Absicherbares Objekt auf Serverebene*>: Gewährt das Recht, mit CREATE auf Serverebene absicherbare Objekte anzulegen.
- CREATE <*Absicherbares Objekt auf Datenbankebene*>: Gewährt das Recht, mit CREATE auf Datenbankebene absicherbare Objekte anzulegen.
- IMPERSONATE <*Anmeldung*>: Gewährt einem Berechtigten das Recht, als *Anmeldung* aufzutreten.
- IMPERSONATE <*Benutzer*>: Gewährt einem Berechtigten das Recht, als *Benutzer* aufzutreten.
- TAKE OWNERSHIP: Gibt einem Berechtigten die Möglichkeit, das Eigentum an einem abgesicherten Objekt zu übernehmen.

Wie sich Berechtigungen auf Objekte auswirken

Tabelle 11.1 fasst zusammen, welche speziellen Berechtigungsobjekte von speziellen Verrechtungen betroffen werden.

Berechtigung	Abgesichertes Objekt
ALTER	Benutzerobjekt
	Indizes
	Prozeduren (entweder T-SQL oder CLR)
	Schemata
	Sichten
	Skalare und Aggregatfunktionen (entweder T-SQL oder CLR)

Berechtigung	Abgesichertes Objekt
	Tabellen
	Tabellenwertfunktionen (entweder T-SQL oder CLR)
	Warteschlangen von Service Broker
	Zertifikate
CONTROL	Prozeduren (entweder T-SQL oder CLR)
	Sichten
	Skalare und Aggregatfunktionen (entweder T-SQL oder CLR)
	Synonyme
	Tabellen
	Tabellenwertfunktionen (entweder T-SQL oder CLR)
	Warteschlangen von Service Broker
EXECUTE	Prozeduren (entweder T-SQL oder CLR)
	Skalare und Aggregatfunktionen (entweder T-SQL oder CLR)
	Synonyme
INSERT	Sichten und Spalten
	Synonyme
	Tabellen und Spalten
RECEIVE	Warteschlangen von Service Broker
REFERENCES	Sichten und Spalten
	Skalare und Aggregatfunktionen (entweder T-SQL oder CLR)
	Tabellen und Spalten
	Tabellenwertfunktionen (entweder T-SQL oder CLR) und Spalten
	Warteschlangen von Service Broker
SELECT	Synonyme
	Tabellen und Spalten
	Tabellenwertfunktionen (entweder T-SQL oder CLR) und Spalten
	Sichten und Spalten
TAKE OWNERSHIP	Prozeduren (entweder T-SQL oder CLR)
	Sichten
	Skalare und Aggregatfunktionen (entweder T-SQL oder CLR)
	Synonyme
	Tabellen
	Tabellenwertfunktionen (entweder T-SQL oder CLR)
UPDATE	Sichten und Spalten
	Synonyme
	Tabellen und Spalten

Berechtigung	Abgesichertes Objekt
`VIEW DEFINITION`	Prozeduren (entweder T-SQL oder CLR)
	Sichten
	Skalare und Aggregatfunktionen (entweder T-SQL oder CLR)
	Synonyme
	Tabellen
	Tabellenwertfunktionen (entweder T-SQL oder CLR)
	Warteschlangen von Service Broker

Tabelle 11.1: Berechtigungen und die entsprechenden Berechtigungsobjekte

Sie finden in der Onlinedokumentation von SQL Server 2005 eine vollständige Liste aller Berechtigungen. Um auf diese Dokumentation zuzugreifen, wählen Sie START|PROGRAMME|MICROSOFT SQL SERVER 2005|DOKUMENTATION UND LERNPROGRAMME|SQL SERVER-ONLINEDOKUMENTATION aus. Sie können sich aber auch alle Berechtigungen im Abfragefenster von SQL Server Management Studio auflisten lassen, indem Sie diesen Code verwenden:

```
SELECT * FROM sys.fn_builtin_permissions(default)
```

Sie erhalten im Ergebnisraster mehr als 180 Zeilen zurück. Sie können einen Parameter einsetzen, um sich nur die Berechtigungen anzeigen zu lassen, die sich auf eine bestimmte Objektklasse auswirken. Der folgende Code zeigt, wie Ihnen alle Berechtigungen angezeigt werden, die sich auf ein Datenbankobjekt anwenden lassen:

```
SELECT * FROM sys.fn_builtin_permissions('database')
```

Wenn Sie Berechtigungen an einem Server sehen wollen, geben Sie diesen Code ein:

```
SELECT * FROM sys.server_permissions
WHERE class = 100
```

Um Berechtigungen für Endpunkte eines Servers angezeigt zu bekommen, verwenden Sie diesen Code:

```
SELECT * FROM sys.server_permissions
WHERE class = 105
```

Mit dem neuen Sicherheitsmodell arbeiten

Ich stelle Ihnen in diesem Abschnitt Beispiele vor, die zeigen, wie Sie das SQL Server 2005-Sicherheitsmodell und die dazu gehörenden Berechtigungen verwenden können, um generelle Sicherheitsaufgaben zu lösen.

Der Beispielcode läuft nur, wenn Sie T-SQL im Abfrage-Editor von SQL Server Management Studio ausführen. Wenn Sie den Code ausführen wollen, geben Sie ihn im Abfrage-Editor ein, markieren Sie ihn, und drücken Sie [F5].

Der Systemkatalog und die Metadaten sind besser abgesichert als unter SQL Server 2000. Sie waren bisher in der Lage, auch Datenbankobjekte zu sehen, auf die Sie nicht zugreifen konnten. Ein Hacker konnte diese Informationen dafür nutzen, Angriffe auf den Server zu planen. Unter SQL Server 2005 sehen Sie nur die Datenbankobjekte, für die Sie eine Berechtigung haben. Ein Hacker, der sich mit Ihren Rechten am Server anmeldet, sieht nur die Dinge, die auch Sie sehen könnten. Alle anderen Datenbankobjekte bleiben ihm verborgen. Wenn Sie zum Beispiel

```
SELECT * FROM sysobjects
```

eingeben, sehen Sie nur die Objekte, für die Sie berechtigt sind.

Anmeldungen und Benutzer

Anmeldungen sind SQL Server-Objekte auf Instanzebene. Benutzer sind Objekte auf Datenbankebene. Um einen Benutzer `MSchmidt` mit einem bestimmten Kennwort anzulegen, verwenden Sie folgende Anweisung:

```
CREATE LOGIN MSchmidt WITH PASSWORD = 'ABC123'
```

Sie haben damit eine Anmeldung mit Zugriff auf eine SQL Server-Instanz erstellt. Nun müssen Sie einen dazu passenden Benutzer anlegen, der Zugriff auf eine oder mehrere Datenbank(en) hat. Um für die Datenbank `Verkauf` einen Benutzer `MSchmidt` zu erstellen, verwenden Sie diesen Code:

```
USE Verkauf
CREATE USER MSchmidt
```

Benutzer und Schemata trennen

Unter SQL Server 2000 waren die Konzepte für Benutzer und Schemata aus praktischen Gründen identisch. Dies hat natürlich Probleme hervorgerufen, wenn zum Beispiel der Benutzer `Benutzer1` das Unternehmen verlassen hatte. Das Schema verschwand in dem Augenblick, in dem Sie den Benutzer löschten. Sie waren also gezwungen, in jeder Anwendung, die `Benutzer1.Objekt` referenziert, Verweise zu setzen (und manchmal sogar sehr viele davon), damit die Anwendung auch weiterhin funktionierte.

Unter SQL Server 2005 kann ein Benutzer ein Schema, sagen wir `Rechnungen`, besitzen. Wenn `Benutzer1` das Unternehmen verlässt, ändern Sie den Besitzer des Schemas `Rechnungen`. Sie müssen keine Änderungen in einer Anwendung vornehmen, die dieses Schema verwendet, weil `Rechnungen` weiterhin existiert und sein Name nicht geändert werden musste.

Um es noch präziser auszudrücken: Die Abgrenzung erfolgt zwischen *Prinzipalen* und *Schemata*. Um alle Prinzipale einer SQL Server-Instanz zu sehen, verwenden Sie den folgenden T-SQL-Code:

```
SELECT * FROM sys.server_principals
```

Dieser Code listet alle internen Prinzipale auf und alle, die Sie hinzugefügt haben. Um sich alle internen und von Ihnen hinzugefügten Prinzipale auf der Ebene einer bestimmten Datenbank anzeigen zu lassen, verwenden Sie den folgenden Code:

```
USE datenbankName
SELECT * FROM sys.database_principals
```

Um alle Schemata einer SQL Server-Instanz sichtbar zu machen, geben Sie folgende T-SQL-Anweisung ein:

```
SELECT * FROM sys.schemas
```

Wenn Sie ein Schema, zum Beispiel `Rechnungen`, anlegen und als Eigentümer `KarlKlawuttke` festlegen wollen, verwenden Sie diesen Code (der voraussetzt, dass der Prinzipal `KarlKlawuttke` auch existiert):

```
CREATE SCHEMA Rechnungen AUTHORIZATION KarlKlawuttke
```

Das Standardschema

Ein Prinzipal hat ein Standardschema. Ich zeige Ihnen, wie Sie eine neue Anmeldung und den dazu gehörenden Benutzer anlegen und angeben, welches Schema das Standardschema dieses Benutzers sein soll.

Damit Sie einen Benutzer anlegen können, müssen Sie zunächst eine Anmeldung erstellen. Verwenden Sie die folgende T-SQL-Anweisung, um die Anmeldung `WilliWacker` anzulegen:

```
CREATE LOGIN WilliWacker WITH PASSWORD = 'TemporäresKennwort'
```

Die Anmeldung `WilliWacker` ist jetzt in der aktuellen SQL Server-Instanz erstellt worden. Nachdem Sie die Anmeldung erstellt haben, können Sie einen datenbankspezifischen Benutzer erstellen. Verwenden Sie den folgenden Code, um für den Benutzer `WilliWacker` in der Datenbank `FinanzDB` das Standardschema `Rechnungen` anzulegen (sollte die Datenbank nicht vorhanden sein, legen Sie sie an, indem Sie mit der rechten Maustaste auf den Knoten DATENBANKEN klicken und NEUE DATENBANK auswählen. Folgen Sie den Standardvorschlägen des Assistenten, und nennen Sie die neue Datenbank `FinanzDB`):

```
USE FinanzDB
CREATE USER WilliWacker
FOR LOGIN WilliWacker
WITH DEFAULT_SCHEMA = Rechnungen
```

Wenn Sie auf die Klausel `WITH DEFAULT SCHEMA` verzichten, wird das Schema `dbo` zum Standardschema des Benutzers.

Wenn das Schema `Rechnungen` noch nicht existiert, können Sie es erstellen und dem Benutzer `WilliWacker` alle notwendigen Berechtigungen zuweisen, indem Sie diesen Code verwenden:

```
CREATE SCHEMA Rechnungen AUTHORIZATION WilliWacker
```

Um herauszubekommen, welches das Standardschema eines Prinzipals – zum Beispiel eines Benutzers – ist, verwenden Sie diese T-SQL-Anweisung:

```
SELECT name, default_schema_name
FROM sys.database_principals
WHERE name= 'WilliWacker'
```

Wenn Willi Wacker versucht, auf eine Tabelle zuzugreifen, die `Verkäufe` heißt, wird zunächst im Schema `Rechnungen` gesucht, weil es sich dabei um das Standardschema des Benutzers handelt. Wenn eine Tabelle `Rechnungen.Verkäufe` gefunden wird, wird sie verwendet. Wenn eine solche Tabelle nicht zu finden ist, sucht SQL Server im Schema `dbo` nach der Tabelle.

Um die Namen der Eigentümer eines jeden Schemas zu erhalten, setzen Sie folgenden Code ein:

```
SELECT S.name AS schema_name, S.schema_id,
O.name as owner_name, O.principal_ID as owner_id
FROM sys.database_principals AS O, sys.schemas AS S
WHERE O.principal_id = S.principal_id
```

Diese Anweisung liefert einen Überblick über alle systeminternen und alle benutzerdefinierten Schemata, wie Abbildung 11.1 zeigt. Sie sehen, dass ich das Schema `Rechnungen` als `Willi Wacker` angelegt habe, sodass `WilliWacker` auch der Eigentümer des Schemas ist.

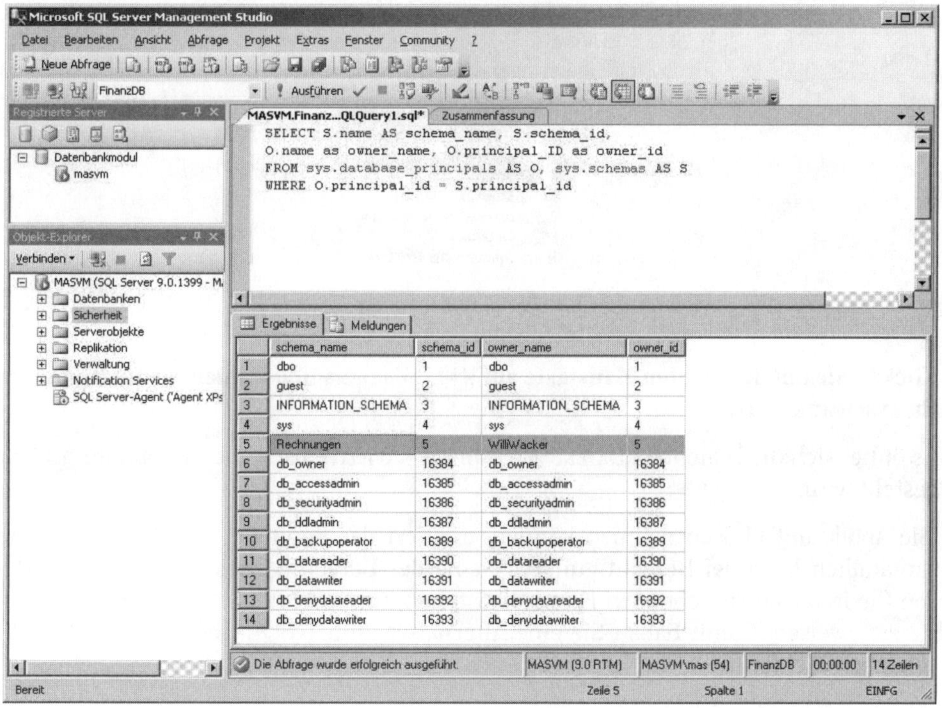

Abbildung 11.1: Die Namen der Eigentümer aller Schemata anzeigen lassen

Einem Benutzer Berechtigungen gewähren

Zu diesem Zeitpunkt wird Willi Wacker als Benutzer `WilliWacker` erkannt. Um die Berechtigungen zu sehen, die er an der Datenbank `FinanzDB` hat, gehen Sie so vor:

1. **Erweitern Sie im Objekt-Explorer den Knoten DATENBANKEN, um den Knoten FINANZDB anzeigen zu lassen.**

   Wenn Sie den Objekt-Explorer bereits geöffnet haben, kann es sein, dass Sie mit der rechten Maustaste auf DATENBANKEN klicken und AKTUALISIEREN auswählen müssen, um `FinanzDB` zu sehen.

2. **Bewegen Sie sich durch die Knotenstruktur, indem Sie nacheinander die Knoten DATENBANKEN, `FinanzDB`, SICHERHEIT und BENUTZER öffnen.**

   Der Benutzer `WilliWacker` wird zusammen mit den anderen Benutzern der Datenbank aufgeführt (siehe Abbildung 11.2).

Abbildung 11.2: Die Benutzer einer Datenbank

3. **Klicken Sie mit der rechten Maustaste auf `WilliWacker`, und wählen Sie im Kontextmenü EIGENSCHAFTEN aus.**

   Es öffnet sich die Dialogbox DATENBANKBENUTZER – WILLIWACKER, die in Abbildung 11.3 dargestellt wird.

Wie Sie Abbildung 11.3 entnehmen können, existiert der Benutzer `WilliWacker` zwar, hat aber anfänglich keinerlei Berechtigungen (keine der Berechtigungsoptionen ist markiert). Klicken Sie in die entsprechenden Kontrollkästchen, um `WilliWacker` die dazu gehörenden Rechte zuzuweisen. Damit haben Sie eine Alternative zum T-SQL-Code kennen gelernt, die zum gleichen Ziel führt.

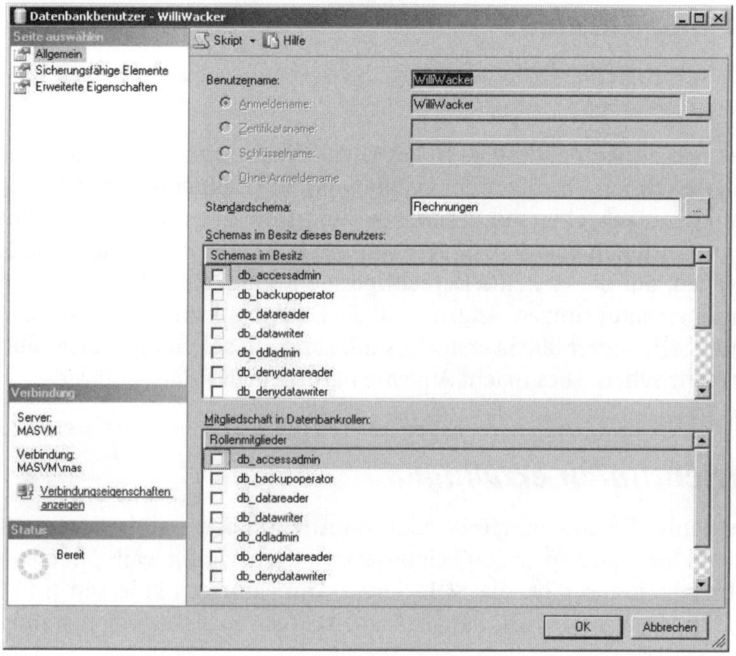

Abbildung 11.3: Die Dialogbox DATENBANKBENUTZER

Der Ausführungskontext für Module

Das Konzept eines Ausführungskontextes für Module geht von einer Anmeldung oder einem Benutzer aus, der ein Modul ausführt. In diesem Kontext kann ein Modul eine gespeicherte Prozedur, eine Funktion oder ein Trigger sein.

- ✔ `EXECUTE AS CALLER`: Der Benutzer führt das Modul aus. Der Benutzer muss die Berechtigung am Modul und an allem besitzen, was vom Modul referenziert wird – zum Beispiel eine angesprochene Datenbank.

- ✔ `EXECUTE AS` ***`BenutzerName`***: Der Benutzername muss in der entsprechenden Datenbank existieren, und es muss sich dabei um einen einzelnen Prinzipal (keine Gruppe) handeln. Die Anweisungen des Moduls werden im Kontext von Benutzername ausgeführt.

- ✔ `EXECUTE AS OWNER`: Die Ausführung erfolgt wie bei einem Eigentümer des Moduls. Wenn sich der ursprüngliche Eigentümer des Moduls ändert, erfolgt die Benutzerausführung im Kontext des neuen Eigentümers.

- ✔ `EXECUTE AS SELF`: Die Ausführung erfolgt wie bei einem Eigentümer eines Moduls. Wenn sich der ursprüngliche Eigentümer des Moduls ändert, erfolgt die Benutzerausführung weiterhin im Kontext des ursprünglichen Eigentümers.

Sicherheit des Katalogs

Sie können die in SQL Server 2005 integrierte Sicherheit des Katalogs dazu verwenden, Metadaten zu sichern.

Auf Serverebene ist die Anmeldung `sa` in der Lage, alles zu sehen. Auf Datenbankebene kann der `dbo` (DataBase Owner – Besitzer der Datenbank) alle Elemente der Datenbank sehen. Anmeldungen und Benutzer sehen nur das, was sie aufgrund ihrer Berechtigungen sehen dürfen. In den früheren Editionen von SQL Server war ein Benutzer in der Lage, die Metadaten von Objekten zu sehen, auf die er keine Berechtigungen hatte. Ein bösartiger Benutzer konnte diese Informationen dafür nutzen, Angriffe auf die Datenbank zu planen oder auszuführen. Da Metadaten unter SQL Server 2005 versteckt sind, kann ein solcher Benutzer die Objekte eines Servers nicht mehr sehen. Dies macht Angriffe naturgemäß relativ schwer.

Kennwortrichtlinien erzwingen

Microsoft empfiehlt, die Integrierte Windows-Authentifizierung als bevorzugte Authentifizierungsmethode für SQL Server 2005 einzusetzen. Gleichzeitig weiß Microsoft, dass es SQL Server 2005-Installationen gibt, die SQL Server-Anmeldungen zulassen (müssen). Deshalb müssen Sie dafür sorgen, dass SQL Server-Anmeldungen so sicher wie nur möglich sind.

Wenn Sie SQL Server 2005 unter Windows Server 2003 laufen lassen, können Sie verpflichtend dafür sorgen, dass bestehende Kennwortrichtlinien auf SQL Server-Anmeldungen angewendet werden.

Folgende Punkte werden dabei unterstützt:

- ✔ **Verstärkte Kennwortrichtlinie:** Sie können festlegen, dass ein Benutzer die verstärkten Kennwortrichtlinien verwenden muss.
- ✔ **Ablauf von Kennwörtern:** Sie können festlegen, dass Kennwörter regelmäßig ablaufen.
- ✔ **Abmeldung von Benutzerkonten:** Falls SQL Server (über eine Brute Force Attack) angegriffen wird, kann es sehr hilfreich sein, wenn die Benutzerkonten, die angegriffen werden, abgemeldet werden können, bevor der Hacker über eines dieser Konten Zugriff auf den Server bekommt.

Dies ist gegenüber der Situation unter SQL Server 2000 eine echte Verbesserung, weil Sie dort nur die verstärkten Kennwortrichtlinien einschalten konnten.

Setzen Sie den folgenden Code ein, um für `WilliWacker` die verstärkten Kennwortrichtlinien zu aktivieren:

```
CREATE LOGIN WilliWacker WITH PASSWORD = 'Kennw0rt!'
```

Beachten Sie, dass das fünfte Zeichen des Kennworts eine Null und kein O ist. Das Kennwort besteht aus Buchstaben in Groß- und Kleinschrift, einem numerischen Zeichen und einem Zeichen aus der Interpunktion (einem Ausrufezeichen). Dadurch entspricht es den Anforderungen an die Komplexität von Kennwörtern.

Sie besitzen unter SQL Server 2005 die Möglichkeit, Kennwortrichtlinien für bestimmte Anmeldungen auszuschalten. Weiterhin können Sie festlegen, dass Kennwörter niemals ablaufen. Wenn zum Beispiel Anwendungen eine bestimmte Anmeldung verwenden, macht es Sinn, bei der Anwendung auf eine erzwungene Kennwortänderung in bestimmten Zeitabständen zu verzichten. Eine Anwendung ist nun einmal schlecht in der Lage, ein Kennwort zu ändern.

Wenn Sie auch wollen, dass das Kennwort von `WilliWacker` weiterhin den Komplexitätsbedingungen entspricht, Sie aber auf ein Ablaufen des Kennworts verzichten können, verwenden Sie diesen Code:

```
ALTER LOGIN WilliWacker WITH CHECK_EXPIRATION = OFF
```

Wenn Sie eine Anmeldung erstellen wollen, die nur ein einfaches Kennwort benötigt, können Sie das Erzwingen der Kennwortrichtlinie für diese Anmeldung mit dem folgenden Code ausschalten:

```
CREATE LOGIN ZuEinfach
WITH PASSWORD = 'Willi', CHECK_POLICY = OFF
```

Das Ausschalten der Kennwortrichtlinie ist keine empfohlene Vorgehensweise. Es gibt Benutzern die Möglichkeit, Kennwörter zu verwenden, die angreifbarer sind als die »starken«.

Wenn Sie den Status herausfinden wollen, den Kennwortrichtlinien bei Ihren Anmeldungen haben, setzen Sie diesen Code ein:

```
SELECT name, is_policy_checked, is_expiration_checked
FROM sys.sql_logins
```

Der Wert `1` in den entsprechenden Spalten zeigt an, dass für diese Anmeldungen die Kennwortrichtlinien gelten.

Die Sicherheit der Common Language Runtime verwenden

Die Common Language Runtime (CLR) lässt es zu, dass .NET-Code im Datenbankmodul von SQL Server 2005 abläuft. Sie können drei Sicherheitsebenen festlegen:

✔ `SAFE`: Code, der unter der Einstellung `SAFE` läuft, kann auf nichts zugreifen, das sich außerhalb von SQL Server befindet. Darunter fallen insbesondere Umgebungsvariablen, die Registrierungsdatenbank, Dateien und das Netzwerk. Code, der mit der Berechtigung `SAFE` läuft, ruft keine oder nur geringe Sicherheitsrisiken hervor.

Wenn Sie keine Berechtigungen setzen, wird `SAFE` als Standard verwendet.

- `EXTERNAL_ACCESS`: Code, der mit dieser Berechtigung ausgeführt wird, kann auf Umgebungsvariablen, die Registrierungsdatenbank, Dateien und das Netzwerk zugreifen. Unmanaged Code kann ausgeführt werden.
- `UNSAFE`: `UNSAFE` heißt nicht unbedingt auch gefährlich. Es bedeutet nur, dass dieser Code unbegrenzten Zugriff auf alles hat, was sich außerhalb des SQL Server-Datenbankmoduls befindet. Es bedeutet weiterhin, dass dieser Code potenziell unsicher ist. Ein Datenbankadministrator muss schon sehr genau wissen, was der Code enthält, und er muss genau verstehen, was dieser Code bewirkt.

Sie legen die Berechtigungen fest, indem Sie die Anweisung `CREATE ASSEMBLY` verwenden. Um zum Beispiel ein Benutzermodul hinzuzufügen, das `meinBenutzermodul` heißt und die Berechtigungsebene SAFE nutzt, verwenden Sie diesen Code:

```
CREATE ASSEMBLY meinbenutzermodul
WITH PERMISSION_SET = SAFE
```

Verfügbarkeit und das Verhindern von Datenverlusten

12

In diesem Kapitel

- Die Hardware sicher halten
- Die Vorteile der Datenbankspiegelung nutzen
- Haltepunkte festlegen
- Die Datenbank durch Clustern am Laufen halten
- Snapshots von Datenbanken herstellen
- Daten sichern und zurückspielen

In einer vernetzten Welt benötigen Ihre Kollegen und Kunden einen permanenten Zugriff auf Daten. Das bedeutet, dass Sie verhindern müssen, dass Benutzer zeitweilig keinen Zugang zu ihren Daten haben. Falls Sie dies nicht vollständig verhindern können, müssen Sie zumindest dafür sorgen, dass Ihr System nach solchen zeitlichen Problemen schnell wieder zur Verfügung steht. Wichtiger noch ist aber, dass Sie sorgfältig Szenarien planen müssen, um sicherzustellen, dass die Chance für Ihre Benutzer, den Zugriff auf die Daten zu verlieren, gegen null geht.

SQL Server 2005 unterstützt eine ganze Reihe von Funktionalitäten, die die Wahrscheinlichkeit erhöhen, dass Ihre SQL Server-Datenbank den Benutzern auf Dauer zur Verfügung steht. Eines dieser neuen Features ist die Datenbankspiegelung. Sie lässt es zu, schnell zu einer Serversicherung umzuschalten, wenn der primäre SQL Server nicht mehr läuft.

Sie müssen Ihre Daten nicht nur hochverfügbar machen, es ist auch unbedingt notwendig, dass Sie verhindern, dass Geschäftsdaten, die Sie für den Bestand Ihres Unternehmens benötigen, verloren gehen können. Der Verlust von wichtigen geschäftlichen Daten kann sich nicht nur verheerend auf den Fortbestand Ihres Anstellungsverhältnisses auswirken, sondern auch auf den Fortbestand des gesamten Unternehmens. Es ist deshalb extrem wichtig, dass Sie die entsprechenden Schritte unternehmen, um die Daten zu sichern und dafür zu sorgen, dass Sie sie umgehend wiederherstellen können.

Verfügbarkeit im Überblick

Es ist nicht nur eine Aufgabe der Funktionalitäten von SQL Server 2005, dafür zu sorgen, dass ein hoher Grad an Verfügbarkeit erreicht wird. Auch Sie müssen einiges dazu beitragen, und das fängt damit an, dass Sie wissen, dass die Verfügbarkeit von Daten auf verschiedenen Ebenen bedroht werden kann:

- **Hardware:** Moderne Computerhardware ist sehr zuverlässig, aber »zuverlässig« heißt eben nicht 100 Prozent. Sie müssen deshalb in Ihre Planung auch mögliche Hardwarefehler aufnehmen. Zu den Lösungsansätzen zählen
  - Redundante Server (mit Clustern für die Ausfallsicherheit und Datenbankspiegelung)
  - RAID anstelle einzelner Festplatten
  - Unterbrechungsfreie Stromversorgung, die es SQL Server ermöglicht, im Falle eines Stromausfalls sauber herunterzufahren
  - Austausch von Arbeitsspeicher im laufenden Betrieb (benötigt spezielle Hardware)
- **Systemsoftware:** Insbesondere SQL Server 2005
- **Anwendungssoftware:** Auch unsauber geschriebene Anwendungssoftware kann Fehler oder Datenverluste hervorrufen. Anwendungssoftware muss Angriffe auf SQL Server und mögliche Datenverluste oder das Zerstören von Daten verhindern.
- **Benutzerfehler/Fehler auf administrativer Ebene:** Fehler, die Benutzer oder das administrative Personal machen, verursachen einen immer höheren Anteil an den Ausfallzeiten von Hardware und System- und Anwendungssoftware. Schulen Sie Ihre Benutzer und Kollegen intensiv an SQL Server, um die gesamte Verfügbarkeit des Systems zu verbessern und Datenverluste zu verhindern.

Zu den wichtigsten Punkten gehört, dass es einen Verantwortlichen für die Datensicherung gibt. Er muss dafür sorgen, dass Abläufe existieren, damit Sicherungen auch dann fehlerfrei zurückgespielt werden können, wenn er einmal nicht da ist. Weiterhin muss jemand die Verantwortung dafür haben, dass Datensicherung und das Testen der Sicherungen regelmäßig stattfinden.

Ausfallzeiten durch Datenbankspiegelung reduzieren

Datenbankspiegelung ist eine Option, um die Verfügbarkeit einer oder mehrerer SQL Server-Datenbanken sicherzustellen. Datenbankspiegelung ist erst ab SQL Server 2005 möglich. Das Spiegeln einer Datenbank erfolgt datenbankweise auf einer Instanz von SQL Server.

In der ersten Version von SQL Server 2005 gab es massive Probleme mit der Datenbankspiegelung. Seit Ende April gibt es ein erstes Service Pack für SQL Server 2005, das diese Schwierigkeiten beseitigt. Ohne den Einsatz dieses Service Packs sollten Sie auf Datenbankspiegelung im produktiven Umfeld verzichten.

Datenbankspiegelung im Überblick

Eine normale Datenbankspiegelung kennt drei Servermaschinen. Auf einer dieser Maschinen (dem *Prinzipal*) gibt es eine produktive Kopie der Datenbank, die Anwendungen lesen und in die sie schreiben. Auf einer zweiten Maschine (dem *Spiegel*) existiert eine Kopie der Datenbank des Prinzipals. Die Spiegeldatenbank wird in der Regel verzögerungsfrei über das Netz mit der Prinzipaldatenbank synchronisiert. Alle Transaktionen, die gegen die Prinzipaldatenbank durchgeführt werden, wirken sich unmittelbar auch gegen die Spiegeldatenbank aus.

Vielleicht wundern Sie sich darüber, wie die Anwendungen – bei den beiden Kopien der Datenbank – wissen, wo gelesen und geschrieben werden muss. Hier kommt die dritte Maschine ins Spiel. Sie fungiert als Zeuge und besitzt »die entscheidende Stimme«, auf welcher der beiden anderen Maschinen die Prinzipaldatenbank läuft.

Datenbankspiegelung ermöglicht ein sehr schnelles Umsteigen, falls die Prinzipaldatenbank ausfallen sollte. Normalerweise dauert es weniger als drei Sekunden, bis die Spiegeldatenbank hochgefahren und einsatzbereit ist. Viele Benutzer werden von dieser Unterbrechung nichts mitbekommen, weil es meistens nur zu einer kurzen Verzögerung bei der Beantwortung von Abfragen kommt.

Microsoft behauptet, dass Datenverluste bei Datenbankspiegelung so gut wie unmöglich werden. Transaktionen werden zur gleichen Zeit an das Transaktionsprotokoll der Spiegeldatenbank gesendet, zu der sie in das Transaktionsprotokoll der Prinzipaldatenbank geschrieben werden. Die Chancen, dass eine Transaktion auf dem Spiegel verloren geht, sind sehr gering.

Anmerkung: Die Datenbanken `master`, `msdb`, `tempdb` und `model` können nicht gespiegelt werden.

Sie können der Spiegeldatenbank die Kontrolle der Daten entweder automatisch oder manuell überlassen. Da einer der Vorteile der Datenbankspiegelung im schnellen automatischen Umschalten liegt, sollte dies in der Praxis das typische Szenarium für Ausfallsicherheit werden.

Ein weiteres nützliches Feature der Datenbankspiegelung ist, dass alle Änderungen, die an der neuen Prinzipaldatenbank (der früheren Spiegeldatenbank) vorgenommen werden, automatisch mit der früheren Prinzipaldatenbank synchronisiert werden, wenn der frühere Prinzipalserver wieder erreichbar ist.

Sie können Datenbankspiegelung zusammen mit Replikationen einsetzen. Wenn Sie zum Beispiel die Daten, die sich auf einem SQL Server in der Firmenzentrale befinden, auf Server in den Niederlassungen replizieren, können alle oder einige der Instanzen von SQL Server in der Zentrale oder in den Niederlassungen, auf die repliziert wird, konfigurationstechnisch eine Datenbankspiegelung sein. Während Replikation und Datenbankspiegelung normalerweise voneinander unabhängige Vorgänge sind, gibt es Situationen, in denen Sie beides sinnvoll kombinieren können.

Transparente Umleitung von Clients

Datenbankspieglung wird von einer neuen Technologie auf der Clientseite begleitet, die *transparente Umleitung von Clients* genannt wird. Eigentlich kennt der Client sowohl die Prinzipal- als auch die Spiegeldatenbank. Solange die Prinzipaldatenbank sauber läuft, verbindet sich der Client nur mit ihr. Wenn die Prinzipaldatenbank ausfällt und die frühere Spiegeldatenbank zur neuen Prinzipaldatenbank wird, verbindet sich der Client automatisch mit der neuen Prinzipaldatenbank.

Datenbanksnapshots

Datenbankspiegelung kennt ein neues Feature: *Datenbanksnapshots*. Diese »Schnappschüsse« geben Ihnen die Möglichkeit, lesend auf die Spiegeldatenbank zuzugreifen. Die Synchronisation der Spiegeldatenbank mit der Prinzipaldatenbank hinkt nur minimal hinterher, weil das Transaktionsprotokoll der Prinzipaldatenbank unverzüglich an die Spiegeldatenbank gesendet und dort eingespielt wird. Bei allen Daten, die nicht unbedingt hundertprozentig aktuell sein müssen, reicht die Spiegeldatenbank für suchende Zugriffe vollständig aus. Jeder Datenbankzugriff, der schreibend erfolgen soll, muss auf der Prinzipaldatenbank stattfinden.

Datenbanksnapshots können als wichtige Quelle für Reporting Services dienen. Weil diese Dienste nur einen lesenden Zugriff auf die Datenbank haben müssen, können Sie alle Daten erhalten, die Sie benötigen, und gleichzeitig Last von der Prinzipaldatenbank nehmen.

Unterschiede zu Failover Clustering

Sie finden hier eine Liste der wichtigsten Unterschiede zwischen Datenbankspiegelung und Failover Clustering (der Ausfallsicherheit im Cluster). Ich gehe weiter unten in diesem Kapitel ausführlicher auf Failover Clustering ein.

- ✔ **Datenbankspiegelung erlaubt Ausfallsicherheit auf Datenbankebene.** Failover Clustering erlaubt Ausfallsicherheit auf Ebene des Servers oder der SQL Server-Instanz.
- ✔ **Datenbankspiegelung arbeitet mit Standardcomputern, Standardspeichermedien und Standardnetzwerken.** Failover Clustering benötigt eine spezielle, zertifizierte Hardware.
- ✔ **Datenbankspiegelung kennt keine freigegebenen Speicherkomponenten.** Failover Clustering verwendet freigegebene Festplatten.
- ✔ **Datenbankspiegelung lässt es zu, dass Reporting Services gegen die Spiegeldatenbank laufen.** Reporting Services können nicht gegen einen inaktiven Knoten eines Failover Clusters laufen.
- ✔ **Datenbankspiegelung arbeitet mit zwei (oder mehr) Kopien einer Datenbank.** Failover Clustering arbeitet mit einer einzigen Kopie der Datenbank, die auf freigegebenen Festplatten abgelegt ist.
- ✔ **Datenbankspiegelung ist viel schneller als Failover Clustering.** Typische Werte sind drei Sekunden gegenüber 60 Sekunden, obwohl exakte Werte natürlich von verschiedenen Faktoren Ihrer Installation abhängen.

Gemeinsamkeiten mit Failover Clustering

Die folgenden Punkte gelten sowohl für Datenbankspiegelung als auch für Failover Clustering:

- ✔ Beide Lösungen unterstützen automatische Fehlererkennung und Ausfallsicherheit.
- ✔ Jede besitzt eine Option für eine manuell gesteuerte Ausfallsicherheit.
- ✔ Jede unterstützt das transparente Weiterleiten der Clients zur Backup-Datenbank oder zum Backup-Server.
- ✔ Jede erreicht »null« Datenverluste.
- ✔ Datenbanksnapshots minimieren negative Einflüsse von Fehlern des DBA (Datenbankadministrators) oder von Anwendungen.

Modelle zur Datenwiederherstellung

Datenbankspiegelung funktioniert nur mit Datenbanken, denen das vollständige Wiederherstellungsmodell zugewiesen wurde. Im Folgenden fasse ich die vorhandenen Wiederherstellungsmodelle kurz zusammen, damit Sie entscheiden können, ob es sich lohnt, sich Gedanken über Datenbankspiegelung zu machen:

- ✔ **Einfach:** Sie sollten die so genannte einfache Datenwiederherstellung nur auf Test- oder Entwicklungsmaschinen einsetzen. Daten sind nur bis zur letzten vollständigen oder differenziellen Sicherung wiederherstellbar.

> Sie sollten die einfache Datenwiederherstellung niemals auf einem Produktivsystem verwenden, bei dem der Verlust der letzten geänderten Daten nicht akzeptabel ist.

- ✔ **Vollständig:** Das vollständige Wiederherstellungsmodell sorgt in vielen Fällen für einen Schutz vor Datenverlusten und sorgt für einen vollständigen Schutz vor Fehlern bei Datenträgern. Das vollständige Wiederherstellungsmodell unterstützt alle Szenarien zum Zurückspielen gesicherter Daten.
- ✔ **Massenprotokolliert:** Dieses Wiederherstellungsmodell kann eine passende Lösung für produktive Systeme sein. Es ist weniger flexibel, wenn es darum geht, die Daten zu einem bestimmten Zeitpunkt wiederherzustellen als das vollständige Modell. Wenn Sie Mengendaten in das System holen, sind Sie in der Lage, vom Modell der vollständigen Wiederherstellung zu dem der massenprotokollierten umzuschalten, um das Leistungsverhalten Ihres Servers zu verbessern.

Datenwiederherstellung durch Prüfpunkte beschleunigen

Um ein besseres Leistungsverhalten zu erreichen, führt SQL Server viele Operationen im Arbeitsspeicher durch. An einem Prüfpunkt wird der Cache Buffer »aufgescheucht«, in dem die Informationen über Transaktionen stehen, die noch nicht auf die Festplatte geschrieben worden sind, damit alle *Dirty Pages* (geänderte Seiten) auf die Platte geschrieben werden.

Wenn die Zeitspanne seit dem letzten aktuellen Prüfpunkt anwächst (oder besser, wenn die Anzahl der Änderungen seit dem letzten aktuellen Prüfpunkt zunimmt), dauert natürlich auch das Schreiben der Änderungen auf die Platte länger. Jedes Mal, wenn SQL Server startet, wird automatisch ein Prüfpunkt gesetzt, damit alle Änderungen, die noch nicht geschrieben worden sind, zumindest beim Hochfahren des Servers geschrieben werden. Sollte ein aktueller Prüfpunkt fehlen, müssen für jede Datenbank viel mehr Operationen auf die Platte geschrieben werden als mit Prüfpunkt. Dies kann dazu führen, dass die SQL Server-Instanz für eine unnötig lange Zeitspanne nicht im Zugriff ist.

Um zu verhindern, dass es beim Starten von SQL Server zu unnötigen Verzögerungen kommt, müssen Sie dafür sorgen, dass in vorgegebenen Zeitabständen oder unter bestimmten Voraussetzungen Prüfpunkte geschrieben werden. Die folgenden Aktivitäten sorgen dafür, dass ein Prüfpunkt angelegt wird:

- ✔ Sie führen die T-SQL-Anweisung `CHECKPOINT` aus.
- ✔ Sie führen auf einer Datenbank eine Operation aus, die nur minimal protokolliert wird. Ein Beispiel hierfür ist eine `BULK COPY`-Operation, wenn Sie das massenprotokollierte (*bulk logged*) Wiederherstellungsverfahren verwenden.
- ✔ Sie verwenden die Anweisung `ALTER DATABASE`, um Datenbankdateien hinzuzufügen oder zu entfernen.
- ✔ Sie wechseln zum einfachen Wiederherstellungsmodell.
- ✔ Sie beenden eine SQL Server-Instanz, indem Sie die T-SQL-Anweisung `SHUTDOWN` verwenden, oder indem Sie den Dienst `MSSQLSERVER` beenden.
- ✔ Eine SQL Server-Instanz erstellt einen Prüfpunkt automatisch, um die Wiederherstellungszeit in einem bestimmten Rahmen zu halten.
- ✔ Sie sichern die Datenbank.

Prüfpunkte automatisch setzen

Um sicherzustellen, dass Prüfpunkte in vernünftigen Intervallen gesetzt werden, können Sie die Fähigkeit von SQL Server 2005 nutzen, Prüfpunkte automatisch zu setzen.

Die Notwendigkeit für einen Prüfpunkt hängt davon ab, wie viele Änderungen Sie an einer Datenbank vorgenommen haben. Wenn es viele Änderungen gibt, sollte der Zeitraum zwischen den Prüfpunkten verkürzt werden. Wenn eine Datenbank nicht sehr häufig verwendet wird, besteht keine Notwendigkeit für viele Prüfpunkte.

SQL Server verlangt von Ihnen nicht, dass Sie komplexe Berechnungen durchführen, um festzulegen, wie oft Prüfpunkte automatisch gesetzt werden. Sie geben an, wie viel Zeit sich eine Datenbank nehmen kann, um offene Operationen auf die Platte zu schreiben. Dies wird auch *Wiederherstellungsintervall* genannt. Über Ihre Einstellung des Wiederherstellungsintervalls findet SQL Server für Sie heraus, wann ein Prüfpunkt automatisch gesetzt werden muss.

Das Wiederherstellungsintervall setzen

Um ein Wiederherstellungsintervall zu setzen, gehen Sie so vor:

1. **Öffnen Sie SQL Server Management Studio. Wenn der Objekt-Explorer nicht geöffnet ist, wählen Sie ANSICHT|OBJEKT-EXPLORER aus.**
2. **Klicken Sie mit der rechten Maustaste im Objekt-Explorer auf Ihre SQL Server-Instanz, und wählen Sie im Kontextmenü EIGENSCHAFTEN aus.**

   Es öffnet sich die Dialogbox SERVEREIGENSCHAFTEN.
3. **Wählen Sie im linken Fensterelement die Option DATENBANKEINSTELLUNGEN aus.**

   Im unteren Bereich des Hauptfensters der Dialogbox erscheint die Textbox WIEDERHERSTELLUNGSINTERVALL.
4. **Geben Sie (in Minuten) den von Ihnen gewünschten Wert für das Wiederherstellungsintervall ein.**

Anmerkung: SQL Server 2005 hat im Vergleich mit SQL Server 2000 verbesserte Wiederherstellungszeiten. Wenn der Redo-Teil der Wiederherstellung fertig ist, wird die Datenbank wieder online gestellt, was sie sehr schnell wieder verfügbar macht.

Failover Clustering

Failover Clustering gab es erstmalig unter SQL Server 7. Es wurde unter SQL Server 2000 überarbeitet und ist unter SQL Server 2005 stark verbessert worden.

Failover Clustering ist abhängig von Microsoft Cluster Services. Ein Failover Cluster besteht normalerweise aus zwei oder mehr Servern, die zwei oder mehr freigegebene Festplatten nutzen. Ein Failover Cluster wird auch *virtueller Server* oder *Ressourcengruppe* genannt.

Der einfachste Zustand ist der, dass es zwei Server gibt. Auf einem von ihnen läuft ein SQL Server-Dienst. Falls dieser Server ausfällt (zum Beispiel aufgrund von Problemen mit Hard- oder Software), startet der zweite Server im Cluster den SQL Server-Dienst. Abgesehen von der Zeit, die der SQL Server-Dienst auf der zweiten Maschine braucht, um hochzufahren, arbeitet der Cluster weiter, ohne dass der Ausfall des Servers, mit dem die Anwender ursprünglich verbunden waren, die Arbeit beeinträchtigt.

Die neuen Features oder Verbesserungen von Failover Clustering unter SQL Server 2005 lassen sich so zusammenfassen:

- ✔ Erhöhung der Anzahl an Knoten, die unterstützt werden (jetzt nur noch durch das eingesetzte Betriebssystem beschränkt)
- ✔ Es wird eine unbeaufsichtigte Installation unterstützt.
- ✔ Alle SQL Server 2005-Dienste sind beteiligt. Unterstützt werden Datenbankmodul, SQL Server Agent, Analysis Services und Volltextsuche.
- ✔ Ein virtueller Server erscheint in einem Netzwerk wie eine einzige Maschine.

Die Zeit, die vom Systemausfall an benötigt wird, um in einem virtuellen Server von einer Maschine auf die andere umzuschalten, ist viel länger als die vergleichbare Zeit bei der Datenbankspiegelung. Die Zeitspanne, die beim Failover Clustering benötigt wird, bis ein in Wartestellung stehender Server hochfährt und einsatzbereit ist, kann von Sekunden im Zehnerbereich bis zu zwei oder drei Minuten dauern. Datenbankspiegelung nutzt einen Standby-Server in zwei bis drei Sekunden.

Datenbanksnapshots

Im wahren Leben muss ein SQL-Server regelmäßig gewartet werden. Wenn Sie solche Wartungsarbeiten durchführen, ist es wichtig, dass der Server oder einzelne Datenbanken nur so kurz wie möglich ausfallen.

Wenn Sie mit Datenbanken arbeiten, müssen Sie menschliche Fehler als einen Risikofaktor einkalkulieren. Mit ein wenig Glück bleibt dies der geringste Risikofaktor. Unabhängig davon, wie hoch dieses Risiko einzuschätzen ist, müssen Sie immer in der Lage sein, alle Änderungen, die Sie vorgenommen haben, auch wieder rückgängig zu machen.

Anmerkung: Datenbanksnapshots können nur unter Microsoft SQL Server 2005 Enterprise Edition angelegt werden.

Datenbanksnapshots geben Ihnen die Möglichkeit, einen »Schnappschuss« von einer Datenbank anzulegen, bevor Sie eine größere Aktion mit ihr starten. Wenn dann etwas schief gehen sollte, können Sie einfach einen Snapshot reaktivieren (wobei unterstellt wird, dass Ihre Datenbank nicht mehr lebt). Wichtig ist, dass Sie sich darüber im Klaren sein müssen, dass der Snapshot existieren muss, bevor Sie mit einer umfangreicheren oder riskanten Operation anfangen, die die »normale« Datenbank betrifft.

Sie können Datenbanksnapshots auf einer einzelnen Installation von SQL Server, zusammen mit Datenbankspiegelung oder mit Failover Clustering verwenden.

Datenbanksnapshots benennen

Wenn Sie Datenbanksnapshots erstellen, sollten Sie dafür sorgen, dass Sie ein Namensschema verwenden, das folgende Informationen enthält:

- ✔ Die Datenbank, aus der den Snapshot stammt
- ✔ Dass es sich um einen Snapshot handelt
- ✔ Eine fortlaufende Nummer, die seine Position in einer Anzahl von Snapshots anzeigt, oder Datum und Uhrzeit, die angeben, wann Sie den Snapshot angelegt haben (damit Sie den aktuellsten Snapshot schnell identifizieren können)

Wie Sie Ihre Snapshots benennen, hängt davon ab, wie Sie sie verwenden. Wenn Sie regelmäßig täglich vier Snapshots einer Datenbank erstellen, informiert der Namen

```
datenbankName_snapshot_0800
```

darüber, dass es sich um den täglichen Snapshot handelt, der um 8:00 Uhr erstellt worden ist. Wenn Sie für Snapshots eine andere Namensgebung bevorzugen, sagt der Name

```
datenbankName_snapshot_20060418
```

aus, dass dieser Snapshot am 18. April 2006 erstellt worden ist. Fügen Sie jetzt noch die Uhrzeit zu diesem Namen hinzu, haben Sie später keine Probleme, den richtigen Snapshot zu identifizieren.

Datenbanksnapshots erstellen

Um einen Datenbanksnapshot zu erstellen, wenden Sie die Anweisung `CREATE DATABASE` mit Erweiterungen wie den folgenden an:

```
CREATE DATABASE meinDatenbankName_snapshot_20060418 ON
( NAME = meinDatenbankName_Data, FILENAME =
'C:\Program Files\Microsoft SQL Server\MSSQL.1\MSSQL\Data\
    meinDatenbankName_snapshot_20060418.ss' )
AS SNAPSHOT OF meinDatenbankName;
GO
```

Wenn Sie einen Datenbanksnapshot erstellen, sollten Sie darauf achten, dass es auf der Zielfestplatte genügend Platz gibt. Der Snapshot ist fast genauso groß wie die Datenbank, die als Quelle dient.

Nicht mehr benötigte Snapshots löschen

Wenn Sie Datenbanksnapshots nicht regelmäßig löschen, belegen sie nur unnötig Speicherplatz auf Ihren Festplatten. Wenn Sie einen Snapshot reaktivieren (was ich im nächsten Abschnitt beschreibe), müssen Sie zuvor die Snapshots löschen, die Sie nicht mehr benötigen.

Um sich alle Snapshots in SQL Management Studio anzeigen zu lassen, gehen Sie so vor:

1. **Öffnen Sie SQL Server Management Studio. Wenn der Objekt-Explorer nicht sichtbar ist, wählen Sie ANSICHT|OBJEKT-EXPLORER aus.**
2. **Verbinden Sie sich mit der entsprechenden Instanz von SQL Server.**
3. **Erweitern Sie den Knoten DATENBANKEN und dann den Knoten DATENBANKSNAPSHOTS.**
4. **Löschen Sie den Datenbanksnapshot, den Sie löschen wollen, mithilfe dieses Codes:**

   ```
   DROP DATABASE datenbankSnapshotName
   ```

Einen Datenbanksnapshot reaktivieren

Falls es während einer administrativen Operation zu einem gravierenden Fehler kommt, müssen Sie wahrscheinlich den Datenbanksnapshot reaktivieren, den Sie klugerweise vor der kritischen Operation erstellt haben.

Um einen Datenbanksnapshot zu reaktivieren, gehen Sie so vor:

1. **Öffnen Sie in SQL Server Management Studio den Objekt-Explorer, indem Sie ANSICHT|OBJEKT-EXPLORER auswählen.**
2. **Bewegen Sie sich im Knoten DATENBANKEN zur entsprechenden Datenbank.**
3. **Löschen Sie mit Ausnahme des Snapshots, den Sie reaktivieren wollen, alle Snapshots.**

   Das Löschen eines Snapshots habe ich im letzten Abschnitt beschrieben.
4. **Löschen Sie in der Datenbank alle eventuell bestehenden Volltextkataloge.**
5. **Wenn die Datenbank das vollständige Wiederherstellungsmodell unterstützt, machen Sie eine Sicherung des Transaktionsprotokolls.**
6. **Verwenden Sie den folgenden Code, um den Snapshot zu reaktivieren:**

   ```
   RESTORE datenbankName
   FROM DATABASE_SNAPSHOT = datenbankSnapshotName
   ```

   Während dieser Aktion sind weder die Datenbank noch der Datenbanksnapshot verfügbar.

   Anmerkung: Die reaktivierte Datenbank enthält die Berechtigungen und Einstellungen, die galten, als der Datenbanksnapshot erstellt wurde.
7. **Starten Sie die Datenbank.**
8. **Sichern Sie die reaktivierte Datenbank.**

Datensicherung und Datenwiederherstellung

Wenn Sie für einen kurzen Zeitraum keinen Zugriff auf Ihre Daten haben, kann das ziemlich unangenehm für Ihr Unternehmen sein. Der dauerhafte Verlust von Daten kann sich für eine Firma zu einer mittleren Katastrophe, wenn nicht sogar zu einem abrupten Ende des Unternehmens ausweiten. In einigen Firmen ist es so, dass der Cashflow, ein Wert, der etwas über die Finanzkraft aussagt, ziemlich eng gesteckt ist. Wenn Sie Schlüsseldaten verlieren, kann es Wochen dauern, bis diese wiederhergestellt sind. Technisch gesehen, können Sie in der Lage sein, die Daten zu dem Zeitpunkt wiederherzustellen, an dem das Problem auftrat. In der Zwischenzeit könnte sich der Cashflow aber zu einem ernsthaften Problem auswachsen, weil Kennzahlen fehlen, und viele Ihrer Kunden dürften Ihnen – vielleicht für immer – den Rücken kehren. Die Nachricht ist eigentlich eindeutig: Unternehmen Sie die entsprechenden Schritte, um Ihre wichtigen Daten zu schützen!

Die Risiken einschätzen, vor denen Sie sich schützen müssen

Einer der Schlüsselpunkte, um den Sie sich kümmern müssen, um zu verhindern, dass Sie von einer Krise verschlungen werden, ist das Einschätzen von Szenarien, in denen es zu einem Datenverlust kommen kann, und das Planen von Vorgehensweisen, die vorhersehbare Risiken minimieren oder vielleicht sogar vollständig verhindern.

Zu den Szenarien, die Sie in Ihre Planung aufnehmen sollten, gehören:

- ✔ Hardwarefehler
- ✔ Hardwarediebstahl
- ✔ Nicht autorisierter Zugriff auf Daten oder die Beschädigung von Daten

Daten sichern

Normalerweise verwenden Sie Skripte, um Daten zu sichern. Ich beschreibe in diesem Abschnitt kurz, wie Sie eine Datenbank sichern.

Anmerkung: SQL Server 2005 erzeugt vor einer Datensicherung automatisch einen Prüfpunkt, sodass die Daten, die Sie sichern, alle Änderungen an den Datenbankseiten enthalten.

Um eine Datenbank zu sichern, verwenden Sie die Anweisung `BACKUP DATABASE`. Sie geben an, welche Datenbank gesichert werden soll und den Ort, an den sie gesichert werden soll. Um zum Beispiel eine Datensicherung auf eine Festplatte vorzunehmen, geben Sie diesen T-SQL-Code ein (wobei ich davon ausgehe, dass Sie die Festplatte formatiert haben):

```
USE meinDatenbankName
GO
BACKUP DATABASE meinDatenbankName
TO DISK = 'C:\dateiPfad\meinDatenbankName.bak'
  NAME = 'Name der Sicherung'
```

Datensicherungen überprüfen

Ich habe diesem Punkt einen eigenen Abschnitt gewidmet, weil er ziemlich wichtig ist und gerne übersehen wird. Sie müssen prüfen, ob Sie die Daten auch vom Band oder einem anderen Sicherungsmedium wiederherstellen können. Stellen Sie sich einmal vor, dass Sie seit Monaten gutgläubig Daten sichern und der festen Überzeugung sind, dass Ihnen nichts passieren kann, wenn die Katastrophe eintritt – um dann zu entdecken, dass Sie Ihre Datensicherungen nicht verwenden können.

Je mehr Zeit vergeht, bis Sie prüfen, ob Daten auch wiederhergestellt werden können, desto größer ist die Wahrscheinlichkeit, dass keine Ihrer Sicherungen brauchbar ist! Deshalb sollten Sie regelmäßig überprüfen, ob Sie gesicherte Daten von den Bändern oder anderen Sicherungsmedien wiederherstellen können. Hierauf zu verzichten, ist falsche Sparsamkeit.

Wie häufig Sie Ihre Sicherungen überprüfen müssen, hängt von Ihrer Situation ab. Je wichtiger die Daten sind, desto öfter müssen Sie bestätigen können, dass die Datenwiederherstellung funktioniert.

Daten wiederherstellen

Datensicherungen sind nur dann brauchbar, wenn Sie wissen, wie Sie Daten wiederherstellen. Sie können eine einfache, vollständige Wiederherstellung gesicherter Daten erreichen, wenn Sie folgenden T-SQL-Code verwenden:

```
RESTORE datenbankName
FROM DISK = 'C:\dateiPfad\dateinameSicherung'
```

Die Anweisung `RESTORE` besitzt eine ganze Reihe von Optionen, die in der Onlinedokumentation von SQL Server 2005 beschrieben werden.

Datenintegrität mithilfe von Transaktionen aufrechterhalten

13

In diesem Kapitel

- Endecken Sie, wie Transaktionen arbeiten
- Gehen Sie mit Transaktionen um

Viele geschäftliche Aktivitäten hängen von einer Aktion ab, die wiederum von einer weiteren Aktion begleitet wird. Wenn Sie zum Beispiel als Kunde für eine Ware bezahlt haben, die Sie nicht erhalten, läuft irgendetwas falsch. Ähnliches gilt natürlich auch dann, wenn Sie Waren erhalten, die Sie nicht bezahlen. Das typische Szenarium, das man an dieser Stelle erwartet, ist eine *Transaktion*, bei der Sie Waren bezahlen und diese Waren auch erhalten. Damit es zu einer Transaktion kommt, ist mehr als nur eine Aktion notwendig.

Ein anderes Alltagsbeispiel dafür, dass Transaktionen aus mehr als einer Operation bestehen, ist die Überweisung von Geld von einem Konto auf ein anderes. Sie überweisen einen Betrag an eine Firma. Die Bank nimmt das Geld von Ihrem Konto und packt es auf das Konto der Firma oder der Person. die Sie bezahlen wollen. Sie wären mit Recht ziemlich verärgert, wenn das Geld bei Ihnen zwar abgebucht wird, auf dem Zielkonto aber nie ankommt. Wenn der Betrag niemals auf dem Zielkonto ankommt, sind Sie als Kunde der Bank sicherlich nicht glücklich darüber, dass er eventuell auf ein falsches Konto gegangen oder einfach nur verschwunden ist. Die verschiedenen Teile dieser Transaktion müssen als Einheit betrachtet werden.

Es gibt jetzt zwei denkbare Alternativen:

- ✔ Es ist kein Geld von Ihrem Konto abgebucht und nichts auf ein anderes Konto überwiesen worden (möglich, weil Ihr Konto nicht gedeckt war oder weil Netzwerkprobleme die Überweisung verhindert haben).
- ✔ Es wurde der richtige Betrag von Ihrem Konto abgebucht, aber einem falschen Konto gutgeschrieben.

Bei einer SQL Server-Transaktion werden entweder alle Komponenten einer Transaktion ausgeführt oder keine. Dieses Konzept wird auch *Unteilbarkeit* genannt.

Transaktionen verstehen

SQL Server 2005 kennt verschiedene Transaktionen auf verschiedenen Ebenen. Im vorherigen Abschnitt habe ich von Transaktionen auf Geschäftsebene geschrieben. Sie sind das Thema dieses Kapitels. Im Hintergrund von SQL Server 2005 laufen routinemäßig andere Transaktionen ab. Wenn Sie zum Beispiel Daten zu einer Tabelle hinzufügen, die einen Index hat, müssen entweder sowohl die Tabelle als auch der Index oder nichts davon aktualisiert werden. Wenn die

Koordination von Operationen nicht klappt, sind sowohl Index als auch Tabelle inkonsistent, was nicht akzeptiert werden kann.

ACID

ACID ist ein Akronym, das vier wichtige Merkmale einer Transaktion beschreibt:

- ✔ **Atomicity (Unteilbarkeit):** *Unteilbarkeit* bedeutet, dass eine Transaktion nicht zerteilt werden kann. Bei dem Beispiel mit der Überweisung ist es so, dass entweder beide Seiten erfolgreich an der Transaktion teilhaben oder dass nichts passiert.
- ✔ **Consistency (Konsistenz):** *Konsistenz* bedeutet, dass sich die Datenbank vor dem Ausführen der Transaktion in einem konsistenten Zustand befindet und nach dem Ausführen der Transaktion in einem konsistenten Zustand verbleibt. Wenn Sie zum Beispiel eine Zeile zu einer Tabelle hinzufügen, muss auch der Index aktualisiert werden.
- ✔ **Isolation (Isolation):** Dahinter steckt die Idee, dass eine Transaktion verarbeitet wird, als ob sie von allen anderen Transaktionen unabhängig (isoliert) wäre. Bei Datenbanken, auf die viele Benutzer zugreifen, ist es sehr wichtig, dass das Produkt diese Eigenschaft unterstützt.
- ✔ **Durability (Dauerhaftigkeit):** Hierbei handelt es sich um das Konzept, dass eine Transaktion selbst dann überlebt, wenn es zu einem Hardwarefehler kommt. Es muss möglich sein, die Daten bis zur letzten vollständigen Transaktion wieder herzustellen, die Sekundenbruchteile vor dem Hardwarefehler vollendet worden ist.

Das Transaktionsprotokoll

Jede Datenbank von SQL Server 2005 besitzt ein Transaktionsprotokoll. Dieses Transaktionsprotokoll enthält Informationen über die aktuellen Änderungen, die zwar an der Datenbank vorgenommen, aber noch nicht auf die Festplatte geschrieben worden sind. Wenn SQL Server startet, werden alle Transaktionen, die noch nicht bestätigt worden sind, während des Startvorgangs bestätigt und auf die Platte geschrieben. Dies gehört zur Dauerhaftigkeit des Akronyms ACID, das ich im vorherigen Abschnitt beschreibe.

Mit Transaktionen umgehen

Wenn zum Beispiel eine Transaktion darin verwickelt ist, Geld von einem Konto auf ein anderes zu transferieren, werden beide Konten aktualisiert. Schauen Sie sich zuerst einmal an, wie SQL Server eine einfache Datenaktualisierung durchführt.

Eine einfache Datenaktualisierung

Stellen Sie sich vor, dass Sie eine Datenbank besitzen, die Abteilungen heißt und zu deren Spalten auch AbteilungsName und AbteilungsLeiter gehören. Wenn der Leiter der IT-Abteilung ausgetauscht wird, müssen Sie die Informationen in der Spalte AbteilungsLeiter aktualisieren. Sie erledigen dies, indem Sie Code wie diesen hier verwenden:

```
UPDATE Abteilungen
 SET AbteilungsLeiter = 'Jupp Schmitz'
WHERE AbteilungsName = 'IT'
```

Die WHERE-Klausel arbeitet so wie in einer SELECT-Anweisung. Sie wählt die Zeilen aus, bei denen in der Spalte AbteilungsName der Wert IT steht, und die SET-Klausel sorgt dafür, dass der Wert in der Spalte AbteilungsLeiter in Jupp Schmitz geändert (aktualisiert) wird.

Eine einfache Transaktion

Um zu demonstrieren, wie eine einfache Transaktion arbeitet, erstelle ich eine Datenbank, die Kapitel13 heißt. In der Datenbank erstelle ich die beiden Tabellen PersonenKonto und FirmenKonto:

```
CREATE DATABASE Kapitel13

USE Kapitel13
CREATE TABLE PersonenKonto (KontoNr INT PRIMARY KEY, Name VARCHAR(30),
Saldo MONEY)
```

Ich lege zwei Konten an, eines für Jupp Schmitz und ein zweites für Vera Müller. Beide Konten besitzen ein Anfangssaldo von 100,00 Euro:

```
INSERT INTO PersonenKonto
VALUES (1, 'Jupp Schmitz', 100.00)
INSERT INTO PersonenKonto
VALUES (2, 'Vera Müller', 100.00)
```

Auf ähnliche Art und Weise erstelle ich die Tabelle FirmenKonto:

```
CREATE TABLE FirmenKonto (KontoNr INT PRIMARY KEY, Name VARCHAR(30), Saldo
MONEY)
```

In dieser Tabelle lege ich zwei Firmen an, die über ein Anfangssaldo von jeweils 10.000 Euro verfügen:

```
INSERT INTO FirmenKonto
VALUES (1, 'Knuffi KG', 10000.00)
INSERT INTO FirmenKonto
VALUES (2, 'XMML.de', 10000.00)
```

Um zu prüfen, ob die beiden Tabellen mit den entsprechenden Werten auch angelegt worden sind, verwenden Sie diesen Code:

```
SELECT * FROM PersonenKonto
SELECT * FROM FirmenKonto
```

Abbildung 13.1 stellt die Anfangswerte aller Spalten dieser beiden Tabellen dar.

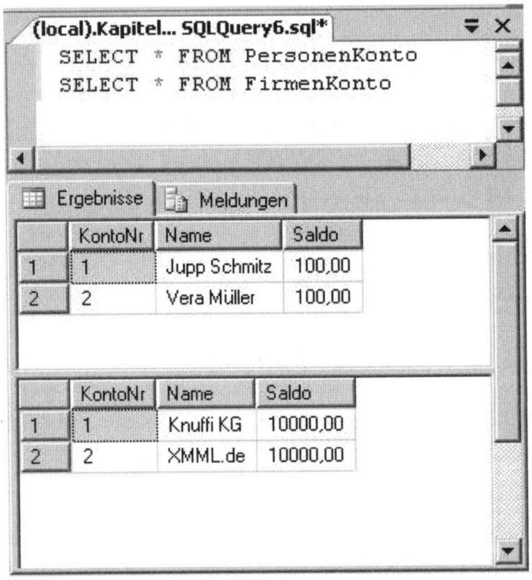

Abbildung 13.1: Die Anfangswerte der Tabellen `PersonenKonto` *und* `FirmenKonto`

Der folgende Code transferiert 50,00 Euro von Jupp Schmitz' Personenkonto auf das Firmenkonto von XMML.de, indem eine Transaktion verwendet wird:

```
BEGIN TRANSACTION
UPDATE PersonenKonto
 SET Saldo = 50.00
WHERE Name = 'Jupp Schmitz'
UPDATE FirmenKonto
 SET Saldo = 10050.00
WHERE Name = 'XMML.de'
COMMIT TRANSACTION
GO
```

Lassen Sie sich bestätigen, dass die Werte des Personenkontos von Jupp Schmitz und des Firmenkontos von XMML.de geändert worden sind, indem Sie diesen Code verwenden:

```
SELECT * FROM PersonenKonto
SELECT * FROM FirmenKonto
```

Abbildung 13.2 zeigt die geänderten Salden der beiden betroffenen Konten.

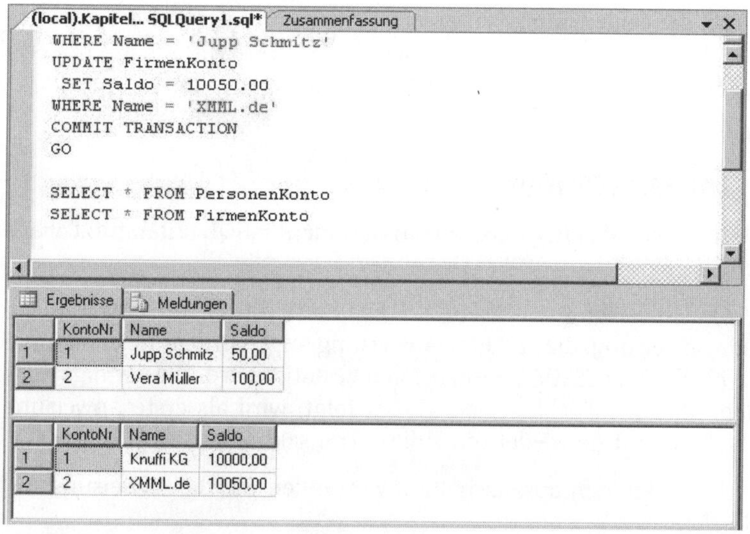

Abbildung 13.2: Die geänderten Salden der Tabellen `PersonenKonto` *und* `FirmenKonto`

Häufig findet sich im Code einer Transaktion auch eine Fehlerbehandlung. Um eine Fehlerbehandlung zu aktivieren, wenn ein Geldtransfer vom Vera Müllers Konto auf das Konto der Knuffi KG erfolgt, können Sie `@@ERROR` verwenden:

```
BEGIN TRANSACTION
UPDATE PersonenKonto
 SET Saldo = 0.00
WHERE Name = 'Vera Müller'
IF @@ERROR <> 0
 PRINT N'Saldo konnte in PersonenKonto nicht geschrieben werden.'
UPDATE FirmenKonto
 SET Saldo = 10100.00
WHERE Name = 'Knuffi KG'
IF @@ERROR <> 0
PRINT N'Saldo konnte in FirmenKonto nicht geschrieben werden.'
COMMIT TRANSACTION
GO
```

Prüfen Sie nach, ob in der Tabelle `PersonenKonto` die Zeile für Vera Müller und in der Tabelle `FirmenKonto` die Zeile für Knuffi KG geändert worden sind, indem Sie diesen Code verwenden:

```
SELECT * FROM PersonenKonto
SELECT * FROM FirmenKonto
```

Die Anweisung `BEGIN TRANSACTION` legt am Anfang des T-SQL-Codes fest, dass das Folgende als Transaktion behandelt werden soll. Wenn der Code in der Transaktion erfolgreich ausgeführt worden ist, wird die Anweisung `COMMIT TRANSACTION` erreicht und die Transaktion bestätigt.

Falls es während der Verarbeitung zu einem Fehler kommt, wird die Anweisung ROLLBACK TRANSACTION ausgeführt. Es ist nicht möglich, ein ROLLBACK TRANSACTION erfolgreich abzusetzen, wenn COMMIT TRANSACTION bereits ausgeführt worden ist.

Implizite Transaktionen

Die letzten Beispiele behandeln explizite Transaktionen. T-SQL unterstützt aber auch implizite Transaktionen.

Sie verwenden die Anweisung SET IMPLICIT_TRANSACTION ON, um eine implizite Transaktion zu starten. Jede Anweisung, die auf diese Anweisung folgt, wird als Bestandteil dieser Transaktion gewertet, bis die Transaktion ausdrücklich bestätigt wird. Dies erfolgt in der Anweisung. Die Anweisung, die auf COMMIT TRANSACTION folgt, wird als erste Anweisung einer neuen Transaktion betrachtet. Und wieder muss diese Transaktion ausdrücklich bestätigt werden.

Um implizite Transaktionen auszuschalten, verwenden Sie die Anweisung SET IMPLICIT_TRANSACTION OFF.

Das Standardverhalten ohne SET IMPLICIT_TRANSACTION ON ist, dass jede einzelne T-SQL-Anweisung als eine Transaktion und nicht als Gruppe von T-SQL-Anweisungen behandelt wird.

Sie können Anweisungen, die mit der Data Definition Language (DDL) geschrieben worden sind, nicht in einer einzelnen Transaktion kombinieren.

Datenintegrität mithilfe von Einschränkungen und Triggern aufrechterhalten

14

In diesem Kapitel

- Datenintegrität mit Triggern sicherstellen
- CHECK-Einschränkungen zu den Daten hinzufügen
- Datenänderungen mit DDL-Triggern beobachten
- Daten durch DML-Trigger hinzufügen und ändern

Es ist außerordentlich wichtig, dass die Integrität der Daten einer SQL Server 2005-Instanz aufrechterhalten wird, damit Ihr Unternehmen, das SQL Server-Daten verwendet, zuverlässig arbeiten kann. SQL Server verwendet verschiedene Mechanismen, einschließlich Einschränkungen und Trigger, um für die entsprechende Sicherheit zu sorgen. In diesem Kapitel führe ich Sie in Einschränkungen, auch *Constraints* genannt, und Trigger ein. Beides sind Werkzeuge, die dabei helfen können, unter SQL Server 2005 für Datenintegrität zu sorgen.

Bei einer *Einschränkung* handelt es sich um eine Regel, die durch SQL Server 2005 erzwungen wird. Wenn es um die Einhaltung von Regeln geht, empfiehlt Microsoft, sich unter SQL Server 2005 auf Einschränkungen zu konzentrieren.

Ein *Trigger* ist eine spezielle Art von gespeicherter Prozedur, die als Reaktion auf ein SQL Server-Ereignis ausgeführt wird. Ein häufiges Einsatzgebiet von Triggern ist das Erstellen von Protokollen. Nehmen wir als Beispiel an, dass Sie protokollieren wollen, wer in Ihrem Onlinestore Preisänderungen vorgenommen hat. Jedes Mal, wenn jemand eine Zeile der entsprechenden Tabelle geändert hat, wird ein Trigger ausgeführt, der Informationen darüber speichert, wann die Änderung vorgenommen wurde, wer sie vorgenommen hat, wie der ursprüngliche Preis aussah und welches der neue Preis ist. Solche Informationen geben Ihnen die Möglichkeit, Preisentwicklungen zu beobachten und herauszufinden, wer eventuell falsche Preisänderungen vorgenommen hat.

Einschränkungen, Standards, Regeln und Trigger verstehen

Ich beschreibe in diesem Abschnitt Einschränkungen, Standards, Regeln und Trigger, die eine breite Palette von Möglichkeiten bieten, innerhalb von SQL Server Regeln für den geschäftlichen Alltag zu erzwingen.

In den Beispielen dieses Kapitels verwende ich eine kleine Datenbank, die mithilfe des folgenden Codes erstellt wird:

```
CREATE DATABASE Kapitel14
```

Einschränkungen

Einschränkungen, auch *Constraints* genannt, sind Regeln, die durch SQL Server 2005 erzwungen werden. Sie sorgen für einen zentralen Weg, um verschiedene Aspekte der Datenintegrität sicherzustellen. Microsoft empfiehlt, unter SQL Server 2005 für die Aufrechterhaltung der Datenintegrität eher Einschränkungen als Trigger zu verwenden.

Einschränkungen, die in SQL Server 2005 verwendet werden können, sind:

- **Primärschlüssel:** Sorgt für einen Weg, jede Zeile einer Tabelle eindeutig zu identifizieren. Eine Einschränkung auf der Basis eines Primärschlüssels ist eine Sonderform der eindeutigen Einschränkung.
- **Eindeutige Einschränkung:** Legt fest, dass jeder Wert einer Spalte eindeutig sein muss.

  Ein Unterschied zwischen einer eindeutigen Einschränkung, auch *Unique Constraint* genannt, und einer Einschränkung mithilfe eines Primärschlüssels ist, dass eine Spalte mit einer eindeutigen Einschränkung `NULL`-Werte enthalten kann, was in einer Spalte nicht zulässig ist, die einen Primärschlüssel hat. Wenn eine Spalte eine Primärschlüsselspalte ist oder zu einem Primärschlüssel gehört, können Sie nicht zusätzlich eine eindeutige Einschränkung auf diese Spalte legen.
- **CHECK-Einschränkung:** Legt Regeln fest, denen Werte in einer Spalte »gehorchen« müssen. Eine solche Einschränkung, die auch *CHECK Constraint* genannt wird, verwendet einen Ausdruck, um die in einer Spalte zulässigen Werte zu definieren. Ich zeige Ihnen weiter unten in diesem Kapitel, wie CHECK-Einschränkungen für Spalten definiert werden.

Standards

Ein *Standard*, auch *Default* genannt, ist ein Datenbankobjekt, das Sie definieren und an eine Spalte binden. Falls Sie Daten in eine Tabelle einfügen wollen und dabei keine Werte für eine Spalte angeben, für die es einen Standard(wert) gibt, wird der Standard in die Spalte eingefügt.

Das folgende Beispiel erzeugt den Standard(wert) `Unbekannt` für Werte, die in eine Tabelle eingefügt werden sollen, in der Informationen über die Prüfungsergebnisse von Studenten gesammelt werden.

Zunächst müssen Sie angeben, dass Sie mit der Datenbank `Kapitel14` arbeiten wollen:

```
USE Kapitel14
```

Danach erstellen Sie den Standard, der PruefungsErgebnisUnbekannt heißt und die Zeichenfolge Unbekannt enthält.

```
CREATE DEFAULT PruefungsErgebnisUnbekannt AS 'Unbekannt'
```

Legen Sie jetzt eine einfache Tabelle an, die die Prüfungsergebnisse der Studenten aufnehmen soll:

```
CREATE TABLE PruefungsErgebnisse
 (StudentID int PRIMARY KEY,
  Pruefung varchar(10) AS Prüfung,
  Ergebnis varchar(9))
```

Im Moment gibt es den Standard PruefungsErgebnisUnbekannt »nur so« in der Datenbank. Sie müssen ihn in der Tabelle PruefungsErgebnisse an die Spalte Ergebnis binden. Setzen Sie dazu diesen Code ein, der wiederum die gespeicherte Systemprozedur sp_bindefault verwendet:

```
sp_bindefault 'PruefungsErgebnisUnbekannt', 'PruefungsErgebnisse.Ergebnis'
GO
```

Verwenden Sie die folgende INSERT-Anweisung, um herauszufinden, ob Ihr Standard funktioniert. Achten Sie darauf, dass der Wert für die Spalte Ergebnis gilt:

```
INSERT INTO PruefungsErgebnisse(StudentID, Pruefung)
 VALUES(1, 'XML101')
```

Fügen Sie weiterhin eine Zeile hinzu, in der es für die Spalte Ergebnis einen Wert gibt:

```
INSERT INTO PruefungsErgebnisse
 VALUES(2, 'SVG101', '1,8')
```

Sie können prüfen, ob Sie fehlerfrei gearbeitet haben, indem Sie diese Anweisung verwenden:

```
SELECT * FROM PruefungsErgebnisse
```

Der Wert Unbekannt in der ersten Zeile der Spalte Ergebnis in Abbildung 14.1 stammt von der Bindung des Standards an diese Spalte. In der zweiten Zeile wurde der Standard nicht benötigt, weil Sie in der INSERT-Anweisung einen Wert übergeben haben.

Regeln

Regeln gibt es in SQL Server 2005 aus Gründen der Abwärtskompatibilität mit SQL Server 2000. Unter SQL Server 2005 sorgen CHECK Constraints für eine ähnliche Funktionalität. Microsoft empfiehlt, in neuem Code auf CHECK-Einschränkungen und nicht auf Regeln zurückzugreifen.

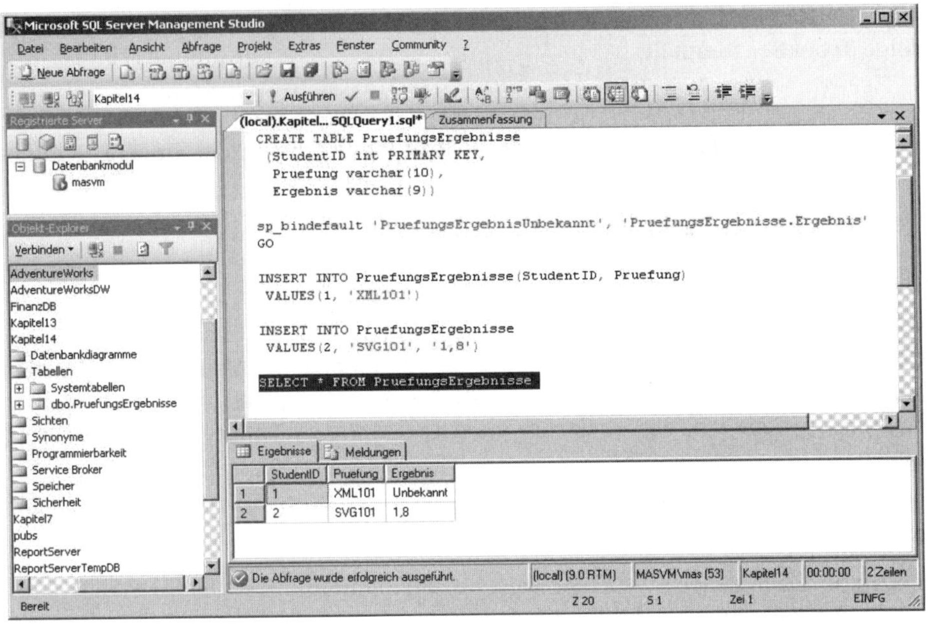

Abbildung 14.1: Wie sich ein Standard in der Spalte `Ergebnis` *auswirkt*

Das folgende Beispiel, das zeigt, wie man eine Regel erstellt und anwendet, verwendet in der Datenbank `Kapitel14` eine Testtabelle, die `TestTabelle` heißt. Sie wird mit diesem Code angelegt:

```
USE Kapitel14
CREATE TABLE TestTabelle
(ID int PRIMARY KEY,
Daten char(1))
```

Um in der Datenbank `Kapitel14` eine Regel zu erstellen, verwenden Sie diesen Code:

```
CREATE RULE NuraBisc
AS
@regelWert >= 'a' AND @regelWert <= 'c'
```

Diese Regel legt fest, dass der Wert in Kleinbuchstaben eingegeben werden und zwischen dem kleinen `a` und dem kleinen `c` liegen muss. Sie müssen die Regel noch an eine Spalte binden. Der folgende Code bindet sie an die Spalte `Daten` der Tabelle `TestTabelle`:

```
sp_bindrule NuraBisc, 'TestTabelle.[Daten]'
```

Verwenden Sie den folgenden Code, um eine Zeile mit einem zulässigen Wert in die Tabelle einzufügen:

```
INSERT INTO dbo.TestTabelle
VALUES (1, 'b')
```

Sie sollten jetzt daran gehindert werden, einen Wert einzugeben, der nicht mit der Regel übereinstimmt, die Sie erstellt haben. Mit dem folgenden Code wird versucht, ein ungültiges Zeichen in die Spalte `Daten` einzufügen:

```
INSERT INTO dbo.TestTabelle
VALUES (2, 'd')
```

Nachdem Sie eine Regel erstellt haben, können Sie sie beibehalten, bis Sie sie in eine Einschränkung umwandeln, wie ich das im vorherigen Abschnitt beschrieben habe. Verwenden Sie den folgenden Code, um eine Regel wieder von einer Spalte zu entfernen:

```
sp_unbindrule 'dbo.TestTabelle.Daten'
```

Trigger

Trigger werden eingesetzt, um für Datenintegrität und die Einhaltung von Regeln zu sorgen. (Denken Sie daran, dass ein Trigger eine besondere Art von gespeicherter Prozedur ist, die als Reaktion auf ein Ereignis ausgeführt wird, das sich in SQL Server abspielt.) Trigger ergänzen die Schutzmechanismen für Datenintegrität, für die auch Einschränkungen, Standards und Regeln sorgen können.

Ein Trigger ist eine spezialisierte gespeicherte Prozedur. Sie können aber, im Gegensatz zu den gespeicherten Prozeduren, in einem Trigger weder Eingabeparameter verwenden, noch ist ein Trigger in der Lage, Werte zurückzugeben. Ein Trigger ist einer bestimmten Tabelle zugeordnet. Wenn ein bestimmtes Ereignis eintritt, wird der Trigger ausgeführt.

Trigger kann man grob in zwei Kategorien einteilen:

- ✔ **DDL-Trigger:** Trigger der Data Definition Language
- ✔ **DML-Trigger:** Trigger der Data Modification Language

Trigger werden folgendermaßen klassifiziert:

- ✔ **INSTEAD OF-Trigger:** Sie werden anstelle der Anweisung ausgeführt, mit der sie in Beziehung stehen.
- ✔ **AFTER-Trigger:** Sie werden im Anschluss an die Anweisung ausgeführt, mit der sie in Beziehung stehen.

Ich beschreibe verschiedene dieser Triggerarten (mit Beispielen) weiter unten in diesem Kapitel.

Eine der wichtigsten Aufgaben von Triggern ist zu protokollieren, wer was in Ihrer Datenbank macht. In Abhängigkeit davon, welche Benutzeraktionen Sie protokollieren wollen oder – aufgrund gesetzlicher Vorschriften – protokollieren müssen, können Sie Anweisungen der Data Definition Language, der Data Modification Language oder beider Sprachen aufzeichnen.

CHECK-Einschränkungen verwenden

Sie haben zwei Möglichkeiten, prüfende Einschränkungen, auch CHECK-Einschränkungen genannt, zu erstellen oder wieder zu löschen. Sie können entweder die grafische Oberfläche von SQL Server Management Studio verwenden oder T-SQL (entweder im Abfragefenster von SQL Server Management Studio oder mit dem Befehlszeilenwerkzeug SQLCMD). Ich zeige Ihnen beide Wege.

CHECK-Einschränkungen können sowohl einfache als auch komplexe Ausdrücke verwenden. Sie geben an, dass der Wert einer Spalte einem bestimmten Kriterium (oder mehreren) entspricht. Zum Beispiel sieht ein Ausdruck, der festlegt, dass der Wert einer Spalte `Lagerbestand` größer als null sein muss, so aus:

```
Lagerbestand > 0
```

Sie können die Schlüsselwörter `AND`, `OR` und `NOT` verwenden, um Bedingungen zu kombinieren. Sie können zum Beispiel festlegen, dass die Menge, die Sie von einem bestimmten Artikel kaufen, mindestens 1, aber nicht mehr als 5 sein darf. indem Sie so vorgehen:

```
GekaufteMenge > 0 AND GekaufteMenge < 5
```

Ich verwende in diesem Abschnitt eine Beispieltabelle, die `ConstraintTest` heißt. Verwenden Sie den folgenden T-SQL-Code, um diese Tabelle zu erstellen:

```
USE Kapitel14
CREATE TABLE ConstraintTest
(ID int PRIMARY KEY,
TeileNum char(6))
```

Sie können die eingeschränkte Unterstützung für reguläre Ausdrücke, die für das T-SQL-Schlüsselwort `LIKE` existieren, verwenden, um eine prüfende Einschränkung auf der Grundlage eines Zeichenmusters zu erstellen. Wir stellen uns einmal vor, dass in Ihrem Unternehmen eine gültige Teilenummer aus drei Großbuchstaben besteht, denen drei Ziffern folgen. Um nun festzulegen, dass der Wert in der Spalte `TeilenNum` genau sechs Zeichen umfassen muss, von denen die ersten drei Großbuchstaben und die letzten drei Ziffern sind, verwenden Sie folgenden regulären Ausdruck:

```
[A-Z][A-Z][A-Z][0-9][0-9][0-9]
```

Bei dem Muster `[A-Z]` handelt es sich um das Muster eines regulären Ausdrucks, das zu jedem Großbuchstaben passt. Weil es in der Zeile drei dieser Muster gibt, passen sie auch genau auf eine Zeichenfolge von drei Großbuchstaben. Ähnliches gilt für das Muster `[0-9]`, das für Ziffern gilt. Der vollständige Ausdruck in einer CHECK-Einschränkung sieht so aus (wobei natürlich auch das Schlüsselwort `LIKE` und der Spaltenname verwendet werden):

```
TeileNum LIKE '[A-Z][A-Z][A-Z][0-9][0-9][0-9]'
```

Eine CHECK-Einschränkung mit der grafischen Oberfläche erstellen

Um eine CHECK-Einschränkung mit den grafischen Werkzeugen zu erstellen, gehen Sie so vor:

1. **Öffnen Sie SQL Server Management Studio. Verwenden Sie das Fensterelement REGISTRIERTE SERVER, um sich mit der SQL Server-Instanz zu verbinden, die im Objekt-Explorer die Datenbank `Kapitel14` enthält.**
2. **Erweitern Sie nacheinander die Knoten DATENBANKEN, `Kapitel14` und TABELLEN.**

   Sie sollten den Knoten der Tabelle `dbo.ConstraintTest` sehen können.
3. **Klicken Sie mit der rechten Maustaste auf den Knoten `dbo.ConstraintTest`, und wählen Sie im Kontextmenü ÄNDERN aus.**

   Im rechten Bereich von SQL Server Management Studio öffnet sich der Tabellen-Designer (siehe Abbildung 14.2).

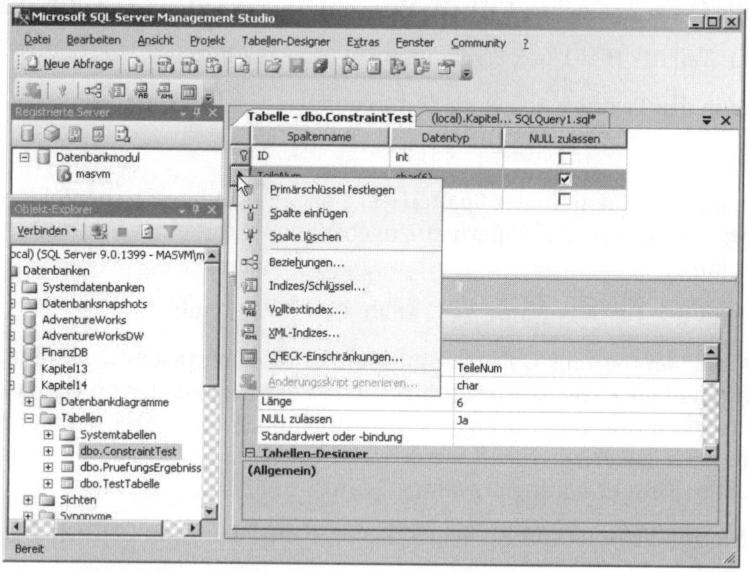

Abbildung 14.2: Im Tabellen-Designer werden die Spalten der Tabelle `dbo.ConstraintTest` angezeigt.

4. **Klicken Sie mit der rechten Maustaste in den linken Bereich des Tabellen-Designers (achten Sie auf den Mauszeiger in Abbildung 14.2). Wählen Sie im Kontextmenü die Option CHECK-EINSCHRÄNKUNGEN aus.**

   Es öffnet sich die Dialogbox CHECK-EINSCHRÄNKUNGEN (siehe Abbildung 14.3).

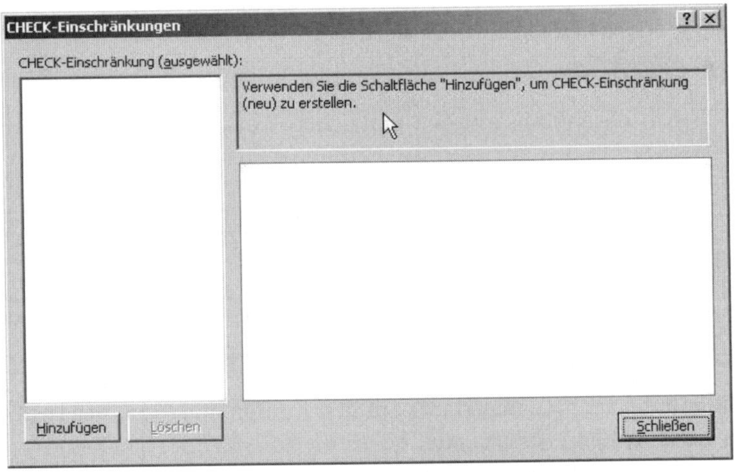

Abbildung 14.3: Die Dialogbox CHECK-Einschänkungen

5. **Klicken Sie in der Dialogbox CHECK-Einschränkungen auf die Schaltfläche Hinzufügen.**

   Im rechten Teil der Dialogbox erscheinen ein paar Textboxen.

6. **Geben Sie in der Textbox Ausdruck den folgenden Ausdruck ein:**

   ```
   TeileNum LIKE '[A-Z][A-Z][A-Z][0-9][0-9][0-9]'
   ```

   Der Versuch, von jetzt an in der Spalte `TeileNum` eine andere Zeichenfolge als drei Großbuchstaben gefolgt von drei Ziffern einzugeben, endet mit einer Verletzung der CHECK-Einschränkung.

7. **Geben Sie in der Textbox Name `TeileNum_Constraint` ein.**

   Beachten Sie, dass es hier Optionen gibt, die es möglich machen, bestehende Daten zu überprüfen und die CHECK-Einschränkung bei der Neuanlage von Daten und beim Aktualisieren von Daten zu erzwingen (siehe Abbildung 14.4). Das Standardverhalten ist, dass bestehende Daten überprüft werden und bei Neuanlagen und Aktualisierungen das Einhalten der Einschränkung erzwungen wird.

8. **Klicken Sie auf die Schaltfläche Schliessen, um die Dialogbox CHECK-Einschränkungen zu schließen.**

9. **Klicken Sie mit der rechten Maustaste auf die Registerkarte, die Ihre Beispieltabelle enthält, und wählen Sie ConstraintTest speichern aus (je nachdem, wie Sie Ihre Tabelle genannt haben, kann an dieser Stelle ein etwas anderer Text erscheinen).**

10. **Legen Sie eine neue Abfrage an, um herauszufinden, ob Ihre CHECK-Einschränkung auch funktioniert.**

    Klicken Sie zu diesem Zweck auf das Symbol für eine Datenbankmodul-Abfrage. Verbinden Sie sich mit der entsprechenden SQL Server-Instanz.

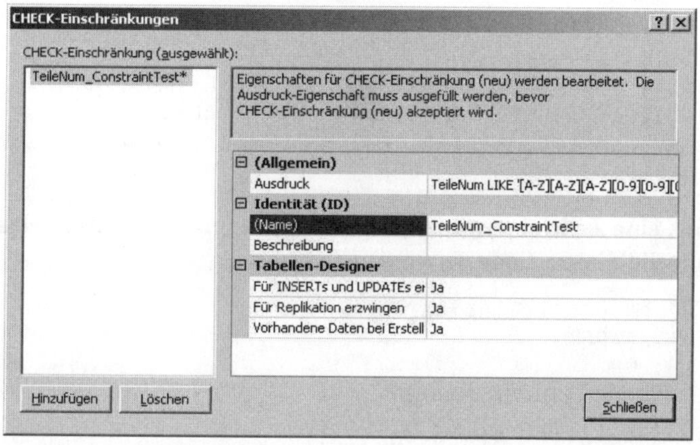

Abbildung 14.4: Die vollständige Dialogbox CHECK-EINSCHRÄNKUNGEN mit der Einschränkung `TeileNum_Constraint`

11. **Prüfen Sie, ob Ihre Tabelle auch richtig erstellt worden ist, indem Sie diesen Code verwenden:**

```
SELECT *
FROM dbo.ConstraintTest
```

Im Ergebnisraster sollten die Spalten `ID` und `TeileNum` angezeigt werden. Zeilen werden keine ausgegeben. weil die Tabelle noch leer ist.

12. **Fügen Sie zwei Zeilen mit fehlerfreien Teilenummern hinzu, indem Sie diesen Code verwenden:**

```
INSERT INTO dbo.ConstraintTest
VALUES (1, 'ABC123')

INSERT INTO dbo.ConstraintTest
VALUES (2, 'XYZ234')
```

13. **Lassen Sie sich das erfolgreiche Hinzufügen der beiden Zeilen mithilfe dieses Codes bestätigen:**

```
SELECT *
FROM dbo.ConstraintTest
```

14. **Versuchen Sie, die zweite Zeile mit einem falschen Wert in der Spalte `TeileNum` zu aktualisieren, indem Sie den folgenden Code verwenden:**

```
UPDATE dbo.ConstraintTest
 SET TeileNum = 'ABC23A'
WHERE ID = 2
```

Sie erhalten folgende Fehlermeldung:

```
Meldung 547, Ebene 16, Status 0, Zeile 1
Die UPDATE-Anweisung steht in Konflikt mit
 der CHECK-Einschränkung "TeileNum_ConstraintTest".
Der Konflikt trat in der "Kapitel14"-Datenbank,
 Tabelle "dbo.ConstraintTest", column 'TeileNum' auf.
Die Anweisung wurde beendet.
```

15. **Versuchen Sie, eine Zeile einzufügen, bei der die Teilenummer nicht das richtige Format besitzt, indem Sie diesen Code verwenden:**

```
INSERT INTO dbo.ConstraintTest
VALUES (3, '123ABC')
```

Sie erhalten folgende Fehlermeldung:

```
Meldung 547, Ebene 16, Status 0, Zeile 1
Die INSERT-Anweisung steht in Konflikt mit
 der CHECK-Einschränkung "TeileNum_ConstraintTest".
Der Konflikt trat in der "Kapitel14"-Datenbank,
 Tabelle "dbo.ConstraintTest", column 'TeileNum' auf.
Die Anweisung wurde beendet.
```

Wie Sie diesen beiden Fehlermeldungen entnehmen können, schränken CHECK-Einschränkungen sowohl `INSERT`- als auch `UPDATE`-Anweisungen ein. Die CHECK-Einschränkung wird ausgewertet, bevor die beiden Anweisungen ausgeführt werden, sodass es in beiden Fällen nicht zu Änderungen an der Tabelle kommt.

Eine CHECK-Einschränkung über die grafische Oberfläche löschen

Wenn sich die Regeln im Unternehmen ändern, kann es notwendig sein, CHECK-Einschränkungen wieder zu löschen. Um die Einschränkung zu löschen, die Sie im letzten Abschnitt angelegt haben, gehen Sie so vor, wie es die folgenden Schritte beschreiben. Wenn SQL Server Management Studio noch geöffnet ist, können Sie gleich mit Schritt 3 beginnen.

1. **Öffnen Sie SQL Server Management Studio, und verbinden Sie sich mit der Instanz von SQL Server, die Ihre Datenbank `Kapitel14` enthält.**

2. **Erweitern Sie im Objekt-Explorer nacheinander die Knoten DATENBANKEN, `Kapitel14`, TABELLEN, `dbo.ConstraintTest`, EINSCHRÄNKUNGEN und `TeileNum_Constraint`.**

3. **Klicken Sie mit der rechten Maustaste auf den Knoten `TeileNum_Constraint`, und wählen Sie die Option LÖSCHEN aus.**

   Die Einschränkung wird gelöscht.

Eine CHECK-Einschränkung mit T-SQL erstellen

Um mit T-SQL eine CHECK-Einschränkung in einer Tabelle `ConstraintTest2` zu erstellen, gehen Sie so vor:

1. **Öffnen Sie SQL Server Management Studio.**
2. **Klicken Sie auf das Symbol DATENBANKMODUL-ABFRAGE.**
3. **Geben Sie den folgenden T-SQL-Code ein, und führen Sie ihn aus, um die Tabelle `ConstraintTest2` zu erstellen:**

```
USE Kapitel14
CREATE TABLE ConstraintTest2
 (ID int PRIMARY KEY,
  TeileNum char(6),
  CHECK (TeileNum LIKE '[A-Z][A-Z][A-Z][0-9][0-9][0-9]'))
```

   Beachten Sie, dass die `CHECK`-Klausel den Ausdruck verwendet, den Sie bereits im Beispiel für eine CHECK-Einschränkung mit der grafischen Oberfläche eingesetzt haben.

4. **Versuchen Sie, einen Wert hinzuzufügen, der eine falsch aufgebaute Teilenummer hat:**

```
INSERT INTO ConstraintTest2
 VALUES (1, 'ABCDEF')
```

   Es erscheint eine Fehlermeldung, die der aus dem letzten Abschnitt ähnlich ist.

5. **Fügen Sie eine Teilenummer hinzu, die den Anforderungen der Einschränkung entspricht:**

```
INSERT INTO ConstraintTest2
 VALUES (1, 'ABC123')
```

6. **Lassen Sie sich das erfolgreiche Hinzufügen der Zeile durch diesen Code bestätigen:**

```
SELECT * FROM ConstraintTest2
```

DDL-Trigger

DDL-Trigger reagieren auf ein Ereignis, das einer Data Definition Language-Anweisung zugeordnet ist. Diese DDL-Anweisungen sind

- ✔ `CREATE`
- ✔ `ALTER`
- ✔ `DROP`

Sie setzen DDL-Trigger aus folgenden Gründen ein:

- ✔ Um zu verhindern, dass Änderungen an einem Schema vorgenommen werden
- ✔ Um zu protokollieren, wer Änderungen an einem Schema vorgenommen hat
- ✔ Um auf eine vordefinierte Art und Weise auf Änderungen zu reagieren, die in einem Schema vorgenommen worden sind

Unerwünschte Änderungen verhindern

Das folgende Beispiel zeigt Ihnen, wie Sie verhindern, dass an den Tabellen der Datenbank `Kapitel14` Änderungen vorgenommen werden, die Sie nicht wünschen.

1. **Setzen Sie SQL Server Management Studio ein, um sich mit der entsprechenden Instanz von SQL Server 2005 zu verbinden.**
2. **Klicken Sie auf das Symbol DATENBANKMODUL-ABFRAGE.**
3. **Sorgen Sie dafür, dass Sie die Datenbank `Kapitel14` verwenden:**

   ```
   USE Kapitel14
   ```

4. **Erstellen Sie einen Trigger, der verhindert, dass an der Datenbank `Kapitel14` Änderungen vorgenommen werden können:**

   ```
   CREATE TRIGGER AenderungVerhindern
   ON DATABASE
   FOR DROP_TABLE, ALTER_TABLE, CREATE_TABLE
   AS
    PRINT 'Änderungen an der Datenbank Kapitel14'
    PRINT 'sind nicht erlaubt.'
    PRINT 'Um Änderungen vorzunehmen, muss'
    PRINT 'dieser DDL-Trigger deaktiviert werden.'
    ROLLBACK
   ```

   Die erste Zeile sorgt dafür, dass der Trigger einen Namen bekommt. Die zweite Zeile legt fest, dass es in diesem Trigger um Änderungen an einer Datenbank geht. Ein Trigger wird immer an ein Datenbankobjekt gebunden, bei dem es sich in diesem Fall um das aktuelle Datenbankobjekt `Kapitel14` handelt. Die dritte Zeile gibt an, dass der Trigger für Anweisungen vom Typ `DROP TABLE`, `ALTER TABLE` und `CREATE TABLE` gilt. Das Schlüsselwort FOR zeigt an, dass der Trigger losläuft, *bevor* die DDL-Anweisung ausgeführt wird.

5. **Versuchen Sie, eine neue Tabelle zu erstellen, die `DDLTriggerTest` heißt:**

   ```
   CREATE TABLE DDLTriggerTest
    (ID int PRIMARY KEY,
     EineSpalte varchar(30))
   ```

   Sie erhalten eine Fehlermeldung wie die in Abbildung 14.5.

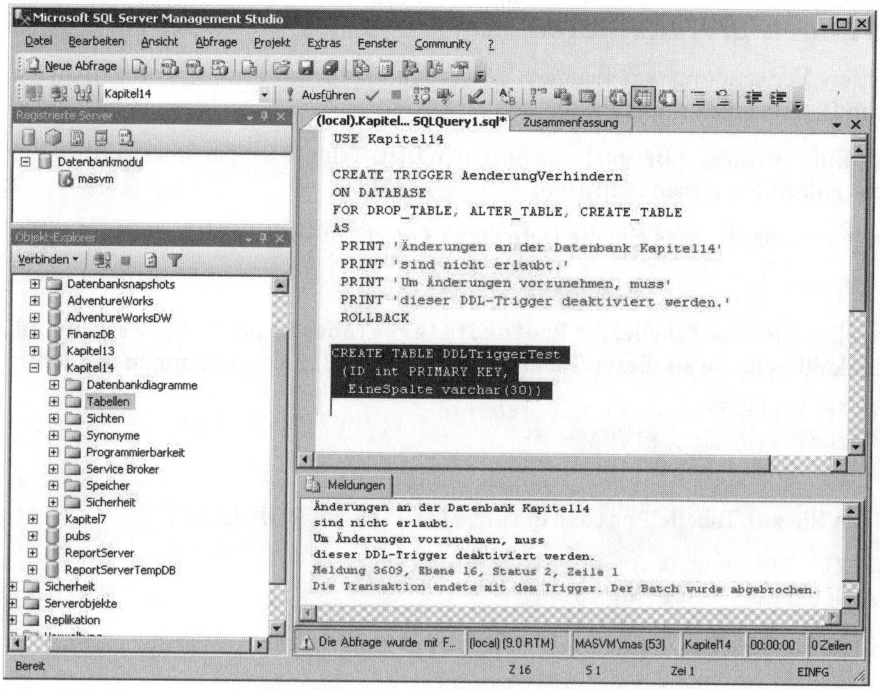

Abbildung 14.5: Ein DDL-Trigger verhindert das Anlegen einer neuen Tabelle.

6. **Versuchen Sie, die Tabelle `dbo.ConstraintTest` zu löschen, die Sie weiter oben in diesem Kapitel angelegt haben:**

```
DROP TABLE dbo.ConstraintTest
```

Dieser Änderungsversuch endet in einer Fehlermeldung, die so ähnlich ist wie die aus Abbildung 14.5.

7. **Löschen Sie den Trigger.**

```
DROP TRIGGER AenderungVerhindern
ON DATABASE
```

8. **Versuchen Sie jetzt noch einmal, die Tabelle `DDLTriggerTest` anzulegen (was in Schritt 5 nicht geklappt hat):**

```
CREATE TABLE DDLTriggerTest
 (ID int PRIMARY KEY,
  EineSpalte varchar(30))
```

Da Sie den Trigger in Schritt 7 gelöscht haben, können Sie die Tabelle jetzt erfolgreich erstellen.

Änderungen protokollieren

Eine weitere Verwendung von Triggern ist das Protokollieren von Änderungen an den Strukturen von Datenbanken und Tabellen.

Ich zeige Ihnen in diesem Beispiel, wie Sie einen DDL-Trigger für die Anweisung `ALTER TABLE` erstellen. Folgen Sie diesen Schritten:

1. **Sorgen Sie dafür, dass Sie die Datenbank `Kapitel14` verwenden:**

   ```
   USE Kapitel14
   ```

2. **Erstellen Sie eine Tabelle, die `ProtokollierteTabelle` heißt. Sie werden Änderungen protokollieren, die an dieser Tabelle mit `ALTER TABLE` vorgenommen werden:**

   ```
   CREATE TABLE ProtokollierteTabelle
    (NachrichtNr int PRIMARY KEY,
     Nachricht varchar(100))
   ```

3. **Fügen Sie zur Tabelle `ProtokollierteTabelle` ein Zeile hinzu:**

   ```
   INSERT INTO ProtokollierteTabelle
    VALUES (1, 'Hello World!')
   ```

4. **Prüfen Sie nach, ob die Zeile eingefügt worden ist (siehe Abbildung 14.6).**

   ```
   SELECT * FROM ProtokollierteTabelle
   ```

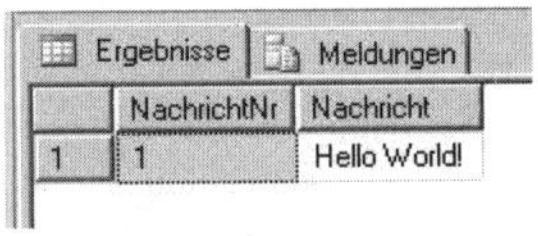

Abbildung 14.6: In die Tabelle `ProtokollierteTabelle` ist eine Zeile eingefügt worden.

5. **Erstellen Sie die Tabelle `DDLProtokoll`, die die Informationen der Protokollierung aufnehmen soll.**

   Wenn Sie eine Spalte vom Typ `TIMESTAMP` verwenden, haben Sie die Möglichkeit, die Zeitabstände zu protokollieren, in denen Änderungen vorgenommen worden sind:

   ```
   CREATE TABLE DDLProtokoll
    (
     GeändertUm TIMESTAMP,
     Änderungsdatum DateTime,
     TabellenName char(30),
     BenutzerName varchar(50)
     )
   ```

6. **Prüfen Sie nach, ob die Tabelle `DDLProtokoll` angelegt worden und leer ist:**

   ```
   SELECT * FROM DDLProtokoll
   ```

7. Fügen Sie der Tabelle eine Zeile hinzu:

```
INSERT INTO DDLProtokoll
   (Änderungsdatum, BenutzerName)
 VALUES (GetDate(), 'Jupp Meyer')
```

8. Prüfen Sie nach, ob die Zeile in der Tabelle `DDLProtokoll` angelegt worden ist (siehe Abbildung 14.7):

```
SELECT * FROM DDLProtokoll
```

	GeändertUm	Änderungsdatum	TabellenName	BenutzerName
1	0x00000000000007D1	2006-04-14 20:56:56.343	NULL	Jupp Meyer

Abbildung 14.7: Eine Beispielzeile in der Tabelle `DDLProtokoll`

9. Erstellen Sie einen Trigger, der `ProtokollierungDDL` heißt und auf eine `ALTER TABLE`-Anweisung reagiert.

Beachten Sie, dass Sie `ALTER_TABLE` in der `FOR`-Klausel mit einem Unterstrich schreiben müssen. Beachten Sie weiterhin, dass die Funktion `GetDate()` verwendet wird, um auszulesen, an welchem Datum und um welche Uhrzeit eine Zeile in die Tabelle eingefügt worden ist. Die Funktion `suser_sname()` liefert den Anmeldenamen des Benutzers, der die Änderungen im Schema der Tabelle vorgenommen hat.

```
CREATE TRIGGER ProtokollierungDDL
ON DATABASE
FOR ALTER_TABLE
AS
INSERT INTO dbo.DDLProtokoll(Änderungsdatum,
  TabellenName, BenutzerName)
 SELECT GetDate(), 'ProtokollierteTabelle', suser_sname()
-- End of Trigger
```

Der Trigger reagiert jetzt bei jedem Versuch, die Anweisung `ALTER TABLE` zu verwenden, um die Struktur der Tabelle `ProtokollierteTabelle` zu ändern.

10. Verwenden Sie den folgenden Code, um den Versuch zu unternehmen, eine zusätzliche Spalte zur Tabelle `ProtokollierteTabelle` hinzuzufügen:

```
ALTER TABLE ProtokollierteTabelle
 ADD Kommentar varchar(30)
```

11. Lassen Sie sich den Inhalt der Tabelle `DDLProtokoll` anzeigen:

```
SELECT * FROM DDLProtokoll
```

Abbildung 14.8 zeigt, dass die Tabelle `DDLProtokoll` jetzt zwei Zeilen hat. Die erste Zeile haben Sie in Punkt 7 manuell hinzugefügt. Der DDL-Trigger hat für die zweite Zeile gesorgt, als Sie die Anweisung `ALTER TABLE` in Punkt 10 ausgeführt haben.

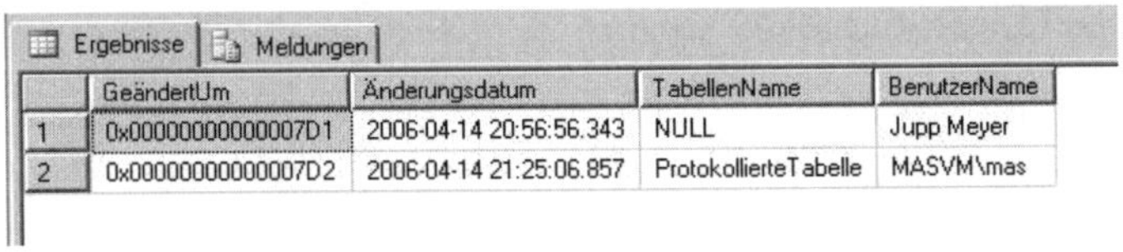

	GeändertUm	Änderungsdatum	TabellenName	BenutzerName
1	0x00000000000007D1	2006-04-14 20:56:56.343	NULL	Jupp Meyer
2	0x00000000000007D2	2006-04-14 21:25:06.857	ProtokollierteTabelle	MASVM\mas

Abbildung 14.8: Zur Tabelle `DDLProtokoll` ist im Anschluss an die Anweisung `ALTER TABLE` eine Zeile hinzugefügt worden.

DML-Trigger

Ein DML-Trigger wird als Reaktion auf ein Ereignis ausgeführt, das mit einer Anweisung vom Typ Data Modification Language (DML) verbunden ist. Ein DML-Trigger ist einer der folgenden Anweisungen zugeordnet:

- ✔ `INSERT`
- ✔ `UPDATE`
- ✔ `DELETE`

Sie können DML-Trigger dafür verwenden, eine DML-Anweisung zu ersetzen oder nach einer DML-Anweisung ausgeführt zu werden. Ein Trigger, der eine DML-Anweisung ersetzt, wird auch `INSTEAD OF`-Trigger genannt. Ein Trigger, der im Anschluss an eine DML-Anweisung ausgeführt wird, heißt `AFTER`-Trigger.

Die Tabellen inserted und deleted

SQL Server verwaltet die beiden temporären Tabellen `inserted` und `deleted` automatisch. Wenn Sie in einer Tabelle Zeilen löschen, enthält die Tabelle `deleted` eine Zeile, die mit der Zeile übereinstimmt, die in der anderen Tabelle gelöscht worden ist. Wenn Sie eine Zeile aktualisieren, enthält die Tabelle `deleted` eine Zeile mit den alten Werten. Wenn Sie ein `UPDATE` durchführen, werden Werte sowohl in die Tabelle `inserted` als auch in die Tabelle `deleted` geschrieben.

Wenn Sie Daten in eine Tabelle einfügen, wird eine Kopie der Zeile oder Zeilen in die Tabelle `inserted` geschrieben.

Ich zeige Ihnen im nächsten Abschnitt, wie Sie die Tabellen `inserted` und `deleted` verwenden können, um zu ermitteln, welche Änderungen an den Daten vorgenommen worden sind.

Trigger, um DML zu protokollieren

DML-Trigger werden häufig dafür verwendet, Änderungen, die an Daten vorgenommen worden sind, aufzuzeichnen, um die Änderung später belegen zu können. Die folgenden Schritte zeigen Ihnen, wie man einen DML-Trigger erstellt, um Informationen darüber zu speichern, wer Daten geändert hat:

1. **Öffnen Sie in SQL Server Management Studio das Datenbankabfragemodul.**
2. **Sorgen Sie dafür, dass Sie mit der Datenbank `Kapitel14` arbeiten:**

   ```
   USE Kapitel14
   ```

3. **Erstellen Sie die Tabelle `DMLProtokollTabelle`, in der Nachrichten abgelegt werden sollen:**

   ```
   CREATE TABLE DMLProtokollTabelle
    (NachrichtNr int PRIMARY KEY,
     Nachricht varchar(100))
   ```

   Dies ist die Tabelle, die Sie überwachen wollen.

4. **Legen Sie in der Tabelle einen Beispielwert an:**

   ```
   INSERT INTO DMLProtokollTabelle
    VALUES (1, 'Hello World!')
   ```

5. **Bestätigen Sie die erfolgreiche `INSERT`-Operation:**

   ```
   SELECT* FROM DMLProtokollTabelle
   ```

6. **Erstellen Sie die Tabelle `DMLProtokoll`, in der die Protokollinformationen gespeichert werden sollen:**

   ```
   CREATE TABLE DMLProtokoll
    (
     Geändert TIMESTAMP,
     ÄnderungsDatum DateTime,
     TabellenName char(30),
     BenutzerName varchar(50),
     Operation char(6)
    )
   ```

   Die Spalte `Geändert` ist vom Datentyp `TIMESTAMP`. In ihr werden die Zeiten gespeichert, an denen Änderungen an der Tabelle `DMLProtokollTabelle` vorgenommen worden sind. In der Spalte `Operation` speichern Sie, ob die Änderung durch eine `INSERT`- oder durch eine `UPDATE`-Operation hervorgerufen worden ist.

7. **Fügen Sie der Tabelle `DMLProtokoll` eine Zeile hinzu:**

   ```
   INSERT INTO DMLProtokoll (ÄnderungsDatum, BenutzerName)
    VALUES (GetDate(), 'Jupp Klawuttke')
   ```

8. **Prüfen Sie nach, ob das Ausführen der `INSERT`-Anweisung in die Tabelle `DMLProtokoll` erfolgreich gewesen ist:**

   ```
   SELECT* FROM DMLProtokoll
   ```

9. **Erstellen Sie einen DML-Trigger, der `ProtokollDML` heißt:**

```
CREATE TRIGGER ProtokollDML
ON dbo.DMLProtokollTabelle
AFTER INSERT, UPDATE
-- NICHT FÜR REPLIKATIONEN
AS
DECLARE @Operation char(6)

IF EXISTS(SELECT * FROM deleted)
 SET @Operation = 'Update'
ELSE
 SET @Operation = 'Insert'

INSERT INTO dbo.DMLProtokoll(Änderungsdatum,
  TabellenName, BenutzerName, Operation)
 SELECT GetDate(), 'DMLProtokollTabelle', suser_sname(), @Operation
-- End of Trigger
```

Beachten Sie die Klausel `IF`, die Informationen der Tabelle `deleted` verwendet, um herauszufinden, ob es sich bei der Operation um ein `UPDATE` oder um ein `INSERT` handelt. Diese Information wird in der Variablen `@Operation` gespeichert. Die Funktion `Get Date()` erhält Datum und Zeitpunkt der Operation, und die Funktion `suser_sname()` empfängt den Benutzernamen. Die Werte der Variablen `@Operation` werden in der Spalte `Operation` gespeichert.

10. **Testen Sie, ob der DML-Trigger auf eine `INSERT`-Operation an der Tabelle `DMLProto kollTabelle` reagiert, indem Sie diesen Code verwenden.**

```
INSERT INTO DMLProtokollTabelle
 VALUES (2, 'Sein oder nicht sein, das ist die Frage.')
```

11. **Führen Sie an der Tabelle `DMLProtokoll` eine `SELECT`-Anweisung aus, um zu prüfen, ob die `INSERT`-Anweisung ausgeführt worden ist:**

```
SELECT * FROM dbo.DMLProtokoll
```

Sie können Abbildung 14.9 entnehmen, dass der Trigger `ProtokollDML` eine zweite Zeile zur Tabelle `DMLProtokoll` hinzugefügt hat.

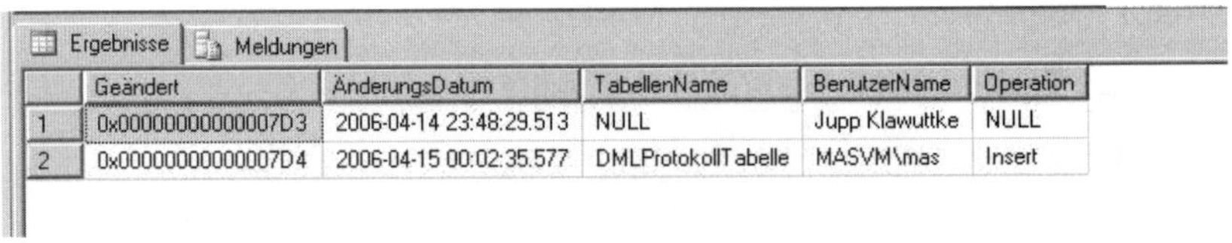

	Geändert	ÄnderungsDatum	TabellenName	BenutzerName	Operation
1	0x00000000000007D3	2006-04-14 23:48:29.513	NULL	Jupp Klawuttke	NULL
2	0x00000000000007D4	2006-04-15 00:02:35.577	DMLProtokollTabelle	MASVM\mas	Insert

Abbildung 14.9: Der Tabelle `DMLProtokoll` wurde als Reaktion auf eine `INSERT`-Operation eine Zeile hinzugefügt.

12. **Führen Sie gegen die Tabelle `DMLProtokollTabelle` eine `UPDATE`-Anweisung aus:**

```
UPDATE DMLProtokollTabelle
 SET Nachricht = 'Goodbye World!'
 WHERE NachrichtNr = 1
```

13. **Prüfen Sie nach, ob der Trigger `ProtokollDML` die Zeile zur Tabelle `DMLProtokoll` hinzugefügt hat, indem Sie diesen Code verwenden:**

```
SELECT * FROM dbo.DMLProtokoll
```

Abbildung 14.10 zeigt, dass auch die `UPDATE`-Operation zu einer neuen Zeile in der Tabelle `DMLProtokoll` geführt hat. Beachten Sie, dass in der Spalte `Operation` der Wert `Update` ist.

Ergebnisse | Meldungen

	Geändert	ÄnderungsDatum	TabellenName	BenutzerName	Operation
1	0x00000000000007D3	2006-04-14 23:48:29.513	NULL	Jupp Klawuttke	NULL
2	0x00000000000007D4	2006-04-15 00:02:35.577	DMLProtokollTabelle	MASVM\mas	Insert
3	0x00000000000007D5	2006-04-15 00:13:00.577	DMLProtokollTabelle	MASVM\mas	Update

Abbildung 14.10: Eine weitere Zeile wurde der Tabelle `DMLProtokoll` als Reaktion auf eine `UPDATE`-Operation hinzugefügt.

Die Informationen, die Sie in einer Protokolltabelle speichern, können viel weiter gehen, als es diese Beispiele darstellen. Die Grenze wird eigentlich nur durch Ihre T-SQL-Kenntnisse und die firmeninternen Vorgaben gesetzt.

Teil V

Ein SQL Server-System administrieren

»Vielleicht sollte du deine Suchbegriffe ›Staatssekretär, Liebe, Ruhm, Schicksal‹ noch einmal überdenken.«

In diesem Teil ...

Ich zeige Ihnen, wie Sie SQL Server konfigurieren, und wie Sie SQL Server Agent-Aufgaben erstellen.

Ich führe Sie in SQL Server Notification Services ein, zeige Ihnen, wie Sie Wartungspläne erstellen und stelle Ihnen die Punkte vor, die Sie wissen müssen, um mit mehreren Servern arbeiten zu können.

Ein SQL Server-System konfigurieren

15

In diesem Kapitel

- Konfigurieren mithilfe von SQL Server Configuration Manager
- Konfigurieren mithilfe von SQLCMD
- Konfigurieren mithilfe von SQL Server Management Studio

Microsoft hat sich eine Menge Gedanken gemacht, damit Sie mit SQL Server sofort *out of the box*, also ohne weitere Einstellungen direkt nach der Installation, arbeiten können. Irgendwann kommt aber fast zwangsläufig der Zeitpunkt, an dem Sie ein paar Einstellungen ändern wollen, damit SQL Server in Ihrer Umgebung besser läuft. Ich zeige Ihnen in diesem Kapitel, wie Sie die verfügbaren Konfigurationswerkzeuge von SQL Server 2005 einsetzen können, um die entsprechenden Konfigurationsaufgaben zu erledigen.

Microsoft stellt Ihnen Werkzeuge zur Verfügung, die Sie verwenden können, um eine Instanz von SQL Server 2005 zu konfigurieren. Ich beschreibe in diesem Kapitel diese drei Konfigurationswerkzeuge:

- ✔ SQL Server-Konfigurations-Manager
- ✔ Das Befehlszeilenwerkzeug SQLCMD
- ✔ SQL Server Management Studio

SQL Server-Konfigurations-Manager

SQL Server-Konfigurations-Manager ist ein so genanntes GUI-Tool, ein Werkzeug mit grafischer Benutzeroberfläche (GUI, Graphical User Interface), das es erstmalig in SQL Server 2005 gibt. Es soll SQL Server 2000 Clientkonfiguration, SQL Server 2000 Netzwerkkonfiguration und Dienst-Manager ersetzen. Sie können diese Werkzeuge auch weiterhin verwenden, um Instanzen von SQL Server 2000 zu verwalten. Sie können SQL Server-Konfigurations-Manager nur einsetzen, um Instanzen von SQL Server 2005 einzurichten.

Lassen Sie sich nicht davon irritieren, dass Sie dieses Werkzeug in SQL Server 2005 in zwei Schreibweisen vorfinden: *SQL Server-Konfigurations-Manager* ist die offizielle deutsche Bezeichnung, die Sie so auch in der SQL Server 2005-Hilfe finden. Gestartet wird dieses Verwaltungswerkzeug über den Menüeintrag SQL SERVER CONFIGURATION MANAGER, der eine gleichnamige Dialogbox öffnet, in der Sie dann mit dem *Konfigurations-Manager* arbeiten.

SQL Server-Konfigurations-Manager gibt Ihnen die Möglichkeit, folgende Aufgaben zu erledigen:

- Verwaltung der Dienste, die zu den verschiedenen Komponenten von SQL Server 2005 gehören
- Konfiguration der Netzwerkprotokolle, die von SQL Server 2005 verwendet werden
- Verwaltung der Netzwerkverbindungen für Clientcomputer

Folgende Dienste können mit SQL Server-Konfigurations-Manager verwaltet werden:

- **Datenbankmodul:** `MSSQLSERVER` für eine Standardinstanz und `MSSQLSERVER$`*`instanzenName`* für eine benannte Instanz. Jede Instanz von SQL Server 2005 wird zwar eigenständig, aber über dieselbe Schnittstelle verwaltet. Mit diesem Dienst können Sie das relationale Datenbankmodul von SQL Server laufen lassen.
- **Analysis Services:** Sie können mit diesem Dienst die Analysis Services laufen lassen. Ich beschreibe Analysis Services in Kapitel 21.
- **Integration Services:** Sie können mit diesem Dienst die Integration Services laufen lassen. (Diese Services werden ab und an auch »DTS« genannt.) Ich beschreibe Integration Services in Kapitel 20.
- **Reporting Services:** Sie können mit diesem Dienst die Reporting Services laufen lassen. Ich beschreibe Reporting Services in Kapitel 22.
- **Agent:** Sie können mit diesem Dienst in SQL Server 2005 zeitgesteuerte Aufgaben durchführen.
- **Browser:** Ermöglicht SQL Server, Server-Verbindungsinformationen für SQL Server-Instanzen und Clientcomputer bereitzustellen.
- **Volltextsuche:** Ermöglicht die Volltextsuche.

SQL Server-Konfigurations-Manager gibt Ihnen die Möglichkeit, die folgenden Netzwerkprotokolle zu aktivieren oder zu deaktivieren:

- Shared Memory
- Named Pipes
- TCP/IP
- VIA

Sie können SQL Server-Konfigurations-Manager auf zwei Arten nutzen:

- Als eigenständige Anwendung
- Als Teil einer Microsoft Management-Konsole (MMC)

Auf einer Entwicklungsmaschine, bei der Sie nur lokale Einstellungen vornehmen wollen, ist es besonders praktisch, SQL Server-Konfigurations-Manager als eigenständige Anwendung laufen zu lassen. Sie sind aber leider nicht in der Lage, mit einem eigenständigen SQL Server-Konfigurations-Manager Einstellungen an einer entfernten Maschine vorzunehmen.

SQL Server-Konfigurations-Manager zu einer MMC-Konsole hinzufügen

SQL Server-Konfigurations-Manager verwendet die Snap-In-Technologie der Microsoft Management-Konsole. Bei einem standardmäßig installierten SQL Server 2005 gibt es die SQL Server-Management-Konsole als eigenständige Anwendung, auf die Sie über das Start-Menü zugreifen können: START|PROGRAMME|MICROSOFT SQL SERVER 2005|KONFIGURATIONSTOOLS|SQL SERVER CONFIGURATION MANAGER.

Alternativ können Sie SQL Server-Konfigurations-Manager einer Microsoft Management-Konsole hinzufügen. Dies kann eine existierende Management-Konsole sein oder eine neue. Um dieses administrative Werkzeug einer neuen MMC hinzuzufügen, gehen Sie so vor:

1. **Wählen Sie START|AUSFÜHREN aus.**
2. **Geben Sie in der Dialogbox AUSFÜHREN** `MMC` **ein, und klicken Sie auf OK.**

   Es öffnet sich eine leere Microsoft Management-Konsole (siehe Abbildung 15.1).

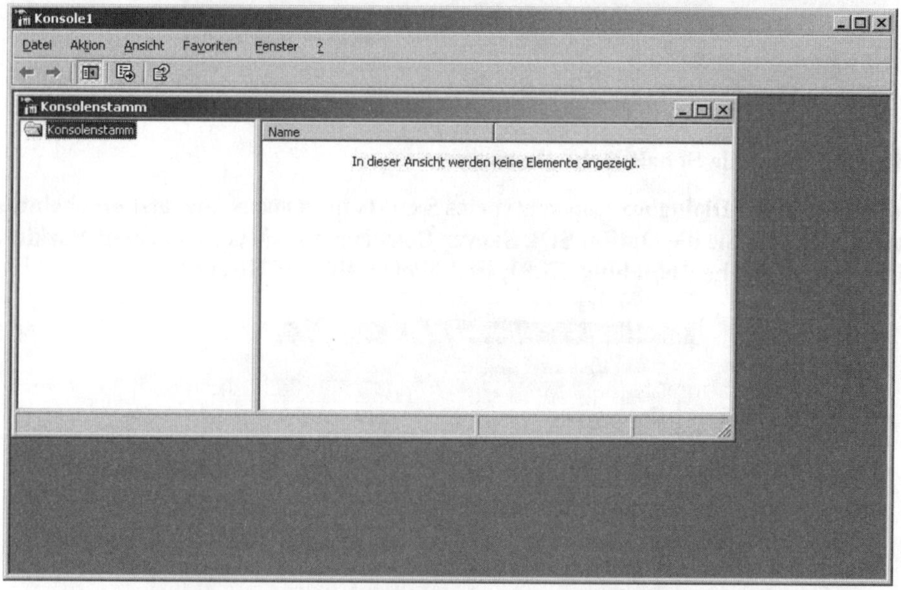

Abbildung 15.1: Eine leere Microsoft Management-Konsole

   Wenn Sie SQL Server-Konfigurations-Manager einer bestehenden Microsoft Management-Konsole hinzufügen wollen, starten Sie jetzt die entsprechende MMC und machen Sie bei Punkt 3 weiter.

3. **Wählen Sie in der Microsoft Management-Konsole DATEI|SNAP-IN HINZUFÜGEN/ENTFERNEN aus.**

   Es öffnet sich die gleichnamige Dialogbox, wie Abbildung 15.2 zeigt.

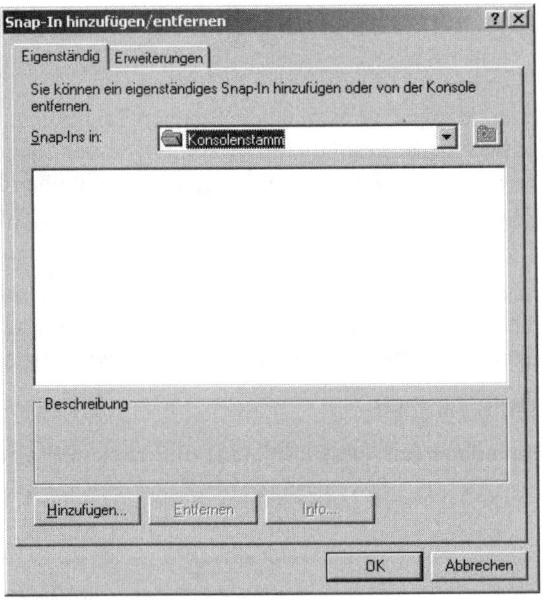

Abbildung 15.2: Die Dialogbox SNAP-IN HINZUFÜGEN/ENTFERNEN

4. **Klicken Sie auf die Schaltfläche HINZUFÜGEN.**
5. **Rollen Sie in der Dialogbox EIGENSTÄNDIGES SNAP-IN HINZUFÜGEN, die jetzt erscheint, soweit nach unten, bis Sie die Option SQL SERVER CONFIGURATION MANAGER sehen. Markieren Sie diese Option (siehe Abbildung 15.3), und klicken Sie auf HINZUFÜGEN.**

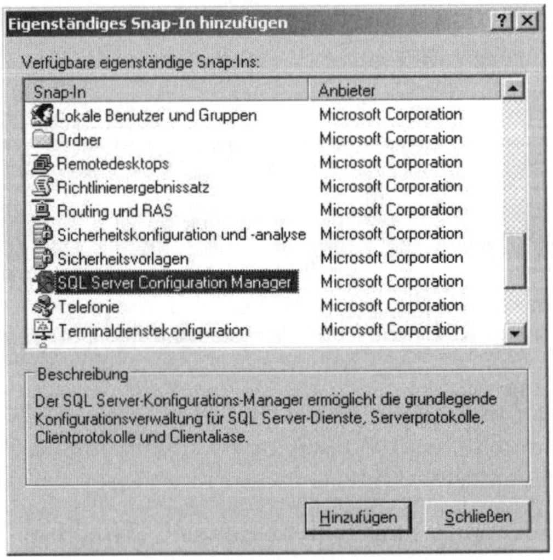

Abbildung 15.3: Wählen Sie in der Dialogbox EIGENSTÄNDIGES SNAP-IN HINZUFÜGEN *die Option* SQL SERVER CONFIGURATION MANAGER *aus.*

Damit wird SQL Server-Konfigurations-Manager zur Dialogbox SNAP-IN HINZUFÜGEN/ENTFERNEN hinzugefügt.

6. **Klicken Sie in der Dialogbox EIGENSTÄNDIGES SNAP-IN HINZUFÜGEN auf die Schaltfläche SCHLIESSEN.**

7. **Klicken Sie in der Dialogbox SNAP-IN HINZUFÜGEN/ENTFERNEN auf OK.**

   SQL Server-Konfigurations-Manager wird in der Microsoft Management-Konsole angezeigt (siehe Abbildung 15.4).

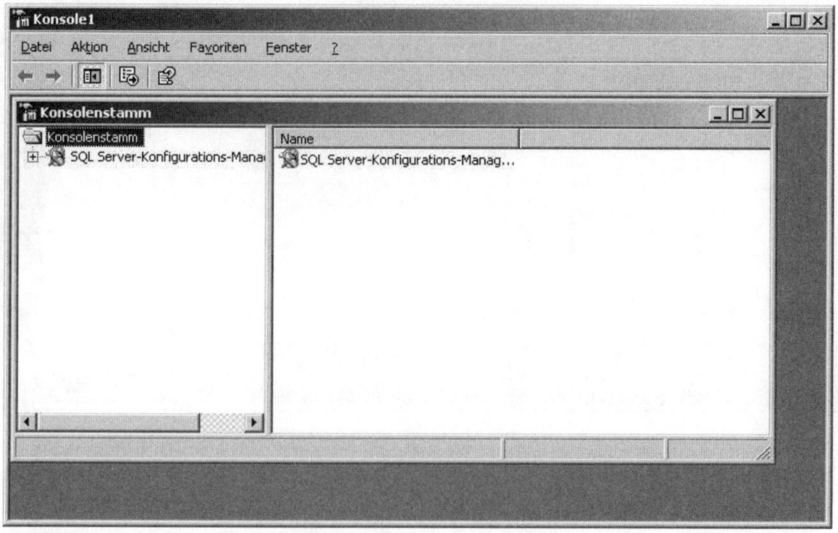

Abbildung 15.4: SQL Server-Konfigurations-Manager ist einer MMC hinzugefügt worden.

Sie sind jetzt in der Lage, SQL Server-Konfigurations-Manager in der Microsoft Management-Konsole zu verwenden. Abbildung 15.5 zeigt im linken Bereich der Management-Konsole die erweiterten Knoten von SQL Server-Konfigurations-Manager. In der Abbildung ist der Knoten der Netzwerkprotokolle der Standardinstanz von SQL Server 2005 markiert.

SQL Server-Dienste verwalten

SQL Server-Konfigurations-Manager bietet eine Möglichkeit, die Dienste zu verwalten, die mit SQL Server zusammenhängen.

Der normale Weg, auf Dienste zuzugreifen und sie zu verwalten, geht über START|EINSTELLUNGEN|SYSTEMSTEUERUNG|VERWALTUNG|DIENSTE (wenn Sie Windows XP mit der klassischen Ansicht einsetzen). Wenn Sie Windows 2003 Server verwenden, greifen Sie auf das DIENSTE-Fenster über START|PROGRAMME|VERWALTUNG|DIENSTE zu. Der große Nachteil des DIENSTE-Fensters ist der, dass Sie eventuell viele Dienste eingerichtet haben, was es schwierig macht, auf einen Blick alle Dienste zu erkennen, die mit SQL Server 2005 zu tun haben. SQL Server-Konfigurations-Manager macht es da viel einfacher, unmittelbar zu sehen, was mit einem der SQL Server-Dienste passiert. Ein weiterer Vorteil von SQL Server-Konfigurations-Manager ist, dass er in allen Datenbanken einen Prüfpunkt erzwingt. Dies beschleunigt das Wiederherstellungsverfahren und den Start von SQL Server.

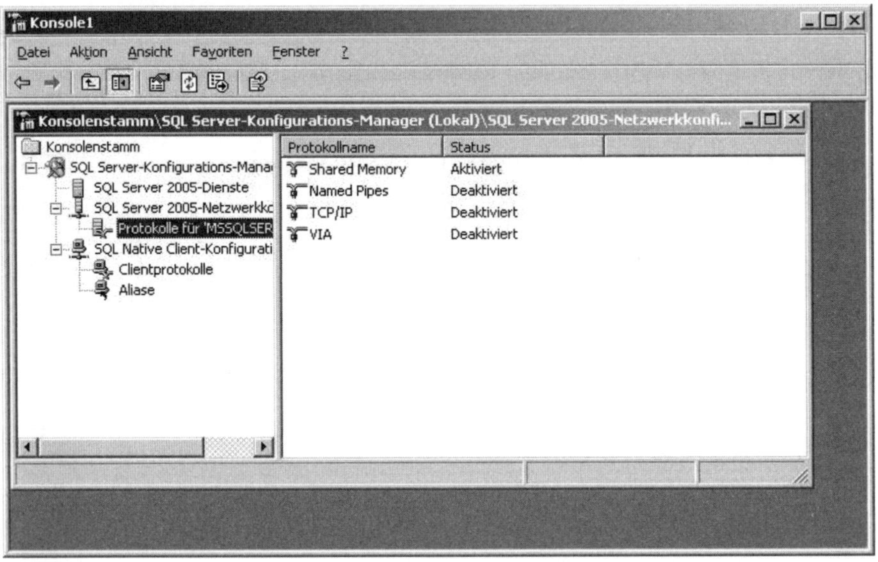

Abbildung 15.5: Die Knoten von SQL Server-Konfigurations-Manager

Um sich die Dienste anzuschauen, die mit SQL Server zu tun haben, gehen Sie so vor:

1. **Starten Sie SQL Server-Konfigurations-Manager, indem Sie START|PROGRAMME|MICROSOFT SQL SERVER 2005|SQL SERVER CONFIGURATION MANAGER auswählen.**

   Es öffnet sich die Dialogbox SQL SERVER CONFIGURATION MANAGER (siehe Abbildung 15.6).

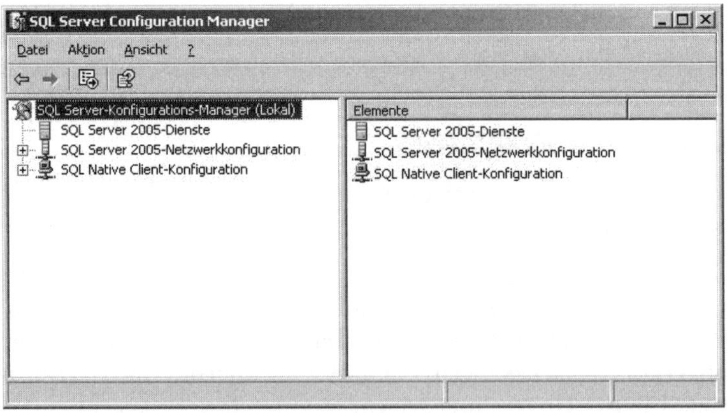

Abbildung 15.6: Die Standardeinstellungen von SQL Server-Konfigurations-Manager

2. **Entscheiden Sie sich für eine von zwei Möglichkeiten, das Dienste-Fensterelement zu öffnen: Entweder Sie klicken im linken Fensterelement einmal auf SQL SERVER 2005-DIENSTE, oder Sie machen im rechten Fensterelement einen Doppelklick auf SQL SERVER 2005-DIENSTE.**

   Die Dienste werden im rechten Fensterelement angezeigt (siehe Abbildung 15.7).

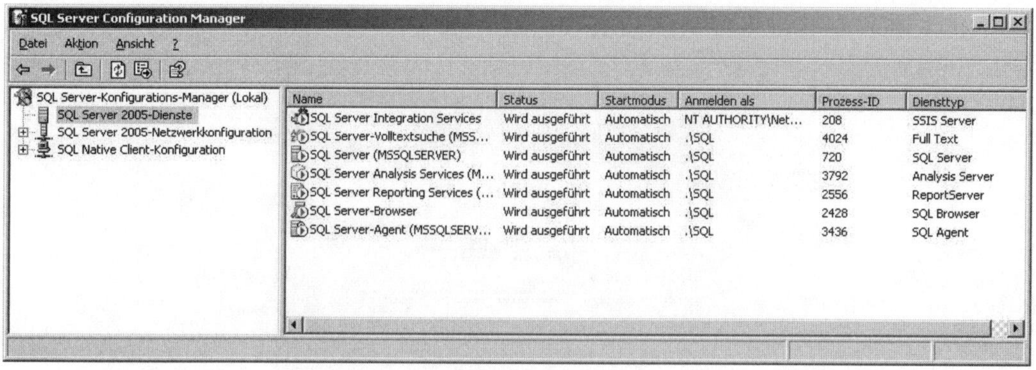

Abbildung 15.7: Die Dienste von SQL Server 2005 werden im rechten Fensterelement angezeigt.

Wenn ein Dienst, der eigentlich zu SQL Server 2005 gehört, nicht angezeigt wird, ist er entweder nicht installiert oder es ist während der Installation zu Problemen gekommen.

Beachten Sie, dass von jedem Dienst ein paar Informationen angezeigt werden. Ein kleiner grüner, nach rechts zeigender Pfeil gibt an, dass ein Dienst läuft. Ein kleines, rotes Quadrat gibt an, dass ein Dienst nicht läuft.

Um einen Dienst zu starten oder zu beenden oder um sich seine Eigenschaften anzuschauen, müssen Sie ihn zuerst markieren.

3. **Um einen laufenden Dienst zu beenden, klicken Sie ihn mit der rechten Maustaste an, und wählen Sie im Kontextmenü BEENDEN aus.**

4. **Um einen beendeten Dienst zu starten, klicken Sie ihn mit der rechten Maustaste an, und wählen Sie im Kontextmenü STARTEN aus.**

   Das Starten des Dienstes wird grafisch dargestellt, wie Abbildung 15.8 zeigt.

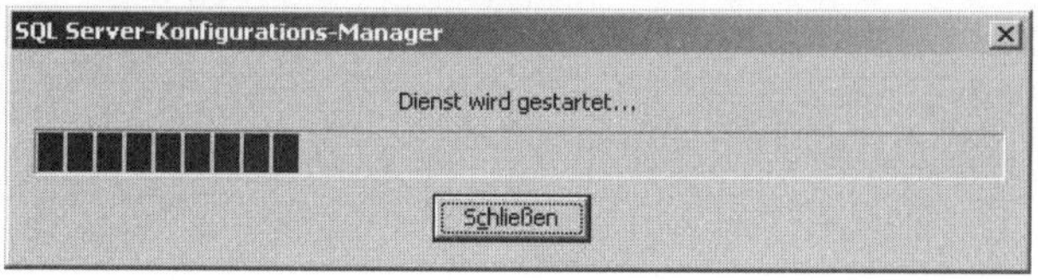

Abbildung 15.8: Der Startverlauf eines Dienstes wird angezeigt.

5. **Um sich die Eigenschaften eines Dienstes anzeigen zu lassen, klicken Sie mit der rechten Maustaste auf den Dienst und wählen im Kontextmenü EIGENSCHAFTEN aus.**

   Abbildung 15.9 stellt die Registerkarte ANMELDEN der Dialogbox EIGENSCHAFTEN VON SQL SERVER (MSSQLSERVER) dar. Der Name des Dienstes wird in der Titelzeile der Dialogbox angezeigt.

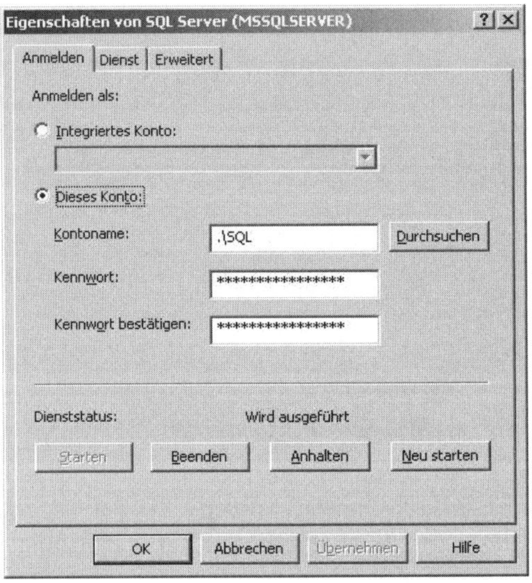

Abbildung 15.9: Die Dialogbox EIGENSCHAFTEN VON SQL SERVER (MSSQLSERVER)

Auch die Dialogboxen von Integration Services, Analysis Services oder Reporting Services zeigen den Namen des entsprechenden Dienstes in ihrer Titelzeile an. In der Dialogbox EIGENSCHAFTEN von Reporting Services haben Sie Zugriff auf die Konfiguration dieser Dienste, indem Sie auf die Schaltfläche KONFIGURIEREN klicken (siehe Abbildung 15.10).

Kapitel 21 geht tiefer auf Analysis Services ein, Kapitel 20 umfasst Integration Services, und Sie finden mehr Informationen über Reporting Services in Kapitel 22.

Sie können die oben beschriebenen Schritte dazu verwenden, um Dienste auf einem entfernten Computer zu starten oder zu beenden, nachdem Sie sich mit diesem Computer verbunden haben. Wie Sie sich mit einem entfernten Computer verbinden, beschreibe ich im nächsten Abschnitt.

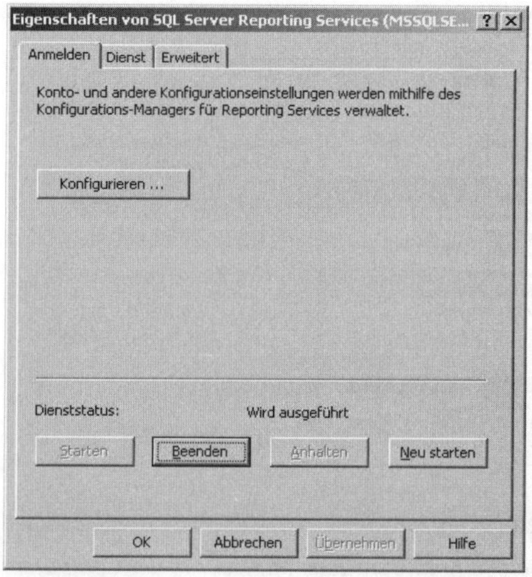

Abbildung 15.10: Die Dialogbox EIGENSCHAFTEN *von Reporting Services*

Mit einem entfernten Computer verbinden

Wenn SQL Server-Konfigurations-Manager als eigenständige Anwendung läuft, gibt es für einen Administrator keine Möglichkeit, sich mit einem entfernten Computer zu verbinden. Dies funktioniert nur, wenn Sie eine Windows MMC-Konsole COMPUTERVERWALTUNG verwenden. Die folgenden Schritte zeigen Ihnen, wie Sie eine Verbindung zu einem entfernten Computer, auch *Remote Computer* genannt, aufbauen:

1. **Klicken Sie auf dem Desktop Ihrer Windows-Installation mit der rechten Maustaste auf ARBEITSPLATZ, und wählen Sie im Kontextmenü VERWALTEN aus.**

   Es öffnet sich die Konsole COMPUTERVERWALTUNG.

2. **Erweitern Sie in der Computerverwaltung den Knoten DIENSTE UND ANWENDUNGEN, und es erscheint SQL SERVER-KONFIGURATIONS-MANAGER als eigenständiger Knoten (siehe Abbildung 15.11).**

3. **Klicken Sie mit der rechten Maustaste auf den Knoten COMPUTERVERWALTUNG (LOKAL), und wählen Sie im Kontextmenü VERBINDUNG MIT ANDEREM COMPUTER HERSTELLEN aus (siehe Abbildung 15.12).**

4. **Es erscheint die Dialogbox COMPUTER AUSWÄHLEN, in der Sie den Namen des entfernten Computers eingeben, mit dem Sie sich verbinden wollen. Klicken Sie danach auf OK (siehe Abbildung 15.13).**

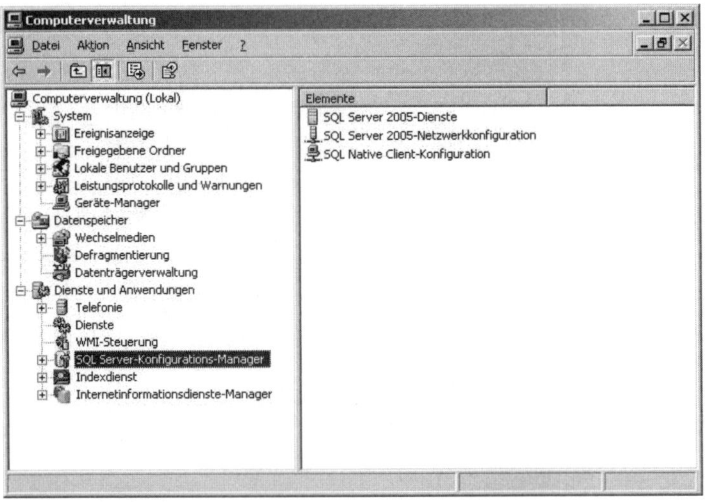

Abbildung 15.11: SQL Server-Konfigurations-Manager in der Computerverwaltung von Windows

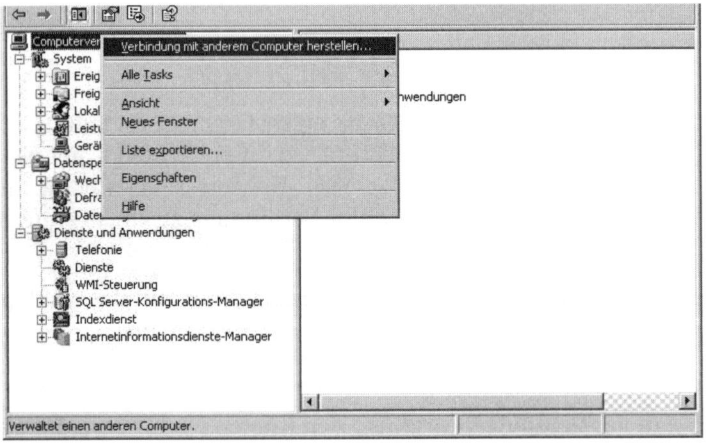

Abbildung 15.12: Die Option VERBINDUNG MIT ANDEREM COMPUTER HERSTELLEN *markieren*

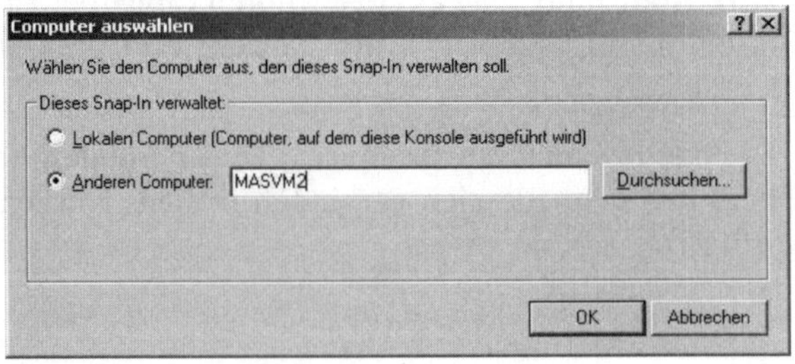

Abbildung 15.13: Einen Computernamen in die Dialogbox COMPUTER AUSWÄHLEN *eingeben*

Wenn Sie auf OK geklickt haben, schließt sich die Dialogbox COMPUTER AUSWÄHLEN. Sie kehren zur Windows-Konsole COMPUTERVERWALTUNG zurück. Achten Sie in Abbildung 15.14 darauf, dass der Name des entfernten Computers, mit dem Sie sich verbunden haben, im obersten (in der Abbildung markierten) Knoten angezeigt wird.

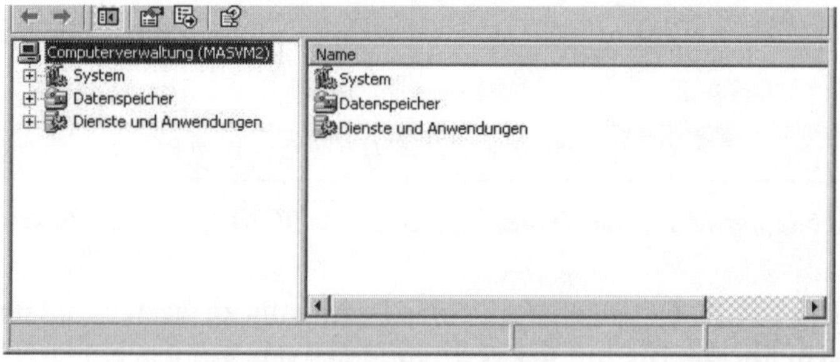

Abbildung 15.14: In der Windows-Konsole COMPUTERVERWALTUNG wird der Name des entfernten Computers angezeigt.

SQL Server-Konfigurations-Manager unterstützt als Protokolle nur Shared Memory, Named Pipes, TCP/IP und VIA.

Netzwerkprotokolle konfigurieren

Um Netzwerkprotokolle zu konfigurieren, arbeiten Sie die folgenden Schritte ab. Diese Abläufe sind, unabhängig davon, ob Sie lokal oder remote arbeiten, immer dieselben. Achten Sie darauf, mit welcher Maschine Sie verbunden sind, wenn Sie Änderungen vornehmen.

1. **Öffnen Sie SQL Server-Konfigurations-Manager, indem Sie START|PROGRAMME|MICROSOFT SQL SERVER 2005|KONFIGURATIONSTOOLS|SQL SERVER CONFIGURATION MANAGER auswählen.**

2. **Wechseln Sie gegebenenfalls zu der Maschine, auf der Sie SQL Server 2005 konfigurieren wollen.**

3. **Klicken Sie im linken Fensterelement von SQL Server-Konfigurations-Manager auf den Knoten SQL SERVER 2005-NETZWERKKONFIGURATION.**

   Der Knoten erweitert sich und stellt alle Instanzen von SQL Server 2005 dar, die auf dieser Maschine konfiguriert werden können. Abbildung 15.5 zeigt, dass es hier nur eine Standardinstanz von SQL Server 2005 gibt, die `MSSQLSERVER` heißt.

4. **Um den Status eines Protokolls zu ändern, markieren Sie es mit der rechten Maustaste, um im Kontextmenü AKTIVIEREN oder DEAKTIVIEREN auszuwählen.**

   Wenn ein Protokoll aktuell deaktiviert ist, erscheint im Kontextmenü nur AKTIVIEREN. Umgekehrt gilt, dass Sie nur die Option DEAKTIVIEREN sehen, wenn das Protokoll aktiviert ist.

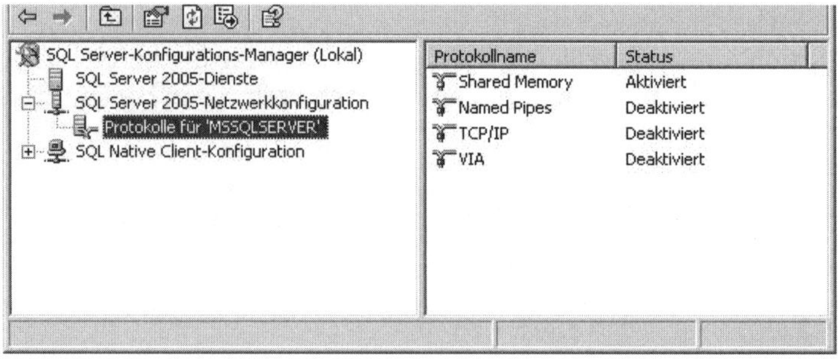

Abbildung 15.15: Der Knoten SQL SERVER 2005-NETZWERKKONFIGURATION

5. **Um einen Blick auf die Eigenschaften eines Protokolls zu werfen und um sie gegebenenfalls zu ändern, klicken Sie mit der rechten Maustaste auf das entsprechende Protokoll. Wählen Sie im Kontextmenü EIGENSCHAFTEN aus.**

   Die Eigenschaften der Protokolle unterscheiden sich voneinander, sodass es auch unterschiedliche Dialogboxen gibt. Abbildung 15.16 stellt die Dialogbox des Protokolls TCP/IP dar.

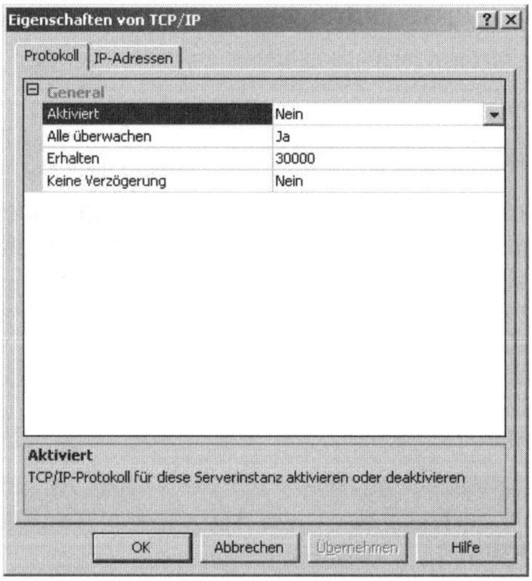

Abbildung 15.16: Die Dialogbox EIGENSCHAFTEN VON TCP/IP

Clientcomputer konfigurieren

Viele Clientcomputer sind bereits so eingerichtet, dass sie ein Netzwerkprotokoll wie TCP/IP verwenden können. Wenn Sie aber einmal einen Clientcomputer in einem Netzwerk so konfigurieren müssen, dass er ein Netzwerkprotokoll verwenden kann, folgen Sie den nächsten Schritten. Sie müssen SQL Server-Konfigurations-Manager auf der Clientmaschine installiert haben oder SQL Server-Konfigurations-Manager innerhalb der Windows-Computerverwaltung verwenden, um sich mit einer Clientmaschine über das Netzwerk zu verbinden.

1. **Bewegen Sie sich zum Knoten SQL NATIVE CLIENT-KONFIGURATION, und erweitern Sie ihn.**
2. **Klicken Sie im linken Fensterelement auf die Option CLIENTPROTOKOLLE.**

   Im rechten Fensterelement werden die verfügbaren Protokolle angezeigt. Wenn das Netzwerkprotokoll, das Sie aktivieren wollen, bereits aktiviert ist, müssen Sie nichts unternehmen.
3. **Wenn Sie ein Protokoll aktivieren wollen, markieren Sie es, klicken Sie mit der rechten Maustaste auf seinen Namen, und wählen Sie im Kontextmenü AKTIVIEREN aus.**

Die Konfiguration mit SQLCMD

Das Dienstprogramm SQLCMD gibt Ihnen die Möglichkeit, T-SQL-Code von der Befehlszeile aus an eine Instanz von SQL Server 2005 zu senden und die Instanz oder die Datenbankobjekte von SQL Server so zu konfigurieren, dass sie sich Ihren Wünschen entsprechend verhalten. Denken Sie daran, dass Sie für diese Aktionen auch über die entsprechenden Rechte an SQL Server verfügen müssen,

Eine Einführung in SQLCMD

Wenn Sie bei der Installation von SQL Server 2005 die Clienttools mit ausgewählt haben, ist auch SQLCMD installiert worden.

Wenn SQLCMD installiert ist und Sie sich – zum Beispiel auf einer Entwicklungsmaschine – mit der lokalen Standardinstanz von SQL Server verbinden wollen, gehen Sie so vor:

1. **Öffnen Sie eine Windows-Eingabeaufforderung, indem Sie START|AUSFÜHREN auswählen, `CMD` in die Dialogbox AUSFÜHREN eingeben und OK klicken.**

   Es öffnet sich ein Befehlszeilenfenster.
2. **Geben Sie auf der Befehlszeile `SQLCMD` ein.**

   Die Eingabeaufforderung ändert sich in

   ```
   1>
   ```

   und Sie können T-SQL-Anweisungen eingeben. Abbildung 15.17 stellt die Eingabeaufforderung dar.

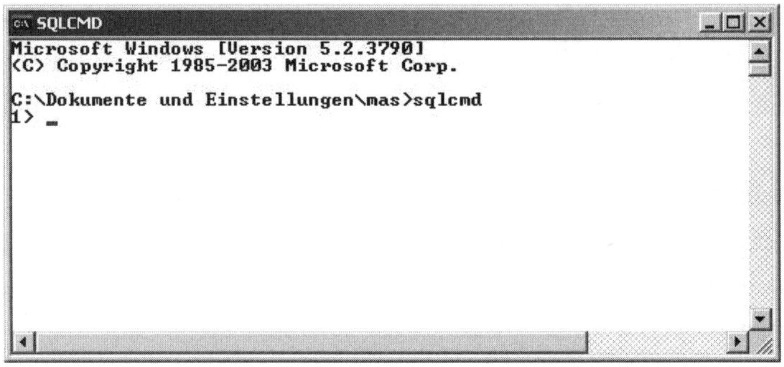

Abbildung 15.17: Die SQLCMD-Eingabeaufforderung

Sie sind jetzt in der Lage, jede T-SQL-Anweisung auszuführen. In diesem Beispiel erstellen Sie eine Datenbank und einen Benutzer. Weil es sich hier um eine Schnittstelle handelt, die auf Befehlszeilenebene arbeitet, müssen Sie jede Zeile eingeben und über ↵ in die nächste Zeile wechseln. Die Zahl, die am Anfang einer jeden Zeile steht, wächst in Abhängigkeit von der Anzahl an Zeilen, die Sie eingeben.

3. **Um eine Datenbank zu erstellen, die `Kapitel15` heißt, geben Sie diesen Code ein (ich habe in diesem Beispiel die Zeilennummerierung mit angeführt; geben Sie sie AUF KEINEN FALL mit ein, wenn Sie T-SQL schreiben):**

```
1>CREATE DATABASE Kapitel15
2>GO
```

Drücken Sie am Ende einer jeden Zeile ↵. Die Anweisung `GO` ist keine T-SQL-Anweisung. SQLCMD interpretiert `GO` als Aufforderung, einen Stapel von T-SQL-Anweisungen abzuschicken, damit sie ausgeführt werden. Die Nummerierung der Eingabeaufforderung wird wieder auf `1>` zurückgesetzt, was anzeigt, dass die Anweisung ohne Fehler ausgeführt worden ist. Falls es bei der Ausführung zu Fehlern gekommen wäre, hätten Sie die entsprechenden Meldungen zu sehen bekommen.

4. **Verwenden Sie den folgenden Code, um eine Tabelle `CMDTest` hinzuzufügen:**

```
1>CREATE TABLE CMDTest
2> (ID int PRIMARY KEY,
3> Nachricht varchar(150))
4>GO
```

Wenn Sie nach `GO` wieder ↵ drücken, wird diese Anweisung ausgeführt. Und wieder wird die Nummerierung der Eingabeaufforderung auf 1> zurückgesetzt.

5. **Um eine Anmeldung zu erstellen, geben Sie diesen Code ein, und beenden Sie die Eingabe wieder mit ↵.**

```
1>CREATE LOGIN CMDTest WITH PASSWORD = 'abc123'
2>GO
```

6. **Bevor Sie einen Benutzer hinzufügen, der im Umfeld einer Datenbank Berechtigungen erhält, wechseln Sie in den Kontext der Datenbank:**

```
1>USE Kapitel15
2>GO
```

7. **Fügen Sie der Datenbank `Kapitel15` den Benutzer hinzu:**

```
1>CREATE USER CMDTest
2>GO
```

8. **Öffnen Sie SQL Server Management Studio, und verbinden Sie sich mit der Instanz von SQL Server.**

9. **Erweitern Sie im Objekt-Explorer den Knoten SICHERHEIT der SQL Server-Instanz.**

10. **Erweitern Sie den Knoten ANMELDUNGEN.**

    Abbildung 15.18 zeigt, dass die Anmeldung `CMDTest` existiert.

Abbildung 15.18: Eine neue, über SQLCMD hinzugefügte Anmeldung

11. **Um zu prüfen, ob auch der Benutzer `CMDTest` zur Datenbank `Kapitel15` hinzugefügt worden ist, erweitern Sie nacheinander folgende Knoten: DATENBANKEN|`Kapitel15`|SICHERHEIT|BENUTZER.**

Abbildung 15.19 zeigt, dass der Benutzer `CMDTest` tatsächlich existiert.

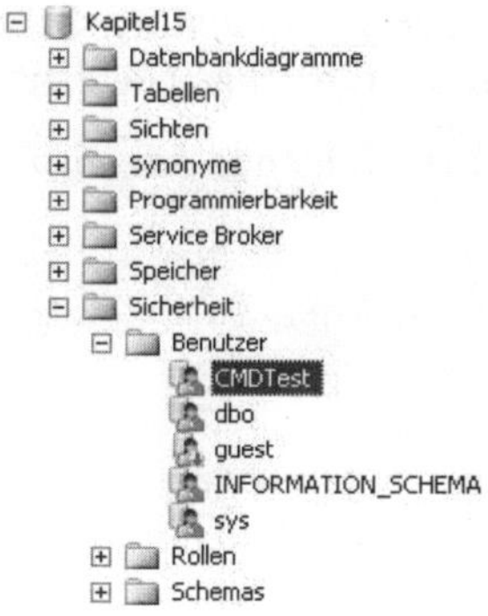

Abbildung 15.19: Eine neuer, über SQLCMD hinzugefügter Benutzer

Sie können jede Konfigurationsaufgabe durchführen, für die Sie die entsprechenden Berechtigungen und die notwendigen T-SQL-Kenntnisse besitzen.

Ein T-SQL-Skript mit SQLCMD ausführen

Sie können mit dem Dienstprogramm SQLCMD jedes gespeicherte T-SQL-Skript ausführen. Das Beispiel greift auf ein Skript mit dem Namen `DatumErhalten.sql` zu, das aus einer einzigen Zeile besteht, die das aktuelle Datum und die aktuelle Uhrzeit zurückliefert:

```
SELECT GetDate()
```

Erstellen Sie dieses Skript mit dem Editor, und speichern Sie es ab. Geben Sie die folgende Anweisung einzeilig in der Eingabeaufforderung ein, und drücken Sie [↵], um das Skript `DatumErhalten.sql` ablaufen zu lassen. (Das Beispiel geht davon aus, dass sich `Datum Erhalten.sql` im Ordner `C:\SQL2005_Beispiele` befindet.)

```
sqlcmd -i "C:\SQL2005_Beispiele\DatumErhalten.sql"
```

Es wird, wie Abbildung 15.20 zeigt, das aktuelle Datum mit Zeitangabe ausgegeben.

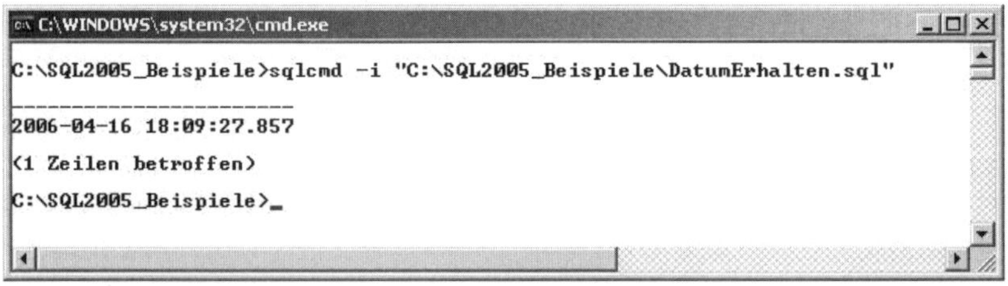

Abbildung 15.20: Ein T-SQL-Skript mit SQLCMD verwenden, um Datum und Zeit zu erhalten

Als spezieller Benutzer anmelden

Wenn Sie sich mit SQLCMD an einer Instanz von SQL Server 2005 unter einem besonderen Namen anmelden wollen, gehen Sie so vor:

1. **Öffnen Sie eine Eingabeaufforderung, indem Sie START|AUSFÜHREN auswählen und in der Dialogbox AUSFÜHREN `CMD` eingeben. Klicken Sie danach auf OK.**

2. **Geben Sie auf Befehlszeilenebene folgende Anweisung ein:**

   ```
   sqlcmd -U BenutzerName
   ```

   Wenn Sie sich beispielsweise als Benutzer `sa` anmelden wollen, lautet die Anweisung:

   ```
   sqlcmd -U sa
   ```

   BenutzerName aus dem Code weiter oben ist eine SQL Server 2005-Anmeldung. Im Gegensatz zu T-SQL-Code reagiert die Anmeldung auf Groß- und Kleinschrift. Auch das Argument `-U` muss groß geschrieben werden.

   Es wird eine Eingabeaufforderung angezeigt.

3. **Geben Sie das Kennwort ein, und Sie haben Zugang zur entsprechenden Instanz von SQL Server.**

   Wenn Sie das Kennwort eingeben, sehen Sie in der Befehlszeile nichts. Sie müssen Ihre Eingabe also sehr präzise vornehmen, um Fehler zu vermeiden.

   Sie können sich mit SQLCMD auch anmelden, indem Sie diese Anweisung eingeben:

   ```
   sqlcmd -U sa -P meinKennwort
   ```

Damit wird natürlich Ihr Kennwort auf dem Bildschirm angezeigt. Sie müssen verhindern, dass jemand über Ihre Schulter blickt, während Sie obige Anweisung eingeben, oder dass jemand an eine Eingabeaufforderung kommt, über die Sie sich angemeldet haben, weil das Kennwort in Klarschrift lesbar ist. Wenn Sie also für die Anmeldung keine Windows-Authentifizierung verwenden, sollte sich Ihre Anmeldung in der Eingabeaufforderung auf die Übergabe des Benutzernamens (über das Argument `-U`) beschränken und auf `-P` verzichten. Sie übergeben dann das Kennwort separat, ohne dass es am Bildschirm ausgegeben wird.

Mit einer entfernten Instanz von SQL Server verbinden

Sie können SQLCMD auch dazu verwenden, sich über das Windows-Netzwerk mit einer Instanz von SQL Server 2005 zu verbinden. Zu diesem Zweck nehmen Sie das Argument `-S`. Sie verwenden dazu die Anmeldung `CmdTest`, die Sie im Abschnitt »Eine Einführung in SQLCMD« weiter oben in diesem Kapitel angelegt haben. Damit die entfernte Anmeldung funktioniert, muss auf beiden Maschinen Named Pipes aktiviert sein. Ich habe Ihnen weiter oben in diesem Kapitel (im Abschnitt »Netzwerkprotokolle konfigurieren«) gezeigt, wie Sie Netzwerkprotokolle mithilfe von SQL Server-Konfigurations-Manager aktivieren können. Bei Named Pipes handelt es sich um eines der Protokolle, die Sie mit SQL Server-Konfigurations-Manager aktivieren können.

Um sich mit der Standardinstanz von SQL Server 2005 auf einem Server zu verbinden, der `masvm2` heißt, gehen Sie so vor:

1. **Geben Sie in der Eingabeaufforderung diesen Text ein:**

   ```
   sqlcmd -S masvm2 -U CmdTest
   ```

   Sie werden aufgefordert, das entsprechende Kennwort einzugeben.

2. **Geben Sie das Kennwort ein, und drücken Sie [↵].**

   Es erscheint `1>` und zeigt damit an, dass Sie sich erfolgreich mit einem entfernten SQL Server 2005 verbunden haben (siehe Abbildung 15.21).

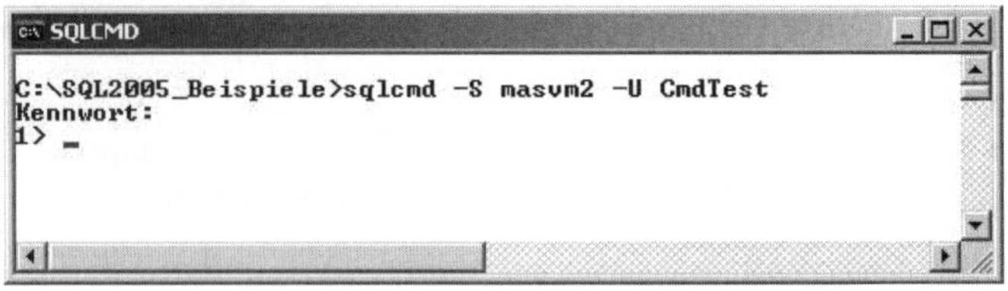

Abbildung 15.21: Mithilfe von SQLCMD mit einem entfernten Computer verbinden

Konfigurieren mithilfe von SQL Server Management Studio

SQL Server Management Studio, das ich in Kapitel 3 vorstelle, hat viele Optionen, die es Ihnen erlauben, Einstellungen an einer SQL Server 2005-Installation vorzunehmen. Die Beispiele, die ich Ihnen zeige, gehen davon aus, dass Sie lokal mit einer Standardinstanz von SQL Server 2005 verbunden sind.

Konfiguration auf der Ebene einer SQL Server-Instanz

Sie können mit SQL Server Management Studio eine Reihe von Aufgaben lösen, die eine SQL Server-Instanz betreffen. Arbeiten Sie die folgenden Punkte ab, um in die entsprechenden Dialogboxen zu kommen:

1. **Öffnen Sie SQL Server Management Studio, und öffnen Sie in der entsprechenden Instanz den Objekt-Explorer.**

2. **Klicken Sie mit der rechten Maustaste auf den Namen der Instanz, und wählen Sie im Kontextmenü EIGENSCHAFTEN aus.**

   Es öffnet sich die Dialogbox SERVEREIGENSCHAFTEN (siehe Abbildung 15.22).

Achten Sie auf die Bezeichnungen im linken Fensterelement der Dialogbox. Wenn Sie diese Namen anklicken, haben Sie Zugriff auf eine Vielzahl von Servereigenschaften, die Sie auch konfigurieren können. Auch auf die Gefahr hin, mich zu wiederholen, möchte ich noch einmal betonen, dass Sie nur Eigenschaften modifizieren sollten, von denen Sie wissen, was Ihre Änderungen an ihnen bewirken.

Die folgenden Fensterelemente enthalten Optionen, die konfiguriert werden können:

- ✔ Arbeitsspeicher
- ✔ Prozessoren
- ✔ Sicherheit
- ✔ Verbindungen
- ✔ Datenbankeinstellungen

- ✔ Erweitert
- ✔ Berechtigungen

Schauen Sie sich die einzelnen Elemente genau an, um herauszufinden, welche Eigenschaften schreibgeschützt sind und welche geändert werden können.

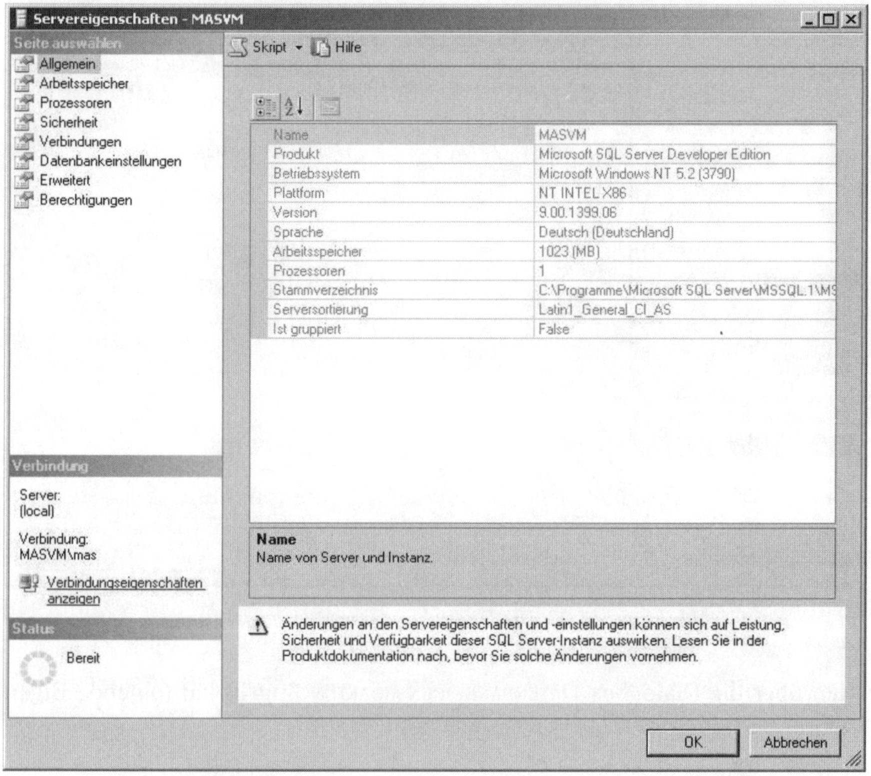

Abbildung 15.22: Die Dialogbox SERVEREIGENSCHAFTEN

Konfiguration auf Datenbankebene

SQL Server Management Studio bietet Ihnen Zugriff auf viele Eigenschaften, die Sie auf Datenbankebene konfigurieren können. Die folgenden Punkte zeigen Ihnen, wie Sie Eigenschaften der Datenbank `Kapitel15` konfigurieren können:

1. **Öffnen Sie den Knoten DATENBANKEN.**

2. **Klicken Sie mit der rechten Maustaste auf den Knoten `Kapitel15`, und wählen Sie im Kontextmenü EIGENSCHAFTEN aus.**

   Es öffnet sich die Dialogbox DATENBANKEIGENSCHAFTEN (siehe Abbildung 15.23).

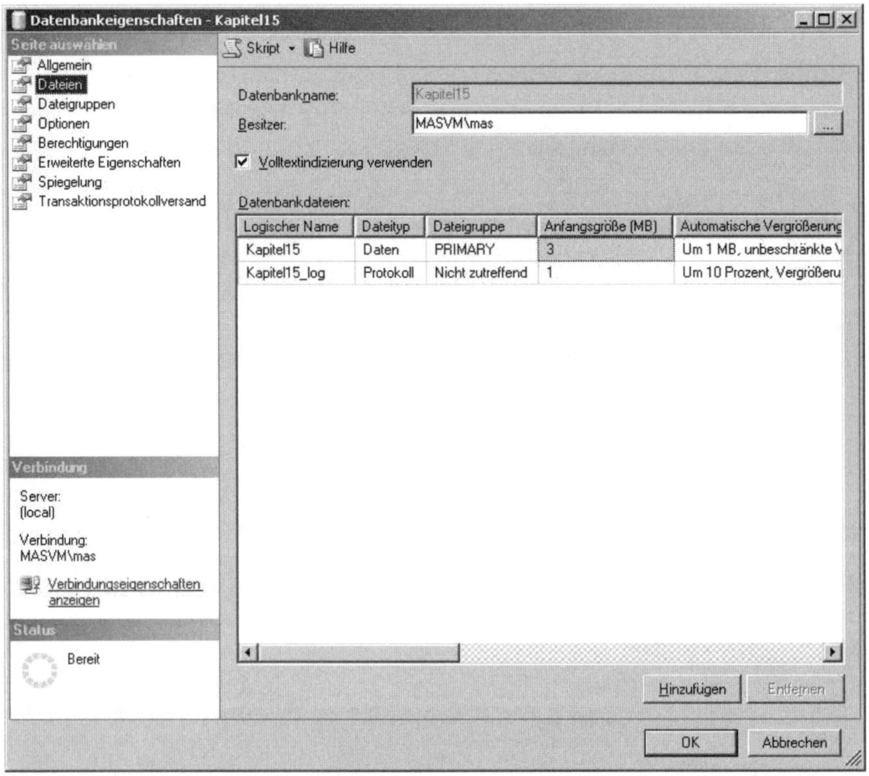

Abbildung 15.23: Die Dialogbox DATENBANKEIGENSCHAFTEN

Sie erhalten über die Dialogbox DATENBANKEIGENSCHAFTEN Zugriff auf folgende Eigenschaftsthemen.

- ✔ Dateien
- ✔ Dateigruppen
- ✔ Optionen
- ✔ Berechtigungen
- ✔ Erweiterte Eigenschaften
- ✔ Spiegelung
- ✔ Transaktionsprotokollversand

Aufträge mit SQL Server-Agent zeitlich steuern

16

In diesem Kapitel

- SQL Server-Agent entdecken
- Berechtigungen für SQL Server-Agent einrichten
- SQL Server-Agent installieren
- SQL Server-Agent mit T-SQL kontrollieren
- Automatische Wartungsaufträge einrichten

Als Datenbankadministrator müssen Sie viele Aufgaben immer wieder durchführen, damit eine Datenbankinstallation von SQL Server 2005 problemlos arbeiten kann. Häufig müssen diese wiederkehrenden Aufgaben zu einer bestimmten Zeit durchgeführt werden. Einiges muss beispielsweise jeden Tag erledigt werden, andere Aufgaben einmal pro Woche. Aufgrund der Tatsache, dass diese wichtigen Aufgaben wiederholbar sind, bietet SQL Server einen Weg an, sie automatisch ablaufen zu lassen. Wenn Sie Aufgaben manuell erledigen, ist das in der Regel zeitintensiv (und damit teuer). Hinzu kommt noch, dass diese Arbeit langweilig ist und Fehler produziert (weil immer noch die meisten Administratoren Menschen sind). Deshalb sollten Sie versuchen, möglichst viel über Automatismen abarbeiten zu lassen. Und das genau ist die Aufgabe von SQL Server-Agent.

Sie erstellen in SQL Server-Agent einen *Auftrag,* der eine Aufgabe automatisiert erledigt. Sie verwenden eine *Warnung,* um einen Datenbankadministrator und andere menschliche Wesen über bestimmte Situationen zu informieren, die nur Menschen einschätzen und bei denen nur Menschen eingreifen können. Wenn Sie zum Beispiel SQL Server-Daten nach einem festen Zeitplan sichern wollen, ist SQL Server-Agent das ideale Werkzeug, um diese Aufgabe zu erledigen.

In diesem Kapitel bezeichne ich SQL Server-Agent häufig nur als SQL-Agent. Beide Begriffe werden synonym verwendet. Auch Microsoft benutzt beide Ausdrücke.

Im letzten Teil dieses Kapitels stelle ich Ihnen den Wartungplanungs-Assistenten (Database Maintenance Wizard) vor. Dieser Assistent erstellt unter der Oberfläche eines Moduls diverse SQL Server-Agent-Aufträge.

Einführung in SQL Server-Agent

SQL Server-Agent ist ein Dienst, der es Ihnen ermöglicht, administrative Aufgaben zu automatisieren. Die Informationen, die dieser Dienst benötigt, um seine Aufgaben erledigen zu können, legt er in SQL Server ab.

Sie können SQL Server-Agent für zwei Arten von Aufgaben verwenden: Überwachung und Wartung. SQL Server-Agent kann zwei Dinge:

- Eine Aufgabe – sei es Überwachung oder Wartung – auf einer oder mehreren Instanzen von SQL Server ausführen.
- Einen Datenbankadministrator oder andere zuständige Personen informieren oder warnen, wenn eine bestimmte Situation eintritt.

Diese beiden Punkte gehören zu einem *Auftrag* beziehungsweise zu einer *Warnung* von SQL Server-Agent.

Beispiele für Aufgaben, die Sie eventuell durch SQL Server-Agent erledigen lassen wollen, sind:

- Daten sichern
- Daten in ein Data Warehouse kopieren oder verschieben
- Datenbankwartung zeitgesteuert durchführen

Server-Agent mithilfe von SQL Server Management Studio verwalten

Sie können SQL Server-Agent mithilfe von SQL Server Management Studio verwalten. Eine der wichtigen Aufgaben ist herauszufinden, ob SQL Server-Agent läuft. Um Informationen über SQL Server-Agent zu erhalten, gehen Sie so vor:

1. **Starten Sie SQL Server Management Studio.**

   Verwenden Sie das Fensterelement REGISTRIERTE SERVER, um sich über den Objekt-Explorer mit einer SQL Server-Instanz zu verbinden.

2. **Falls das Fensterelement REGISTRIERTE SERVER nicht sichtbar ist, wählen Sie ANSICHT|REGISTRIERTE SERVER aus. Wählen Sie in dem Fensterelement die entsprechende Instanz aus, klicken Sie sie mit der rechten Maustaste an, und wählen Sie im Kontextmenü VERBINDEN|OBJEKT-EXPLORER aus.**

3. **Klicken Sie im Objekt-Explorer auf die entsprechende SQL Server-Instanz. Erweitern Sie den Knoten, falls das noch nicht geschehen ist.**

   Unterhalb aller anderen Knoten finden Sie das Symbol für SQL Server-Agent. Abbildung 16.1 zeigt, wie das Symbol aussieht, wenn SQL-Agent nicht läuft. Beachten Sie die Nachricht, dass Agent XPs deaktiviert sind. Ich erkläre Ihnen weiter unten in diesem Kapitel (im Abschnitt »Erweiterte gespeicherte SQL-Agent-Prozeduren aktivieren«), wie erweiterte gespeicherte Prozeduren (im Englischen E*X*trended Stored *P*rocedures – *XPs*) für den Agent aktiviert werden. Beachten Sie weiterhin, dass es kein Plus (+) gibt, das es Ihnen ermöglicht, den Knoten SQL SERVER-AGENT zu erweitern.

Abbildung 16.1: Das Symbol SQL-AGENT zeigt an, dass SQL-Agent nicht läuft.

Abbildung 16.2 zeigt das Erscheinungsbild des Symbols, wenn SQL-Agent läuft. Wenn SQL-Agent gestartet ist, kann der Knoten erweitert werden. In Abbildung 16.3 ist der Knoten erweitert, und Sie können die Features von SQL-Agent sehen.

Abbildung 16.2: Das Symbol SQL-AGENT zeigt an, dass SQL-Agent läuft.

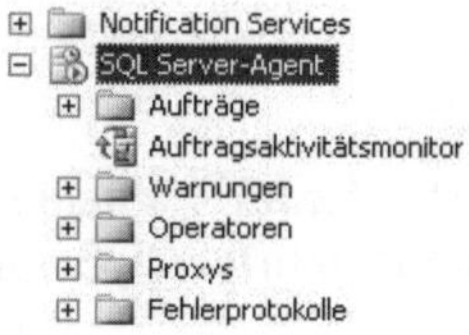

Abbildung 16.3: Die Features von SQL-Agent im Objekt-Explorer

Ein SQL Server-Agent Proxy gibt SQL-Agent die Möglichkeit, einen Auftrag schrittweise mit den Berechtigungen eines bestimmten Benutzers ablaufen zu lassen.

SQL Server-Agent starten und beenden

Sie können den SQL Server-Agent-Dienst sehr einfach starten und beenden, wenn Sie SQL Server Management Studio verwenden.

Die folgende Übersicht geht davon aus, dass Sie SQL Server Management Studio so geöffnet haben, wie ich es im letzten Abschnitt beschrieben habe.

Falls Sie SQL-Agent starten wollen, weil er beendet ist, klicken Sie im Objekt-Explorer mit der rechten Maustaste auf den Knoten SQL Server-Agent, und wählen Sie im Kontextmenü Starten aus.

Falls Sie SQL-Agent beenden wollen, weil er läuft, klicken Sie im Objekt-Explorer mit der rechten Maustaste auf den Knoten SQL Server-Agent, und wählen Sie im Kontextmenü Beenden aus.

Und so, wie Sie in der Lage sein müssen, SQL-Agent zu starten und zu beenden, müssen Sie auch dafür sorgen, dass SQL-Agent automatisch gestartet wird, wenn der Server hochfährt, auf dem SQL Server 2005 installiert ist.

SQL Server-Agent automatisch starten

Alle Automatismen, die mit SQL Server zu tun haben, hängen von SQL Server-Agent ab. Wenn Sie SQL-Agent einrichten, um eine Aufgabe zu einer bestimmten Zeit zu erledigen, und Sie vergessen, dafür zu sorgen, dass der Dienst läuft, wird die Aufgabe nicht verarbeitet. Und wenn Sie die Ergebnisse von SQL-Agent-Aufträgen nicht regelmäßig überprüfen, kann es eine ganze Weile dauern, bis Ihnen dies auffällt.

Wenn Sie den SQL Server-Dienst beenden, wird der SQL Server-Agent-Dienst ebenfalls beendet.

Um sicher zu sein, dass SQL-Agent ständig läuft, sollten Sie ihn und den SQL Server-Dienst so einrichten, dass sie automatisch starten, wenn die SQL Server-Maschine hochfährt. Damit können Sie sicher sein, dass der SQL-Agent-Dienst wieder läuft, wenn der Server nach einem Software-Update oder einem zeitweiligen Stromausfall neu bootet.

SQL-Agent ist ein Windows-Dienst. Es gibt zwei Möglichkeiten, SQL-Agent automatisch starten zu lassen, wenn die Server-Maschine hochfährt: SQL Server-Konfigurations-Manager oder das Dienstprogramm Dienste.

Wenn Sie SQL Server-Konfigurations-Manager verwenden wollen, um SQL-Agent so einzurichten, dass er automatisch startet, gehen Sie so vor:

1. **Öffnen Sie SQL Server-Konfigurations-Manager (oder eine Microsoft Management-Konsole, zu der SQL Server-Konfigurations-Manager hinzugefügt worden ist, wie ich es in Kapitel 15 beschreibe).**

2. **Markieren Sie im linken Fensterelement SQL SERVER 2005-DIENSTE.**

   Im rechten Fensterelement werden die Dienste von SQL Server angezeigt.

3. **Markieren Sie den Dienst SQL SERVER-AGENT, klicken Sie mit der rechten Maustaste, und wählen Sie im Kontextmenü EIGENSCHAFTEN aus.**

   Es öffnet sich die Dialogbox EIGENSCHAFTEN VON SQL SERVER-AGENT.

4. **Markieren Sie auf der Registerkarte DIENST (siehe Abbildung 16.4) die Dropdownliste STARTMODUS. Hier können Sie festlegen, wie der SQL-Agent-Dienst startet. Wenn dies automatisch geschehen soll, wählen Sie die Option AUTOMATISCH aus.**

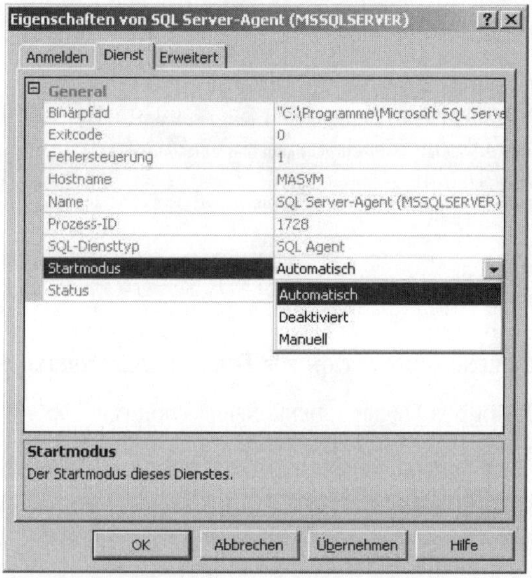

Abbildung 16.4: Die Startoption AUTOMATISCH für SQL-Agent festlegen

5. **Klicken Sie auf ÜBERNEHMEN und dann auf OK, wenn Sie keine weiteren Einstellungen in den Eigenschaften von SQL-Agent vornehmen wollen.**

Eine weitere Möglichkeit, den SQL-Agent-Dienst für einen automatischen Start einzurichten, bietet SQL Server-Oberflächenkonfiguration. Gehen Sie so vor:

1. **Wählen Sie START|PROGRAMME|MICROSOFT SQL SERVER 2005|KONFIGURATIONSTOOLS|SQL SERVER-OBERFLÄCHENKONFIGURATION aus.**

   Abbildung 16.5 stellt den Startbildschirm von SQL Server-Oberflächenkonfiguration dar.

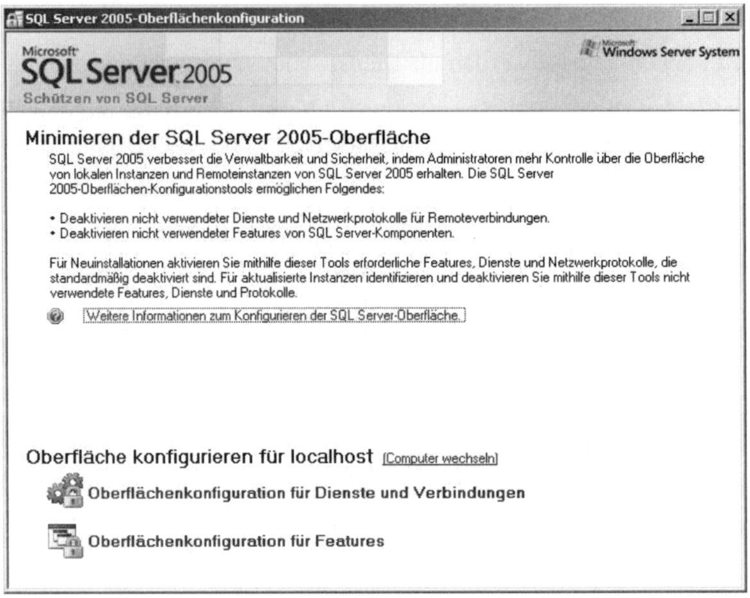

Abbildung 16.5: Der Startbildschirm von SQL Server-Oberflächenkonfiguration

2. **Wählen Sie Oberflächenkonfiguration für Dienste und Verbindungen aus.**

   Es öffnet sich die Dialogbox Oberflächenkonfiguration für Dienste und Anwendungen (siehe Abbildung 16.6).

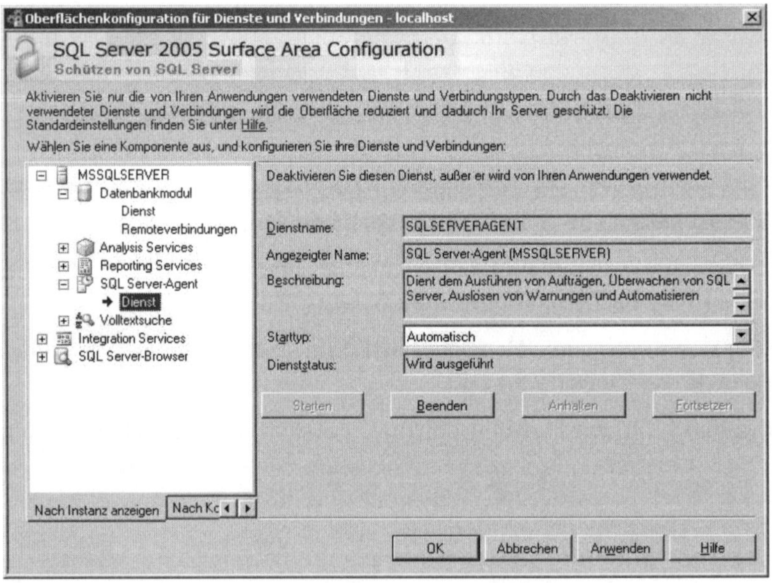

Abbildung 16.6: Die Dialogbox Oberflächenkonfiguration für Dienste und Anwendungen

3. **Markieren Sie im linken Fensterelement die Option SQL Server-Agent.**

   Im rechten Fensterelement werden Informationen über den SQL-Agent-Dienst angezeigt.

4. **Wählen Sie in der Dropdownliste Starttyp die Option Automatisch aus.**
5. **Klicken Sie auf Anwenden und OK.**

SQL-Agent und Business Intelligence

Sie können SQL Server-Agent zusätzlich zur Durchführung routinemäßiger administrativer Aufgaben dazu verwenden, zeitgesteuerte Pakete von Integration Services auszuführen oder Berichte der Reporting Services zu erstellen oder zu verteilen.

Vielleicht wollen Sie aber auch ein Paket von SQL Server Integration Services ablaufen lassen, das jeden Abend die Tagesdaten umwandelt und in ein Data Warehouse transportiert. SQL-Agent wird dazu benötigt, das Integration Services-Paket zeitgesteuert ablaufen zu lassen. Wenn Sie Berichte von Reporting Services zeitgesteuert ausliefern wollen, können Sie die Verantwortung für die Zeitplanung an SQL Server-Agent übergeben.

Ich beschreibe SQL Server Integration Services in Kapitel 20 und SQL Server Reporting Services in Kapitel 22.

Sicherheit

Sie müssen Windows-Authentifizierung verwenden, wenn Sie unter SQL Server 2005 SQL-Agent einsetzen. SQL Server-Authentifizierung ist nur dann verfügbar, wenn Sie SQL-Agent zusammen mit einer früheren Version von SQL Server nutzen.

Jeder Auftrag kann in seinem eigenen Sicherheitskontext ablaufen. Dies sorgt für fein abgestufte Sicherheitseinstellungen, damit jeder Schritt mit minimalen Berechtigungen ausgeführt werden kann. Das wiederum hält das Risiko klein, dass jemand einen SQL-Agent-Auftrag unberechtigt nutzt.

Sie sollten spezielle Proxy-Benutzerkonten anlegen (die im Objekt-Explorer im Knoten Proxys von SQL Server-Agent angezeigt werden), die nur einzelne Auftragsschritte ausführen können. Jedem Proxy-Benutzerkonto sollten Sie nur die Berechtigungen zuweisen, die es benötigt, um einen speziellen Auftragsschritt ausführen zu können.

Damit SQL-Agent Aufgaben automatisch ausführen kann, muss er die notwendigen Rechte für alles haben, was er machen soll.

SQL-Agent-Berechtigungen

Sie können den SQL-Agent-Dienst dazu verwenden, Aufträge lokal oder im Netzwerk auszuführen. Wenn SQL-Agent seine Aufträge nur auf einem lokalen Server ausführen soll, reicht es aus, ihn unter dem Konto »Lokales System« laufen zu lassen. Soll SQL-Agent seine Aufträge im Netz ablaufen lassen, müssen Sie ein Konto eines Domänenbenutzers verwenden.

Nachdem Sie SQL Server-Agent installiert und den Dienst gestartet haben, können Sie das Benutzerkonto, unter dem der Agent läuft, sehen und/oder ändern, indem Sie so vorgehen:

1. **Starten Sie SQL Server-Konfigurations-Manager, indem Sie START|PROGRAMME|MICROSOFT SQL SERVER 2005|KONFIGURATIONSTOOLS|SQL SERVER CONFIGURATION MANAGER auswählen.**

2. **Markieren Sie im linken Fensterelement SQL SERVER 2005-DIENSTE.**

   Im rechten Fensterelement werden die verfügbaren SQL Server-Dienste angezeigt.

3. **Klicken Sie mit der rechten Maustaste auf den Dienst SQL SERVER-AGENT, und wählen Sie im Kontextmenü EIGENSCHAFTEN aus.**

   Es erscheint die Dialogbox EIGENSCHAFTEN VON SQL SERVER-AGENT (siehe Abbildung 16.7). Standardmäßig wird sofort die Registerkarte ANMELDEN angezeigt.

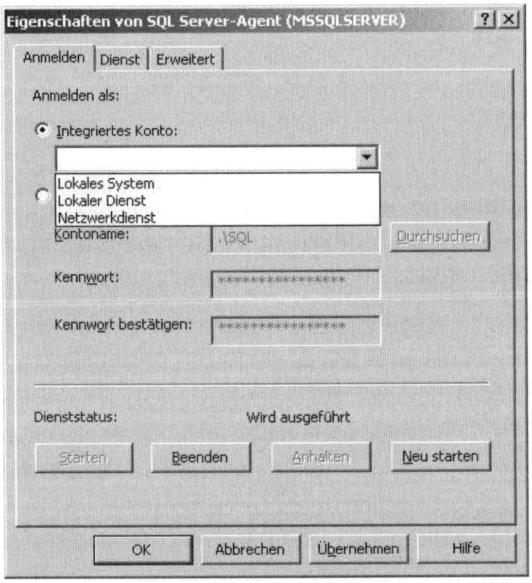

Abbildung 16.7: Die Registerkarte ANMELDEN der Dialogbox EIGENSCHAFTEN VON SQL SERVER-AGENT

4. **Sie können sich die systeminternen Anmeldeoptionen anschauen, indem Sie auf die Dropdownliste INTEGRIERTES KONTO klicken.**

5. **Wenn Sie keines der integrierten Konten verwenden wollen, klicken Sie auf das Optionsfeld DIESES KONTO und geben einen Namen und das passende Kennwort ein.**

Berechtigungen für Benutzer

Unmittelbar nach der Installation von SQL Server 2005 sind nur Administratoren in der Lage, SQL Server-Agent-Aufträge zu sehen, zu ändern, zu erstellen und auszuführen. Damit ein anderer Benutzer wenigstens den Knoten des Agents in SQL Server Management Studio sieht, muss ihm der Administrator die entsprechenden Rechte gewähren.

Damit die Anmeldung `CMDTest`, die Sie in Kapitel 15 anlegen, `sysadmin`-Rechte bekommt, gehen Sie so vor, wie es die nächsten Schritte beschreiben. Falls die Anmeldung nicht existiert, wählen Sie eine andere aus.

1. **Öffnen Sie SQL Server Management Studio. Markieren Sie unter REGISTRIERTE SERVER Ihre Server-Instanz. Klicken Sie mit der rechten Maustaste, und wählen Sie VERBINDEN|OBJEKT-EXPLORER aus.**

2. **Erweitern Sie den Knoten SICHERHEIT und den darunter liegenden Knoten ANMELDUNGEN.**

3. **Klicken Sie mit der rechten Maustaste auf die Anmeldung `CMDTest` (oder eine andere Anmeldung). Wählen Sie im Kontextmenü EIGENSCHAFTEN aus.**

   Es erscheint die Dialogbox ANMELDUNGSEIGENSCHAFTEN (siehe Abbildung 16.8).

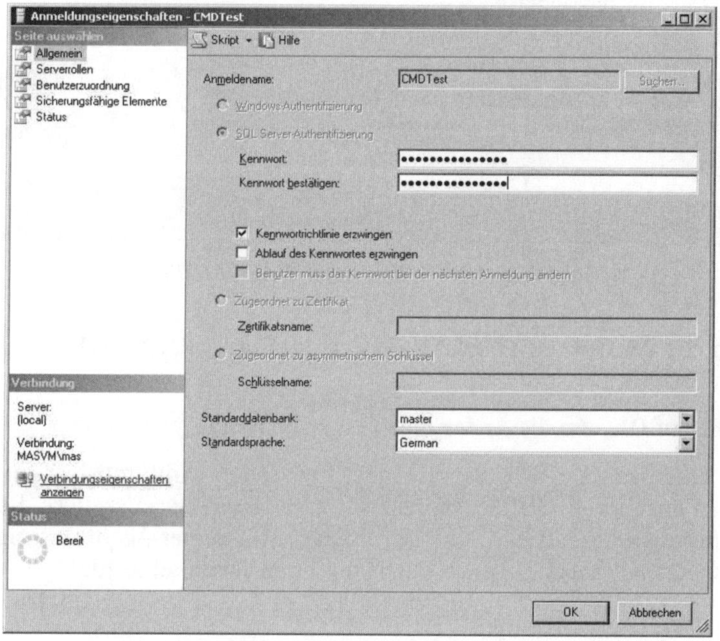

Abbildung 16.8: Die Dialogbox ANMELDUNGSEIGENSCHAFTEN

4. **Markieren Sie im linken Fensterelement der Dialogbox die Option BENUTZERZUORDNUNG.**

   Das rechte Fensterelement ändert sich und zeigt die Benutzerzuordnung an.

5. **Aktivieren Sie im rechten Fensterelement unter BENUTZER, DIE DIESER ANMELDUNG ZUGEORDNET SIND das Kontrollkästchen für die Datenbank `msdb`.**

   Im unteren Teil des rechten Fensterelements werden weitere Optionen sichtbar.

6. **Rollen Sie in der Liste MITGLIEDSCHAFT IN DATENBANKROLLE FÜR nach unten.**

   Abbildung 16.9 stellt die Optionen dar, die für SQL-Agent wichtig sind.

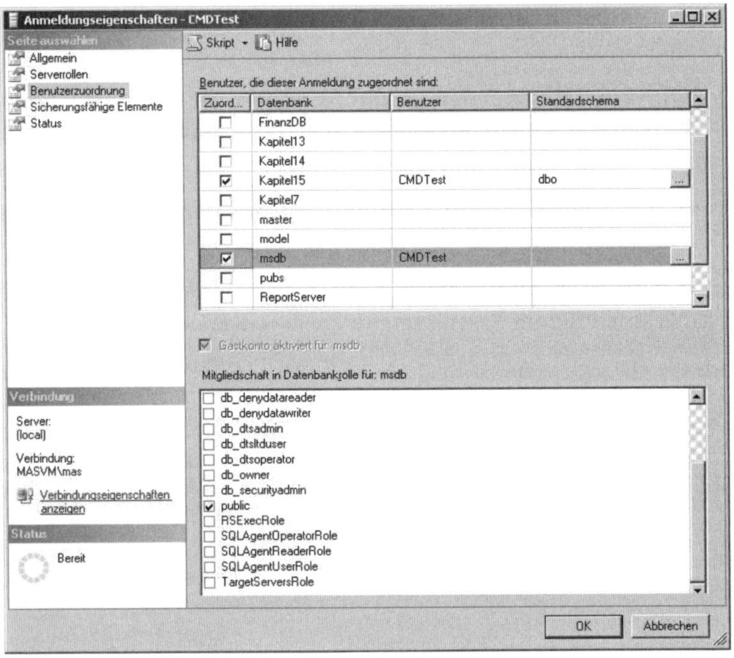

Abbildung 16.9: Rollen für SQL-Agent festlegen

7. **Aktivieren Sie die Optionen SQLAGENTOPERATORROLE, SQLAGENTREADERROLE und/oder SQLAGENTUSERROLE.**

8. **Klicken Sie auf OK, um die Änderungen zu speichern.**

Damit ein anderer Benutzer SQL Server-Agent verwenden kann, muss er mindestens einer von zwei Rollen angehören: SQLAGENTUSERROLE oder MAINTENANCEUSERROLE. Benutzer, denen Sie diese Rechte zugewiesen haben, sind in der Lage, SQL Server-Agent-Aufträge zu erstellen. Aufträge, die sie erstellt haben, können auch von ihnen verwaltet werden.

SQL Server-Agent konfigurieren

Sie müssen eine Reihe von Optionen fehlerfrei einrichten, damit SQL-Agent alle Aktionen durchführen kann, die Sie benötigen.

Windows-Berechtigungen

Damit SQL-Agent erfolgreich laufen kann, benötigt er diese Windows-Berechtigungen:

- ✔ Anmelden als Dienst
- ✔ Anmelden als Stapelverarbeitungsauftrag
- ✔ Anpassung von Speicherkontingenten für einen Prozess
- ✔ Auslassen einer durchsuchenden Überprüfung
- ✔ Einsetzen als Teil des Betriebssystems
- ✔ Ersetzen eines Tokens auf Prozessebene

Falls Sie Probleme damit haben, SQL-Agent zu starten, sollten Sie prüfen, ob jede dieser Berechtigungen dem Konto zugewiesen worden ist, das zur Rolle `SQLAgentUserRole` gehört. Wenn Sie wissen wollen, ob diese Rechte an Ihrem System gesetzt sind, gehen Sie so vor:

1. **Wählen Sie START|PROGRAMME|VERWALTUNG|LOKALE SICHERHEITSRICHTLINIEN (Windows 2003 Server) oder START|EINSTELLUNGEN|SYSTEMSTEUERUNG|VERWALTUNG|LOKALE SICHERHEITSRICHTLINIEN (Windows XP) aus.**

   Sie finden die Dialogbox LOKALE SICHERHEITSEINSTELLUNGEN von Windows 2003 als Abbildung 16.10 vor.

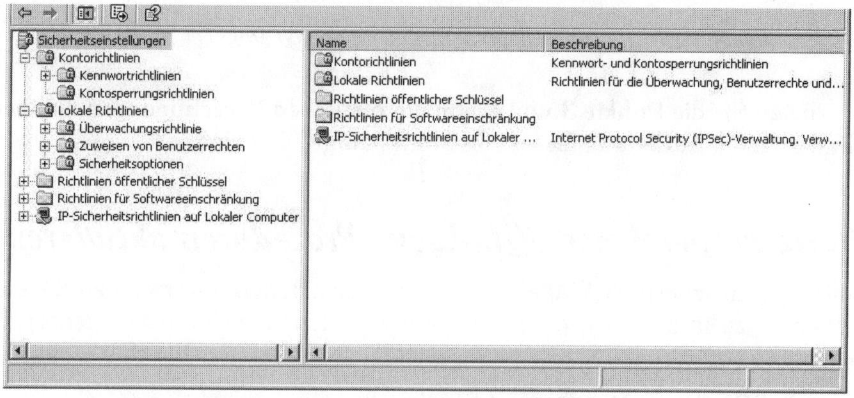

Abbildung 16.10: Die Dialogbox LOKALE SICHERHEITSEINSTELLUNGEN

2. **Erweitern Sie den Knoten LOKALE RICHTLINIEN, und markieren Sie ZUWEISEN VON BENUTZERRECHTEN.**

   Im rechten Fensterelement werden die einzelnen Richtlinien angezeigt.

3. **Um herauszufinden, ob SQL-Agent zum Beispiel die Berechtigung hat, sich als Dienst anzumelden, markieren Sie im rechten Fensterelement ANMELDEN ALS DIENST. Klicken Sie mit der rechten Maustaste, und wählen Sie im Kontextmenü EIGENSCHAFTEN aus.**

   Es erscheint die Dialogbox EIGENSCHAFTEN VON ANMELDEN ALS DIENST.

4. **Schauen Sie sich die Liste in der Dialogbox an, und prüfen Sie nach, ob die Rolle `SQLAgent User` Bestandteil dieser Liste ist.**

   Die Rolle ist in Abbildung 16.11 markiert.

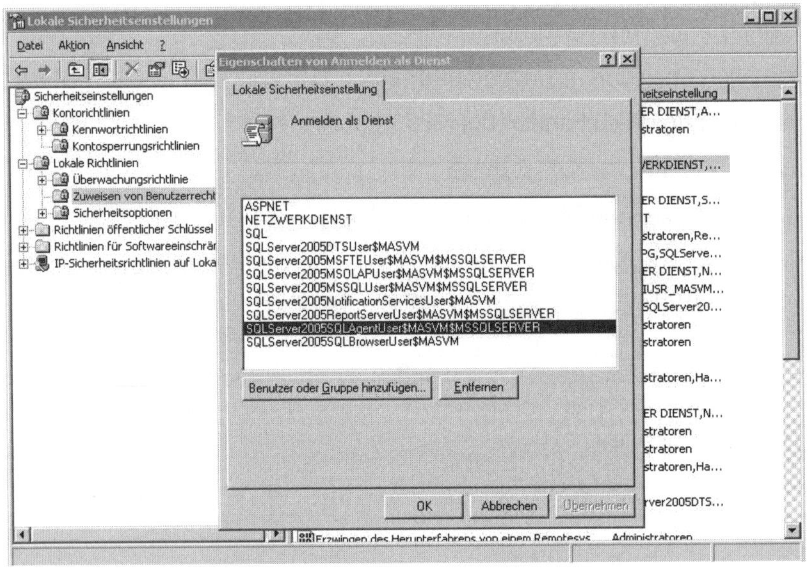

Abbildung 16.11: Die Dialogbox EIGENSCHAFTEN VON ANMELDEN ALS DIENST

5. **Wiederholen Sie die Punkte 3 und 4, um die restlichen Berechtigungen zu überprüfen, die in der ersten Auflistung dieses Abschnitts aufgeführt sind.**

Erweiterte gespeicherte SQL-Agent-Prozeduren aktivieren

Um erweiterte gespeicherte SQL-Agent-Prozeduren zu aktivieren, verwenden Sie die gespeicherte Systemprozedur `sp_configure`. Um die erweiterten Prozeduren des Agents einzuschalten, gehen Sie so vor:

1. **Öffnen Sie SQL Server Management Studio.**
2. **Klicken Sie auf das Symbol für die Datenbankmodul-Abfrage.**
3. **Weil Sie die erweiterten Optionen für Änderungen erst einmal einschalten müssen, verwenden Sie diesen Code:**

```
sp_configure 'show_advanced_options', 1
GO
```

4. **Damit sich die Änderungen auswirken, lassen Sie diesen Code ablaufen:**

```
Reconfigure
GO
```

5. **Lassen Sie den folgenden Code ablaufen, um die erweiterten gespeicherten Prozeduren von SQL-Agent zu aktivieren.**

```
sp_configure 'Agent XPs', 1
GO
Reconfigure
GO
```

6. **Prüfen Sie nach, ob die Spalte `config_value` jetzt für `AgentXPs` eine `1` enthält, indem Sie diesen Code verwenden:**

```
sp_configure
GO
```

Abbildung 16.12 zeigt, wie das Ergebnisraster aussehen sollte.

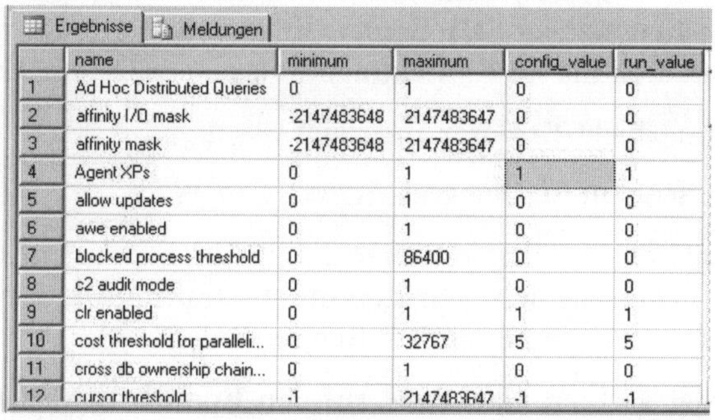

Ergebnisse | Meldungen

	name	minimum	maximum	config_value	run_value
1	Ad Hoc Distributed Queries	0	1	0	0
2	affinity I/O mask	-2147483648	2147483647	0	0
3	affinity mask	-2147483648	2147483647	0	0
4	Agent XPs	0	1	1	1
5	allow updates	0	1	0	0
6	awe enabled	0	1	0	0
7	blocked process threshold	0	86400	0	0
8	c2 audit mode	0	1	0	0
9	clr enabled	0	1	1	1
10	cost threshold for paralleli...	0	32767	5	5
11	cross db ownership chain...	0	1	0	0
12	cursor threshold	-1	2147483647	-1	-1

Abbildung 16.12: Die erweiterten gespeicherten Agent-Prozeduren sind aktiviert.

Aufträge und Warnungen erstellen

Wenn Sie SQL Server-Agent in einer produktiven Umgebung verwenden, benötigen Sie höchstwahrscheinlich auch Aufträge und Warnungen.

Einen SQL-Agent-Auftrag erstellen

Das folgende Beispiel verwendet die Datenbank `Kapitel16`, die ich mithilfe dieses T-SQL-Codes angelegt habe:

```
CREATE DATABASE Kapitel16
```

Fügen Sie eine Tabelle mit dem Namen `DatumZeitEinfügen` hinzu, indem Sie diesen Code verwenden:

```
USE Kapitel16

CREATE TABLE DatumZeitEinfügen
 (ID INT IDENTITY(1,1) PRIMARY KEY,
 DatumVomAgent DateTime)
```

Fügen Sie einen Beispielwert in die Tabelle ein, und schauen Sie sich diesen Wert an, indem Sie den folgenden Code verwenden:

```
INSERT INTO DatumZeitEinfügen
 VALUES(1, GetDate())

SELECT *
FROM DatumZeitEinfügen
```

Der Beispielauftrag fügt eine Zeile in die Tabelle `DatumZeitEinfügen` ein und speichert dabei in der Spalte `DatumVomAgent` das aktuelle Datum und die aktuelle Zeit.

Um in SQL Server Management Studio einen SQL Server-Agent-Auftrag zu erstellen, gehen Sie so vor:

1. **Öffnen Sie SQL Server Management Studio. Markieren Sie unter REGISTRIERTE SERVER die entsprechende Instanz von SQL Server. Klicken Sie mit der rechten Maustaste auf die Instanz, und wählen Sie im Kontextmenü VERBINDEN|OBJEKT-EXPLORER aus.**

   Die Instanz wird im Objekt-Explorer angezeigt.

2. **Erweitern Sie den Knoten SQL SERVER-AGENT.**

   Sie können den Knoten nur dann erweitern, wenn der SQL-Agent-Dienst läuft. Falls dies nicht der Fall ist, folgen Sie den Schritten im Abschnitt »SQL Server-Agent starten und beenden«, den Sie weiter oben in diesem Kapitel finden.

3. **Klicken Sie mit der rechten Maustaste auf den Knoten AUFTRÄGE, und wählen Sie im Kontextmenü NEUER AUFTRAG aus.**

   Es öffnet sich die Dialogbox NEUER AUFTRAG (siehe Abbildung 16.13).

4. **Geben Sie dem neuen Auftrag einen Namen und eine Beschreibung (siehe Abbildung 16.14).**

   Sie können die Kategorie als nicht kategorisiert stehen lassen.

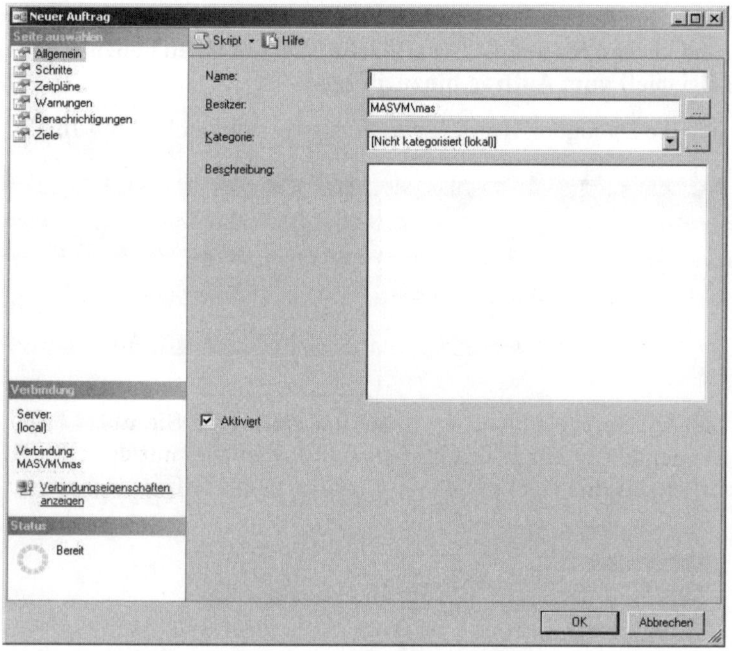

Abbildung 16.13: Die Dialogbox NEUER AUFTRAG

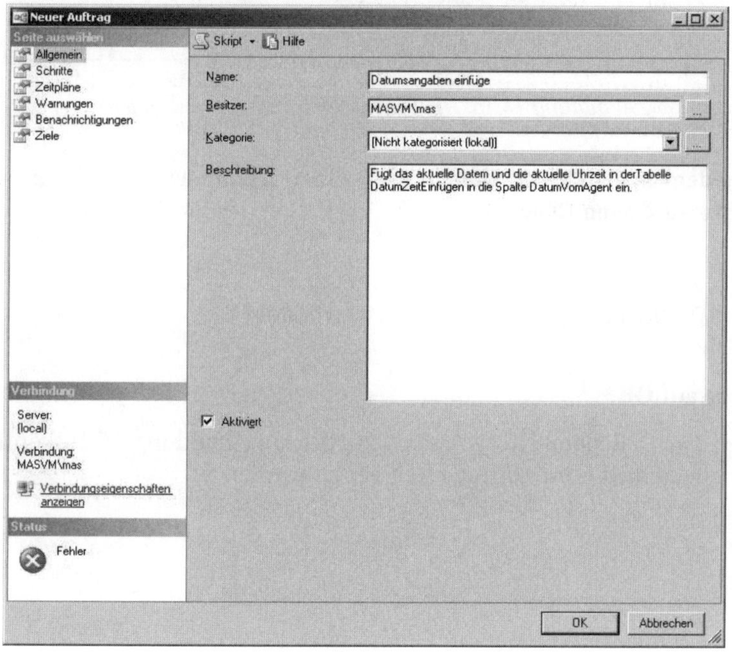

Abbildung 16.14: Dem neuen SQL-Agent-Auftrag einen Namen und eine Beschreibung geben

5. Markieren Sie im linken Fensterelement der Dialogbox Neuer Auftrag die Option Schritte, und klicken Sie auf die Schaltfläche Neu, um einen neuen Schritt (den einzigen in diesem Beispiel) zum Auftrag hinzuzufügen.

Es öffnet sich die Dialogbox Neuer Auftragsschritt (siehe Abbildung 16.15).

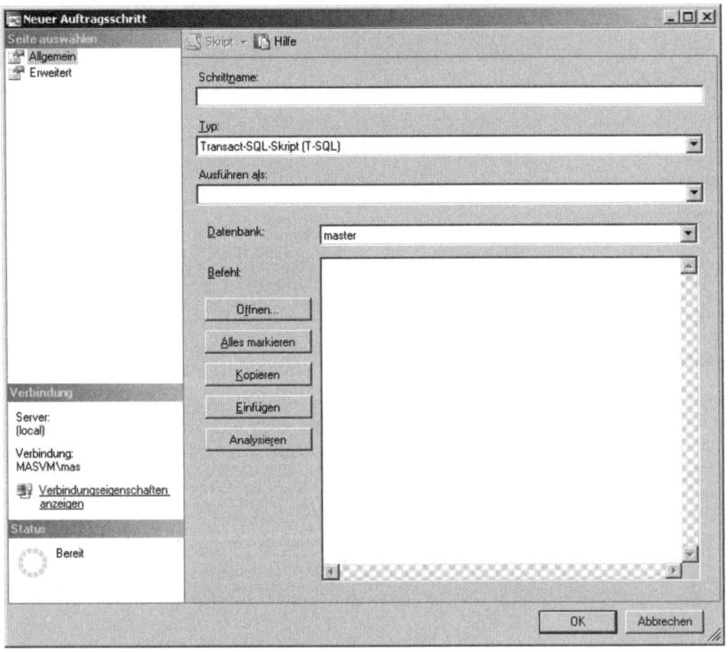

Abbildung 16.15: Die Dialogbox Neuer Auftragsschritt

6. Geben Sie dem Schritt einen Namen wie »Einen Datumswert einfügen«. Geben Sie im Bereich Befehl diesen Code ein:

```
USE Kapitel16

INSERT INTO DatumZeitEinfügen (DatumVomAgent)
 VALUES(GetDate())
```

7. Klicken Sie auf OK.

Sie kehren zur Dialogbox Neuer Auftrag zurück. In Abbildung 16.16 können Sie sehen, dass der neue Schritt zum Auftrag hinzugefügt worden ist.

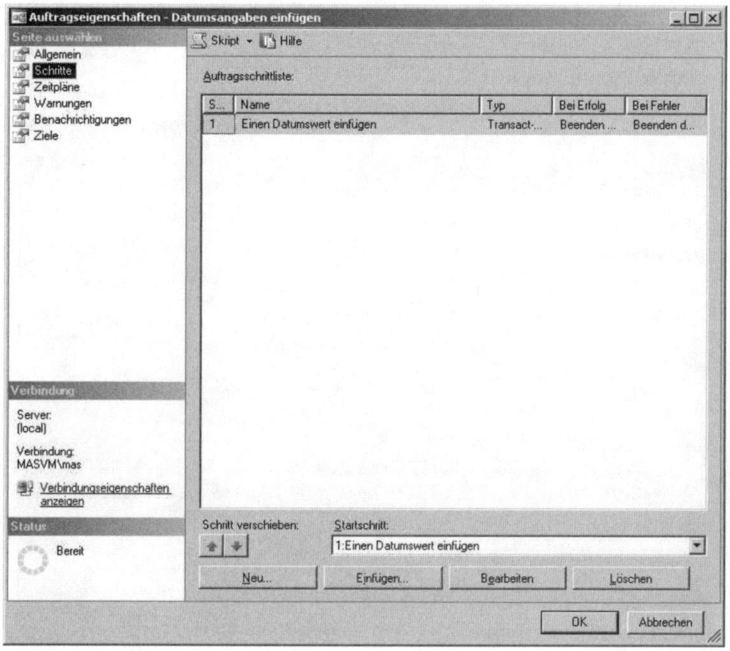

Abbildung 16.16: Ein Schritt ist zu einem SQL-Agent-Auftrag hinzugefügt worden.

8. **Klicken Sie im linken Fensterelement der Dialogbox Neuer Auftrag auf die Option Zeitpläne.**

9. **Klicken Sie im rechten Fensterelement auf die Schaltfläche Neu. Es öffnet sich die Dialogbox Neuer Auftragszeitplan. Geben Sie dem Zeitplan einen Namen, und legen Sie fest, dass der Plan jede Minute ausgeführt wird (siehe Abbildung 16.17). Klicken Sie auf OK.**

   Sie legen in diesem Beispiel weder eine Warnung noch eine Benachrichtigung an.

Sie können mehr als einen Zeitplan haben. Sie müssen also dafür sorgen, dass jeder Zeitplan einen eindeutigen Namen bekommt.

10. **Kehren Sie zu SQL Server Management Studio zurück, und lassen Sie diesen Code ablaufen:**

```
USE Kapitel16
SELECT *
FROM DatumZeitEinfügen
```

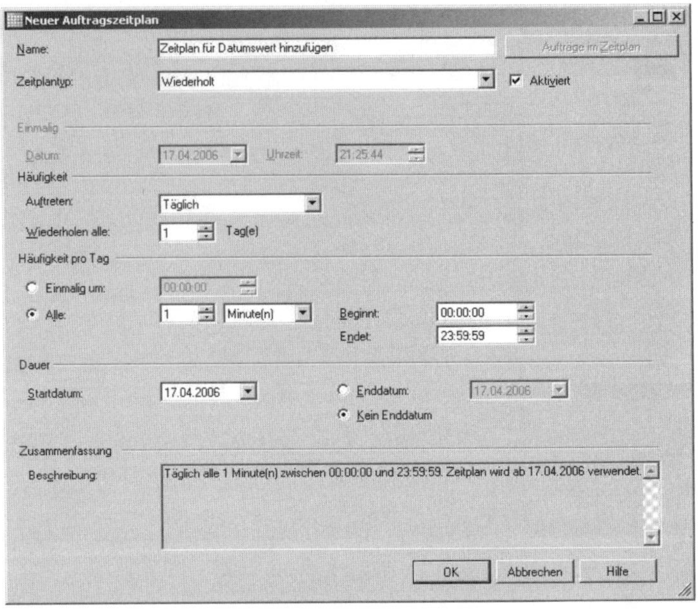

Abbildung 16.17: Einen Zeitplan für einen SQL-Agent-Auftrag festlegen

11. Warten Sie ein paar Minuten, und führen Sie dann die `SELECT`-Anweisung noch einmal aus.

Das Ergebnis der Anweisung sollte so ähnlich aussehen wie das in Abbildung 16.18. Es sind durch den SQL-Agent-Auftrag einige Zeilen zur Tabelle `DatumZeitEinfügen` hinzugefügt worden.

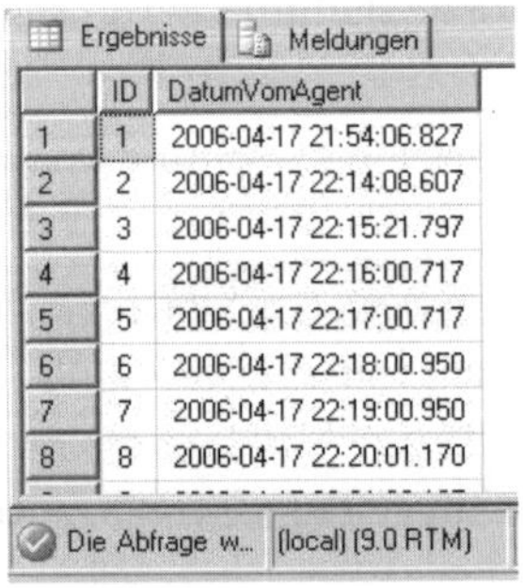

	ID	DatumVomAgent
1	1	2006-04-17 21:54:06.827
2	2	2006-04-17 22:14:08.607
3	3	2006-04-17 22:15:21.797
4	4	2006-04-17 22:16:00.717
5	5	2006-04-17 22:17:00.717
6	6	2006-04-17 22:18:00.950
7	7	2006-04-17 22:19:00.950
8	8	2006-04-17 22:20:01.170

Abbildung 16.18: Der Tabelle `DatumZeitEinfügen` sind mehrere Zeilen durch den SQL-Agent-Auftrag hinzugefügt worden.

12. Um zu überprüfen, ob und wie Aufträge von SQL-Agent aktiv sind, erweitern Sie, falls notwendig, den Knoten SQL SERVER-AGENT. Führen Sie auf AUFTRAGSAKTIVITÄTSMONITOR einen Doppelklick aus.

Es öffnet sich die Dialogbox AUFTRAGSAKTIVITÄTSMONITOR. Abbildung 16.19 zeigt, wie die Informationen dort aussehen, wenn ein Auftrag fehlgeschlagen ist.

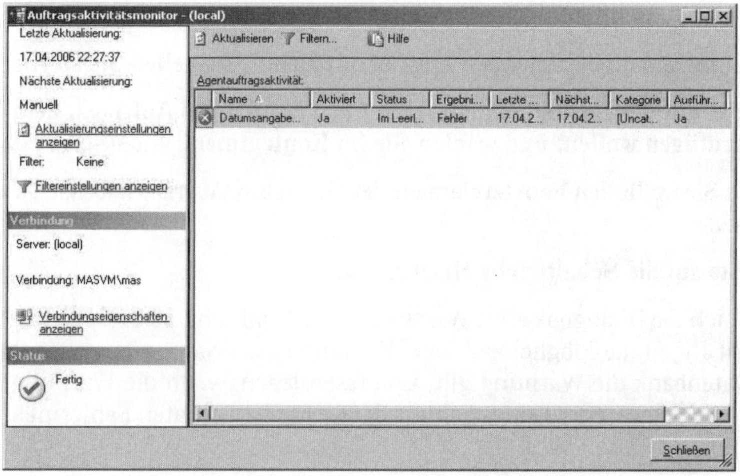

Abbildung 16.19: Der AUFTRAGSAKTIVITÄTSMONITOR

13. Sie können sich auch Fehlerprotokolle anzeigen lassen. Erweitern Sie den Knoten FEHLERPROTOKOLLE, und führen Sie einen Doppelklick auf dem aktuellen Protokoll aus.

Es öffnet sich der Protokolldatei-Viewer (siehe Abbildung 16.20).

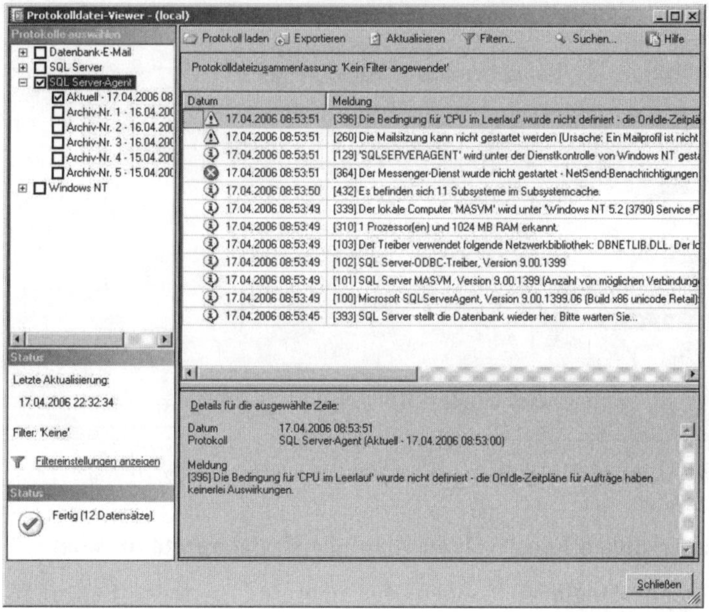

Abbildung 16.20: Fehlerprotokolle von SQL-Agent im Protokolldatei-Viewer betrachten

Eine SQL-Agent-Warnung erstellen

In Schritt 9 des letzten Beispiels hätten Sie dem SQL-Agent-Auftrag auch eine Warnung oder eine Benachrichtigung hinzufügen können.

Um eine Warnung einem bestehenden Auftrag hinzuzufügen, gehen Sie so vor:

1. **Klicken Sie mit der rechten Maustaste auf den Namen des Auftrags, dem Sie eine Warnung hinzufügen wollen, und wählen Sie im Kontextmenü EIGENSCHAFTEN aus.**

2. **Markieren Sie im linken Fensterelement der Dialogbox AUFTRAGSEIGENSCHAFTEN die Option WARNUNGEN.**

3. **Klicken Sie auf die Schaltfläche HINZUFÜGEN.**

   Es öffnet sich die Dialogbox NEUE WARNUNG (siehe Abbildung 16.21). Die Registerkarte ALLGEMEIN gibt Ihnen die Möglichkeit, der Warnung einen Namen zu geben, anzugeben, für welche Datenbank die Warnung gilt, und festzulegen, wann die Warnung aufgrund von Kriterien wie Schweregrad eines Fehlers oder einer bestimmten Fehlermeldung ausgelöst wird.

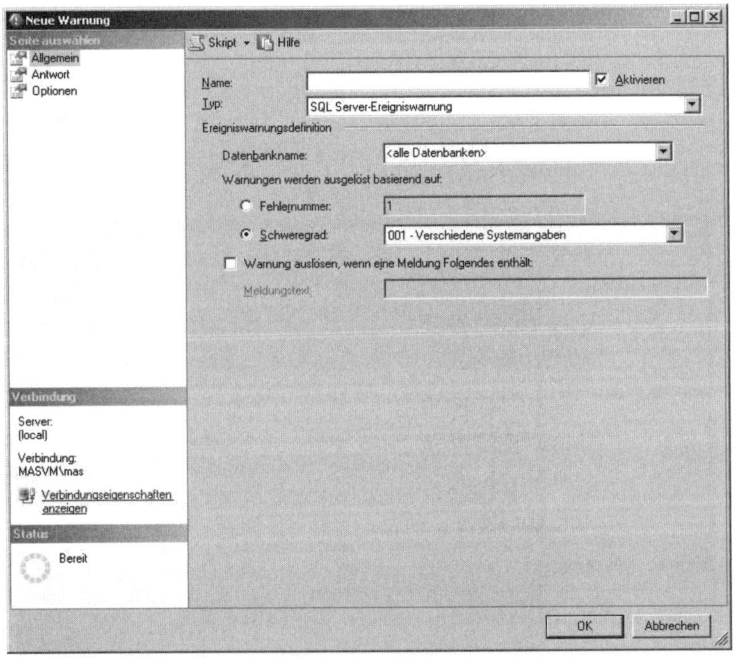

Abbildung 16.21: Die Registerkarte ALLGEMEIN der Dialogbox NEUE WARNUNG

4. **Klicken Sie im linken Fensterelement auf die Registerkarte ANTWORT.**

   Sie haben hier die Möglichkeit, einen oder mehrere OPERATOREN (Personen) anzugeben, die informiert werden, wenn es zu einer Warnung kommt.

5. **Klicken Sie im linken Fensterelement auf die Registerkarte OPTIONEN.**

   Hier finden Sie Optionen vor, die den FEHLERMELDUNGSTEXT betreffen.

SQL Server-Agent und T-SQL

Sie können SQL Server-Agent auch mithilfe von T-SQL steuern. Es gibt gespeicherte Systemprozeduren, die Ihnen dabei helfen, mit SQL Server-Agent zu arbeiten.

Einige der wichtigsten (aus mehreren Dutzend vorhandenen) sind:

- ✔ `sp_add_alert`
- ✔ `sp_add_job`
- ✔ `sp_add_jobstep`
- ✔ `sp_add_schedule`

Es würde den Rahmen dieses Kapitels sprengen, detaillierter auf die Vielzahl von gespeicherten Prozeduren einzugehen, die mit SQL-Agent zusammenarbeiten können. Für weitergehende Informationen lesen Sie in der Onlinedokumentation von SQL Server nach, zu der Sie über START|PROGRAMME|MICROSOFT SQL SERVER 2005|DOKUMENTATION UND LERNPROGRAMME|SQL SERVER-ONLINEDOKUMENTATION kommen.

Der Wartungsplanungs-Assistent

Bei dem Wartungsplanungs-Assistenten, der manchmal nur unter seinem englischen Namen *Maintenance Plan Wizard* zu finden ist, handelt es sich um ein Werkzeug, das Ihnen dabei hilft, automatisierte Wartungspläne einzurichten. Der Wartungsplanungs-Assistent macht eigentlich nichts anderes, als Sie in den letzten Übungen getan haben: Er erstellt SQL Server-Agent-Aufträge.

Setzen Sie den Wartungsplanungs-Assistenten ein, um Aufgaben wie die folgenden zu automatisieren:

- ✔ Reorganisieren Sie Daten auf Daten- oder Indexseiten.
- ✔ Komprimieren Sie Datendateien, und löschen Sie leere Datenbankseiten.
- ✔ Führen Sie interne Konsistenzprüfungen der Daten durch.

Um auf den Wartungsplanungs-Assistenten zuzugreifen, müssen Sie die erweiterten Agent-Prozeduren eingeschaltet haben. Wie das geht, zeige ich weiter oben in diesem Kapitel (im Abschnitt »Erweiterte gespeicherte SQL-Agent-Prozeduren aktivieren«).

Gehen Sie wie folgt vor, um auf den Wartungsplanungs-Assistenten zuzugreifen:

1. **Öffnen Sie SQL Server Management Studio. Markieren Sie unter Registrierte Server eine SQL Server-Instanz. Klicken Sie mit der rechten Maustaste auf die Instanz, und wählen Sie im Kontextmenü Verbinden|Objekt-Explorer aus.**

   Die gewünschte Instanz wird im Objekt-Explorer angezeigt.

2. **Erweitern Sie den Knoten Verwaltung.**

3. **Markieren Sie den Knoten Wartungspläne, und führen Sie auf dem Namen einen Klick mit der rechten Maustaste aus.**

   Es öffnet sich die Dialogbox Neuer Wartungsplan, die nur eine Textbox enthält, in der Sie dem neuen Wartungsplan einen Namen geben müssen.

4. **Geben Sie einen Namen ein (zum Beispiel `TestWartungsPlan`).**

   Es öffnet sich eine Art Werkzeugkiste, die viele Wartungsplantasks enthält und einen großen Fensterbereich anzeigt, in dem Sie die verschiedenen Punkte eines Wartungsplans festlegen können. Das Erscheinungsbild dieser Dialogbox hängt zwar davon ab, wie Sie SQL Server Management Studio konfiguriert haben, es sollte aber so ähnlich aussehen wie das in Abbildung 16.22.

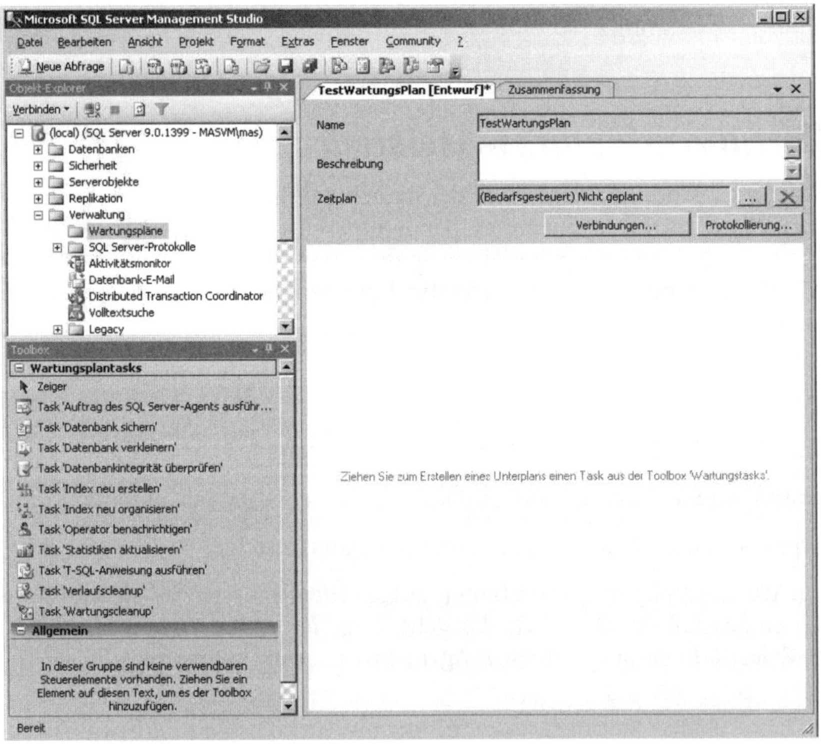

Abbildung 16.22: Das Startbild des Wartungsplanungs-Assistenten

Ihnen stehen sehr viele Optionen zur Verfügung, damit Sie einen Wartungsplan Ihren Bedürfnissen entsprechend erstellen können. Die nächsten Schritte dieses Beispiels zeigen, wie eine Datensicherung eingerichtet wird.

5. **Ziehen Sie TASK 'DATENBANK SICHERN' nach rechts in das Entwurfsfenster.**

6. **Sie müssen für den Auftrag (englisch: Task) eine Verbindung erstellen. Klicken Sie zu diesem Zweck doppelt auf den Auftrag.**

   Es öffnet sich die Dialogbox TASK 'DATENBANK SICHERN'.

7. **Geben Sie in dieser Dialogbox an, welche Datenbank auf welchem Server Sie sichern wollen.**

   Ihre Dialogbox sollte so ähnlich aussehen wie die in Abbildung 16.23.

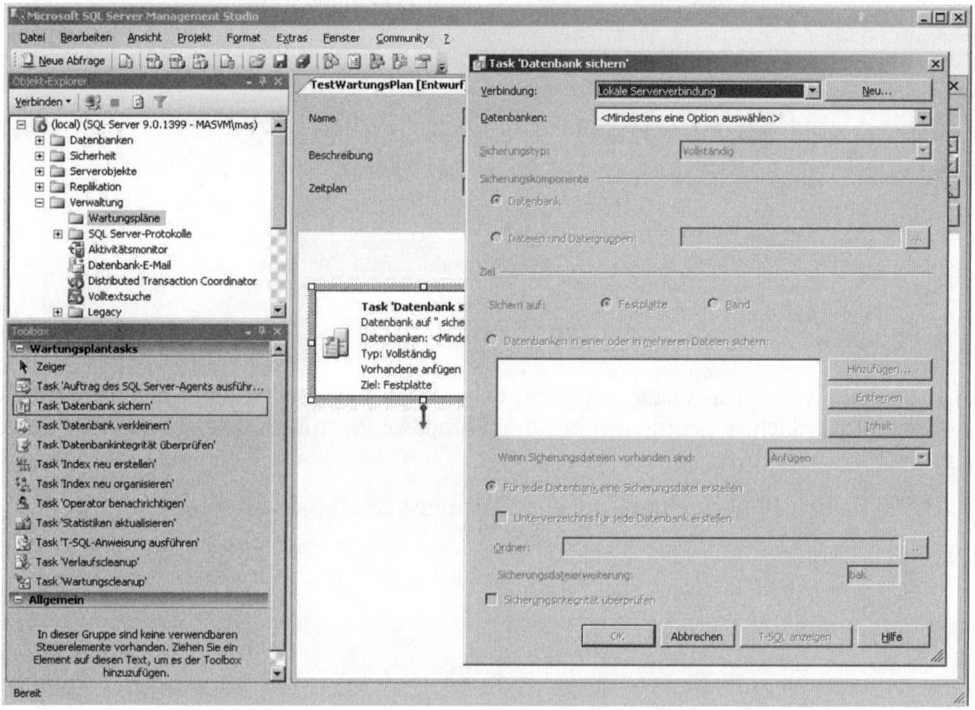

Abbildung 16.23: Verbindungen für eine Datenbanksicherung festlegen

8. **Nachdem Sie den Server und die Datenbank, die gesichert werden soll, festgelegt haben, klicken Sie auf OK.**

9. **Klicken Sie auf die Generator-Schaltfläche (...) neben der Textbox ZEITPLAN (in Abbildung 16.24 unterhalb des Mauszeigers).**

   Es öffnet sich die Dialogbox EIGENSCHAFTEN DES AUFTRAGSZEITPLANES, in der Sie festlegen können, in welchen Zeitabständen die Datensicherung durchgeführt werden soll.

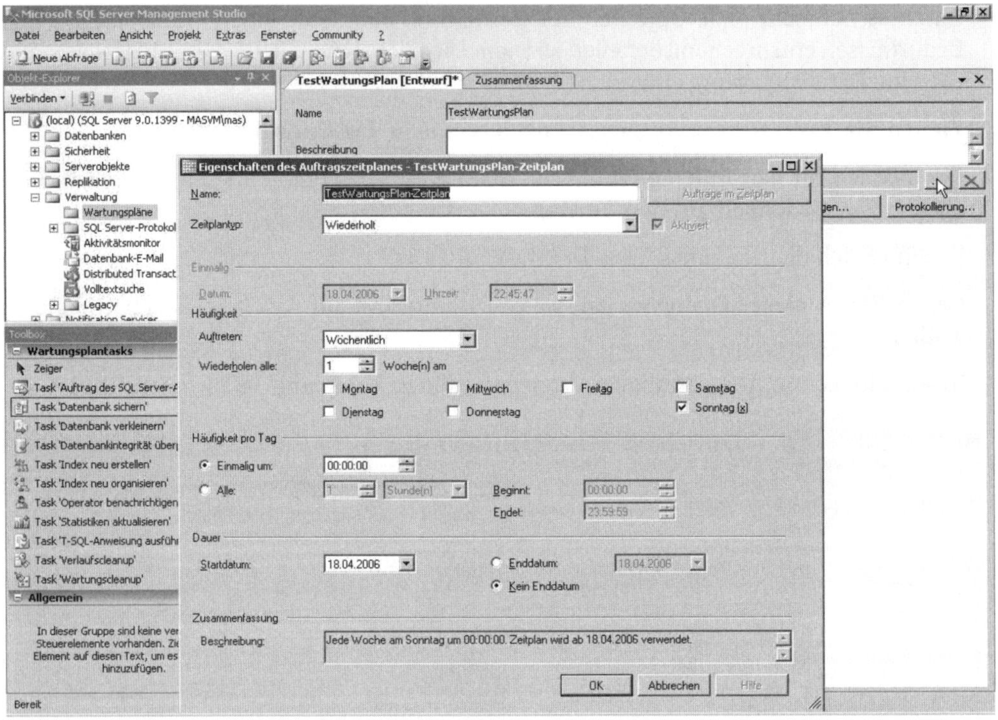

Abbildung 16.24: Die Dialogbox EIGENSCHAFTEN DES AUFTRAGSZEITPLANES

Sie bauen einen Wartungsplan auf, indem Sie Schritte wie die beschriebenen aneinanderreihen. Der Assistent ist mächtig genug, um mit ihm komplexe Wartungspläne auf einfache Art und Weise erstellen zu können.

Ich gehe in Kapitel 18 noch einmal auf den Wartungsplanungs-Assistenten ein.

Informationen über Notification Services versenden

17

In diesem Kapitel

- Mitteilungen versenden und Ereignisse einrichten
- Eine Notification Services-Anwendung erstellen

Kommunikation ist in der modernen Welt der Schlüssel zu einem erfolgreichen Unternehmen oder einem erfolgreichen Leben. Sie müssen sich darüber im Klaren sein, was die Welt bewegt. In verschiedenen Lebensbereichen müssen Sie wissen, dass etwas geschieht, dass etwas geschehen ist, dass sich etwas geändert hat und was es sonst noch gibt. Zusätzlich könnte es nützlich sein, die Ereignisse auswählen zu können, die Sie interessieren und über die Sie informiert werden wollen. Einige Dinge müssen Sie sofort wissen, andere Ereignisse sind weniger wichtig. Eine Möglichkeit, sich über die Ereignisse zu informieren, die einen interessieren, sind Notification Services von SQL Server 2005.

Ein Problem, das jedes Kommunikationssystem lösen muss, ist das Filtern der entsprechenden Informationen. Die Welt wird mit Informationen überschwemmt, von denen nur einige für Sie von Bedeutung sind. In Benachrichtigungsanwendungen treffen Sie eine Auswahl der Dinge, die Sie interessieren und die Sie deshalb »abonnieren«. Vielleicht wollen Sie gar nicht wissen, dass der Kurs der Aktien, auf die Sie Ihre finanzielle Zukunft gesetzt haben, eingebrochen ist, es könnte aber schon wichtig sein zu wissen, dass und wann so etwas geschieht. Hierbei handelt es sich um Informationen, von denen Sie umgehend Kenntnis erhalten müssen, weil Sie aufgrund der Vorgänge kurzfristig die entsprechenden Reaktionen zeigen müssen. Bei anderen Informationen, die von Ereignissen abhängen oder regelmäßig angeliefert werden, reicht es aus, wenn Sie täglich oder stündlich von ihnen hören.

Sie können Notification Services dazu verwenden, Benachrichtigungen an Tausende oder Millionen von Abonnenten zu versenden. Um dies zu erreichen, müssen Sie von den SQL Server 2005-Funktionalitäten Skalierbarkeit und Verfügbarkeit Gebrauch machen, um sicherzustellen, dass Ihre Lösung auch mit Zugriffsspitzen umgehen kann und den Abonnenten weltweit 24 Stunden am Tag zur Verfügung steht.

Vom Umgang mit Notification Services

Notification Services sind eine Plattform, die Teil von SQL Server 2005 ist, und die Sie verwenden können, um Anwendungen zu erstellen, die wiederum Nachrichten für Abonnenten produzieren und an sie versenden. Eine *Benachrichtigung* (englisch: *Notification*) ist eine Mitteilung oder eine Information, die an eine Reihe von Geräten gesendet werden kann. Ein

Abonnent ist eine Person, die ihr Interesse bekundet hat, über bestimmte Ereignisse informiert zu werden.

Sie sind in der Lage, Benachrichtigungen an eine Reihe von Geräten oder Medien zu senden. Dies geschieht in Abhängigkeit davon, ob die Abonnenten mobil agieren oder ständig in einem Netzwerk angemeldet sind. Beispiele für solche Ziele sind:

- E-Mail
- Mobiltelefon
- Personal Digital Assistant (PDA)
- Windows Messenger

Grundlagen

Aus der Sicht einer Person, die sich als Abonnent an einer Benachrichtigungsanwendung für SQL Server angemeldet hat, erscheint dieser Prozess so:

- Benutzer abonnieren eine oder mehrere Benachrichtigung(en), die ihnen angeboten werden. Dabei legen die Benutzer Kriterien für die Ereignisse fest, die sie interessieren, und sie legen außerdem fest, wann sie benachrichtigt werden wollen.
- Die Abonnenten werden zu vorgegebenen Zeiten über die ausgewählten Ereignisse informiert, indem das Medium (wie E-Mail-Benachrichtigungen oder SMS) verwendet wird, das der Benutzer für sein Abonnement ausgewählt hat.

Ihre Anwendung sammelt Ereignisse ein. *Ereignisse* können aus Informationshappen (die vielleicht als XML-Datei ausgeliefert werden), relationalen Daten oder Angaben über betriebswirtschaftliche Firmendaten bestehen, die von SQL Server 2005 Analysis Services stammen.

Notification Services versuchen, Ereignisse und Abonnement in Einklang zu bringen. Wenn sie eine Übereinstimmung finden, erzeugen Notification Services eine *Benachrichtigung*. Die Entscheidung des Abonnenten für eine Auslieferungsmethode legt fest, wie die Benachrichtigung für die Auslieferung formatiert wird.

Neue Features in SQL Server 2005

Notification Services wurden SQL Server 2000 nachträglich hinzugefügt. Unter SQL Server 2005 gibt es eine Reihe von neuen Funktionalitäten:

- Die Installation von Notification Services wurde in das Setup von SQL Server 2005 integriert.
- Die Verwaltung wurde in SQL Server Management Studio integriert.
- Abonnenten haben über eine neue Funktionalität, die *bedingte Aktion* (*Conditioned Action*) genannt wird, Einfluss auf einige Abfragen.

- ✔ Benachrichtigungsanwendungen sind in der Lage, auf Datenbanken zuzugreifen.
- ✔ Eine neue API, Notification Services Management Objects (NMO), gibt Ihnen die Möglichkeit, Benachrichtigungsanwendungen zu erstellen und zu verwalten. Das API verwendet den Namensraum `Microsoft.SqlServer.Management.Nmo`.
- ✔ Ein neuer Ereignislieferant von Analysis Services (den ich im Abschnitt »Arbeiten mit Ereignissen« weiter vorne in diesem Kapitel beschreibe)
- ✔ Sie können das Notification Services-Modul in Ihre Anwendung einbauen.

Sie können im Objekt-Explorer von SQL Server Management Studio eine ganze Reihe von Aufgaben ausführen, die zu Instanzen von Notification Services gehören und die sich früher nur auf Befehlszeilenebene verarbeiten ließen. Darüber hinaus sind Sie in der Lage, SQL Server Management Studio als einen XML- und T-SQL-Editor zu verwenden.

Wie Notification Services arbeiten

Sie oder ein Entwicklerkollege erstellen eine Benachrichtigungsanwendung, indem Sie sich für eine der beiden Vorgehensweisen entscheiden, die ich im nächsten Absatz beschreibe. Notification Services verwalten diese Anwendung. Sowohl die Daten als auch die Metadaten der Anwendung werden von SQL Server 2005 gehostet.

Notification Services-Anwendungen können auf zwei Arten erstellt werden:

- ✔ **Verwenden Sie zwei XML-Dateien:** Eine Anwendungsdefinitionsdatei (Application Definition File) und eine Instanzkonfigurationsdatei (Instance Configuration File), um die Eigenschaften der Anwendung festzulegen.

  Diese Dateien versorgen Notification Services mit den Informationen, die die Dienste benötigen, um angemessen auf Ereignisse zu reagieren, die entsprechenden Benachrichtigungen zusammenzustellen und diese Benachrichtigungen so zu verteilen, wie es die Abonnenten vorgesehen haben. Sie finden weitere Informationen zu diesem Thema im Abschnitt »Anwendungsdefinition und Konfiguration der Instanzen« dieses Kapitels.
- ✔ **Eine Anwendung programmiertechnisch erstellen:** Mit Notification Services Management Objects (NMO). Ich gehe in diesem Buch nicht weiter auf NMO ein.

Intern bestehen Notification Services aus drei Komponenten:

- ✔ **Ereignisanbieter:** Diese Komponente antwortet auf die ausgewählten Datenereignisse, die ich im nächsten Abschnitt beschreibe.
- ✔ **Generator:** Diese Komponente bringt Ereignisse mit Abonnenten und Abonnements zusammen.
- ✔ **Verteiler:** Der Verteiler wandelt das Rohmaterial um und formatiert es, damit es von den entsprechenden Ausgabemethoden verarbeitet werden kann, und versendet die fertigen Benachrichtigungen an die entsprechenden Abonnenten.

Mit Ereignissen arbeiten

Notification Services kennen standardmäßige *Ereignisanbieter*. Wenn die Standardereignisanbieter nicht die Funktionalitäten bieten, die Sie benötigen, können Sie benutzerdefinierte Ereignisanbieter erstellen. Sie benutzen einen Ereignisanbieter, um herauszufinden, ob ein Ereignis von Interesse stattgefunden hat oder nicht.

Die Standardereignisanbieter sind:

- **File System Watcher:** Dieser Ereignisanbieter überwacht ein bestimmtes Verzeichnis daraufhin, ob eine XML-Datei hinzugefügt wird. Die XML-Datei muss die Dateierweiterung `xml` haben. File System Watcher ignoriert Nicht-XML-Dateien. Sie können festlegen, wie mit gesperrten XML-Dateien umgegangen wird. Wenn eine neue Sicherheitseinstellung, die für die XML-Datei gilt, die Ereignisbehandlung daran hindert, sofort auf die Datei zuzugreifen, beobachten Notification Services die Datei solange, bis auf sie zugegriffen werden kann.

  Der File System Watcher-Ereignisanbieter kann beim Starten Dateien nacheinander verarbeiten. Dies verhindert, dass Dateien verloren gehen, weil die entsprechenden Pufferbereiche voll sind. Er ist weiterhin in der Lage, Dateien zu einer Warteschlange hinzuzufügen, wenn ihre Verarbeitung zunächst fehlgeschlagen ist. Bevor eine XML-Datei an Ihr System übergeben wird, wird sie gegen ein W3C-Schemadokument validiert. Nachdem eine XML-Datei verarbeitet worden ist, werden dem ursprünglichen Dateinamen die Dateierweiterung `.done` und Zeitinformationen angehängt.

- **SQL Server:** Verwendet eine T-SQL-Abfrage, um Informationen von einer SQL Server-Datenbank zu erhalten.

- **Analysis Services:** Verwenden eine MDX-Abfrage (MDX bedeutet *M*ulti*D*imensional E*X*pression), um Daten von einem Analysis Services-Cube zu erhalten.

  Der Analysis Services-Ereignisanbieter überwacht einen Analysis Services-Cube auf eine Art und Weise, die mit der verglichen werden kann, die der File System Watcher-Ereignisanbieter verwendet, um einen Ordner zu überwachen. Änderungen an den Teilen eines Cubes, die für die MDX-Abfrage von Bedeutung sind, werden als Ereignisse angesehen, was dann zum Generieren von Benachrichtigungen führt.

  Das Ergebnis einer MDX-Abfrage, das vom Analysis Services-Ereignisanbieter verwendet wird, kann aus mehreren Dimensionen bestehen. Notification Services sind aber nur in der Lage, einen zweidimensionalen Zeilensatz abzuarbeiten. Sie sind dafür verantwortlich, dass Notification Services das Ergebnis einer Abfrage verarbeiten können.

Gleichgültig aber, welchen Ereignisanbieter Sie auch verwenden, die Informationen werden immer in die Tabelle `events` geschrieben.

Anwendungsdefinitionsdatei und Instanzkonfigurationsdatei

Die Anwendungsdefinitionsdatei (Application Definition File) und die Instanzkonfigurationsdatei (Instance Configuration File) geben Ihnen die Möglichkeit, Kernpunkte einer Notification Services-Anwendung zu definieren. Jede dieser Dateien ist eine XML-Datei, die es Ihnen erlaubt, eine Notification Services-Anwendung deklaratorisch zu erstellen.

Wie es die Namen schon vermuten lassen, enthält die Anwendungsdefinitionsdatei die Informationen, die eine Notification Services-Anwendung festlegen, während die Instanzkonfigurationsdatei Informationen darüber enthält, wie eine Notification Services-Instanz konfiguriert werden muss.

Die Anwendungsdefinitionsdatei

Sie können über die Anwendungsdefinitionsdatei die folgenden Eigenschaften einer Notification Services-Anwendung festlegen:

- ✔ Version und Historie
- ✔ Definition der Anwendungsdatenbank (optional)
- ✔ Eigenschaften der Ereignisklasse, wie Namen, Schemata und Indizes
- ✔ Eigenschaften des Abonnements, wie Namen, Schemata, Regeln und Indizes
- ✔ Eigenschaften der Benachrichtigungsklasse, wie Namen, Schemata, Inhaltsformatierer, Protokolle und Auslieferungsoptionen
- ✔ Eigenschaften des Ereignisanbieters
- ✔ Eigenschaften des Generators
- ✔ Eigenschaften des Verteilers
- ✔ Einstellungen für den Betrieb

Die Eigenschaften der Anwendung werden dadurch angegeben, dass die Anwendungsdefinitionsdatei um XML-Elemente erweitert wird, die mit diesen Einstellungen übereinstimmen. Die Kommentare im folgenden Gerüst einer Anwendungsdefinitionsdatei zeigen an, wo Elemente hinzugefügt werden müssen, wenn Sie eine funktionierende Notification Services-Anwendung erstellen.

```
<?xml version="1.0" encoding="utf-8" ?>
<Application xmlns:xsd="http://www.w3.org/2001/XMLSchema"
xmlns:xsi="http://www.w3.org/2001/XMLSchema-instance"
xmlns="http://www.microsoft.com/MicrosoftNotificationServices/Applica-
tionDefinitionFileSchema">
```

```
  <!-- Version -->
  <!-- Historie -->
  <!-- Datenbankdefinition -->
  <!-- Ereignisklassen -->

  <!-- Abonnementklassen -->
  <SubscriptionClasses></SubscriptionClasses>

  <!-- Benachrichtigungsklassen -->
  <NotificationClasses></NotificationClasses>

  <!-- Ereignisanbieter -->

  <!-- Einstellungen des Generators -->
  <Generator>
    <SystemName>%SystemName%</SystemName>
  </Generator>

  <!-- Einstellungen des Verteilers -->
  <Distributors>
    <Distributor>
      <SystemName>%SystemName%</SystemName>
    </Distributor>
  </Distributors>

  <!-- Einstellungen für die Ausführung der Anwendung -->
  <!-- Achtung: Sie sollten mindestens einen
   Vacuumer-Zeitplan definieren und die
   Protokollierung des Verteilers ausschalten. -->

</Application>
```

Um Eigenschaften der Anwendungsdatenbank festzulegen, sorgen Sie innerhalb der folgenden XML-Struktur für Informationen:

```
<Database>
   <DatabaseName></DatabaseName>
   <SchemaName></SchemaName>
   <!-- Mehrere NamedFileGroup-Elemente
      sind zulässig -->
   <NamedFileGroup>
      <FileGroupName></FileGroupName>
      <FileSpec>
         <LogicalName></LogicalName>
         <FileName></FileName>
         <Size></Size>
         <MaxSize></MaxSize>
         <GrowthIncrement></GrowthIncrement>
      </FileSpec>
```

```
    </NamedFileGroup>
    <LogFile>
      <LogicalName></LogicalName>
      <FileName></FileName>
      <Size></Size>
      <MaxSize></MaxSize>
      <GrowthIncrement></GrowthIncrement>
    </LogFile>
    <DefaultFileGroup></DefaultFileGroup>
    <CollationName></CollationName>
  </Database>
```

Sie können einer Anwendungsdefinitionsdatei ähnliche XML-Strukturen hinzufügen, um die Eigenschaften festzulegen, die in der Liste zu Beginn dieses Abschnitts aufgeführt werden. In der Onlinedokumentation von SQL Server 2005 finden Sie eine Vorlage für eine vollständige Anwendungsdefinitionsdatei.

Die Instanzkonfigurationsdatei

Sie verwenden die Instanzkonfigurationsdatei, um eine Instanz von Notification Services zu konfigurieren.

```
<?xml version="1.0" encoding="utf-8"?>
<NotificationServicesInstance
xmlns:xsd="http://www.w3.org/2001/XMLSchema"
xmlns:xsi="http://www.w3.org/2001/XMLSchema-instance"
xmlns="http://www.microsoft.com/MicrosoftNotificationServices/
              ConfigurationFileSchema">

<!-- Name der Notification Services-Instanz -->
<InstanceName></InstanceName>

<!—Instanz des Datenbankmoduls -->
<SqlServerSystem></SqlServerSystem>

<!-- Applications -->
<Applications>
 <Application>
  <ApplicationName></ApplicationName>
    <BaseDirectoryPath></BaseDirectoryPath>
   <ApplicationDefinitionFilePath></ApplicationDefinitionFilePath>
 </Application>
</Applications>

<!-- Auslieferungskanäle -->
<DeliveryChannels>
 <DeliveryChannel>
  <DeliveryChannelName></DeliveryChannelName>
```

```
  <ProtocolName></ProtocolName>
 </DeliveryChannel>
</DeliveryChannels>

</NotificationServicesInstance>
```

Sie finden in der Onlinedokumentation von SQL Server 2005 Einzelheiten zu den Werten, die in der XML-Struktur erlaubt sind.

Ein SQL Server-System warten

18

In diesem Kapitel

- Wartungsaufgaben automatisieren
- Protokolldateien auf Fehler durchsehen
- Mit Indizes arbeiten
- Außer Kontrolle geratene Abfragen beenden
- Profiler-Ablaufverfolgungen erstellen
- Lastverteilung bei Datenbanken analysieren

Nachdem Sie eine arbeitsfähige Installation von SQL Server 2005 eingerichtet haben, ist Ihr Job noch nicht beendet. Im Laufe der Zeit müssen Sie die unterschiedlichsten Wartungsaufgaben durchführen. Wie oft das geschehen muss, und welche Aufgaben dann zu erledigen sind, hängt von den Umständen ab, die Ihren SQL Server 2005 beeinflussen. Die Anforderungen unterscheiden sich hier gewaltig, weil der Umgang mit einer Entwicklungsmaschine ein anderer ist als der mit einem produktiven Server, von dem Ihr Unternehmen abhängt.

Eine zentrale Aufgabe betrifft das Sichern der Datenbankdateien und der Transaktionsprotokolle. Wenn Sie die Enterprise-Edition einer Datenbank laufen lassen, bei der es zu einer hohen Anzahl an Transaktionen kommt, die für Ihr Unternehmen entscheidend sein können, müssen Sie dafür sorgen, dass sehr häufig Datensicherungen durchgeführt werden (und dass das System auch hochverfügbar ist).

Wartungspläne verwenden

SQL Server 2005 stellt Ihnen mit SQL Server Management Studio eine grafische Entwurfsoberfläche zur Verfügung, über die Sie die üblichen Wartungsaufgaben durchführen können, den Wartungsplan-Designer. Diese grafische Oberfläche (die eine abgespeckte Version der Funktionalitäten von SQL Server Integration Services ist, auf die ich in Kapitel 20 eingehe) unterstützt die folgenden Aufgaben:

- ✔ Datenbanken sichern
- ✔ Datenbankintegrität überprüfen
- ✔ SQL-Agent-Aufträge ausführen
- ✔ T-SQL-Anweisungen ausführen
- ✔ Historie säubern

- Wartungsaufgaben säubern
- Operatoren benachrichtigen
- Indizes erneut aufbauen
- Indizes reorganisieren
- Datenbanken verkleinern
- Statistiken aktualisieren

Sie können diese Aufgaben mithilfe des Designers von SQL Server Management Studio kombinieren. Es gibt weiterhin eine Option, die es zulässt, dass Wartungspläne in einem Paket von SQL Server Integration Services innerhalb von Business Intelligence Development Studio ausgeweitet werden. Wenn Sie einen Wartungsplan auf diese Art und Weise erweitern, können Sie ihn nicht mehr in SQL Server Management Studio bearbeiten.

Datensicherung

Eine der wichtigsten Aufgaben, die ein Datenbankadministrator zu erledigen hat, ist das Sichern der Daten und das Vermögen, die gesicherten Daten auch wieder *erfolgreich* ins System zurückspielen zu können. Stellen Sie sich eine Situation vor, bei der Tausende von Benutzern nicht auf wichtige Daten zugreifen können, weil Ihre Datensicherungen defekt sind (sodass Teile des Unternehmens Sand im Getriebe vorfinden), oder bei der Tausende von Kundenbestellungen verloren gehen. Wenn Sie sich selbst in eine solche Situation manövrieren, können Sie fast darauf wetten, dass Sie bald ein Ex-Angestellter sein werden. Und wenn Sie die Sache richtig vermasseln, hat sogar Ihr Unternehmen eine gute Chance, bald ein Ex-Unternehmen zu sein. Unmöglich? Der Verlust der Tagesdaten und die Kosten, alles wiederherzustellen, können einige Firmen ruinieren.

Wenn Sie jetzt bei dem Thema Datensicherung und Datenwiederherstellung ein wenig nervös geworden sind, ist das gut so. Nehmen Sie diese Angelegenheit nicht auf die leichte Schulter, und stufen Sie sie als sehr wichtig ein. Pfuschen Sie nicht. Nehmen Sie sich die Zeit, alles richtig zu machen. Nehmen Sie sich weiterhin die Zeit sicherzustellen, dass Sie in der Lage sind, die Daten der Sicherungen auch wieder erfolgreich zurückspielen zu können. Überprüfen Sie dies regelmäßig mit einem Testserver. Dies ist der einzige Weg, wirklich auf Nummer Sicher zu gehen!

Sie können Datensicherungen entweder mit T-SQL, dem Wartungsplan-Assistenten oder mit der Option Neuer Wartungsplan im Objekt-Explorer von SQL Server Management Studio durchführen.

Um die Datenbank `Kapitel16` zu sichern, verwenden Sie die Option Neuer Wartungsplan im Objekt-Explorer. Gehen Sie so vor:

1. **Öffnen Sie SQL Server Management Studio. Wählen Sie im Fensterelement REGISTRIERTE SERVER die entsprechende SQL Server-Instanz aus, klicken Sie mit der rechten Maustaste, und wählen Sie VERBINDEN|OBJEKT-EXPLORER aus.**

   Es wird im Objekt-Explorer ein Knoten mit der SQL Server-Instanz angezeigt.

2. **Erweitern Sie den Knoten mit Ihrer Serverinstanz und den Knoten VERWALTUNG. Klicken Sie mit der rechten Maustaste auf den Knoten WARTUNGSPLÄNE, und wählen Sie im Kontextmenü NEUER WARTUNGSPLAN aus.**

   Es öffnet sich die Dialogbox NEUER WARTUNGSPLAN (siehe Abbildung 18.1).

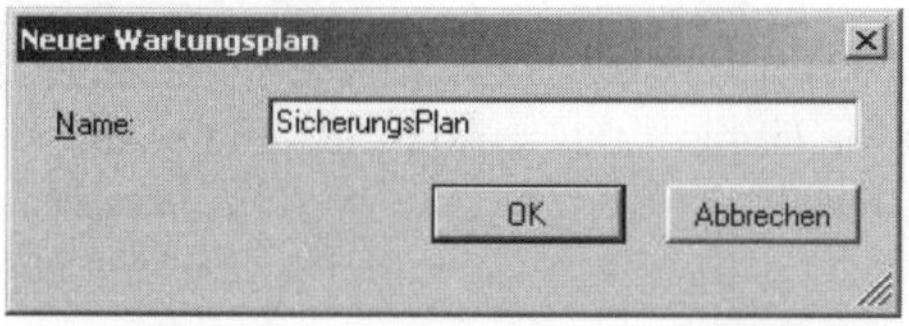

Abbildung 18.1: Geben Sie dem neuen Wartungsplan einen Namen.

3. **Geben Sie dem neuen Wartungsplan einen Namen (`SicherungsPlan`), und klicken Sie auf OK.**

   Die Dialogbox NEUER WARTUNGSPLAN schließt sich wieder.

4. **Geben Sie dem neuen Wartungsplan eine Beschreibung.**

   Abbildung 18.2 zeigt `SicherungsPlan` in SQL Server Management Studio. Beachten Sie die Toolbox an der linken Seite von SQL Server Management Studio.

5. **Ziehen Sie das Shape TASK 'DATENBANK SICHERN' aus der Toolbox in den Wartungsplan-Designer.**

6. **Klicken Sie mit der rechten Maustaste auf das Shape im Wartungsplan-Designer, und wählen Sie im Kontextmenü UMBENENNEN aus. Geben Sie einen Namen wie »Datenbank Kapitel16 sichern« ein. Klicken Sie außerhalb des Shapes, um die Bearbeitung des Namens zu bestätigen.**

7. **Klicken Sie mit der rechten Maustaste auf das Objekt `Datenbank Kapitel16 sichern`, und wählen Sie AUTOMATISCH ANPASSEN aus.**

   Das Aussehen Ihres Shapes sollte so ähnlich sein wie das des Shapes in Abbildung 18.3. Beachten Sie das rote X an der rechten Seite, das anzeigt, dass die Konfiguration noch nicht abgeschlossen ist.

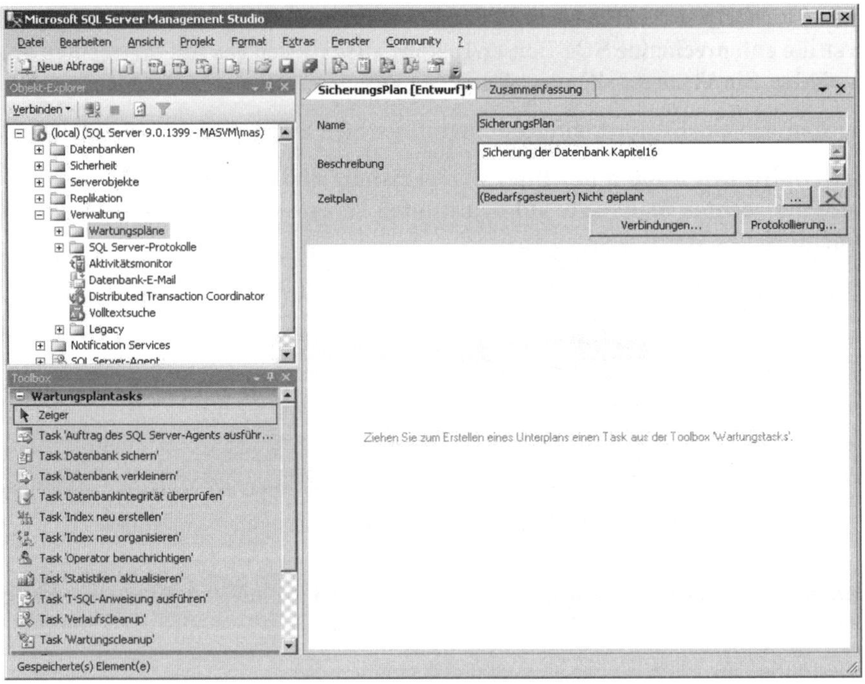

Abbildung 18.2: Einen neuen Wartungsplan erstellen

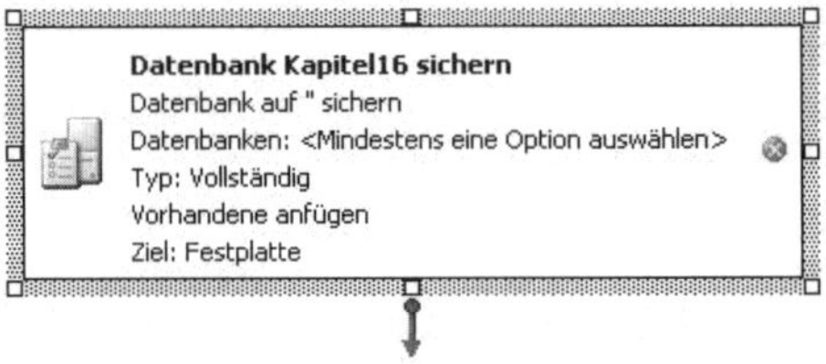

Abbildung 18.3: Das Shape `Datenbank Kapitel16 sichern`*, nachdem es umbenannt worden ist und eine andere Größe bekommen hat*

8. **Klicken Sie mit der rechten Maustaste auf das Shape `Datenbank Kapitel16 sichern`, und wählen Sie BEARBEITEN aus.**

   Es öffnet sich die Dialogbox TASK 'DATENBANK SICHERN' (siehe Abbildung 18.4).

9. **Wählen Sie in der Dropdownliste VERBINDUNGEN eine aus, über die Sie sich mit der entsprechenden SQL Server-Instanz verbinden können.**

   Falls die gesuchte Verbindung zur Verfügung steht, machen Sie mit Schritt 13 weiter.

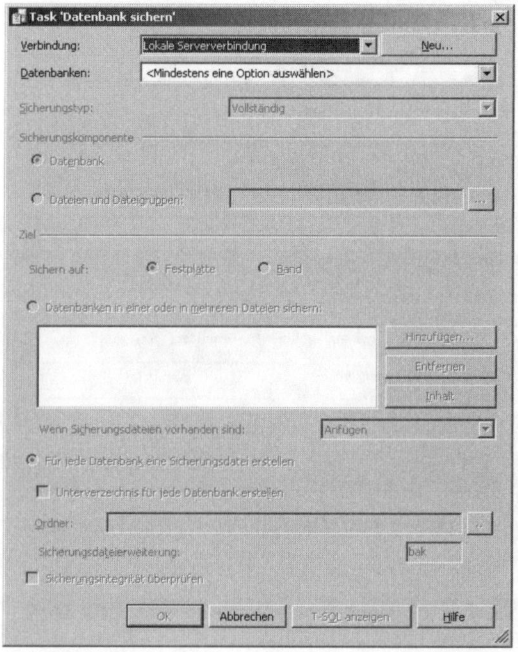

Abbildung 18.4: Die Dialogbox Task 'Datenbank sichern'

10. Über die Schaltfläche Neu legen Sie eine neue Verbindung an.

11. Es öffnet sich die Dialogbox Neue Verbindung (siehe Abbildung 18.5), in der Sie der neuen Verbindung einen Namen geben, eine Serverinstanz auswählen und angeben, ob Sie sich mit Windows-Authentifizierung oder mit SQL Server-Authentifizierung am Server anmelden wollen. Klicken Sie auf OK, wenn Sie Ihre Eingaben getätigt haben.

12. Wenn Sie wieder zur Dialogbox Task 'Datenbank sichern' zurückgekehrt sind, wählen Sie Ihre Verbindung in der gleichnamigen Dropdownliste aus.

13. Legen Sie in der Dialogbox Task 'Datenbank sichern' über die Option Datenbanken fest, welche Datenbank(en) Sie sichern wollen (siehe Abbildung 18.6).

Ihnen stehen folgende Möglichkeiten zur Verfügung:

- Alle Datenbanken
- Alle Systemdatenbanken (`master`, `msdb` und `model`)
- Alle Benutzerdatenbanken
- Ausgewählte Datenbanken

Wählen Sie für dieses Beispiel die Datenbank `Kapitel16` aus.

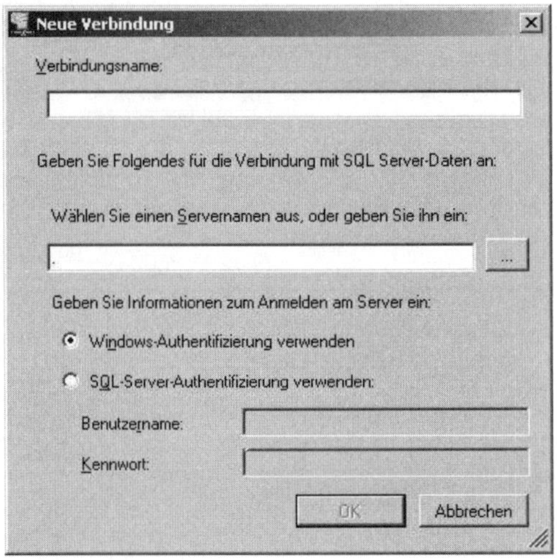

Abbildung 18.5: Die Dialogbox NEUE VERBINDUNG

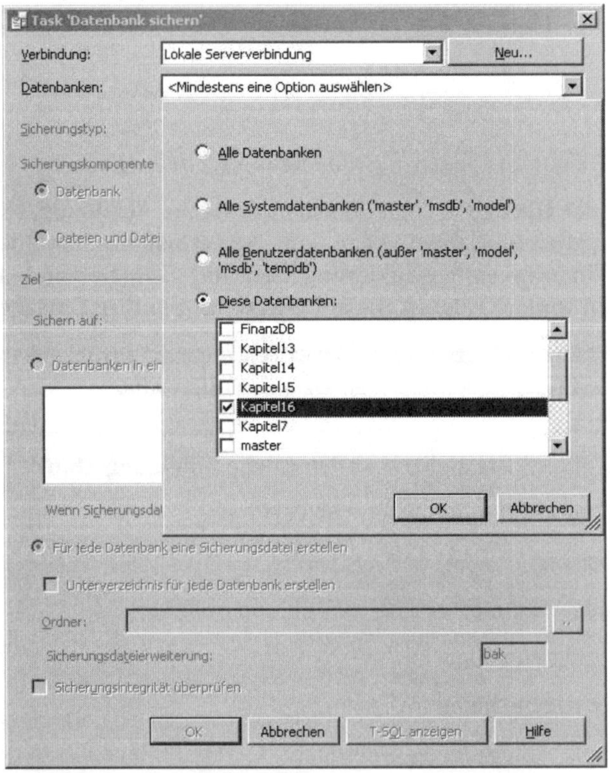

Abbildung 18.6: Markieren Sie eine oder mehrere Datenbank(en) für eine Sicherung.

14. **Geben Sie an, welchen Typ von Sicherung Sie praktizieren wollen. Ihnen stehen drei Optionen zur Verfügung (Vollständig, Differenziell und Transaktionsprotokoll). Wählen Sie für dieses Beispiel Vollständig aus.**

    Ich gehe im nächsten Abschnitt, »Die verschiedenen Sicherungstypen«, näher auf die Sicherungsoptionen ein.

15. **Geben Sie an, ob Sie auf Band oder Festplatte sichern wollen. In unserem Beispiel wählen Sie die Festplatte als Ziel Ihrer Sicherung aus.**

16. **Markieren Sie das Optionsfeld Für jede Datenbank eine Sicherungsdatei erstellen.**

17. **Markieren Sie das Kontrollkästchen Sicherungsintegrität überprüfen.**

18. **Klicken Sie auf die Schaltfläche T-SQL anzeigen, um den Code anzeigen zu lassen, den Sie durch Ihre Einstellungen erzeugt haben.**

    Es öffnet sich die Dialogbox T-SQL (Task generiert) (siehe Abbildung 18.7).

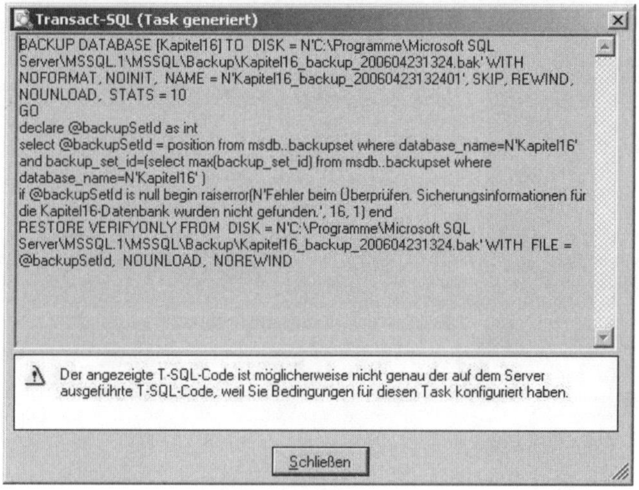

Abbildung 18.7: Der T-SQL-Code, der durch Ihre Einstellungen in der Dialogbox Datenbank sichern erstellt worden ist

19. **Klicken Sie in der Dialogbox T-SQL (Task generiert) auf Schliessen. Klicken Sie in der Dialogbox Task 'Datenbank sichern' auf OK.**

    Sie sind zum Wartungsplan-Designer zurückgekommen. Das rote X, das angezeigt hatte, dass der Auftrag noch nicht vollständig angelegt war, ist verschwunden.

20. **Klicken Sie mit der rechten Maustaste auf die Registerkarte `SicherungsPlan`, und wählen Sie im Kontextmenü Ausgewählte Elemente speichern aus, um den Wartungsplan zu sichern.**

    Sie haben einen Wartungsplan erstellt. Jetzt müssen Sie noch eine Zeitsteuerung anlegen, in der festgelegt wird, wann die Sicherung ablaufen soll.

21. **Klicken Sie rechts neben der Dropdownliste von Zeitplan, die im Moment noch ausgegraut ist, auf die Generator-Schaltfläche (...).**

    Achten Sie auf die Position des Mauszeigers rechts in Abbildung 18.8. Er steht auf der Generator-Schaltfläche.

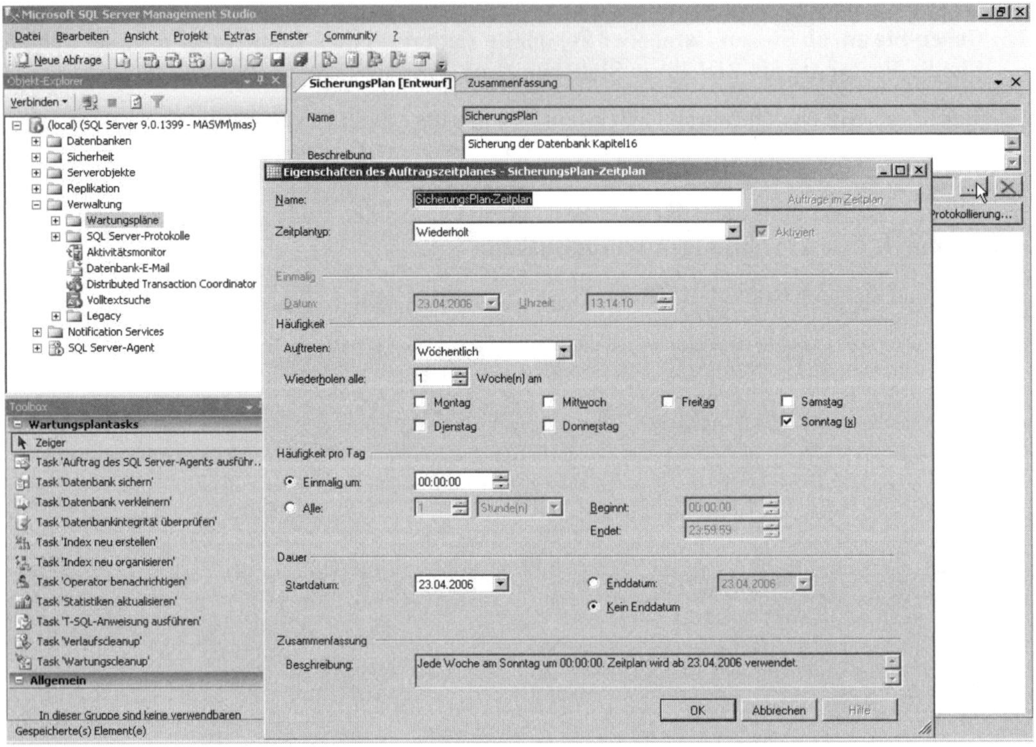

Abbildung 18.8: Die Dialogbox Eigenschaften des Auftragszeitplans – SicherungsPlan-Zeitplan

22. **Wenn Sie wollen, können Sie den Namen des Zeitplans ändern, damit Sie ihn später leichter zuordnen können.**

23. **Legen Sie fest, wann der Zeitplan ausgeführt werden soll.**

    Ihnen stehen die folgenden (in Abbildung 18.9 dargestellten) Optionen zur Verfügung:

    - Automatisch starten, wenn SQL Server-Agent startet
    - Starten, wenn sich die CPUs im Leerlauf befinden
    - Wiederholt
    - Einmal

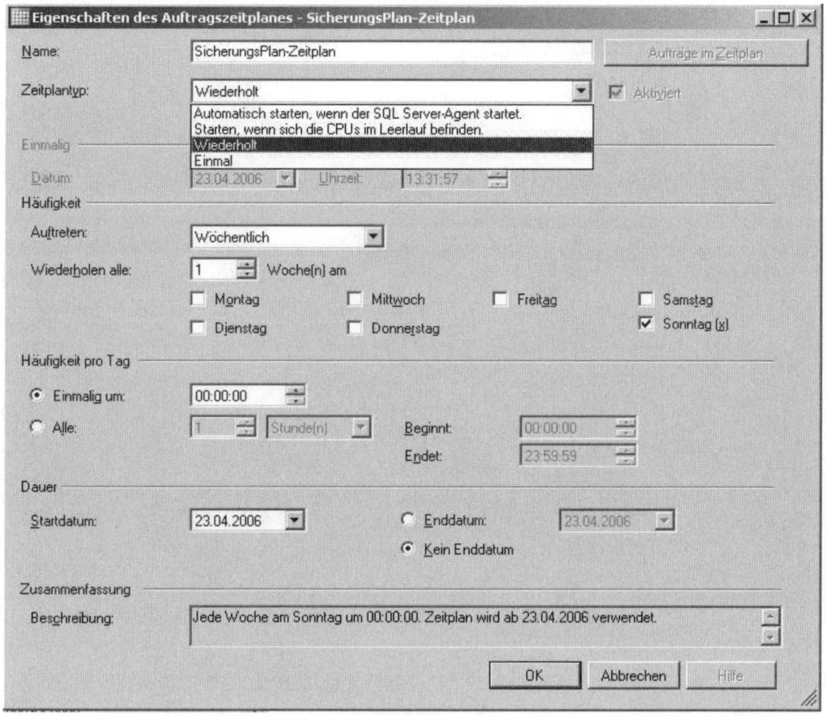

Abbildung 18.9: Auswählen, wann ein SQL Server-Agent-Auftrag ausgeführt werden soll

24. **Um einen Zeitplan zu erstellen, der dafür sorgt, dass ein Auftrag von montags bis freitags jeweils fünf Minuten vor Mitternacht ausgeführt wird, wählen Sie in der Dropdownliste AUFTRETEN die Option WÖCHENTLICH aus, und markieren Sie die Kontrollkästchen für MONTAG, DIENSTAG, MITTWOCH, DONNERSTAG und FREITAG. Zum Schluss legen Sie die Zeit fest, zu der der Auftrag ausgeführt werden soll, indem Sie im Optionsfeld EINMALIG UM als Startzeit `23:55:00` eingeben.**

    Das Ergebnis dieses Schritts ist in Abbildung 18.10 dargestellt.

25. **Klicken Sie auf OK, um den Zeitplan fertig zu stellen.**

26. **Klicken Sie mit der rechten Maustaste auf die Registerkarte `SicherungsPlan`, und wählen Sie im Kontextmenü AUSGEWÄHLTE ELEMENTE SPEICHERN aus, um den Wartungsplan zusammen mit dem Zeitplan zu sichern.**

    Wenn Sie den Knoten SQL Server-Agent erweitern, können Sie sehen, dass `SicherungsPlan` zu den Aufträgen von SQL-Agent hinzugefügt worden ist (siehe Abbildung 18.11).

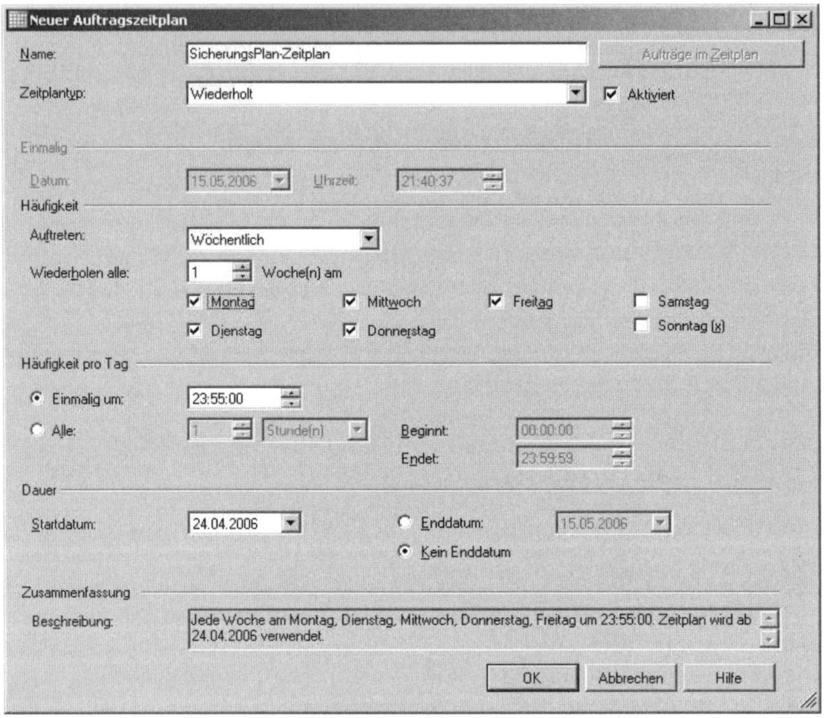

Abbildung 18.10: Es wird ein Zeitplan definiert, der an fünf Tagen jeder Woche läuft.

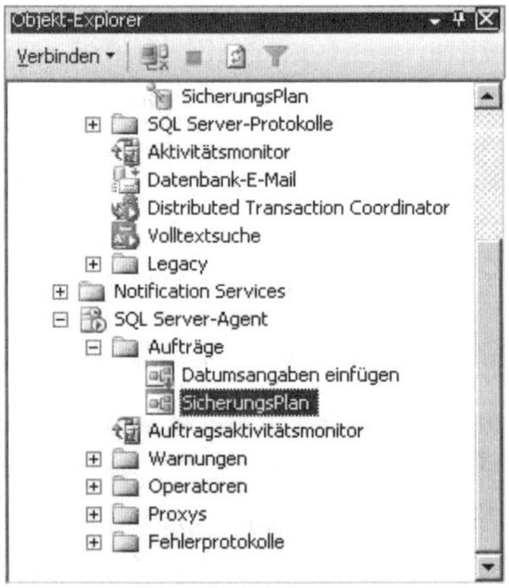

Abbildung 18.11: Der Wartungsplan `SicherungsPlan` ist SQL Server-Agent-Aufträgen hinzugefügt worden.

Bei dem Wartungsplan `SicherungsPlan` handelt es sich um ein sehr einfaches Beispiel. Vielleicht kombinieren Sie ihn mit weiteren Wartungsaufträgen. Um dies zu erreichen, müssen

Sie nur den entsprechenden Auftrag aus der Toolbar in den Wartungsplan-Designer ziehen und mithilfe der *Rangfolgeneinschränkungen* (blaue oder grüne Pfeile) den Ablauf festlegen, in dem die Aufträge abgearbeitet werden.

Der Sinn einer Datensicherung liegt darin, dass Sie aus ihr Daten wieder erfolgreich zurückholen können. Denken Sie einmal an die schlechteste aller Möglichkeiten, an ein Feuer in dem Gebäude oder dem Raum, in dem Ihr SQL Server läuft und in dem Sie die Datensicherungen aufheben. Das Ergebnis? Es gibt keine lebenden Daten und auch keine Datensicherungen mehr! Sorgen Sie dafür, dass es einen Plan für solche Fälle gibt. Warum? Weil solche Situationen, auch *Worst-Case Scenario* genannt, vorkommen können. Und wenn dies unglücklicherweise Sie trifft, sollten Sie Pläne in der Schublade haben, die es Ihnen ermöglichen, alle Daten schnell wieder zurückzuspielen und zu aktivieren.

Die verschiedenen Sicherungstypen

Ich beschreibe in diesem Abschnitt die verschiedenen Sicherungstypen, über deren Einsatz Sie nachdenken sollten.

- ✔ **Vollständig:** Sichert die gesamte Datenbank und den Teil des Transaktionsprotokolls, der es zulässt, dass die Datenbank zu dem Zeitpunkt wiederhergestellt werden kann, an dem die vollständige Datensicherung durchgeführt worden ist. Eine vollständige Datensicherung kann sehr viel Platz auf Ihrem Sicherungsmedium verbrauchen, und sie dauert länger als eine vollständige differenzielle Sicherung. Eine vollständige Datensicherung wird normalerweise über einen Zeitplan gesteuert.
- ✔ **Vollständig differenziell (häufig auch nur »differenziell« genannt):** Sichert die Daten, die sich seit der letzten vollständigen Sicherung geändert haben. Eine vollständige differenzielle Datensicherung verbraucht auf Ihrem Sicherungsmedium weniger Platz als eine vollständige Sicherung und ist schneller beendet. Eine vollständige differenzielle Datensicherung baut immer auf einer vollständigen Sicherung auf, die als *Basissicherung* bezeichnet wird. Wenn Sie Daten aus einer vollständigen differenziellen Sicherung wiederherstellen wollen, müssen Sie zunächst die Basissicherung wiederherstellen.
- ✔ **Transaktionsprotokoll:** Sichert nur das Transaktionsprotokoll. Die Sicherung des Transaktionsprotokolls verbraucht am wenigsten Speicherplatz auf dem Sicherungsmedium und ist am schnellsten erledigt. Wenn Sie Daten aus einer Transaktionsprotokollsicherung wiederherstellen wollen, benötigen Sie als Grundlage eine vollständige Sicherung und eine Folge von Transaktionsprotokollsicherungen, um die Daten bis zum Fehlerzeitpunkt wiederherstellen zu können.

Daten wiederherstellen

Es kann ein *größeres* Desaster geben, wenn Sie es versäumen, Wiederherstellungsprozeduren zu testen und erst in dem Augenblick herausfinden, dass die Sicherungen der letzten zwei oder drei Wochen unbrauchbar sind, wenn Ihre Festplatten oder der aktive Server ausgefallen sind.

Sie sollten sich nach eine Datensicherung oder einer Reihe von Datensicherungen die Zeit nehmen, routinemäßig auf einem Testserver auszuprobieren, ob Sie auch in der Lage sind, die Daten aus den Sicherungen wiederherzustellen. Es ist sicherlich nicht notwendig, bei häufig durchgeführten Sicherungen jede von ihnen zu testen, Sie sollten sich aber immer bewusst sein, welche Konsequenzen ein Fehler haben kann, der sich eine Woche oder länger in Ihren Sicherungen hält.

Fehlerprotokolle prüfen

Die Wartungspläne, die im vorhergehenden Abschnitt beschrieben werden, geben Ihnen die Möglichkeit, Aufgaben, die routinemäßig ausgeführt werden müssen, automatisiert ablaufen zu lassen. Teil Ihrer Aufgaben bei der Wartung einer SQL Server-Installation ist das Überprüfen von Protokolldateien daraufhin, ob es irgendwo zu Fehlern gekommen ist.

Um SQL Server-Protokolldateien anzuschauen, gehen Sie so vor:

1. **Öffnen Sie SQL Server Management Studio, und wählen Sie im Fensterelement REGISTRIERTE SERVER die entsprechende Instanz von SQL Server aus. Klicken Sie mit der rechten Maustaste, und wählen Sie VERBINDEN|OBJEKT-EXPLORER aus.**

2. **Erweitern Sie im Objekt-Explorer nacheinander die Knoten VERWALTUNG und SQL SERVER-PROTOKOLLE.**

3. **Klicken Sie mit der rechten Maustaste auf den Knoten SQL SERVER-PROTOKOLLE, und wählen Sie ANSICHT|SQL SERVER-PROTOKOLLE aus (siehe Abbildung 18.12).**

   Wie Sie sehen, haben Sie hier eine Möglichkeit, nicht nur auf SQL Server-Protokolle, sondern auch auf Windows-Protokolle zuzugreifen.

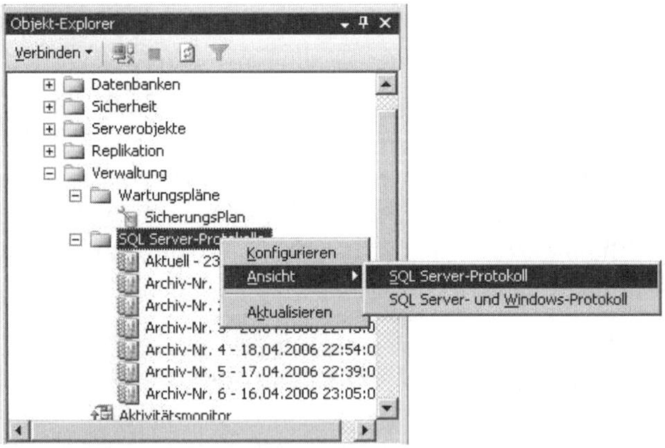

Abbildung 18.12: Eine Auswahl treffen, um SQL Server-Protokolle zu betrachten

Es öffnet sich der Protokolldatei-Viewer, der in Abbildung 18.13 dargestellt ist. Standardmäßig wird nur das aktuelle Protokoll angezeigt.

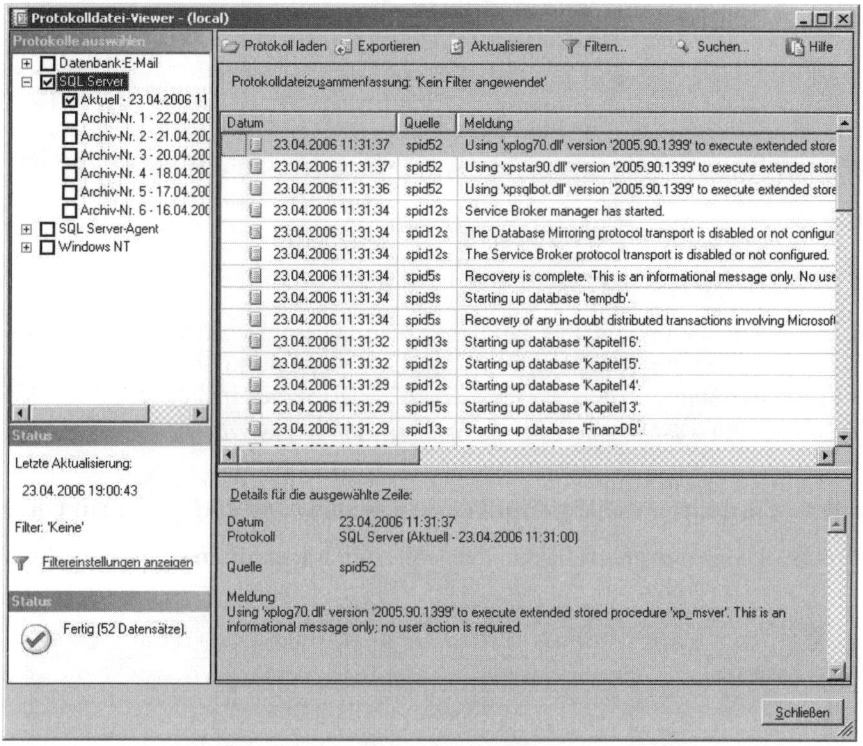

Abbildung 18.13: Der Protokolldatei-Viewer

Auf einem Produktionsserver kann die Anzahl der Einträge in einem Protokoll sehr groß werden. Deshalb müssen Sie die Ansicht filtern, um nach kritischen Ereignissen Ausschau zu halten, die vielleicht Ihr Eingreifen erforderlich machen.

4. **Wenn Sie mehrere Protokolle sehen wollen, markieren Sie die entsprechenden Kontrollkästchen im linken Fensterelement des Protokolldatei-Viewers. Um die Anzeige der Protokolle zu filtern, klicken Sie im Kopf des Protokolldatei-Viewers auf die Schaltfläche FILTERN.**

   Es öffnet sich die Dialogbox FILTEREINSTELLUNGEN (siehe Abbildung 18.14). Sie können Filter aufgrund unterschiedlicher Kriterien setzen.

5. **Wenn Sie sich die Ereignisse anschauen wollen, die durch die Datenbank `Kapitel16` hervorgerufen worden sind, geben Sie `Kapitel16` (ohne Leerzeichen) in die Textbox MELDUNG ENTHÄLT TEXT ein.**

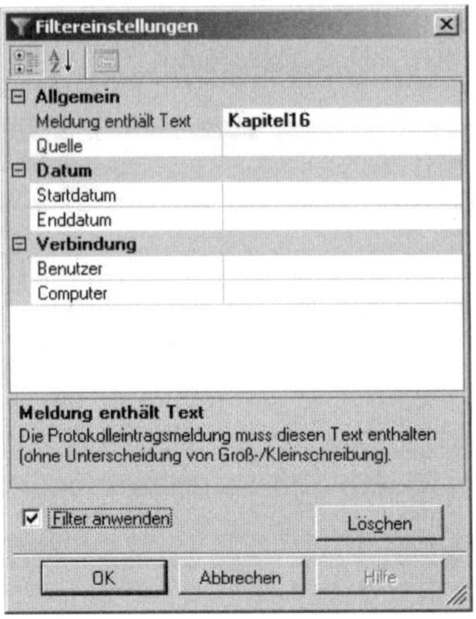

Abbildung 18.14: Die Dialogbox FILTEREINSTELLUNGEN

6. **Markieren Sie das Kontrollkästchen FILTER ANWENDEN, und klicken Sie auf OK.**

   Im Protokolldatei-Viewer erscheinen die gefilterten Nachrichten (siehe Abbildung 18.15).

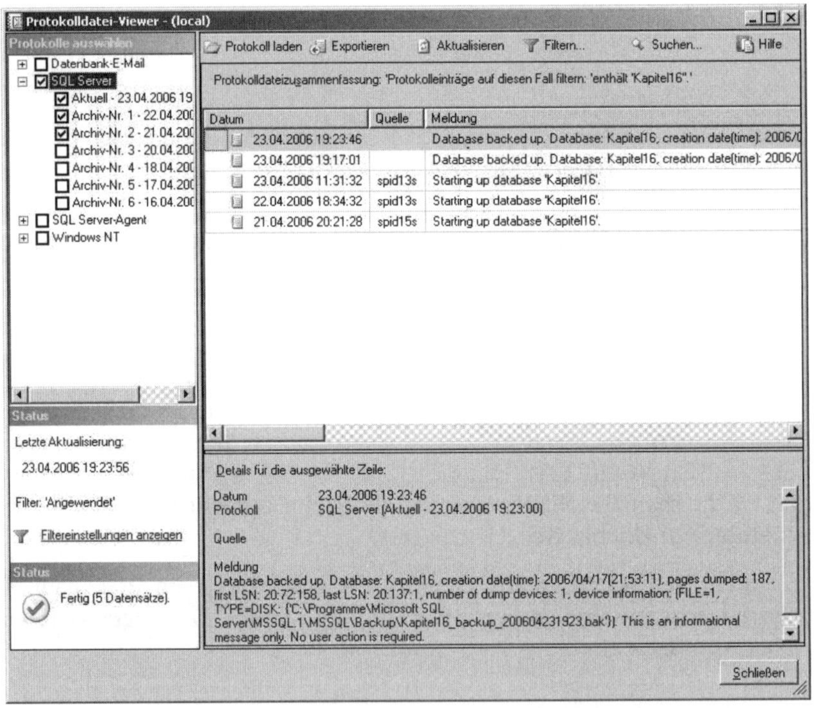

Abbildung 18.15: Für die Datenbank `Kapitel16` *gefilterte Ereignisse*

Im Alltag suchen Sie häufig nach Begriffen wie »Fehler«, »Ausfall« oder »Schweregrad«.

7. **Um nach Protokolleinträgen zu suchen, die das Wort »Schweregrad« enthalten, klicken Sie auf die Schaltfläche FILTERN. Geben Sie in der Dialogbox FILTEREINSTELLUNGEN in der Textbox MELDUNG ENTHÄLT TEXT den Begriff `Schweregrad` ein, achten Sie darauf, dass das Kontrollkästchen FILTER ANWENDEN aktiviert ist, und klicken Sie auf OK.**

Abbildung 18.16 stellt ein mögliches Ergebnis dieser Eingabe dar.

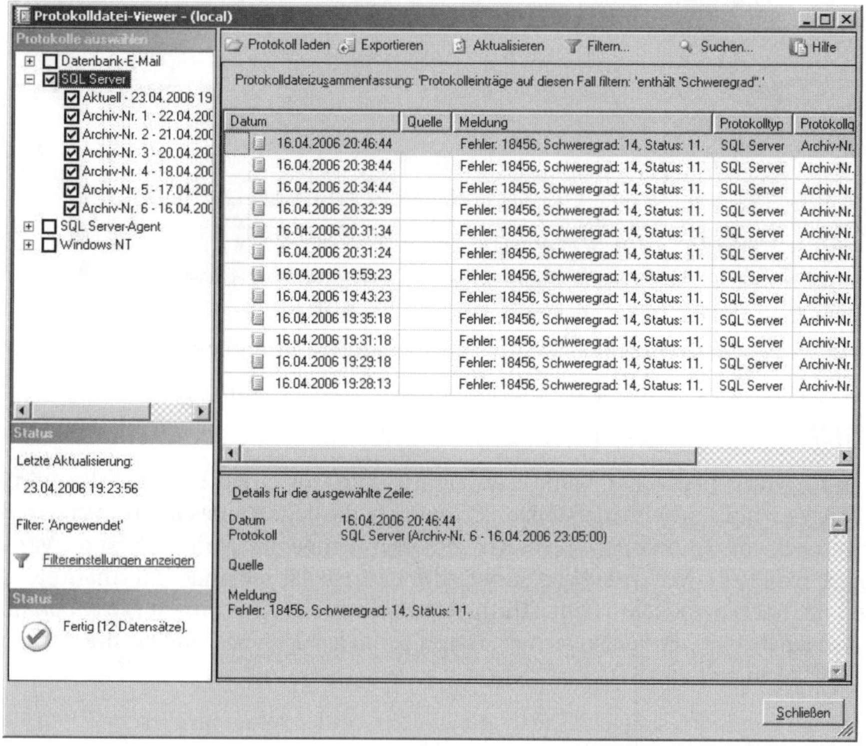

Abbildung 18.16: Einträge, die nach `Schweregrad` gefiltert wurden

8. **Sie können Protokolldateien auch exportieren. Klicken Sie zu diesem Zweck auf die Schaltfläche EXPORTIEREN. Wechseln Sie in der Dialogbox, die sich daraufhin öffnet (siehe Abbildung 18.17), in ein Verzeichnis, in dem Sie Ihre SQL Server-Protokolldateien ablegen wollen, geben Sie der Protokolldatei, die Sie exportieren wollen, einen Namen, und klicken Sie auf SPEICHERN.**

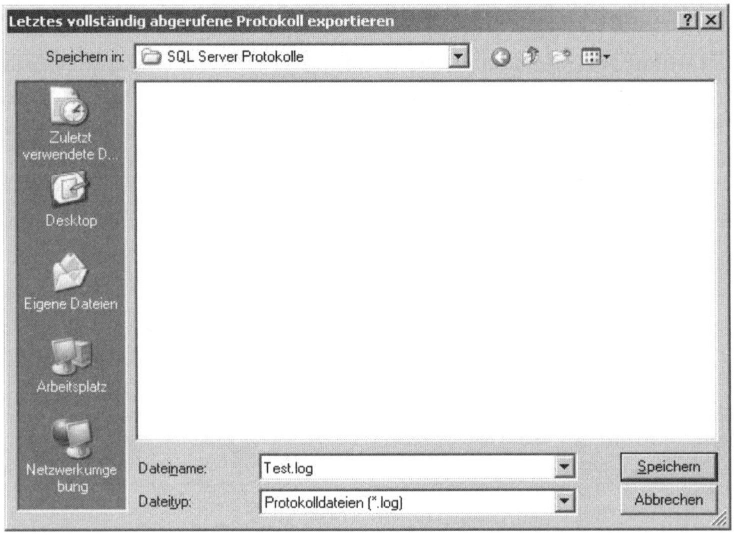

Abbildung 18.17: Einen Ordner einrichten, in den Protokolldateien exportiert werden

Mit Indizes arbeiten

Ein Index sorgt in einem Datenbankverwaltungssystem für einen Weg, auf die gewünschten Daten zuzugreifen. Er arbeitet dabei nach Prinzipien, die denen eines Index in einem Buch ähneln. Abgesehen von Situationen, bei denen die Datenmenge nur gering ist, ist die Verwendung eines Index häufig ein effizienter Weg herauszufinden, wo das fehlende Informationsstückchen zu finden ist, nach dem man sucht. Ähnlich verhält es sich mit einem *Datenbankindex*. Er enthält Informationen, die dabei helfen, Daten schnell zu finden, indem die gesuchte Zeile unmittelbar lokalisiert wird.

Das Entwerfen von Indizes gleicht Tauschgeschäften. Sie tauschen im Wesentlichen Geschwindigkeit beim Einfügen von Daten gegen Geschwindigkeit beim Finden von Daten. Je mehr Indizes Sie hinzufügen, desto länger läuft jede `INSERT`- oder `UPDATE`-Anweisung, weil jedes Mal, wenn eine Datenzeile hinzugefügt oder geändert wird, der/die dazu gehörende(n) Index/Indizes ebenfalls geändert wird/werden.

Die Änderungen, die im Laufe der Zeit automatisch von SQL Server an den Indizes vorgenommen werden, wenn Sie Zeilen hinzufügen, aktualisieren oder löschen, können dazu führen, dass die Indizes fragmentiert werden. Ein fragmentierter Index bringt nicht die gewünschte Leistung. Die Notwendigkeit, Indizes zu defragmentieren, bedeutet, dass Sie Indizes neu aufsetzen oder reorganisieren müssen, um wieder zu einem optimalen Leistungsverhalten zu kommen.

Sie können herausfinden, wie fragmentiert die Indizes einer bestimmten Tabelle sind, indem Sie so vorgehen:

1. **Öffnen Sie SQL Server Management Studio. Klicken Sie auf das Symbol für eine Datenbankmodul-Abfrage.**

2. **Erstellen Sie zwei Variablen, die als Werte jeweils die ID der Datenbank und der Tabelle aufnehmen sollen, die Sie interessieren.**

```
DECLARE @db_id SMALLINT;
DECLARE @object_id INT;
```

3. **Legen Sie fest, um welche Datenbank und Tabelle es dabei geht:**

```
SET @db_id = DB_ID(N'AdventureWorks');
SET @object_id = OBJECT_ID(N'AdventureWorks.Person.Contact');
```

4. **Sie wollen die Werte sehen, die in der Spalte `avg_fragmentation_in_percent` der Tabelle `sys.dm_db_index_physical_stats` stehen:**

```
SELECT avg_fragmentation_in_percent
FROM sys.dm_db_index_physical_stats (@db_id, @object_id, DEFAULT,
DEFAULT, N'Detailed')
```

   Lassen Sie alle Zeilen, die Sie in den letzten drei Schritten eingegeben haben, zusammen ablaufen. Das Ergebnis dieser Anweisung finden Sie dargestellt in Abbildung 18.18. Sie zeigt den Prozentsatz der Fragmentierung der Indizes der Tabelle `Person.Contact` der Datenbank `AdventureWorks`.

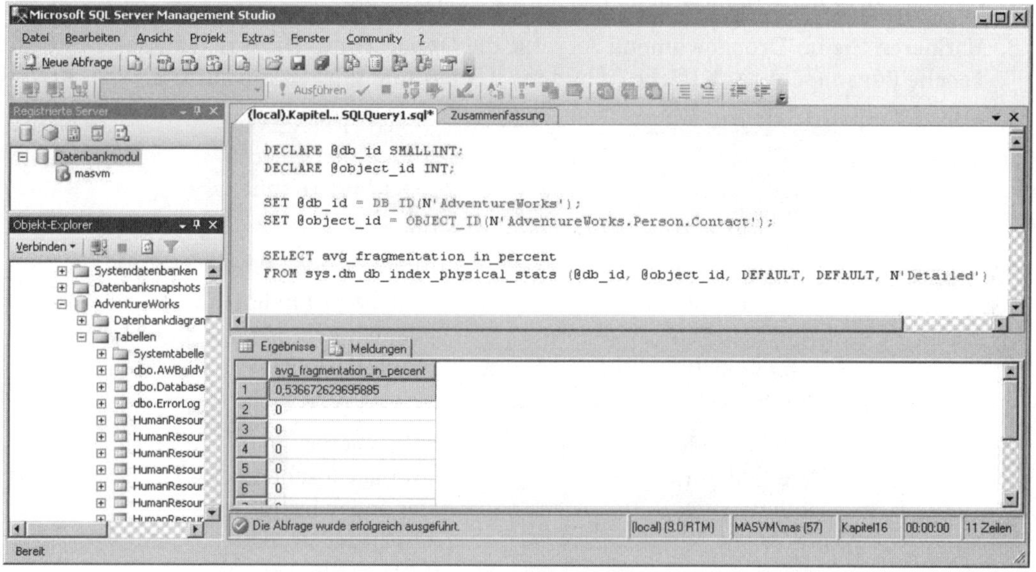

Abbildung 18.18: Informationen über eine Indexfragmentierung

Sie können Abbildung 18.18 entnehmen, dass diese Indizes nur minimal fragmentiert sind, sodass es hier keinen Grund für einen Neuaufbau oder eine Reorganisation gibt.

Um die Indizes der Tabelle `Person.Contact` der Datenbank `AdventureWorks` mithilfe eines Wartungsplans zu reorganisieren oder neu aufzubauen, folgen Sie diesen Schritten:

1. **Öffnen Sie SQL Server Management Studio, und wählen Sie im Fensterelement REGISTRIERTE SERVER die entsprechende Instanz von SQL Server aus. Klicken Sie mit der rechten Maustaste, und wählen Sie VERBINDEN|OBJEKT-EXPLORER aus.**

2. **Erweitern Sie den Knoten VERWALTUNG. Klicken Sie mit der rechten Maustaste auf WARTUNGSPLÄNE, und wählen Sie NEUER WARTUNGSPLAN aus.**

3. **Geben Sie dem Wartungsplan den Namen REORGANISATION_ADVENTUREWORKS_PERSON_CON TACT_INDEX.**

   Sie dürfen bei diesem Namen weder Leerzeichen noch Punkte verwenden.

4. **Ziehen Sie ein Shape vom Typ TASK 'INDEX NEU ORGANISIEREN' in die Oberfläche des Designers.**

5. **Klicken Sie im Designer mit der rechten Maustaste auf den Rand des Shapes, und wählen Sie im Kontextmenü BEARBEITEN aus.**

   Es öffnet sich die Dialogbox TASK 'INDEX NEU ORGANISIEREN'.

6. **Klicken Sie auf die Dropdownliste DATENBANKEN. Markieren Sie DIESE DATENBANKEN, markieren Sie `AdventureWorks`, und klicken Sie auf OK.**

7. **Wählen Sie in der Dropdownliste OBJEKT die TABELLE aus.**

8. **Markieren Sie im Dropdownmenü AUSWAHL die Option DIESE OBJEKTE, aktivieren Sie die Tabelle `Person.Contact` (siehe Abbildung 18.19) und klicken Sie auf OK.**

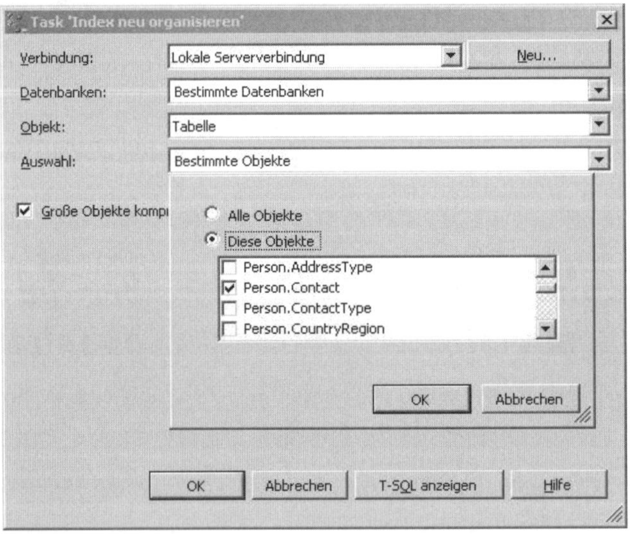

Abbildung 18.19: Auswahl der Tabelle `Person.Contact`

9. Klicken Sie in der Dialogbox Task 'Index neu organisieren' auf die Schaltfläche T-SQL anzeigen.

Sie bekommen eine Dialogbox zu Gesicht, die den folgenden Code enthält:

```
USE [AdventureWorks]
GO
ALTER INDEX [AK_Contact_rowguid] ON
  [Person].[Contact] REORGANIZE
  WITH ( LOB_COMPACTION = ON )
GO
USE [AdventureWorks]
GO
ALTER INDEX [IX_Contact_EmailAddress] ON
  Person].[Contact] REORGANIZE WITH
  ( LOB_COMPACTION = ON )
GO
USE [AdventureWorks]
GO
ALTER INDEX [PK_Contact_ContactID] ON
  [Person].[Contact] REORGANIZE WITH
  ( LOB_COMPACTION = ON )
GO
USE [AdventureWorks]
GO
ALTER INDEX [PXML_Contact_AddContact] ON
  [Person].[Contact] REORGANIZE WITH
  ( LOB_COMPACTION = ON )
```

10. Schließen Sie diese Dialogbox, und klicken Sie auf OK.

11. Sie haben jetzt noch die Möglichkeit, einen Zeitplan zu erstellen, der den Wartungsplan regelmäßig ablaufen lässt.

Wie ein solcher Zeitplan angelegt wird, zeige ich weiter oben in diesem Kapitel im Abschnitt »Datensicherung«.

Außer Kontrolle geratene Abfragen über die Dedicated Administrator Connection anhalten

Die Dedicated Administrator Connection ist eine neue Funktionalität von SQL Server 2005. Sie gibt dem Datenbankadministrator die Möglichkeit, eine SQL Server-Abfrage zu stoppen, die in früheren Versionen von SQL Server dazu geführt hätte, dass der gesamte SQL Server neu gestartet werden muss. Bei der Dedicated Administrator Connection handelt es sich um eine reservierte Verbindung, die einem Administrator selbst dann zur Verfügung steht, wenn die CPU vollständig ausgelastet ist.

Das folgende Beispiel zeigt, wie Sie die Dedicated Administrator Connection dazu verwenden können, ein außer Kontrolle geratenes Skript zu beenden:

```
DECLARE @meineVariable int;
SET @meineVariable = 1;
WHILE (@meineVariable=1)
 BEGIN
 SELECT *
 FROM sys.databases
 -- Mache nichts
 END
GO
```

Dieses Skript, das ich `WhileSchleife.sql` nenne, hat eine `WHILE`-Schleife, die die Datenbank der SQL Server-Instanz endlos abfragt.

1. **Lassen Sie das Skript `WhileSchleife.sql` ablaufen, indem Sie das Dienstprogramm SQLCMD verwenden und im Eingabefenster den folgenden Befehl absetzen (wobei Sie die Pfadangabe an Ihre Umgebung anpassen müssen):**

   ```
   sqlcmd -i "C:\SQL2005_Beispiele\WhileSchleife.sql"
   ```

   Die Pfadangabe muss in doppelten Anführungszeichen stehen.

2. **Drücken Sie [↵], und das Skript wird ausgeführt.**

   Die Auslastung der CPU schnellt auf 99 Prozent hoch.

3. **Um mithilfe der Dedicated Administrator Connection eine Abfrage zu erstellen, klicken Sie in der Symbolleiste von SQL Server Management Studio auf DATENBANKMODUL-ABFRAGE.**

4. **Geben Sie in der Dialogbox VERBINDUNG MIT DATENBANKMODUL HERSTELLEN als Servername diesen Text ein:**

   `ADMIN:`*`serverName`*

   `serverName` `ist der Name Ihres Servers.`

   Es öffnet sich ein Abfragefenster, das die Dedicated Administrator Connection verwendet.

5. **Geben Sie diesen Code ein, um herauszufinden, welche Anfrage die CPU auslastet:**

   ```
   SELECT session_id, cpu_time
   FROM sys.dm_exec_requests
   ```

   Abbildung 18.20 zeigt, dass ein Prozess mit `session_id` gleich `57` sehr viel CPU-Zeit verwendet. Wenn Sie den Code ablaufen lassen, kann `session_id` einen anderen Wert haben.

6. **Um den außer Kontrolle geratenen Prozess zu beenden, lassen Sie im Abfragefenster der Dedicated Administrator Connection diesen Code ablaufen:**

   ```
   KILL 57
   ```

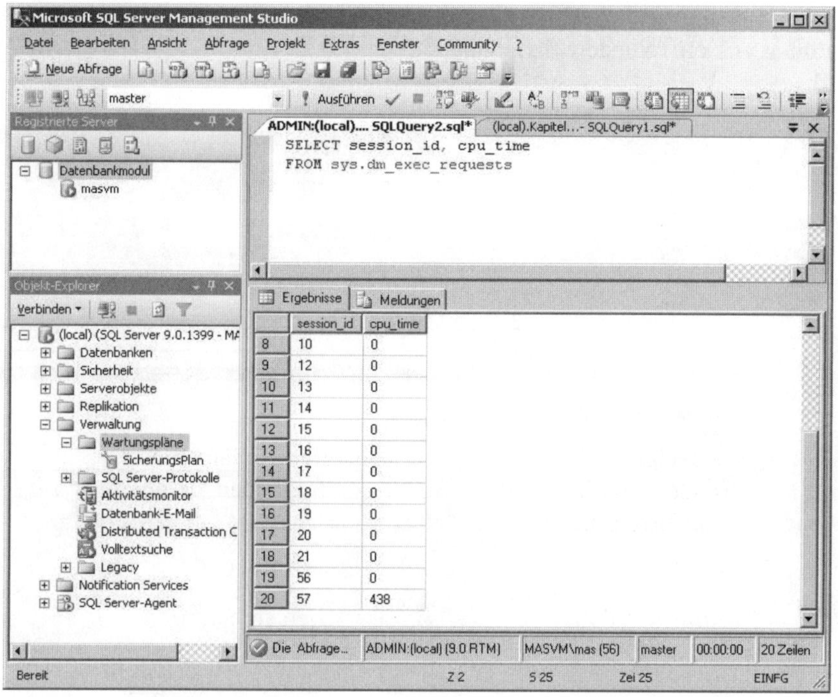

Abbildung 18.20: Eine Sitzung mit einer hohen CPU-Auslastung finden

Indem Sie die Dedicated Administrator Connection auf so ähnlich verwenden, sind Sie in der Lage, außer Kontrolle geratene Prozesse abzuschießen, ohne dass die SQL Server-Instanz neu gestartet werden muss.

Mit Profiler hinter den Kulissen nachschauen

SQL Server Profiler ist ein Werkzeug, das Ihnen die Möglichkeit gibt, das Leistungsverhalten einer SQL Server-Instanz zu überprüfen.

Um eine neue Programmablaufverfolgung (ein Datensatz mit Ereignissen, die auf einer Instanz von SQL Server stattfinden) zu erstellen und die Merkmale des Skripts mit der Endlosschleife aus dem letzten Abschnitt zu überprüfen, gehen Sie so vor:

1. **Öffnen Sie SQL Server Profiler, indem Sie START|PROGRAMME|MICROSOFT SQL SERVER 2005|LEISTUNGSTOOLS|SQL SERVER PROFILER auswählen.**
2. **Wählen Sie DATEI|NEUE ABLAUFVERFOLGUNG aus.**
3. **Es öffnet sich die Dialogbox VERBINDUNG MIT SERVER HERSTELLEN, in der Sie die gewünschte Server-Instanz und die entsprechende Authentifizierungsmethode auswählen.**

   Es öffnet sich die Dialogbox ABLAUFVERFOLGUNGSEIGENSCHAFTEN.

4. **Sie geben auf der Registerkarte Allgemein einen Namen für die Ablaufverfolgung ein und wählen aus der Dropdownliste Vorlage verwenden eine Vorlage aus (siehe Abbildung 18.21).**

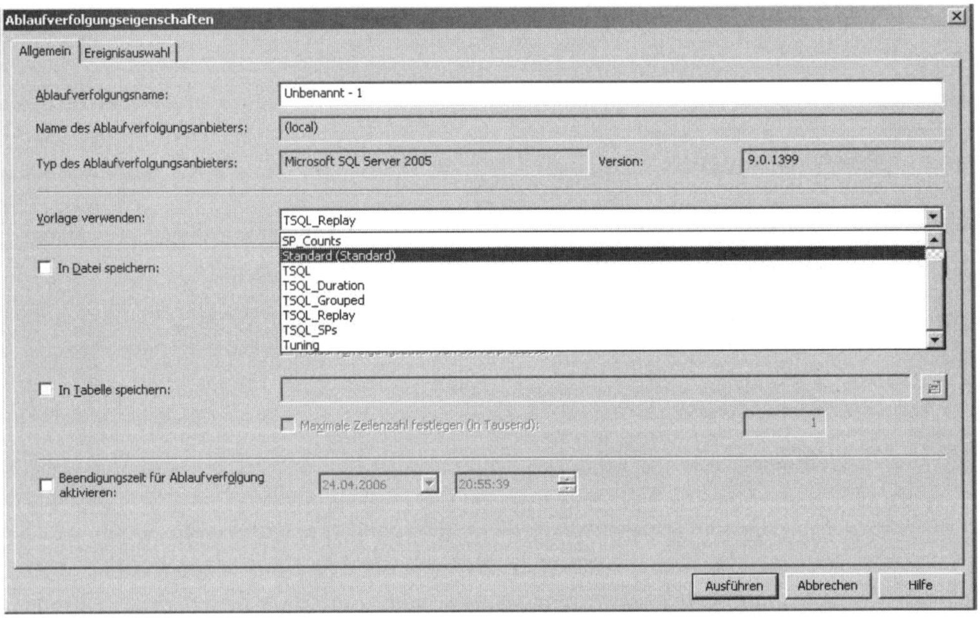

Abbildung 18.21: Die Registerkarte Allgemein der Dialogbox Ablaufverfolgungseigenschaften

5. **Markieren Sie auf der Registerkarte Ereignisauswahl (siehe Abbildung 18.22), welche Ereignisse in der Ablaufverfolgung, die Sie gerade erstellen, überwacht werden sollen.**
6. **Klicken Sie auf Ausführen, um die Ablaufverfolgung zu starten.**
7. **Starten Sie das SQLCMD-Skript (entweder wie im letzten Abschnitt beschrieben oder im Abfragefenster von SQL Server Management Studio), und lassen Sie es einige Sekunden laufen.**
8. **Stoppen Sie das SQLCMD-Skript wieder (was ebenfalls im vorigen Abschnitt beschrieben wird), indem Sie die Dedicated Administrator Connection verwenden, oder drücken Sie in der Befehlseingabe [Strg]+[C].**
9. **Klicken Sie im SQL Server Profile auf das Symbol für Stopp, um die Ablaufverfolgung zu beenden.**
10. **Suchen Sie nach einer Zeile, bei der in der Spalte `ApplicationName` die Anwendung »SQLCMD« beziehungsweise »Microsoft SQL Server Management Studio – Abfrage« steht (wenn Sie das Skript dort laufen lassen, siehe Abbildung 18.23).**
11. **Schauen Sie sich die Werte in den Spalten `CPU`, `Reads` und `Duration` an.**

    Sie können leicht erkennen, dass das Skript sehr viel CPU-Zeit verbraucht.

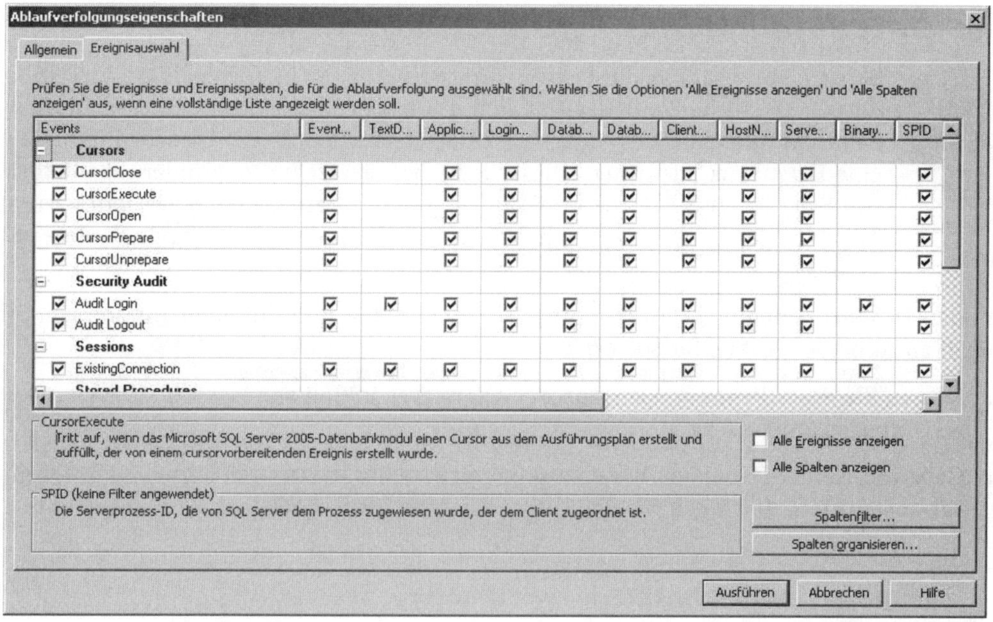

Abbildung 18.22: Die Registerkarte EREIGNISAUSWAHL *der Dialogbox* ABLAUFVERFOLGUNGSEIGENSCHAFTEN

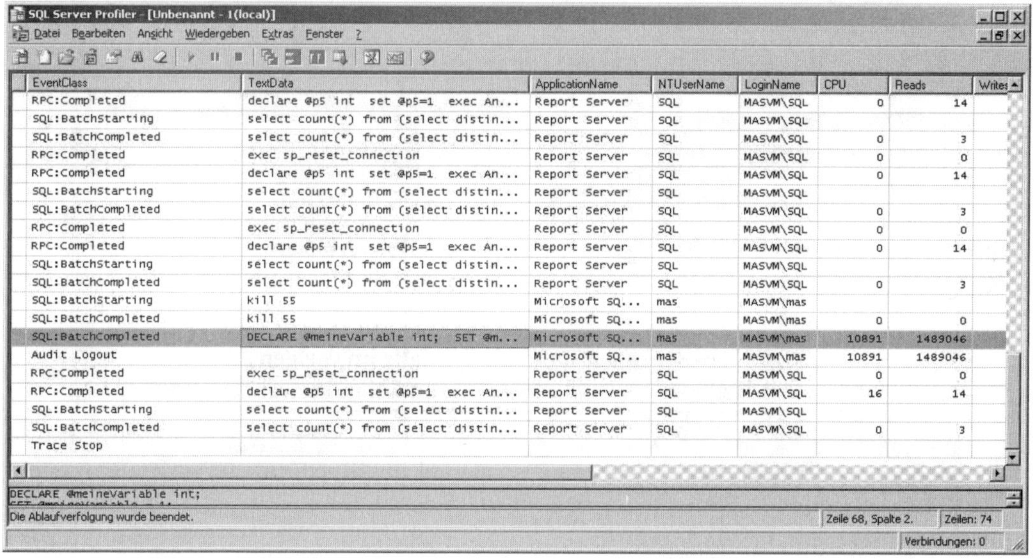

Abbildung 18.23: Die Merkmale des Schleifenskripts in SQL Server Profiler

Sie können Ihre diversen Ablaufverfolgungen speichern und wieder laden, um sie bei bestimmten Anlässen sofort wieder laufen zu lassen.

Der Datenbankmodul-Optimierungsratgeber

Bei dem Datenbankmodul-Optimierungsratgeber, der im Original *Database Tuning Advisor* (DTA) heißt, handelt es sich um ein neues Werkzeug unter SQL Server 2005, das Ihnen die Möglichkeit gibt zu testen, wie sich verschiedene Einflüsse auf eine Datenbank auswirken. Dieser Ratgeber ersetzt Indexoptimierungs-Ratgeber von SQL Server 2000. Die Funktionalitäten des Datenbankmodul-Optimierungsratgebers gehen über die Möglichkeiten, die der Indexoptimierungs-Ratgeber bot, hinaus.

Um den Datenbankmodul-Optimierungsratgeber zu starten und mit einer Instanz von SQL Server zu verbinden, gehen Sie so vor:

1. **Öffnen Sie Start|Programme|Microsoft SQL Server 2005|Leistungstools|Datenbankmodul-Optimierungsratgeber.**
2. **Geben Sie in der Dialogbox Verbindung mit Server herstellen den Namen der SQL Server-Instanz ein, und legen Sie die Authentifizierungsmethode fest.**

   Abbildung 18.24 zeigt, wie der Datenbankmodul-Optimierungsratgeber aussieht, wenn er startet.

Sie können die Datenbanken markieren, deren Antwortverhalten unter Belastung Sie überprüfen wollen.

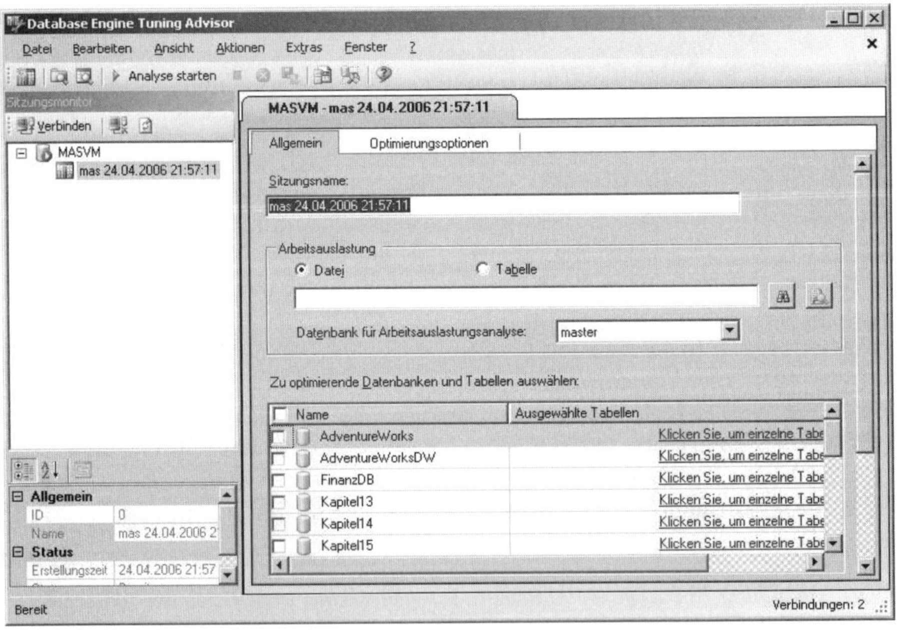

Abbildung 18.24: Der Datenbankmodul-Optimierungsratgeber

Mit mehreren Servern arbeiten

19

In diesem Kapitel

- Die Grundlagen der Replikation entdecken
- Daten replizieren
- Ein Blick auf Service Broker werfen
- Nachrichten mit Service Broker versenden

Ich stelle in diesem Kapitel zwei Themen – Replikation und SQL Server 2005 Service Broker – vor, die Sie häufig in Szenarien verwenden, bei denen Sie mehrere Instanzen von SQL Server einsetzen. Beide Features von SQL Server 2005 geben Ihnen die Möglichkeit, Informationen zwischen Instanzen von SQL Server auszutauschen. Wie und wann Sie diese Funktionalitäten, die sich stark voneinander unterscheiden, verwenden, zeige ich in diesem Kapitel.

Replikation ist im Alltag in vielen Situationen wichtig, in denen Sie und Ihre Kollegen mit mehreren Kopien derselben Informationen arbeiten müssen. In einfachen Fällen, bei denen sich die Daten nicht so schnell ändern und/oder das Volumen der Daten nur klein ist, reicht es eventuell aus, nur eine Kopie der Datenbank zwischen einzelnen Geschäftsstellen zu versenden. Im Geschäftsleben stehen Sie aber oft vor dem Problem, dass dieses Versenden nicht schnell genug, nicht weit genug gefächert und nicht zuverlässig genug ist. Sie müssen sich deshalb nach einer Lösung umschauen, die es Ihnen ermöglicht, die verschiedenen Kopien der Firmendaten aktuell zu halten und permanent zu synchronisieren. Eine Lösung dieses Problems sind Replikationen.

Service Broker ist entwickelt worden, damit Sie einen neuen Typ von Benachrichtigungsanwendungen aufbauen können, der eine asynchrone Kommunikation aus einer Serverinstanz heraus zulässt. Asynchrone Verarbeitung von Nachrichten innerhalb mehrerer Instanzen von SQL Server heißt, dass zum Beispiel die Verarbeitung erst dann durchgeführt wird, wenn die CPU nicht sonderlich ausgelastet ist, und bedeutet, dass eine Kommunikation auch dann möglich ist, wenn eine Instanz zu dem Zeitpunkt nicht verfügbar ist, an dem sie eigentlich eine Nachricht senden sollte. Asynchrones Nachrichtenwesen verhindert, dass sich das Antwortverhalten einer SQL Server-Instanz verschlechtert, wenn sie ausgelastet ist. Wenn eine synchrone Verarbeitung von Nachrichten zu Zeiten stattfindet, an denen die CPU viel zu tun hat, kann dies den gesamten Server »in die Knie« zwingen. Sie können die asynchrone Verarbeitung als einen Vorgang betrachten, der – über den Tag gesehen – für eine bessere Ausnutzung der CPU sorgt.

Replikation im Überblick

Im geschäftlichen Alltag ist es in der Regel so, dass Informationen an verschiedenen Standorten verfügbar sein müssen. So kann zum Beispiel die Firmenzentrale geschäftliche Daten an die Niederlassungen replizieren. Oder eine Niederlassung möchte Daten an Vertriebler replizieren, die vor Ort arbeiten und SQL Server Mobile Edition einsetzen.

Es ist wichtig, dass die verschiedenen Kopien der Daten dasselbe aussagen. Und genau dies ist die Schwierigkeit. Man kann zwar in der Regel damit leben, dass die Daten zu einem bestimmten Zeitpunkt nicht hundertprozentig übereinstimmen, es gibt aber auch Situationen, da müssen Sie sich sicher sein, dass die Datenbankkopien jederzeit übereinstimmen.

Fachausdrücke

Im Umfeld von Replikationen stoßen Sie auf eine Vielzahl von Fachausdrücken. Die wichtigsten habe ich in der folgenden Liste (mit Erläuterungen) zusammengefasst:

- ✔ **Artikel:** Ein Datenbankobjekt, das Sie replizieren
- ✔ **Verteiler:** Der Server, der die zu verteilende Datenbank enthält. In einer produktiven Umgebung werden normalerweise Snapshots auf einem Verteiler abgelegt.
- ✔ **Filterung:** Der Vorgang, der die Daten limitiert, die an einen Abonnenten gesendet werden
- ✔ **Verleger:** Der Server, der die Daten enthält, die repliziert werden sollen. Jeder Verleger besitzt maximal einen Verteiler.
- ✔ **Abonnent:** Ein Prinzipal, an den Daten repliziert werden. Als Abonnent können auch SQL Server 2005 Express Edition und SQL Server Mobile Edition eingesetzt werden.

SQL Server 2005 unterstützt die folgenden Replikationsarten:

- ✔ **Mergereplikation:** Wird normalerweise für eine bidirektionale Replikation verwendet. Abonnenten müssen Daten häufig ändern und gleichen diese mit denen des Verlegers ab, wenn sie wieder online sind.
- ✔ **Snapshot-Replikation:** Verteilt Daten eines vordefinierten Augenblicks. Überprüft die Daten bei einer Aktualisierung nicht. Bei der Synchronisation wird der gesampte Snapshot (deutsch: Schnappschuss) zum Verleger gesendet.
- ✔ **Transaktionsreplikation:** Nach dem erstmaligen Synchronisieren über ein Snapshot werden nur noch Daten, die auf dem Verleger geändert worden sind, zeitnah an die Abonnenten gesendet.

Neuerungen in SQL Server 2005

SQL Server 2005 bietet Ihnen im Bereich der Replikationen auf verschiedenen Ebenen eine Reihe von Neuerungen:

- **Sicherheit:** Sicherheitseinstellungen lassen sich feiner abstufen; Sie müssen Replikationen nicht mehr im Kontext von SQL Server ablaufen lassen. Wenn Sie ein Kennwort ändern, können Sie dies vor Ort erledigen. Um die Replikationsskripte mit den neuen Sicherheitsfunktionalitäten verwenden zu können, müssen Sie SQL Server 2000 oder SQL Server 7.0 aktualisieren.
- **Verwaltung:** Sie können Replikationen über SQL Server Management Studio verwalten. Es gibt einen neuen Replikationsmonitor.
- **Verfügbarkeit:** Sie können Änderungen an Schemata vornehmen, die publizierte Tabellen betreffen. Peer-to-Peer-Transaktionsreplikation.
- **Programmierbarkeit:** Replikationsverwaltungsobjekte, auch *Replication Management Objcts* (RMO) genannt, sorgen für ein neues Programmiermodell auf der Basis von Managed Code.
- **Mobilität:** Mergereplikationen können über HTTPS verteilt werden.
- **Skalierbarkeit und Leistungsverhalten:** Das Leistungsverhalten ist verbessert worden, und Lösungen sind besser skalierbar.
- **Aktualisierbare Abonnements bei Transaktionsreplikationen:** Sie können jetzt auch große Datentypen auf einem Abonnenten aktualisieren.
- **Heterogene Daten:** Sie können Daten publizieren, indem Sie auf Transaktions- und Snapshotreplikationen eines Oracle-Verlegers zurückgreifen.

Sicherheit für Replikationen

Da der Grund für den Einsatz von Replikationen normalerweise das Verteilen von Geschäftsdaten ist, muss der gesamte Replikationsprozess vollständig abgesichert laufen. Die Sicherheit von Replikationen setzt sich aus Windows-Sicherheit und SQL Server-Sicherheit zusammen.

Wenn Sie eine vollständig sichere Replikationskonfiguration einrichten wollen, müssen Sie sich sorgfältig mit diesen Sicherheitsaspekten beschäftigen:

- **Authentifizierung:** Stellen Sie sicher, dass ein Prinzipal wirklich der oder das ist, der beziehungsweise das er vorgibt zu sein.
- **Autorisierung:** Kontrollieren Sie den Zugriff eines authentifizierten Prinzipals auf Informationsquellen wie Datenbanken und Tabellen.
- **Verschlüsselung:** Konvertieren Sie Daten in eine Form, die nur der entsprechende Empfänger lesen kann; verwenden Sie dafür gegebenenfalls Schlüssel.
- **Filterung:** Filtern Sie die Daten, die für einen Abonnenten zur Verfügung stehen.

Authentifizierung und Autorisierung werden dazu verwendet, den Zugang auf die Server, die an einem Replikationsvorgang teilnehmen, und den Zugriff auf die replizierten Datenbankobjekte zu kontrollieren. Vernünftige Methoden der Authentifizierung und Autorisierung basieren auf den folgenden Sicherheitsgesichtspunkten:

- **Sicherheit des Agents:** Setzen Sie das Sicherheitsmodell des Replikations-Agents ein.
- **Administrative Rollen:** Verwenden Sie für Installation, Wartung und Durchführung der Replikation geeignete Server- und Datenbankrollen.
- **Publikationszugriffsliste:** Publikationszugriffslisten, auch *Publication Access List* (PAL) genannt, gewähren Zugriff auf replizierte Publikationen. Bei der PAL handelt es sich um eine Zugriffsliste (Access Control List) für Replikationen.

Das Replizieren sorgt nicht für eine direkte Verschlüsselung der Daten, die in Tabellen stehen oder über ein Netzwerk versendet werden. Setzen Sie einen Verschlüsselungsvorgang auf der Transportschicht ein, zum Beispiel Virtual Private Network (VPN), Secure Sockets Layer (SSL) oder IP Security (IPSEC), um Daten während der Replikation zu verschlüsseln.

Ein weiterer Teil einer gut durchdachten Sicherheitskonfiguration von Replikationen bildet die Datenfilterung. SQL Server 2005 unterstützt zwei Filtermethoden: Zeilen und Spalten. Wenn Sie beispielsweise Verkaufsinformationen an einen Außendienstler replizieren, wollen Sie höchstwahrscheinlich verhindern, dass auch Daten repliziert werden, die einen anderen Außendienstler oder ein anderes Vertriebsgebiet betreffen. Ähnlich ist es bei Personaldaten, bei denen Sie vielleicht Kontaktinformationen weitergeben wollen, sensible Daten, wie Gehaltsstruktur usw., aber nicht veröffentlichen dürfen. Wenn Sie Informationen an eine Partnerfirma replizieren, wollen Sie höchstwahrscheinlich nur Informationen freigeben, bei denen `Ja` in der Spalte `FreigegebeneInfos` steht.

Ihre Daten replizieren

Ich stelle Ihnen in diesem Abschnitt einige wichtige Dinge vor, die Replikationen betreffen. Leider kann ich aufgrund der Seitenzahl, die für dieses Thema zur Verfügung steht, nur auf einige Schlüsselinformationen eingehen.

Einen Verleger und einen Verteiler einrichten

Ein Verleger ist ein Computer, auf dem Sie die Daten publizieren, die Sie replizieren wollen.

Um einen Computer als Verleger einzurichten, gehen Sie so vor:

1. **Öffnen Sie SQL Server Management Studio, und wählen Sie im Fensterelement REGISTRIERTE SERVER die entsprechende Instanz von SQL Server aus. Klicken Sie mit der rechten Maustaste, und wählen Sie im Kontextmenü VERBINDEN|OBJEKT-EXPLORER aus.**
2. **Klicken Sie mit der rechten Maustaste auf den Knoten REPLIKATION. Wählen Sie im Kontextmenü VERTEILUNG KONFIGURIEREN aus.**

   Obwohl der Name suggeriert, dass Sie jetzt nur die Verteilung der Daten einrichten können, sind Sie in der Lage, den Verteilungskonfigurations-Assistenten für die folgenden Zwecke (siehe auch Abbildung 19.1) einzusetzen:

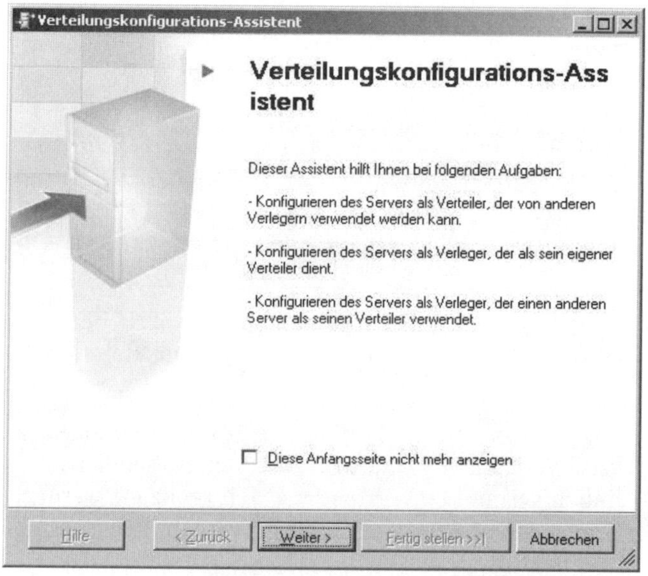

Abbildung 19.1: Der Startbildschirm des Verteilungskonfigurations-Assistenten

- Den Server als Verteiler einrichten
- Den Server als Verleger einrichten, bei dem der Verteiler auf derselben Maschine liegt
- Den Server als Verleger einrichten, bei dem der Verteiler auf einer anderen Maschine liegt.

3. **Klicken Sie auf WEITER.**

   Im folgenden Bildschirm stehen Ihnen zwei Optionen zur Verfügung. Die erste bietet an, den aktuellen Server als Verteiler einzurichten. Über die zweite können Sie festlegen, dass der aktuelle Server nur Verleger sein soll, der auf einen bereits eingerichteten Verteiler zugreift (siehe Abbildung 19.2).

4. **Markieren Sie die Option, bei der der aktuelle Server zum Verteiler wird. Klicken Sie auf WEITER.**

5. **Geben Sie auf der Seite SHAPSHOTORDNER (siehe Abbildung 19.3) den Ort an, an dem ein Snapshot gespeichert werden sollen. Definieren Sie diese Ablage als Netzwerkfreigabe, und klicken Sie auf WEITER.**

   Ich habe einen freigegebenen Ordner auf einer Maschine gewählt, die `masvm` heißt.

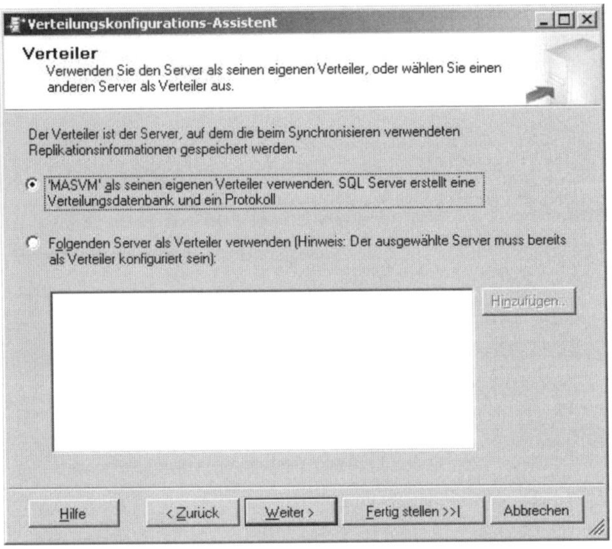

Abbildung 19.2: Verleger und Verteiler auswählen

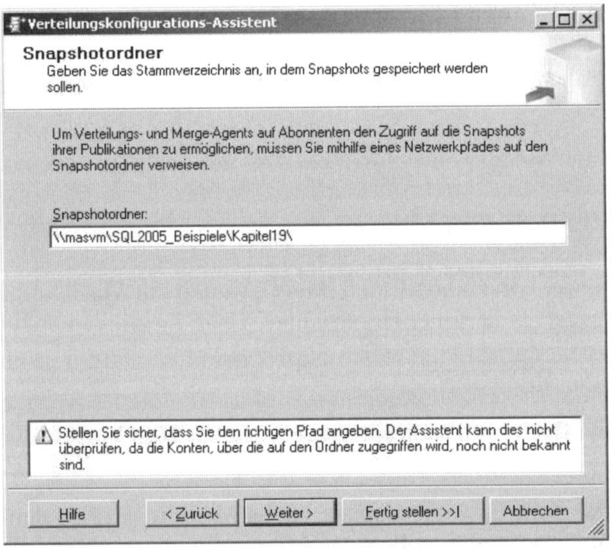

Abbildung 19.3: Einen Ort angeben, an dem Snapshots gespeichert werden

6. **Geben Sie auf der Seite Verteilungsdatenbank den Namen der Verteilungsdatenbank, den Ordner für die Verteilungs-Datenbankdatei und den Ordner für die Verteilungsdatenbank-Protokolldatei an, und klicken Sie auf Weiter.**

   In diesem Fall habe ich die Standardwerte akzeptiert (siehe Abbildung 19.4). Eine Verteilungsdatenbank speichert Änderungen, bis sie an die Abonnenten verteilt werden können.

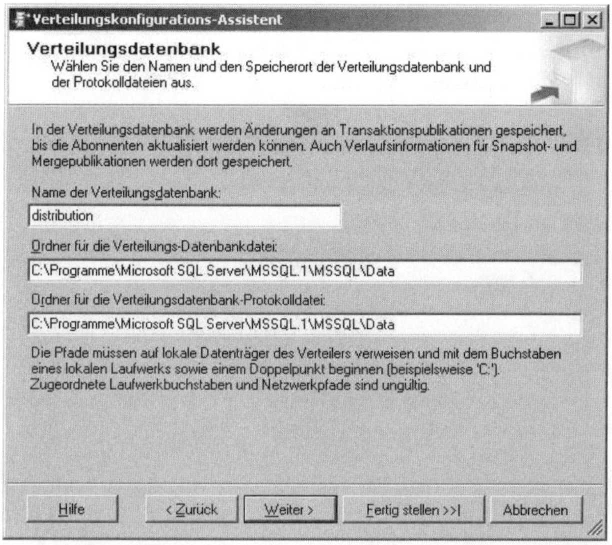

Abbildung 19.4: Eine Verteilungsdatenbank benennen und ihren Speicherort festlegen

Es erscheint die Seite VERLEGER, auf der Sie weitere Verleger angeben können, die ebenfalls die Verteilungsdatenbank nutzen dürfen.

7. **Klicken Sie auf HINZUFÜGEN, um weitere Verleger hinzuzufügen (siehe Abbildung 19.5).**

   Sie können entweder SQL Server-Verleger oder Oracle-Verleger hinzufügen. Ich habe in diesem Beispiel weder das eine noch das andere getan.

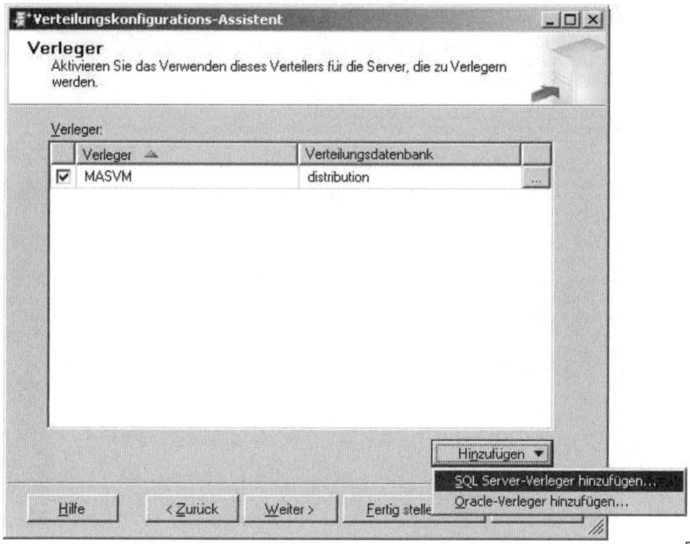

Abbildung 19.5: Einen zusätzlichen Verleger zu einer Verteilungsdatenbank hinzufügen

8. **Klicken Sie auf WEITER, um zur Seite AKTIONEN DES ASSISTENTEN zu gelangen. Lassen Sie die Markierung im Kontrollkästchen VERTEILUNG KONFIGURIEREN stehen (siehe Abbildung 19.6), und klicken Sie auf WEITER.**

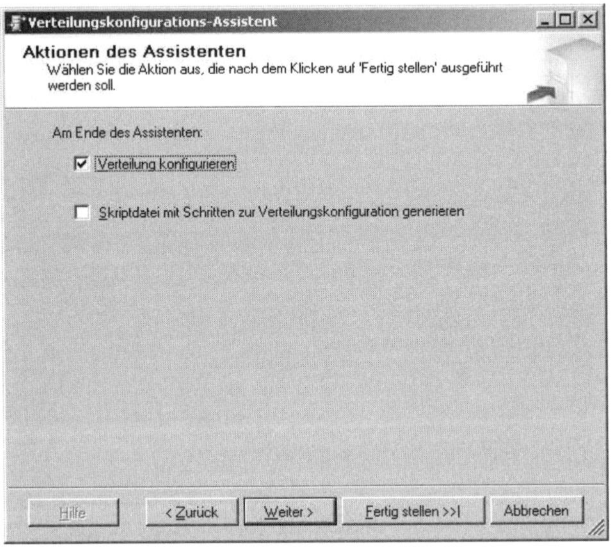

Abbildung 19.6: Aktionen des Assistenten auswählen

9. **Schauen Sie sich auf der Seite ASSISTENTEN ABSCHLIESSEN noch einmal die von Ihnen gewählten Einstellungen an (siehe Abbildung 19.7).**

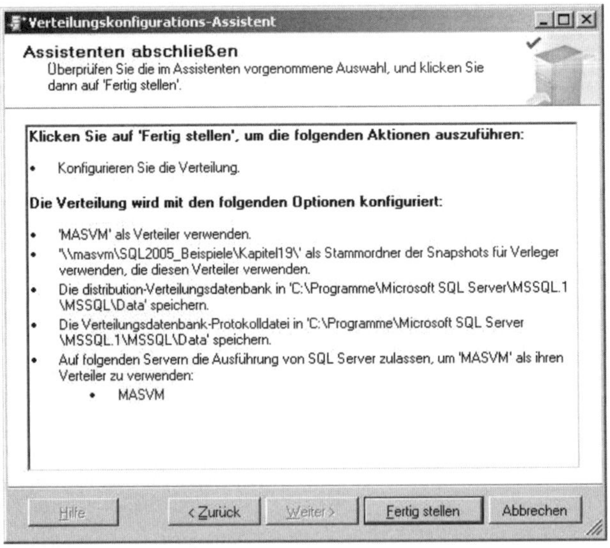

Abbildung 19.7: Die Zusammenfassung der von Ihnen ausgewählten Einstellungen

10. Falls Sie Punkte ändern wollen, klicken Sie auf ZURÜCK, wenn Sie damit zufrieden sind, was der Assistent vorschlägt, klicken Sie auf FERTIG STELLEN.

Wenn Sie auf FERTIG STELLEN klicken, legt der Assistent den Verteiler und den Verleger an. Wenn er damit fertig ist, wird ein Fenster gezeigt, das so ähnlich sein sollte wie das in Abbildung 19.8.

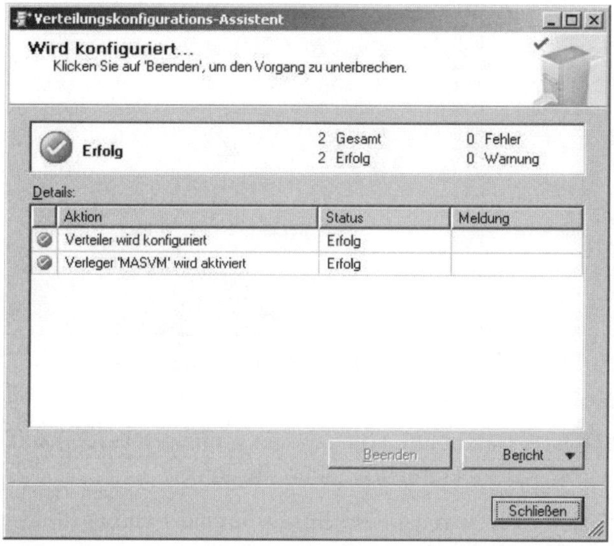

Abbildung 19.8: Erfolgreich eingerichteter Verteiler und Verleger

11. Klicken Sie auf SCHLIESSEN.

Nachdem Sie nun Verleger und Verteiler eingerichtet haben, stehen Ihnen im Kontextmenü des Knotens REPLIKATION neue Optionen zur Verfügung (siehe Abbildung 19.9).

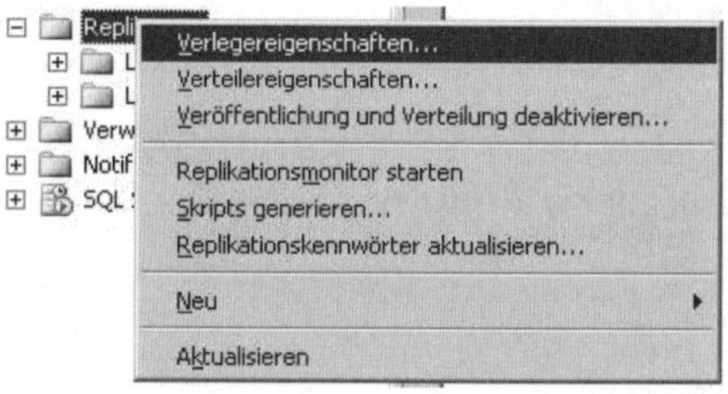

Abbildung 19.9: Das Kontextmenü bei einem eingerichteten Verleger und Verteiler

12. Wählen Sie im Kontextmenü REPLIKATIONSMONITOR STARTEN aus.

Es öffnet sich der Replikationsmonitor (siehe Abbildung 19.10).

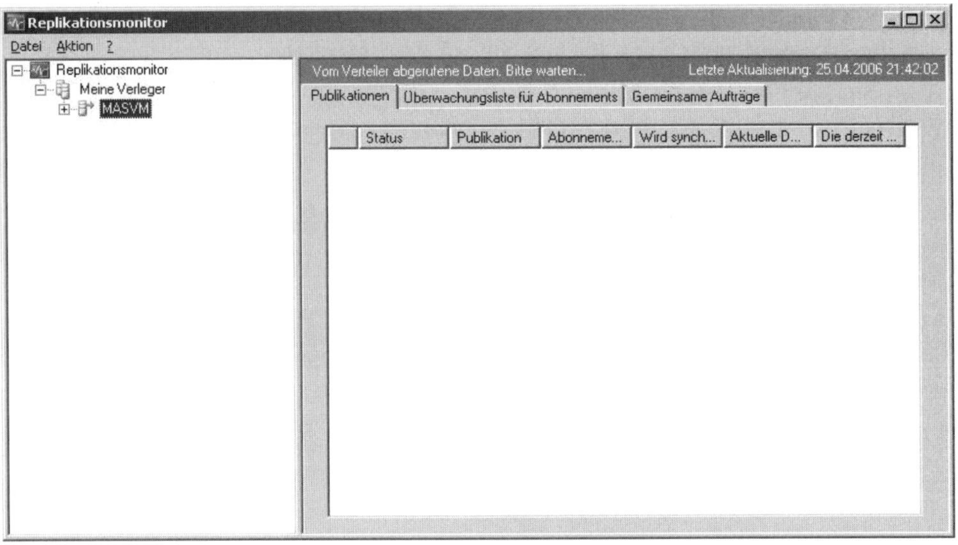

Abbildung 19.10: Der Replikationsmonitor

Nun müssen Sie noch eine Datenbank anlegen, die repliziert werden soll. Um die Datenbank `Kapitel19FürReplikation` zu erstellen, gehen Sie so vor:

1. **Klicken Sie in SQL Server Management Studio auf das Symbol für eine Datenbankmodul-Abfrage.**

2. **Erstellen Sie eine neue Datenbank `Kapitel19FürReplikation`:**

```
CREATE DATABASE Kapitel19FürReplikation
```

3. **Erstellen Sie eine Tabelle `Nachrichten`, und fügen Sie ihr einige Daten hinzu:**

```
USE Kapitel19FürReplikation
CREATE TABLE Nachrichten
(NachrichtID timestamp,
  Nachricht varchar(1000))

INSERT INTO Nachrichten (Nachricht)
 VALUES ('Hello World!')
INSERT INTO Nachrichten (Nachricht)
 VALUES ('Dies ist eine zweite Nachricht.')
```

4. **Prüfen Sie nach, ob die Beispieldaten empfangen werden können:**

```
SELECT *
FROM Nachrichten
```

Sie müssen jetzt auf einer anderen Maschine eine passende Empfangsdatenbank erstellen (die Datenbank, in die Sie Daten replizieren):

1. **Erstellen Sie in SQL Server Management Studio eine neue Datenbankmodul-Abfrage, wobei Sie dafür sorgen müssen, dass Sie mit der SQL Server-Instanz verbunden sind, zu der Sie Daten replizieren wollen.**
2. **Legen Sie die Datenbank `Kapitel19AlsAbonnent` an:**

```
CREATE DATABASE Kapitel19AlsAbonnent
```

3. **Erstellen Sie in dieser Datenbank eine Tabelle `Nachrichten`:**

```
USE Kapitel19AlsAbonnent
CREATE TABLE Nachrichten
(NachrichtID timestamp,
  Nachricht varchar(1000))
```

4. **Prüfen Sie nach, ob die Tabelle auch leer ist:**

```
SELECT *
FROM Nachrichten
```

Eine neue Publikation erstellen

Nachdem Sie jetzt eine Verleger eingerichtet haben und je eine Datenbank besitzen, die Sie replizieren beziehungsweise in die Sie replizieren können, sollten Sie eine neue Publikation erstellen. Gehen Sie so vor:

1. **Erweitern Sie im Objekt-Explorer den Knoten REPLIKATION.**
2. **Klicken Sie mit der rechten Maustaste auf den Knoten LOKALE PUBLIKATIONEN, und wählen Sie im Kontextmenü NEUE PUBLIKATION aus.**

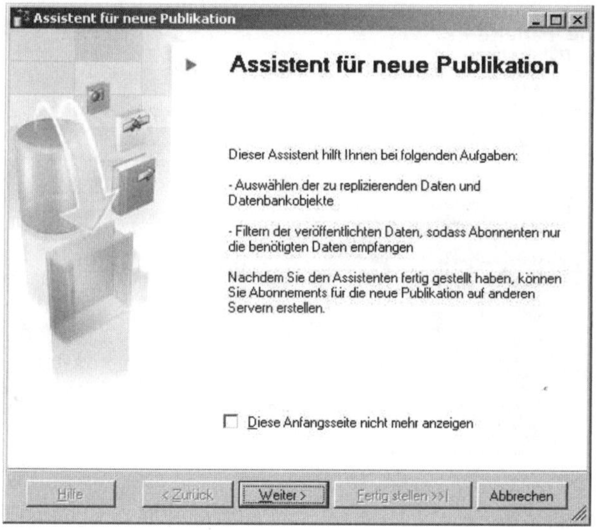

Abbildung 19.11: Die Splashseite des Assistenten für neue Publikationen

Es öffnet sich der ASSISTENT FÜR NEUE PUBLIKATION. Abbildung 19.11 stellt die Optionen dar, die Ihnen zur Verfügung stehen.

3. **Klicken Sie auf WEITER. Markieren Sie auf der Seite PUBLIKATIONSDATENBANK die Datenbank `Kapitel19FürReplikation` (siehe Abbildung 19.12).**

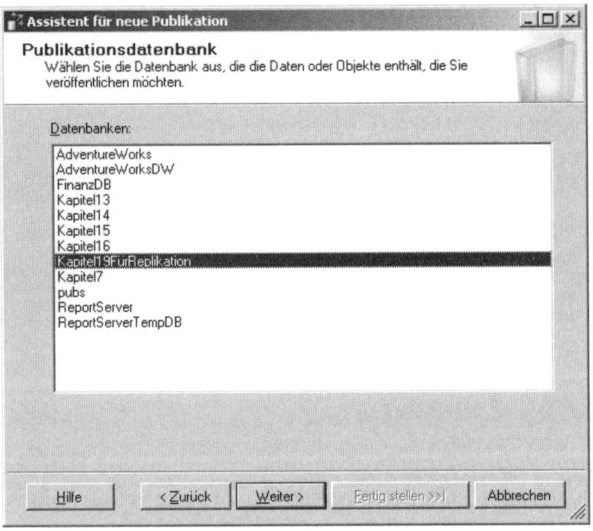

Abbildung 19.12: Eine Datenbank auswählen, die publiziert werden soll

4. **Klicken Sie auf WEITER. Wählen Sie auf der Seite PUBLIKATIONSTYP die Option SNAPSHOT-REPLIKATION aus (siehe Abbildung 19.13).**

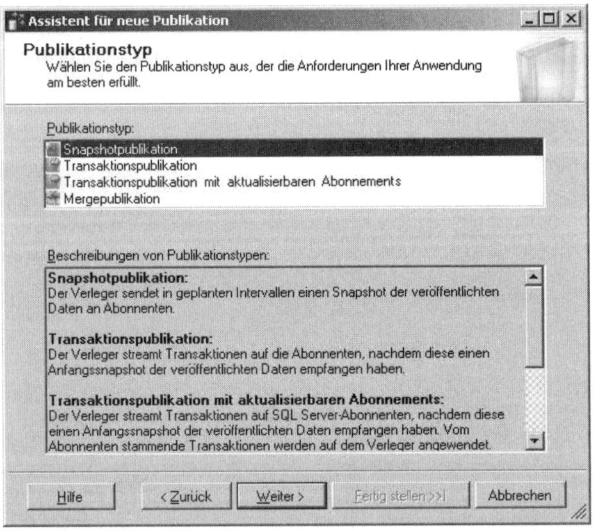

Abbildung 19.13: Den Replikationstyp auswählen, der in der Publikation verwendet wird

5. **Klicken Sie auf Weiter. Erweitern Sie auf der Seite Artikel den Knoten Tabellen, und markieren Sie die Tabelle `Nachrichten` (siehe Abbildung 19.14).**

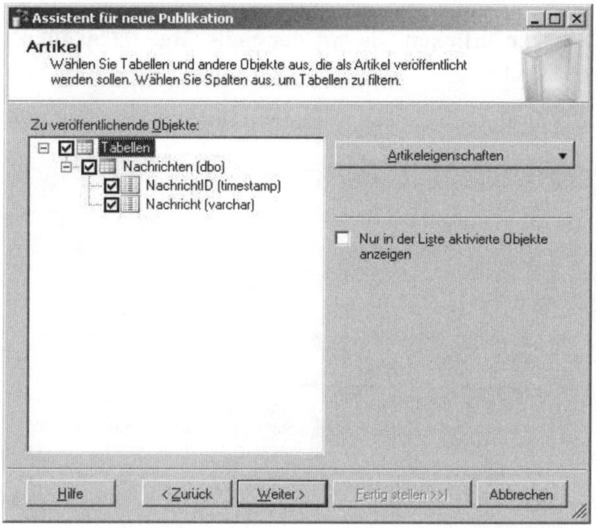

Abbildung 19.14: Die Artikel auswählen, die repliziert werden sollen

6. **Klicken Sie auf Weiter. Sie sehen jetzt die Seite Tabellenzeilen filtern. In diesem Beispiel filtern Sie keine Zeilen, sodass Sie gleich wieder auf Weiter klicken können.**
7. **Markieren Sie auf der Seite Snapshot-Agent das Kontrollkästchen Snapshot sofort erstellen (siehe Abbildung 19.15).**

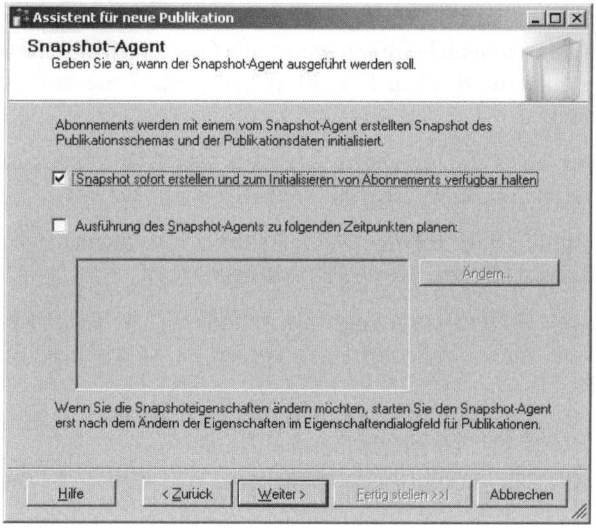

Abbildung 19.15: Ein Snapshot der Datenbank `Kapitel19Für Replikation` erstellen

Das Erstellen eines Snapshots gibt Ihnen die Möglichkeit, sofort zu replizieren. Wenn Sie in diesem Schritt kein Snapshot erstellen, müssen Sie warten, bis ein Snapshot über die Zeitplanung angelegt wird.

8. **Klicken Sie auf Weiter. Klicken Sie auf der Seite Agentsicherheit auf die Schaltfläche Sicherheitseinstellungen.**

   Es öffnet sich die Dialogbox Sicherheit für Snapshot-Agent (siehe Abbildung 19.16).

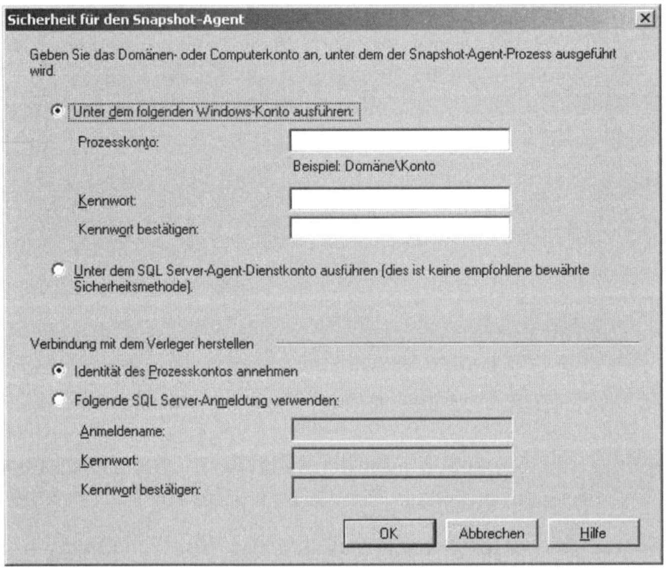

Abbildung 19.16: Ein Anmeldekonto für die Arbeit mit der Publikation auswählen

9. **Wählen Sie, damit das Beispiel einfach bleibt, die Option SQL Server-Agent-Dienstkonto aus. Klicken Sie auf OK. Klicken Sie auf Weiter, wenn Sie zur Seite Agentsicherheit zurückgekehrt sind.**

10. **Achten Sie darauf, dass auf der Seite Aktionen des Assistenten das Kontrollkästchen Publikation erstellen markiert ist, und klicken Sie auf Weiter.**

11. **Geben Sie der Publikation auf der Seite Assistenten abschliessen den Namen »Eine Testpublikation«, und klicken Sie auf Fertig stellen.**

    Die Seite Publikation wird erstellt zeigt die Abläufe während des Erstellens der Publikation. Wenn es dabei nicht zu Fehlern gekommen ist, sollte diese Seite so aussehen wie Abbildung 19.17.

12. **Klicken Sie auf Schliessen.**

13. **Erweitern Sie im Objekt-Explorer gegebenenfalls den Knoten Lokale Publikationen.**

    Sie sehen, dass eine neue Publikation erstellt worden ist (siehe Abbildung 19.18).

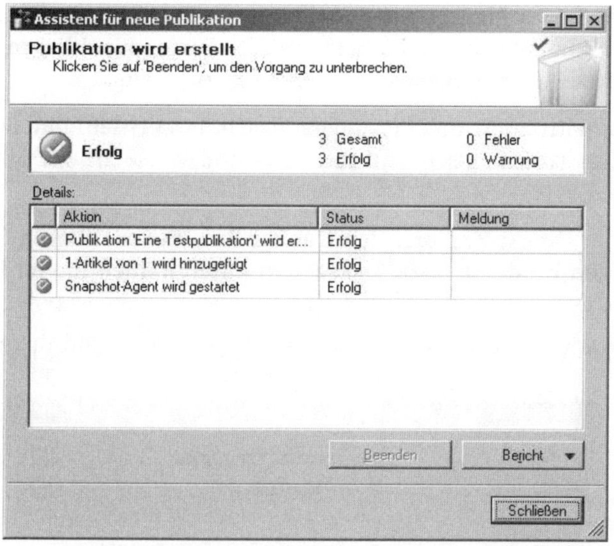

Abbildung 19.17: Die Publikation `Eine Testpublikation` *ist erfolgreich erstellt worden.*

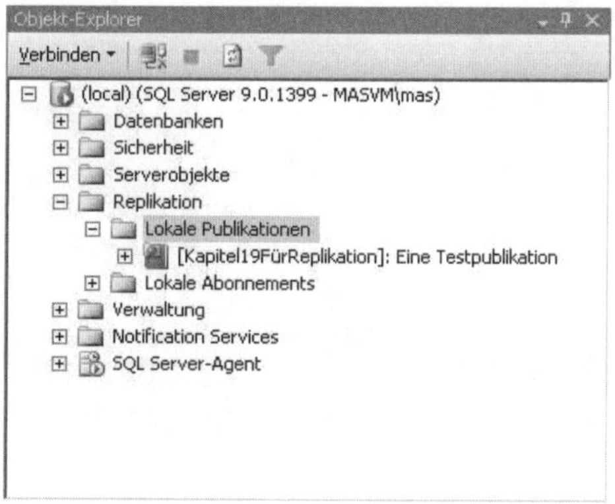

Abbildung 19.18: Eine neue Publikation ist zum Objekt-Explorer hinzugefügt worden.

Die neue Publikation wird auch im Replikationsmonitor angezeigt.

Nachdem Sie eine Publikation angelegt haben, können Sie sie abonnieren.

Ein Abonnement erstellen

Sie erstellen ein Abonnement normalerweise auf einer zweiten Maschine. Gehen Sie dazu wie folgt vor:

1. **Öffnen Sie SQL Server Management Studio, und wählen Sie im Fensterelement Registrierte Server die entsprechende Instanz von SQL Server aus. Klicken Sie mit der rechten Maustaste, und wählen Sie Verbinden|Objekt-Explorer aus.**

   Sie können alternativ auch auf eine andere Maschine wechseln und SQL Server Management Studio dort laufen lassen. Auf diese Art und Weise arbeite ich in den folgenden Schritten.

2. **Erweitern Sie im Objekt-Explorer den Knoten Replikation, klicken Sie mit der rechten Maustaste auf den Knoten Lokale Abonnements, und wählen Sie im Kontextmenü Neue Abonnements aus.**

   Es öffnet sich der Assistent für neue Abonnements (siehe Abbildung 19.19).

Abbildung 19.19: Der Assistent für neue Abonnements

3. **Klicken Sie auf Weiter.**

   Es öffnet sich die Seite Publikation (siehe Abbildung 19.20). Da es auf dieser Maschine keine Publikationen gibt, wird im unteren Teil der Seite eine Fehlermeldung angezeigt

4. **Wählen Sie in der Dropdownliste Verleger den Eintrag <SQL Server-Verleger suchen> aus, falls es keine Publikationen gibt, die die SQL Server-Instanz automatisch findet. Geben Sie den Namen des Servers ein, der Verleger ist – in meinem Fall heißt die Maschine `MAS2`. Klicken Sie auf Verbinden.**

   Sie kehren zur Seite Publikation zurück und können jetzt eine Publikation auswählen, wie Abbildung 19.21 zeigt. Sie sehen `Eine Testpublikation`, die Sie weiter oben in dieser Übung angelegt haben.

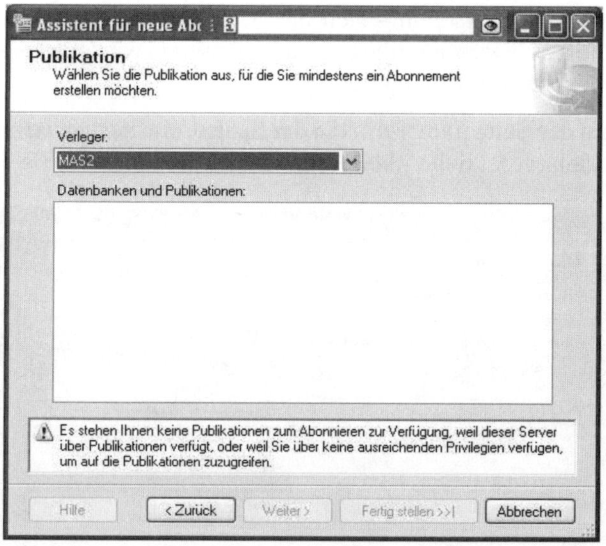

Abbildung 19.20: Eine Fehlermeldung weist auf nicht vorhandene Publikationen hin.

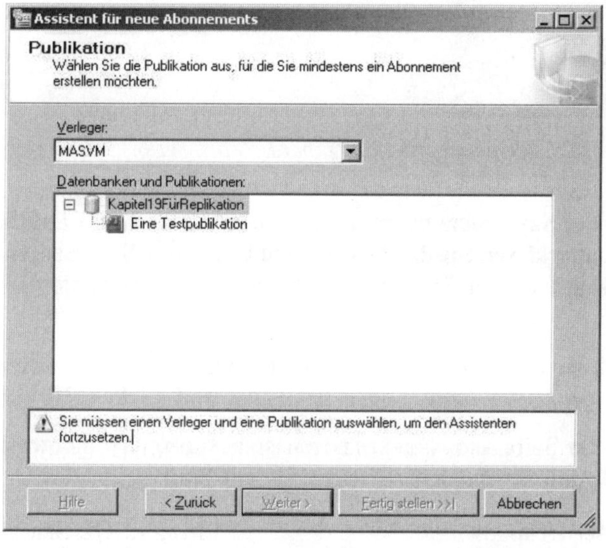

Abbildung 19.21: Sie können jetzt auf der Seite PUBLIKATION eine Publikation auswählen.

5. **Achten Sie darauf, dass `Eine Testpublikation` markiert ist, und klicken Sie auf WEITER.**
6. **Sie gelangen zur Seite SPEICHERORT DES VERTEILUNGS-AGENTS, auf der Sie die Option PULL-ABONNEMENTS aktivieren und auf WEITER klicken.**

   Der Verteilungs-Agent kann sowohl auf dem Abonnenten als auch auf dem Verteiler laufen. In unserem Fall läuft er auf dem Abonnenten und erzeugt eine Pullsubskription (der

Abonnent holt – englisch: *to pull* – sich die Daten). Wenn der Agent auf dem Verteiler läuft, wird eine Pushsubskription (die Subskription wird »von außen« auf den Abonnenten geschoben – englisch: *to push*) erzeugt.

7. **Markieren Sie auf der Seite ABONNENTEN in der Spalte ABONNEMENTDATENBANK die Datenbank** `Kapitel19AlsAbonnent` **(siehe Abbildung 19.22), und klicken Sie auf WEITER.**

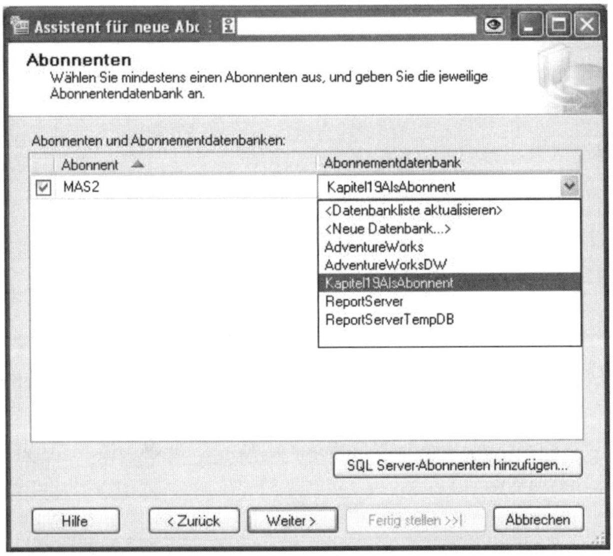

Abbildung 19.22: Die Abonnementdatenbank `Kapitel19AlsAbonnent` *auswählen*

8. **Klicken Sie auf der Seite SICHERHEIT FÜR DEN VERTEILUNGS-AGENT auf die Generator-Schaltfläche (...), und markieren Sie das Optionsfeld UNTER DEM SQL SERVER-AGENT-DIENSTKONTO AUSFÜHREN (was auf einem Produktivserver nicht zu empfehlen ist). Klicken Sie auf WEITER.**

9. **Wählen Sie auf der Seite SYNCHRONISATIONSZEITPLAN in der Dropdownliste AGENTZEITPLAN die Option NUR BEDARFSGESTEUERT AUSFÜHREN aus, und klicken Sie auf WEITER.**

10. **Wählen Sie auf der Seite ABONNEMENTS INITIALISIEREN in der Dropdownliste INITIALISIERUNGSZEITPUNKT die Option SOFORT aus. Klicken Sie auf WEITER.**

11. **Sorgen Sie dafür, dass auf der Seite AKTIONEN DES ASSISTENTEN das Kontrollkästchen ABONNEMENTS ERSTELLEN markiert ist. Klicken Sie auf WEITER.**

12. **Auf der Seite ASSISTENTEN ABSCHLIESSEN (siehe Abbildung 19.23) haben Sie die Gelegenheit, sich Ihre Einstellungen noch einmal anzuschauen und gegebenenfalls Änderungen vorzunehmen. Klicken Sie auf FERTIG STELLEN.**

    Die Dialogbox ABONNEMENT(S) ERSTELLEN zeigt, dass alles erfolgreich verlaufen ist (siehe Abbildung 19.24).

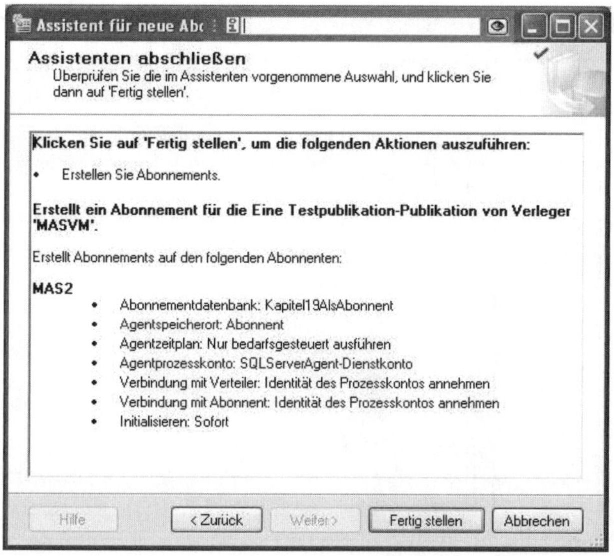

Abbildung 19.23: Schauen Sie sich die Einstellung für ein neues Abonnement noch einmal an.

Wenn es an dieser Stelle zu einer Fehlermeldung kommen sollte, liegt das höchstwahrscheinlich daran, dass Sie vergessen haben, ein Snapshot anzulegen.

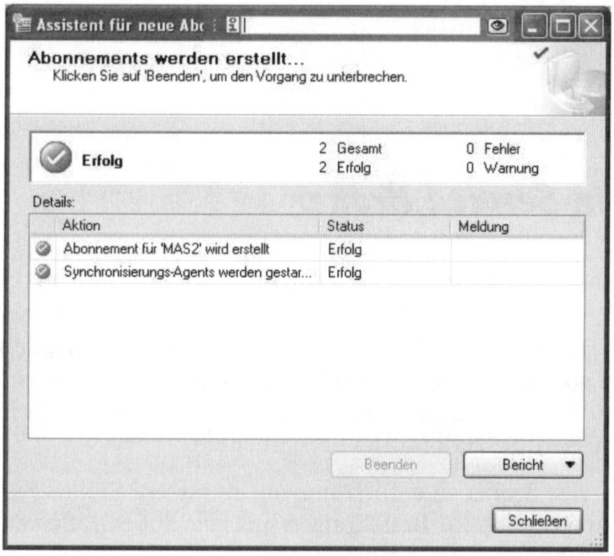

Abbildung 19.24: Ein neues Abonnement ist erfolgreich erstellt worden.

13. Prüfen Sie auf der Verleger-Maschine im Replikationsmonitor nach, ob dieser die Subskription erkennt (siehe Abbildung 19.25).

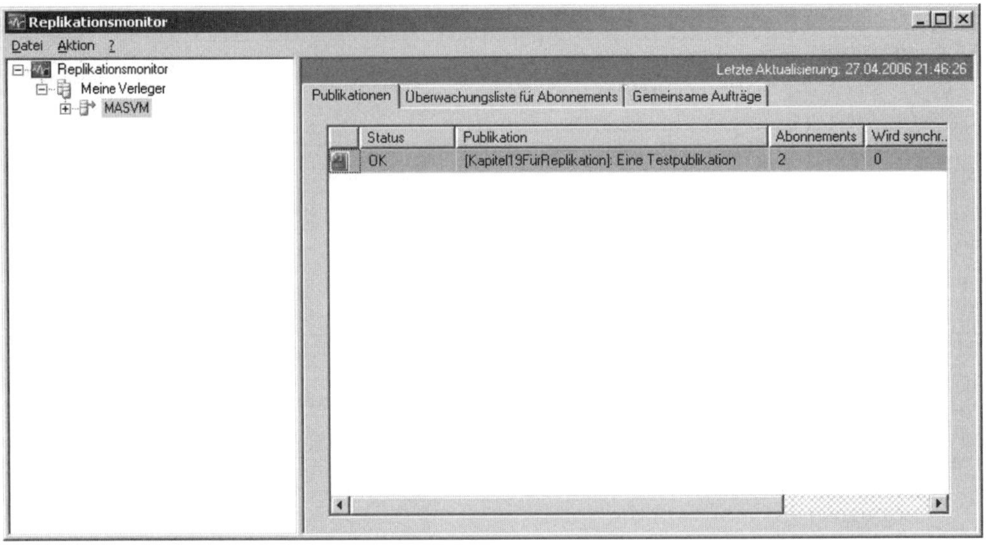

Abbildung 19.25: Das neue Abonnement wird vom Replikationsmonitor auf der Verleger-Maschine erkannt.

14. **Lassen Sie den folgenden Code auf dem Abonnenten laufen, um zu zeigen, dass die Daten auch wirklich auf den Abonnenten repliziert worden sind:**

```
USE Kapitel19AlsAbonnent
SELECT *
FROM Nachrichten
```

Einführung in Service Broker

SQL Server 2005 Service Broker ist ein Feature, das erst ab SQL Server 2005 zur Verfügung steht. Service Broker ist eine Plattform, auf der man verteilte Datenbankanwendungen erstellen kann, die nach und nach asynchron abgearbeitet werden. Der Zweck von Service Broker ist, Ihnen eine Möglichkeit zu geben, eine neue Art von Nachrichtenanwendung zu schreiben, die auf einer Instanz von SQL Server 2005 basiert. Sie können mit Service Broker Nachrichtenanwendungen erstellen, die transaktionsorientiert arbeiten.

Wofür kann man Service Broker eigentlich sinnvoll einsetzen? Stellen Sie sich eine Situation vor, in der es eine Anwendung für Bestellungen gibt, die auf SQL Server 2005 zugreift, und eine Anwendung für den Warenversand, die ebenfalls SQL Server 2005 nutzt. Zwischen beiden Anwendungen müssen zuverlässig Nachrichten ausgetauscht werden. Hier wird wirklich ein hoher Grad an Zuverlässigkeit benötigt, denn stellen Sie sich vor, dass ein Kunde eine Bestellung vornimmt und Sie die Bestellung bestätigen. Die bestellten Artikel werden aber niemals versendet. In bestimmten Szenarien können Sie eine asynchrone Kommunikation akzeptieren, weil die bestellten Waren nicht sofort versendet werden müssen. Es gibt sogar Situationen, in denen es unmöglich ist, einen sofortigen Warenversand zu veranlassen – weil Sie die bestellten Güter zum Beispiel gar nicht am Lager haben.

Service Broker ist Teil des Datenbankmoduls von SQL Server 2005. Sie können eine normale SQL Server-Tabelle als eine Art Queue ansehen – einige Anwendungen fügen der Tabelle eine oder mehrere Zeilen hinzu, andere Anwendungen holen sich Daten in der Tabelle ab. Ähnlich ist das bei einer Nachrichtenqueue.

Service Broker verfügt als Teil des SQL Server 2005-Datenbankmoduls über dieselben Möglichkeiten wie die eigentlichen SQL Server-Operationen. Er kennt Hochverfügbarkeit und einen hohen Grand an Skalierbarkeit. Die Transaktionen von Service Broker werden in die Transaktionsprotokolle von SQL Server geschrieben, sodass es nur eine geringe Möglichkeit gibt, Daten zu verlieren. Wenn Sie Datenbankspiegelung einsetzen, werden Ihre Daten und Nachrichten (nach einer kurzen Pause) auf dem Spiegelserver verarbeitet, als wenn nichts geschehen wäre.

Wenn Sie eine SQL Server-Instanz sichern, die eine Service Broker-Anwendung hostet, werden die Daten und Nachrichten, die zu Service Broker gehören, mitgesichert.

Queues

Queues, im Deutschen auch als Warteschlange bezeichnet, können, wenn sie gut organisiert sind, helfen, Dinge ablaufen zu lassen. Leider werden nicht alle Queues gleichermaßen gut verwaltet. Vergleichen Sie einen Supermarkt mit vielen Queues (Warteschlangen) an den einzelnen Kassen (bei denen Sie nie wissen, welche am schnellsten »abgearbeitet« wird), mit einem Flughafen, bei dem es für die Abfertigung für alle Passagiere zunächst nur eine einzige Queue (Warteschlange) gibt. Es ist wichtig, dass es für Ihre Nachrichten nur eine geordnete Queue gibt, damit die Nachrichten effizient und zuverlässig abgearbeitet werden.

Nachrichten, die zusammenhängen, müssen auf eine geeignete Art und Weise verarbeitet werden. Wenn zum Beispiel zwei verschiedene Leser der Queue versuchen, zwei Nachrichten, die zur gleichen Konversation gehören, zu verarbeiten, kann das zu einer Zerstörung von Daten führen. Service Broker reduziert dieses Risiko, indem Nachrichten zu Gruppen zusammengefasst werden (den *Konversationsgruppen* oder *Dialoggruppen*). Alle Nachrichten, die zu einer Konversationsgruppe gehören, werden immer als Gruppe von einem Leser der Queue von der Queue genommen und verarbeitet.

In Service Broker stehen Ihnen normalerweise mehrere Queues für Leser zur Verfügung. Dies ist wichtig, um eine effektive Skalierbarkeit zu erhalten. Die Zugriffssperren über Kommunikationsgruppen helfen dabei, zusammengehörende Nachrichten in der richtigen Reihenfolge zu verarbeiten.

Queues gehören zu den bevorzugten Datenbankobjekten von SQL Server 2005. Zusätzlich gibt es unter SQL Server 2005 T-SQL-Erweiterungen, die es möglich machen, Queues über T-SQL zu bearbeiten.

Nachrichten

Service Broker basiert auf Nachrichten und bietet gegenüber herkömmlichen Nachrichtensystemen eine Reihe von Vorteilen.

Wenn Nachrichten ausgeliefert werden, kann es zu der Situation kommen, dass wiederholt versucht werden muss, die Nachricht zuzustellen. Darüber hinaus kann der Weg (die *Route*), den die Nachricht nimmt, unterschiedlich sein. Dies bedeutet, dass die Nachricht anders in eine Queue eingereiht wird, als es ihrem Sendestatus entspricht. Service Broker kann sich die Reihenfolge der Nachrichten merken, sodass die Nachrichten, die als Erste gesendet werden, auch als Erste verarbeitet werden. Service Broker garantiert in folgenden Situationen dafür, dass die Verarbeitungsreihenfolge eingehalten wird:

- ✔ Über Transaktionen hinweg
- ✔ Über sendende Threads hinweg
- ✔ Über empfangende Threads hinweg

Service Broker erledigt dies, indem Dialoge verwendet werden. In Service Broker haben Dialoge diese Merkmale:

- ✔ Garantierte Auslieferung
- ✔ Unterstützung von uni- und bidirektionalen Dialogen
- ✔ Gesendet Nachrichten werden genau einmal empfangen. Service Broker wiederholt die Aktionen so oft, bis die Nachricht einmal empfangen worden ist.
- ✔ Nachrichten werden sortiert abgearbeitet.
- ✔ Dialoge sind dauerhaft. Ein Dialog kann den Neustart eines der an dem Dialog beteiligten Servers überleben.
- ✔ Ein Dialog ist mehr ein logischer als eine physikalischer Verbindungsprozess.

Hinter den Kulissen

Bisher habe ich Service Broker mit Begriffen beschrieben, die die Funktionalitäten betreffen, die Sie als Datenbankentwickler kennen. Ich möchte jetzt noch kurz darauf eingehen, was geschieht, damit Service Broker diese Funktionalitäten auch erhält.

Ein Dialog zwischen zwei Instanzen von Service Broker kennt Dialoge, die diese *logischen* Merkmale haben:

- ✔ Genau eine Auslieferung
- ✔ Sortierte Auslieferung
- ✔ Verwendung von Verschlüsselung und Authentifizierung

In der Realität haben zwei Instanzen von Service Broker keine direkte physikalische Netzwerkverbindung. Das zugrunde liegende Transportprotokoll kennt diese Merkmale:

- ✔ Effizientes binäres Nachrichtenformat
- ✔ Baut auf TCP/IP auf.
- ✔ Bidirektionales Multiplex-Protokoll (mehrere Dialoge laufen über eine einzige Verbindung), das den besten Versuch verwendet

Service Broker sorgt auf ähnliche Art und Weise, wie das Internet mit der Einschränkung »zuverlässig« ist, dass ab und an Pakete verloren gehen, für Zuverlässigkeit auf logischer Ebene, während das darunter liegende Transportprotokoll aus der Praxis heraus nur das Ziel haben kann, so gut wie möglich zu sein.

Eine weitere Voraussetzung für Service Broker ist, dass eine Anwendung läuft, die in der Lage ist, Nachrichten in einer Queue abzuarbeiten. Service Broker verwendet einen Prozess, der *Aktivieren* genannt wird, um sicherzustellen, dass Nachrichten, die in einer Queue (im Wesentlichen eine Tabelle in einer SQL Server-Datenbank) ankommen, auch verarbeitet werden. Wenn zum Beispiel Nachrichten einer Queue von einer bestimmten gespeicherten Prozedur abgearbeitet werden müssen, prüft Service Broker nach, ob die gespeicherte Prozedur auch läuft. Wenn dies nicht der Fall ist, startet Service Broker die entsprechende gespeicherte Prozedur, und die Nachricht wird verarbeitet.

Ein weiterer Gesichtspunkt des Aktivierens hat mit dem Leistungsverhalten einer gespeicherten Prozedur zu tun. Dabei wird die Anzahl der Nachrichten berücksichtigt, die in der entsprechenden Queue ankommen. Wenn zu viele Nachrichten zu schnell für eine Kopie der gespeicherten Prozedur ankommen, wird automatisch eine zusätzliche Kopie der Prozedur gestartet. Im Prinzip sieht es so aus, dass die Anzahl der Kopien einer gespeicherten Prozedur, die gestartet werden, proportional zur Anzahl der in der Queue eingehenden Nachrichten ist. Sie sind aber in der Lage festzulegen, wie viele Kopien einer gespeicherten Prozedur maximal laufen dürfen.

Sicherheit

Da die Kommunikation von Service Broker asynchron verläuft, können Sie keine verbindungsorientierten Sicherheiten einsetzen. Schließlich laufen die beiden Anwendungen an den beiden Enden der Dialoge normalerweise nicht zur gleichen Zeit. Die Lösung dieses Problems ist ein Schlüsselpaar, das einen privaten und einen öffentlichen Schlüssel hat.

Sie können die Verschlüsselung in einer Testumgebung ausschalten, indem Sie diese Klausel verwenden:

```
WITH ENCRYPTION = OFF
```

Teil VI

SQL Server Business Intelligence (BI)

In diesem Teil …

Ich führe Sie in die Paradigmen Integrate, Analyse und Report ein, die es Ihnen ermöglichen, in einer Lösung Daten aus unterschiedlichen Quellen zu kombinieren, sie zu analysieren und auf ihrer Grundlage Berichte zu erstellen.

Ich zeige Ihnen, wie Sie das Business Intelligence Development Studio einsetzen, um Projekte zu erstellen, die SQL Server Integration Services, Analysis Services und Reporting Services verwenden.

SQL Server Integration Services

20

In diesem Kapitel

- Herausfinden, was Business Intelligence bedeutet
- Einen ETL-Ansatz mit Integration Services verwenden
- Das Business Intelligence Development Studio entdecken
- Ein Integration Services-Projekt erstellen
- Ein Integration Services-Projekt veröffentlichen

Business Intelligence ist eines der neuen Schlüsselelemente von SQL Server 2005. Eines der Ziele einer SQL Server 2005-Installation ist das Bereitstellen von Informationen, die für die finanziellen und anderen Operationen und für die Leistungsfähigkeit eines Unternehmens wichtig sind. Sie können bis zu einem gewissen Grad T-SQL-Abfragen oder Anwendungen verwenden, die auf T-SQL oder CLR (Common Language Runtime) basieren, um Daten auf fast unendlich viele Arten und Weisen zu verarbeiten. Microsoft hat unter SQL Server 2005 große Anstrengungen unternommen, Entwickler dabei zu unterstützen, Informationen, die besonders wichtig für alltägliche, geschäftliche Aktivitäten beziehungsweise die Leistungsfähigkeit des Unternehmens sind, zu bearbeiten und darzustellen. *Business Intelligence* bedeutet die Verarbeitung von Daten, um Informationen zu erstellen, die mit der geschäftlichen Leistungsfähigkeit zusammenhängen. Business Intelligence lässt sich am besten als *geschäftliche Erkenntnis* beschreiben. Es beschreibt Systeme und Prozesse zur systematischen Analyse des Unternehmens und der damit zusammenhängenden Vorgänge.

Ich stelle Ihnen in diesem Kapitel SQL Server 2005 Intergration Services vor, eine der drei Säulen der Microsoft Business Intelligence:

- ✔ Integration (SQL Server Integration Services – das Thema dieses Kapitels)
- ✔ Analyse (SQL Server Analysis Services – das Thema von Kapitel 21)
- ✔ Berichte (SQL Server Reporting Services – das Thema von Kapitel 22)

Business Intelligence, das auf den geschäftlichen Analysefunktionalitäten von SQL Server 2005 basiert, ist einer der Kernbestandteile des neuen Programmpakets Microsoft Office 12. Da sich Office 12 zum Zeitpunkt der Drucklegung dieses Buches noch im Entwicklungsstadium befindet, gehe ich nicht weiter auf die Zusammenarbeit von Office 12 und Business Intelligence-Anwendungen von SQL Server 2005 ein.

Business Intelligence im Überblick

SQL Server 2005 hat, verglichen mit SQL Server 2000, einen Riesenschritt bei der Unterstützung von Business Intelligence getan. Die vollständig neuen, besser skalierbaren und mächtigen SQL Server Integration Services ersetzen Data Transformation Services von SQL Server 2000. Ein neues, unter SQL Server Analysis Services vorhandenes Programmiermodell gibt Ihnen die Möglichkeit, die Verarbeitung von Daten in Analysis Services-Cubes zu verbessern. Die bereits unter SQL Server 2000 vorhandenen Reporting Services haben neue Funktionalitäten bekommen.

Sie können den Business Intelligence-Workflow von SQL Server 2005 als Verarbeitungskette betrachten:

✔ **Integration:** Die entsprechenden Daten werden mit Integration Services zusammengeführt.

✔ **Analyse:** Der Inhalt der Daten wird analysiert, indem entweder Online Analytical Processing (OLAP) oder Data Mining mit Analysis Services verwendet werden.

✔ **Berichte:** Die Daten, die mithilfe von Integration Services integriert und mithilfe von Analysis Services analysiert worden sind, werden den Endbenutzern präsentiert.

Werkzeuge von Business Intelligence

Der größte Teil der Entwicklungsarbeit, die unter SQL Server 2005 anfällt, wird im Business Intelligence Development Studio erledigt. Sie können sich während der Installation von SQL Server 2005 dafür entscheiden, auch das Business Intelligence Development Studio zu installieren. Wenn Sie eine der Editionen von Visual Studio 2005 installieren, werden die geschäftlichen Analysefunktionen automatisch in Visual Studio eingebunden.

In SQL Server Management Studio gibt es die Werkzeuge, die Sie benötigen, um Server mit Integration Services, Analysis Services und Reporting Services zu verwalten. Die Schaltflächen im Fensterelement REGISTRIERTE SERVER von SQL Server Management Studio geben Ihnen die Möglichkeit, Server jeder dieser Kategorien zu sehen und auszuwählen.

Data Warehouse

Viele Firmen fassen Daten in besonders aufgebauten Datenbanken zusammen, die *Data Warehouses* genannt werden. Ein Data Warehouse (ein »Lagerhaus« für Daten; Plural: Data Warehouses) kann Daten enthalten, die, aus vielen Datenquellen stammend, miteinander verbunden worden sind. Aus historischen Gründen kann es sein, dass die Daten, die in verschiedenen untergeordneten Anwendungen ihre Verwendung finden sollen, vor der Zusammenfassung in unterschiedlichen Formaten vorliegen. Damit diese Daten zusammen abgespeichert werden können, müssen sie von Ihnen in eine Struktur gebracht werden, die das Data Warehouse versteht. Ein ideales Werkzeug für diese Arbeiten sind die Integration Services, weil sie die

Daten neu strukturieren und von Altlasten befreien, bevor die Daten in einem Data Warehouse untergebracht werden.

Data Warehouses können einen Riesendatenbestand enthalten. Damit Ihr Server auch weiterhin ein optimales Leistungsverhalten aufweist, sollten Sie die Tabellenpartitionierung verwenden, die es unter SQL Server 2005 neu gibt.

Eine der typischen Aufgaben von SQL Server 2005 Analysis Services ist die Analyse von Daten in Data Warehouses. Das ideale Werkzeug für hochwertige Berichte ist SQL Server 2005 Reporting Services.

Integration Services im Überblick

Integration Services sind ein so genanntes ETL-Werkzeug (*Extahieren, Transformieren, Laden*). Integration Services können Daten von verschiedenen Quellen *extrahieren,* die geladenen Daten in eine andere Struktur *transformieren* (umwandeln) und die geänderte Struktur in zum Beispiel eine SQL Server 2005-Datenbank *laden.*

Der ETL-Ansatz gibt Ihnen die Möglichkeit, mit vielen Problemen des geschäftlichen Alltags umzugehen. Beispiele für Szenarien, in denen Sie Integration Services einsetzen, sind:

- ✔ Eine Warenhauskette fasst die Verkaufsdaten je Warenhaus zusammen und summiert sie zentral, um sie zu analysieren.
- ✔ Zwei Firmen geben Informationen über ihr Personal aus Sicherheitsgründen gegenseitig frei. Ein solches Szenarium kann auf Flughäfen vorkommen, wenn die Fluggesellschaften den Flughafen über Änderungen bei ihrem Personal informieren.
- ✔ Daten von Weblogs (auch *Blogs* genannt) summieren und filtern
- ✔ Es werden Finanztransaktionen und gesplittete Transaktionen nach bestimmten Gesichtspunkten durchgeführt, um »Ausreißer« zu identifizieren und für eine Überprüfung durch einen Menschen aufzubereiten – um zum Beispiel Betrugsversuche oder menschliche Fehler herauszufinden.

SQL Server Integration Services können Daten von vielen Quellen akzeptieren, zu denen die folgenden Datenbank- und professionellen Planungssysteme gehören:

- ✔ SQL Server
- ✔ Oracle
- ✔ IBM DB2
- ✔ SAP

Integration basiert auf *Paketen*. Ich erzähle Ihnen im nächsten Abschnitt ein wenig über die Erstellung eines Integration Services-Pakets. Weiter unten in diesem Kapitel zeige ich Ihnen Schritt für Schritt, wie ein Paket erstellt wird.

Ein Integration Services-Paket erstellen

Ein Integration Services-Paket besteht, allgemein gesagt, aus Quellen, Transformationen und Zielen. Eine *Quelle* ist die Stelle, von der Sie die Daten erhalten, die Sie transformieren wollen. Eine *Transformation* strukturiert die Daten so, dass sie sauber sind und zur Struktur der Zieltabelle passen. Ein *Ziel* ist die Stelle, an die Sie die transformierten Daten senden.

Sie erstellen ein Integration Services-Paket im SQL Server Business Intelligence Development Studio. Dann ziehen Sie Tasks aus der Toolbox entweder auf die Registerkarte ABLAUFSTEUERUNG oder auf die Registerkarte DATENFLUSS (siehe Abbildung 20.1).

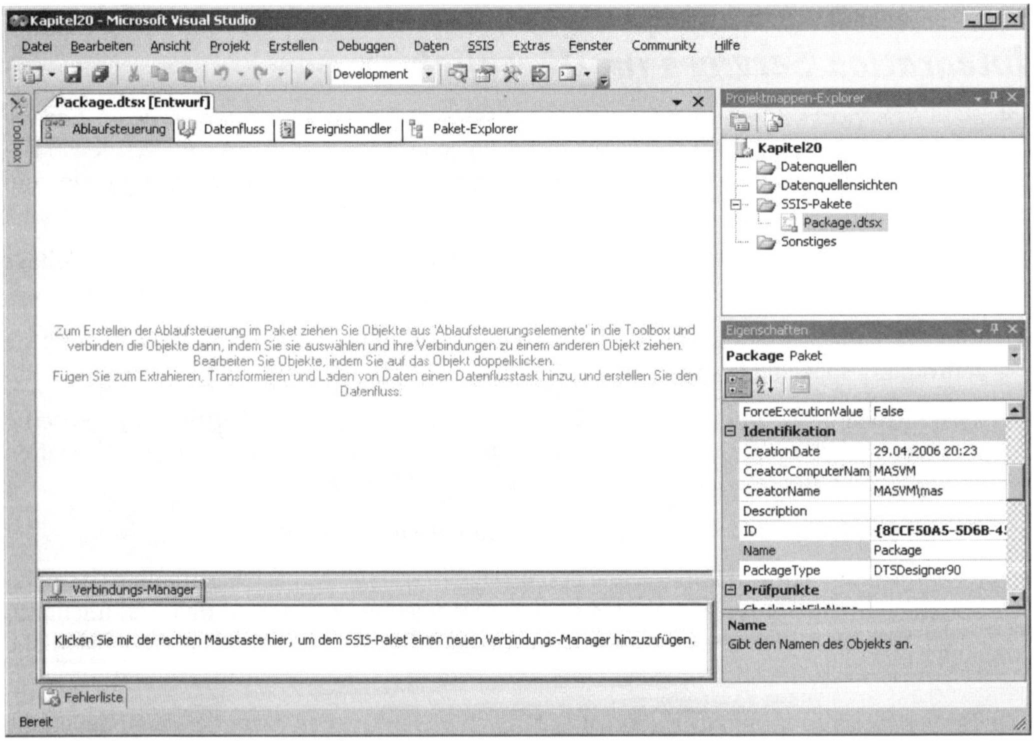

Abbildung 20.1: Ein neues Integration Services-Projekt mit der Registerkarte DATENFLUSS

Für jeden Task müssen Sie die Eigenschaften einstellen. Anschließend verbinden Sie die Tasks mithilfe des Verbindungs-Managers miteinander. Ich beschreibe dies ausführlicher weiter unten in diesem Kapitel im Abschnitt »Ein Integration Services-Projekt erstellen«. Vorher möchte ich aber noch den weiten Bereich der Tasks zusammenfassen, die Sie in Integration Services vorfinden.

Auf der Registerkarte ABLAUFSTEUERUNG geben Sie die generelle Logik des Pakets an. Wie die Daten in einer Integration Services-Pipeline verarbeitet werden, legen Sie auf der Registerkarte DATENFLUSS fest.

Quellen

SQL Server Intergration Services unterstützen eine große Anzahl an Datenquellen. Verwenden Sie die Registerkarte DATENFLUSS, um Zugriff auf die Shapes zu bekommen, die Datenquellen repräsentieren. Sie richten einen Verbindungs-Manager ein, den Sie mit den Datenquellen verbinden.

SQL Server 2005 unterstützt diese Quellen:

- ✔ **DataReader:** Die DataReader-Quelle verarbeitet Daten eines .NET-Datenanbieters. Sie verwendet normalerweise einen ADO.NET-Verbindungs-Manager.
- ✔ **Excel:** Eine Excel-Quelle erhält Daten von einem Arbeitsblatt oder einem Bereich einer Excel-Mappe.
- ✔ **Flatfile:** Eine Flatfile-Quelle erhält ihre Daten von einer Textdatei, die Daten enthalten kann, die separiert (zum Beispiel durch Kommata separiert), von fester Breite oder gemischt sind.
- ✔ **OLE DB:** Eine OLE DB-Quelle erhält Daten von einer über OLE DB aktivierten Datenbank, wie zum Beispiel Access oder SQL Server.
- ✔ **Rohdaten:** Diese Quelle, die Sie auch unter der Bezeichnung *Rawfile*-Quelle finden, liest eine Datei, in der die Daten im Ursprungsformat von Integration Services abgelegt sind. Eine Rohdatendatei wird normalerweise von einem Integration Services Rohdatenziel gespeichert. Die Rohdatenquelle benötigt keinen Verbindungs-Manager.
- ✔ **XML:** Liest eine XML-Datei ein. Es wird eine XSD-Schemadatei (entweder als separate Datei oder inline) benötigt, um Integration Services die Möglichkeit zu geben, eine entsprechende Tabellenstruktur aus den hierarchischen XML-Daten zu erstellen.

Die folgenden Typen von Verbindungs-Managern werden von SQL Server 2005 unterstützt:

- ✔ **ADO:** Verbindet mit einem ActiveX-Datenobjekt (ADO) oder einer Datenquelle, wie einem Recordset.
- ✔ **AOD.NET:** Verbindet ein Paket mithilfe eines .NET-Providers mit den Daten.
- ✔ **EXCEL:** Wird zusammen mit einer Excel-Quelle verwendet.
- ✔ **FILE:** Erlaubt einer Quelle den Zugriff auf eine einzelne Datei oder einen Ordner.
- ✔ **FLATFILE:** Wird zusammen mit der Flatfile-Quelle verwendet. Der Verbindungs-Manager gibt Ihnen die Möglichkeit festzulegen, wie Integration Services die Textdatei-Quelle parsen sollen.
- ✔ **FTP:** Gibt einem Integration Services-Paket die Möglichkeit, sich mit einem FTP-Server zu verbinden.
- ✔ **HTTP:** Gibt einem Integration Services-Paket die Möglichkeit, Dateien über HTTP von einem Webserver zu erhalten.

- **MSMQ:** Stellt eine Verbindung zu einer Microsoft Message Queue (MSMQ)-Nachrichtenwarteschlange her.
- **MSOLAP90:** Lässt es zu, dass sich ein Paket mit einem Analysis Services-Server verbindet, um Daten von einer Analysis Services-Datenbank oder einem Projekt von Analysis Services zu erhalten.
- **MULTIFILE:** Gibt einer Quelle die Möglichkeit, auf mehrere Textdateien zuzugreifen.
- **ODBC:** Verbindet sich mit einem Datenbanksystem, indem Open Database Connectivity (ODBC) verwendet wird.
- **SMOServer:** Wird zusammen mit dem Task ANMELDUNG ÜBERTRAGEN verwendet (den ich weiter unten in diesem Kapitel beschreibe).
- **SMTP:** Gibt einem Paket die Möglichkeit, sich mit einem Server zu verbinden, der *Simple Mail Transfer Protocol* (SMTP) unterstützt.
- **SQLMOBILE:** Lässt es zu, dass sich ein Paket mit einer Datenbank von SQL Server Mobile verbindet.
- **WMI:** Gibt einem Paket die Möglichkeit, Windows Management Instrumentation zu verwenden.

Sie können die Registerkarte VERBINDUNGS-MANAGER im unteren Teil von Abbildung 20.1 sehen. Wenn Sie mit der rechten Maustaste in diesen Bereich klicken, können Sie auswählen, welche Art von Verbindung Sie verwenden wollen. Um eine Liste aller Verbindungsarten zu erhalten, wählen Sie im Kontextmenü NEUE VERBINDUNG aus.

Die beiden Listen mit den Datenquellen und den Verbindungs-Managern zeigen Ihnen, wie flexibel SQL Server Integration Services sind, wenn es darum geht, Daten aus unterschiedlichen Quellen zu empfangen.

Transformationen

Nachdem Sie die Daten empfangen haben (im Paradigma »Extrahieren, Transformieren und Laden« der Teil »Laden«), wandeln Sie sie um (transformieren Sie sie). SQL Server Integration Services unterstützen eine ganze Reihe von Datentransformationstypen.

Markieren Sie die Registerkarte DATENFLUSS, um in der Toolbox auf die entsprechenden Shapes der Kategorie DATENFLUSSTRANSFORMATIONEN zugreifen zu können. Diese Transformationen sind Bestandteil von Integration Services:

- **Abgeleitete Spalte:** Gibt Ihnen die Möglichkeit, Daten einer Eingabespalte zu bearbeiten, damit in einer Ausgabespalte ein alternativer Wert erstellt wird. Sie können beispielsweise Dollar in Euro konvertieren.
- **Aggregat:** Berechnet Aggregate. Die Funktionalitäten umfassen Summieren, Mittelwert, Zählen, Minimum und Maximum.

- **Ausdrucksextrahierung:** Gibt Ihnen die Möglichkeit, Ausdrücke aus Eingabespalten zu extrahieren.
- **Ausdruckssuche:** Gibt Ihnen die Möglichkeit, Ausdrücke einer Eingabe mit einem als Referenz dienenden Datenset abzustimmen.
- **Bedingtes Teilen:** Lässt es zu, dass in Abhängigkeit von bestimmten Datenwerten geroutet wird.
- **Data Mining-Abfrage:** Gibt Ihnen die Möglichkeit, eine Abfrage vom Typ Data Mining Extension (DMX) zu erstellen.
- **Datenkonvertierung:** Konvertiert Daten einer Eingabespalte in ein anderes Format.
- **Fuzzygruppierung:** Säubert die Daten und verbessert ihre Standardisierung.
- **Fuzzysuche:** Arbeitet ähnlich wie die Transformation SUCHE, verwendet aber bei der Suche Wahrscheinlichkeiten und hilft dabei, Daten zu standardisieren.
- **Langsam veränderliche Dimension:** Koordiniert die Aktualisierung von Dimensionstabellen in einem Data Warehouse.
- **Multicast:** Ermöglicht es, dass Daten an zwei oder mehr Ausgaben gesendet werden. Jede Zeile der Eingabe wird an alle Ausgaben gesendet.
- **OLE DB-Befehl:** Gibt Ihnen die Möglichkeit, für jede Zeile im Datenfluss eine T-SQL-Anweisung abzusetzen.
- **Pivot:** Gibt Ihnen die Möglichkeit, Daten im Datenfluss wie in einer Excel-Pivottabelle zu bearbeiten.
- **Prozentwert-Stichprobe:** Gibt Ihnen die Möglichkeit, Stichproben von den Daten im Datenfluss zu nehmen. Die Anzahl an Zeilen einer Stichprobe hängt vom ausgewählten Prozentwert ab.
- **Skriptkomponente:** Gibt Ihnen die Möglichkeit, in Visual Basic.NET normalen Code zu erzeugen, indem Sie die Entwicklungsumgebung »Visual Studio for Applications« verwenden.
- **Sortieren:** Gibt Ihnen die Möglichkeit, Eingangsdaten zu sortieren. Sie können in einer SORTIEREN-Transformation Mehrfachsortierungen einrichten.
- **Spalte exportieren:** Gibt Ihnen die Möglichkeit, Daten in einem Datenfluss zu lesen und in eine Datei zu exportieren.
- **Spalte importieren:** Liest Daten aus Dateien aus und fügt die Daten in die Spalten eines Datenflusses ein.
- **Spalte kopieren:** Erstellt eine Kopie einer wichtigen Eingabespalte. Die originale Spalte und die Spaltenkopie können dann unterschiedlich verarbeitet werden.
- **Suche:** Verknüpft Daten in einem referenzierten Datenset mit den Daten einer Spalte eines Datenflusses.

- **Überwachen:** Ermöglicht es einem Integration Services-Paket, auf Informationen über die Umgebung zuzugreifen, in der es läuft.
- **UNION ALL:** Kombiniert mehrere Eingaben zu einer Ausgabe.
- **UNPIVOT:** Erzeugt die gegenteilige Operation einer PIVOT-Transformation.
- **Zeichenzuordnung:** Ermöglicht es, dass Funktionen auf Zeichendaten angewendet werden (beispielsweise die Umwandlung in Groß- oder Kleinbuchstaben).
- **Zeilenanzahl:** Zählt die Zeilen, die einen Datenfluss passieren, und speichert die Zahl in einer Variablen.
- **Zeilenstichprobe:** Gibt Ihnen die Möglichkeit, stichprobenartig auf Zeilen zuzugreifen, die den Datenfluss passieren.
- **Zusammenführen:** Macht aus zwei sortierten Datensets eines.
- **Zusammenführungsverknüpfung:** Diese Verknüpfung findet in der Pipeline von Integration Services und nicht in einer SQL Server-Datenbank statt.

Wenn Sie diese Vielzahl von Transformationen – eventuell sogar kombiniert – verwenden, besitzen Sie ein mächtiges und flexibles Werkzeug, um die eingehenden Daten auf unterschiedliche Art und Weise zu bearbeiten. Wenn die systeminternen Transformationen nicht genau das machen, was Sie benötigen, können Sie mithilfe die Skriptkomponente benutzerdefiniert Transformationen in Visual Basic.NET konstruieren.

Ziele

Nachdem Sie Ihre Daten so umgewandelt haben, dass sie Ihren Anforderungen entsprechen, haben Sie diverse Möglichkeiten, wohin Sie die Daten ausgeben wollen. In der Terminologie von Integration Services wird das Wohin als *Ziel* bezeichnet.

In vielen Szenarien laden Sie transformierte Daten in Datenbanken oder Data Warehouses von SQL Server 2005. Integration Services unterstützen eine Vielzahl von Zielen:

- **Data Mining-Modeltraining:** Verwendet ausgegebene Daten, um unter SQL Server 2005 Analysis Services ein Data Mining-Modell zu trainieren.
- **DataReader:** Stellt die ausgegebenen Daten dar und verwendet dafür eine ADO.NET DataReader-Schnittstelle. Die Daten können als Grundlage eines Berichts dienen, der von SQL Server 2005 Reporting Services erstellt wird.
- **Dimensionsverarbeitung:** Verwendet die ausgegebenen Daten als Eingabe für eine Dimension von SQL Server 2005 Analysis Services.
- **Excel:** Lädt die Ausgabedaten in ein Excel-Arbeitsblatt.
- **Flatfile:** Schreibt die Daten in einem vordefinierten Format – zum Beispiel als Kommaseparierte Datei – in eine Textdatei.
- **OLE DB:** Lädt Daten in eine OLE DB-kompatible Datenbank.

- **Partitionsverarbeitung:** Lädt die Daten in eine Partition von SQL Server 2005 Analysis Services.
- **Recordset:** Erstellt und füllt ein ADO-Recordset.
- **Rohdatendatei:** Speichert die Daten im ursprünglichen Datenformat von SQL Server Integration Services.
- **SQL Server:** Lädt Daten in eine Tabelle oder Sicht von SQL Server.
- **SQL Server Mobile:** Lädt Daten in eine Datenbank von SQL Server Mobile.

Taskflüsse

Unter SQL Server Integration Services sind ETL-Tasks Bestandteil von *Taskflüssen*. Taskflüsse geben Ihnen die Möglichkeit, über Prioritätsdefinitionen die Reihenfolge festzulegen, in der Tasks abgearbeitet werden.

Sie verwenden Prioritätsdefinitionen, um die Reihenfolge festzulegen, in der Tasks ausgeführt werden.

Fehlerflüsse

Wenn Sie eventuell große Datenmengen verarbeiten, die häufig aus unterschiedlichen Quellen stammen, kommt es eigentlich zwangsläufig auch zu Fehlern. Es macht deshalb Sinn, sich während der Ausführung von SQL Server Integration Services-Paketen auf Fehler einzurichten und so mit ihnen umzugehen, dass es nicht dazu kommt, dass keine Pakete mehr ausgeführt werden können. Unter Integration Services sind *Fehlerflüsse* für Fehler zuständig. Sie sind in der Lage, für jeden Task eines Integration Services-Paket einen Fehlerfluss zu erstellen. Sie können die Fehlerausgabe in einem Fehlerfluss – zum Beispiel in einer Fehlertabelle in SQL Server – speichern, um sie individuell zu analysieren oder automatisch abarbeiten zu lassen.

Integration Services unterstützen zusätzlich zu den Fehlerflüssen so genannte *Datenviewer*. Sie können Datenviewer dazu verwenden, Daten an einer oder an mehreren Stellen der Ausführung eines Integration Services-Pakets anzuschauen. Wenn Sie Daten visuell prüfen, sind Sie besser in der Lage zu beurteilen, wie gut – oder schlecht – eine Transformation damit umgeht.

Ereignisbehandlung

Tasks und Container eines Integration Services-Pakets erzeugen bei ihrer Ausführung Ereignisse. Sie können Code schreiben, um über benutzerdefinierte Ereignishandler für zusätzliche Funktionalitäten zu sorgen. So können Sie zum Beispiel einem Mitarbeiter eine E-Mail zukommen lassen, wenn es während der Ausführung eines Pakets zu einem Fehler gekommen ist.

Optionen für eine Protokollierung

Sie können dafür sorgen, dass bestimmte Ereignisse während der Ausführung eines Pakets protokolliert werden. Sie können für folgende Ziele eine Protokollierung einrichten:

- ✔ SQL Server
- ✔ SQL Server Profiler
- ✔ Textdatei
- ✔ Windows-Ereignisanzeige
- ✔ XML-Datei

Sie können die Protokollierung eines Tasks, eines Containers oder eines Pakets veranlassen.

Neustart von Paketen

Wenn große Pakete ablaufen, können Sie auf Probleme stoßen. Wenn Sie eventuell viele Millionen Zeilen verarbeiten, können Sie sehr viel Zeit dadurch sparen, dass ein Paket in einem Problemfall nicht wieder ganz von vorn starten muss. Wenn es zu Schwierigkeiten kommt und wenn Sie in dem Paket einen oder mehrere Prüfpunkte festgelegt haben, sind Sie in der Lage, das Paket an einem Prüfpunkt neu aufzusetzen.

Digitale Signatur

Die Tasks, die Integration Services ausführen, können für das Funktionieren eines Unternehmens von ziemlicher Bedeutung sein. Es ist deshalb in bestimmten Szenarien sinnvoll, dafür zu sorgen, dass Ihre Pakete in einer vertrauenswürdigen Umgebung ablaufen. Integration Services-Pakete können digital signiert werden.

Das Business Intelligence Development Studio

Das Business Intelligence Development Studio (BIDS) ist eine Programmierumgebung, die Visual Studio ähnelt und die es Ihnen erlaubt, Business Intelligence-Projekte zu erstellen. Das Business Intelligence Development Studio muss während der Installation von SQL Server 2005 eingerichtet werden.

Falls Sie BIDS und Visual Studio auf derselben Maschine installieren, verschmelzen beide Anwendungen zu einer. Wenn Sie ein Projekt erstellen, werden sowohl Business Intelligence-Projekte als auch normale Visual Studio-Projekte in derselben Visual Studio-Entwicklungsumgebung angeboten.

BIDS unterstützt diese Business Intelligence-Projektarten:

- ✔ Analysis Services-Projekt (siehe Kapitel 21)
- ✔ Import Analysis Services-Datenbank 9.0 (siehe Kapitel 21)

- Integration Services-Projekt (weiter unten in diesem Kapitel im Abschnitt »Ein Integration Services-Projekt erstellen«)
- Report Model-Projekt (siehe Kapitel 22)
- Report-Projekt (siehe Kapitel 22)
- Report-Projekt-Assistent (siehe Kapitel 22)

Die Entwurfsumgebung von Integration Services hat diese Registerkarten:

- **Ablaufsteuerung:** Eine der grafischen Entwurfsumgebungen im BIDS. Sie ziehen Shapes aus der Toolbox in die Entwurfsumgebung und verbinden die Shapes miteinander, um die Reihenfolge festzulegen, in der Tasks ausgeführt werden.
- **Datenfluss:** Die zweite grafische Entwurfsumgebung im BIDS. Sie ziehen Shapes, die für Datenquellen, Transformationen und Ziele stehen, auf die Entwurfsoberfläche.
- **Ereignishandler:** Die dritte grafische Entwurfsumgebung im BIDS. Sie wählen ein Integration Services-Ereignis aus und ziehen ein Shape auf die Oberfläche, das die Aktion repräsentiert, die stattfinden soll, wenn das Ereignis feuert. So können Sie zum Beispiel den Task MAIL SENDEN verwenden, um einem Administrator eine E-Mail zukommen zu lassen, wenn es während der Ausführung eines Pakets zu einem Fehler kommt.
- **Paket-Explorer:** Stellt die Struktur eines Pakets grafisch dar.
- **Ausführen:** Diese Registerkarte wird erst dann sichtbar, wenn Sie das Paket im Debug-Modus ablaufen lassen. Wenn der Debug-Modus beendet wird, ändert sich der Name der Registerkarte in STATUS.

Die Registerkarte Ablaufsteuerung

Sie entwerfen auf der Registerkarte ABLAUFSTEUERUNG die Logik Ihrer Pakete.

Sie haben von dieser Registerkarte Zugriff auf die folgenden Shapes der Toolbox:

- **ActiveX-Skripttask:** Erstellt benutzerdefinierten Code, der in Visual Basic.NET geschrieben ist.
- **Analysis Services-Task 'DDL ausführen':** Führt in Data Mining-Modellen oder Analysis Services-Cubes Anweisungen der DDL (Data Definition Language) aus.
- **Analysis Services-Verarbeitungstasks:** Verarbeitet Analysis Services Objekte, wie zum Beispiel Cubes und Data Mining-Modelle.
- **Anmeldungen übertragen:** Überträgt Anmeldungen zwischen SQL Server-Instanzen.
- **Aufträge übertragen:** Überträgt SQL Server Agent-Aufträge zwischen SQL Server-Instanzen.
- **Data Mining-Abfragetask:** Lässt DMX-Prognoseabfragen ablaufen, die auf Data Mining-Modellen der Analysis Services basieren.

- **Dateisystem:** Setzt Attribute für Dateien und Ordner oder verschiebt, erstellt oder löscht sie.
- **Datenbanken übertragen:** Überträgt eine Datenbank zwischen zwei SQL Server-Instanzen.
- **Datenflusstask:** Ein Datenflusstask kann Datenquellen, Transformationen und Ziele besitzen, wie ich weiter oben in diesem Kapitel beschreibe.
- **DTS 2000 Paket ausführen:** Lässt ein SQL Server 2000 Data Transformation Services-Paket ablaufen.
- **Fehlermeldungen übertragen:** Überträgt benutzerdefinierte Fehlermeldungen zwischen SQL Server-Instanzen.
- **For-Schleifencontainer:** Wiederholt Abläufe eine vorgegebene Zeit lang. Kann mit einer Schleife vom Typ `for` einer Programmiersprache verglichen werden.
- **Foreach-Schleifencontainer:** Wiederholt Durchläufe durch einen Satz von Daten, zum Beispiel alle Dateien eines Verzeichnisses.
- **FTP-Task:** Lädt Dateien hoch oder herunter und verwaltet Verzeichnisse auf einem FTP-Server.
- **In `master` gespeicherte Prozeduren übertragen:** Überträgt benutzerdefinierte gespeicherte Prozeduren zwischen den `master`-Datenbanken zweier SQL Server-Instanzen.
- **Mail senden:** Sendet eine E-Mail-Nachricht. wird häufig verwendet, um einen Administrator über das Ergebnis der Ausführung eines Pakets zu informieren.
- **Masseneinfügungstask:** Kopiert eine große Datenmenge schnell in SQL Server 2005.
- **Nachrichtenwarteschlange:** Gibt Ihnen die Möglichkeit, Microsoft Message Queue (MSMQ) zu verwenden, um Nachrichten zu versenden und zu empfangen.
- **Paket ausführen:** Führt ein weiteres SQL Server 2005 Integration Services-Paket aus.
- **Prozess ausführen:** Führt eine Windows-Anwendung oder eine Stapelverarbeitungsdatei aus.
- **Sequenzcontainer:** Gruppiert andere Tasks der Ablaufsteuerung. Dies kann – zum Beispiel während des Debuggens – sehr nützlich sein, weil Sie dann eine Gruppe von Tasks in einem Sequenzcontainer ganz leicht deaktivieren können.
- **Skripttask:** Fügt benutzerdefinierte Funktionalitäten hinzu, indem Code verwendet wird, der in Visual Basic.NET geschrieben ist.
- **SQL ausführen:** Lässt T-SQL-Anweisungen oder gespeicherte Prozeduren ablaufen.
- **Webdienst:** Führt eine Webdienst-Methode aus.
- **WMI-Datenleser:** Empfängt Daten von Windows Management Instrumentation (WMI).
- **WMI-Ereignisüberwachung:** Überwacht das Auftreten eines Ereignisses vom Typ Windows Management Instrumentation (WMI).
- **XML:** Empfängt oder bearbeitet XML-Dokumente.

Die Toolbox enthält zusätzlich zu diesen allgemeinen Tasks der Integration Services verschiedene Tasks, die Sie dazu verwenden können, um Wartungspläne zu schreiben oder zu erweitern.

Die Tasks, die Wartungspläne betreffen, sind:

- **Auftrag des SQL Server-Agents ausführen:** Führt einen Auftrag des SQL Server-Agents aus.
- **Datenbank sichern:** Sichert eine SQL Server-Datenbank.
- **Datenbank verkleinern:** Verkleinert das Volumen der Datenbank und ihrer Transaktionsprotokolle.
- **Datenbankintegrität überprüfen:** Überprüft die strukturelle Integrität einer oder mehrerer Datenbanken.
- **Index neu erstellen:** Erstellt SQL Server-Indizes neu.
- **Index neu organisieren:** Organisiert SQL Server-Indizes neu.
- **Operator benachrichtigen:** Sendet Nachrichten an SQL Server Agent-Operatoren.
- **Statistiken aktualisieren:** Aktualisiert in einer Tabelle oder indizierten Sicht Informationen über Schlüsselwerte in einer oder mehreren Statistikgruppen.
- **T-SQL-Anweisung ausführen:** Führt eine T-SQL-Anweisung aus.
- **Verlaufscleanup:** Löscht Verlaufsinformationen in der Datenbank `msdb`.
- **Wartungscleanup:** Entfernt alte Dateien, die mit Wartungsplänen zusammenhängen.

Die hier aufgeführten Tasks sind für viele Wartungspläne mehr als ausreichend. Wenn die Funktionalitäten, die für den Wartungsplan-Assistenten zur Verfügung stehen (siehe Kapitel 18) nicht ausreichen, können Sie sie dadurch erweitern, dass Sie zusätzliche Integration Services-Tasks hinzufügen. Wenn Sie dies getan haben, können Sie das Paket nur noch im Business Intelligence Development Studio anpassen. Änderungen am Wartungsplan können nicht mehr in SQL Server Management Studio vorgenommen werden.

Die Registerkarte Datenfluss

Die Registerkarte DATENFLUSS bietet eine Möglichkeit, in einen Datenfluss-Task hineinzublicken. Zusätzlich können Sie diese Registerkarte als den Ort betrachten, an dem Sie die Funktionalitäten eines Datenfluss-Tasks entwerfen.

Sie definieren die Komponenten eines Datenfluss-Tasks, indem Sie Quellen, Transformationen und Ziele aus der Toolbox ziehen, deren Eigenschaften festlegen und die Objekte miteinander verbinden und dabei die Reihenfolge festlegen, in der der Code ausgeführt wird.

Die Registerkarte Ereignishandler

Die Registerkarte EREIGNISHANDLER gibt Ihnen die Möglichkeit, Funktionalitäten zu entwerfen, die als Reaktion auf bestimmte Integration Services-Ereignisse ausgeführt werden.

Sie können einen Ereignishandler entwerfen, der diese Ereignisse kennt:

- ✔ `OnError`: Wird angesprochen, wenn ein Fehler passiert.
- ✔ `OnExecStatusChanged`: Wird angesprochen, wenn sich der Status eines ausführenden Objekts – zum Beispiel eines Containers – ändert.
- ✔ `OnInformation`: Wird während der Validierung und Ausführung eines ausführenden Objekts angesprochen.
- ✔ `OnPostExecute`: Wird von einem ausführenden Objekt unmittelbar nach der Ausführung angesprochen.
- ✔ `OnPostValidate`: Wird angesprochen, wenn die Validierung eines ausführenden Objekts abgeschlossen ist.
- ✔ `OnPreExecute`: Wird von einem ausführenden Objekt unmittelbar vor der Ausführung angesprochen.
- ✔ `OnPreValidate`: Wird von einem ausführenden Objekt unmittelbar vor Beginn der Validierung angesprochen.
- ✔ `OnProgress`: Wird von einem ausführenden Objekt angesprochen, wenn es ausgeführt wird.
- ✔ `OnQueryCancel`: Wird von einem ausführenden Objekt angesprochen, um festzulegen, wann es beendet werden soll.
- ✔ `OnTaskFailed`: Wird von einem Task angesprochen, wenn er fehlschlägt.
- ✔ `OnVariableValueChanged`: Wird von einem ausführenden Objekt angesprochen, wenn sich der Wert einer Variablen ändert.
- ✔ `OnWarning`: Wird angesprochen, wenn es zu einer Warnung kommt.

Die Registerkarte Paket-Explorer

Die Registerkarte PAKET-EXPLORER gibt Ihnen die Möglichkeit, der Struktur eines Pakets auf den Grund zu gehen. Abbildung 20.2 stellt den Paket-Explorer dar, der ein Paket auf Fehler überprüft, das ich weiter unten in diesem Kapitel erstelle.

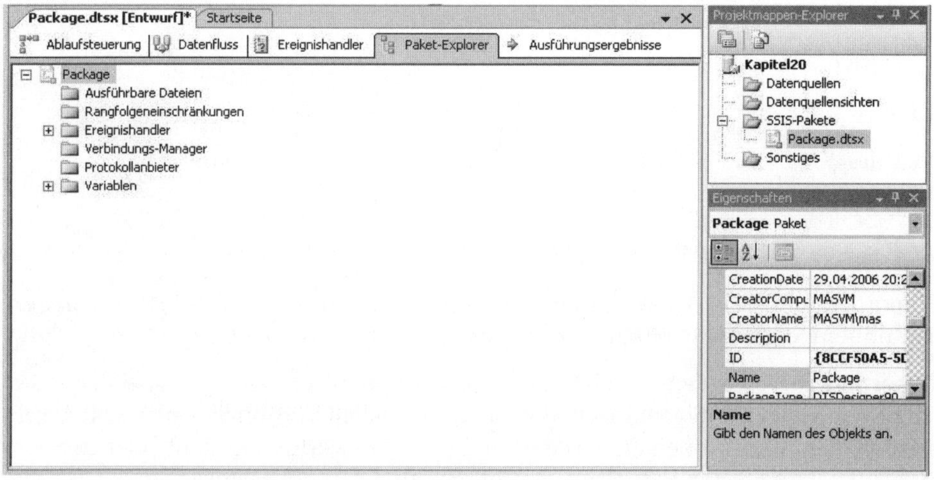

Abbildung 20.2: Die Registerkarte PAKET-EXPLORER

Die Toolbox

Die Toolbox enthält die Shapes, die Ihnen zu Verfügung stehen, damit Sie in einem Integration Services-Paket Funktionalitäten entwerfen können. Der Inhalt der Toolbox hängt davon ab, welche Registerkarte Sie gerade markiert haben.

Der Projektmappen-Explorer

Der Projektmappen-Explorer bietet eine grafische Darstellung der Komponenten eines Integration Services-Pakets (einer Projektmappe). Abbildung 20.3 stellt den Projektmappen-Explorer dar, nachdem ich ein Paket erstellt habe.

Abbildung 20.3: Der Projektmappen-Explorer

Import/Export-Assistent

Einer der einfachsten Wege, Integration Services zu verwenden, ist der Einsatz des Import/Export-Assistenten. Dieser Assistent bietet die Möglichkeit, sich mit folgenden Datenquellen zu verbinden:

- ✔ Access
- ✔ ADO.NET
- ✔ Excel
- ✔ Flatfiles
- ✔ OLE DB
- ✔ SQL Server

Der Import/Export-Assistent besitzt im Vergleich mit einem kompletten Integration Services-Projekt nur eingeschränkte Möglichkeiten zur Transformation.

Ich importiere im folgenden Beispiel Daten aus der Datenbank `Nordwind`, bei der es sich um eine der Beispieldatenbanken handelt, die mit der aktuellen Version von Microsoft Access ausgeliefert werden. Wenn Ihnen diese Datenbank nicht zur Verfügung steht, suchen Sie sich in den Schritten 7 und 8 eine Datenbank aus, die Sie als Alternative verwenden.

Um ein Integration Services-Projekt mit dem Import/Export-Assistenten zu erstellen, gehen Sie so vor:

1. **Öffnen Sie Business Intelligence Development Studio.**
2. **Wählen Sie DATEI|NEU|PROJEKT aus.**
3. **Markieren Sie in der Dialogbox NEUES PROJEKT die Option INTEGRATION SERVICES-PROJEKT, und geben Sie dem Projekt den Namen** `Beispiel für Import Export Assistent` **(siehe Abbildung 20.4). Klicken Sie auf OK.**

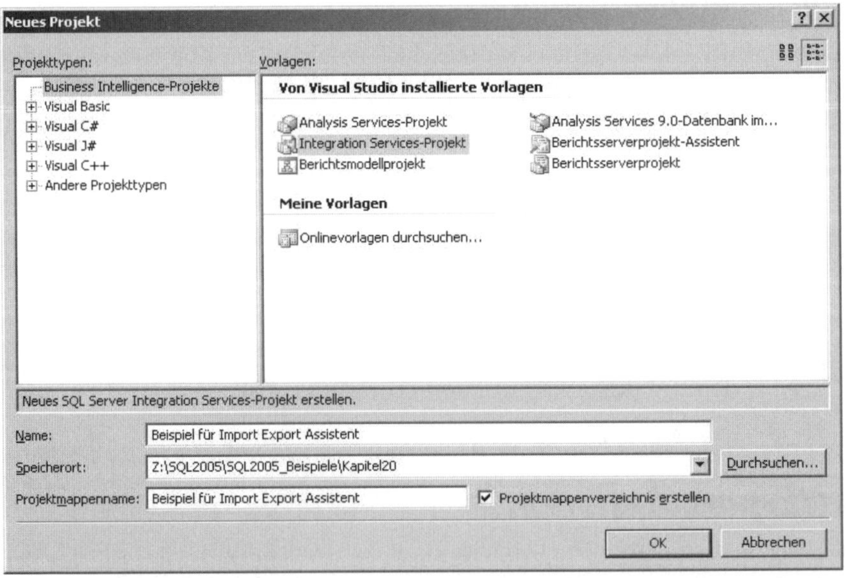

Abbildung 20.4: Die Dialogbox NEUES PROJEKT

Nach einer kleinen Pause öffnet sich ein leeres Projekt (siehe Abbildung 20.5). Achten Sie auf den Projektmappen-Explorer in der rechten oberen Ecke des Development Studios.

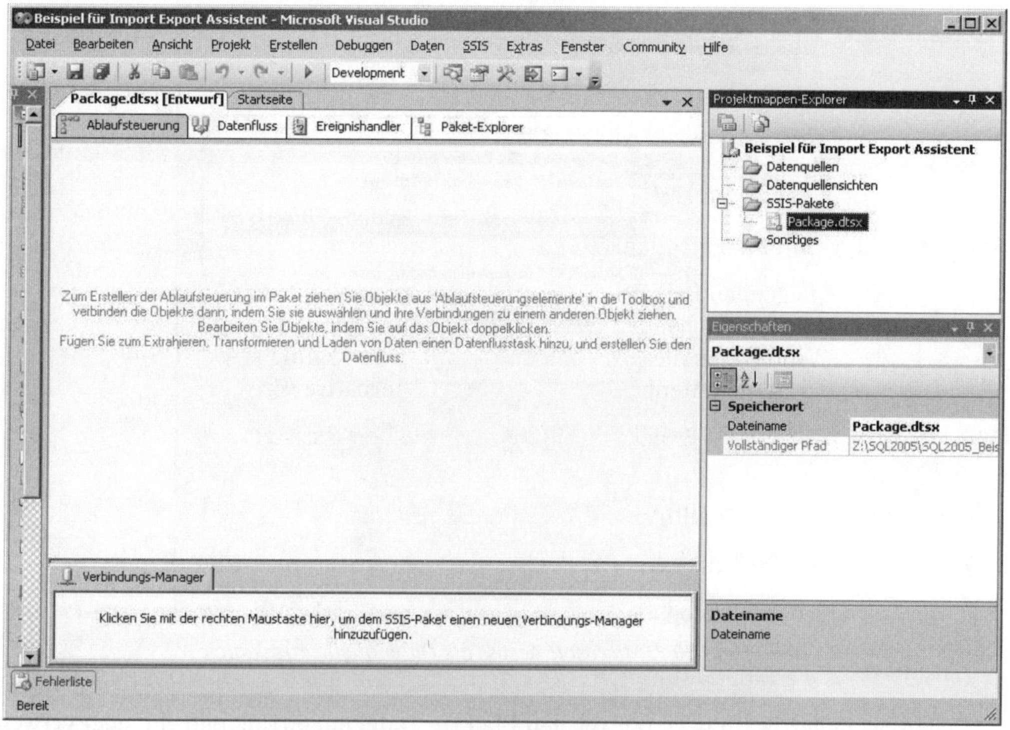

Abbildung 20.5: Ein neues Integration Services-Projekt

4. **Klicken Sie im Projektmappen-Explorer mit der rechten Maustaste auf den Knoten SSIS-PAKETE, und wählen Sie SSIS-IMPORT/EXPORT-ASSISTENT aus (siehe Abbildung 20.6).**

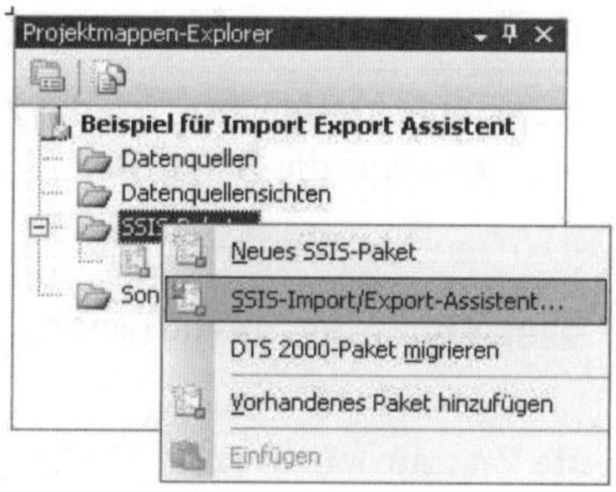

Abbildung 20.6: Den Import/Export-Assistenten auswählen

5. **Klicken Sie auf der ersten Seite des Import/Export-Assistenten auf WEITER.**

   Es öffnet sich die Seite DATENQUELLE AUSWÄHLEN.

6. Wählen Sie in der Dropdownliste DATENQUELLE die Option MICROSOFT ACCESS aus (siehe Abbildung 20.7, die auch weitere Optionen für Datenquellen darstellt).

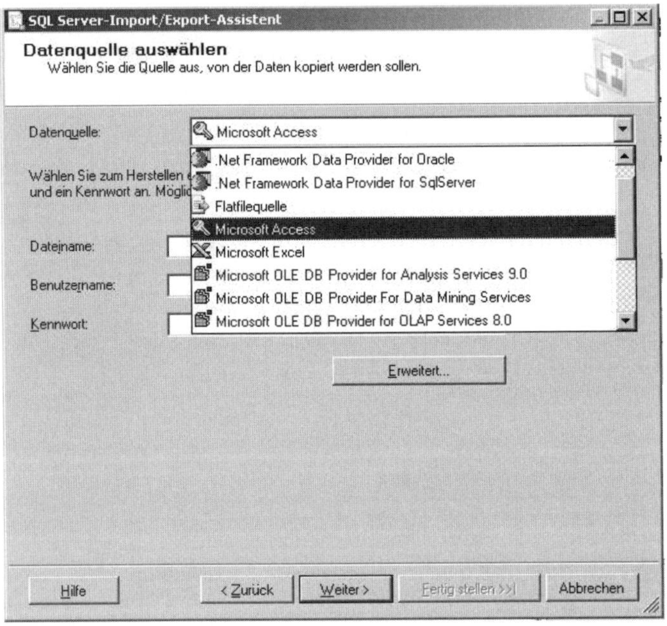

Abbildung 20.7: Microsoft Access als Datenquelle auswählen

7. Geben Sie in der Textbox DATEINAME den Pfad zur Datei `Nordwind.mdb` ein, oder verwenden Sie die Schaltfläche DURCHSUCHEN, um zum entsprechenden Ablageort der Datei zu gelangen, und klicken Sie auf WEITER.

Es öffnet sich die Seite ZIEL AUSWÄHLEN (siehe Abbildung 20.8).

8. Wählen Sie in der Dropdownliste ZIEL die Option SQL NATIVE CLIENT aus. Wenn Sie sich mit einer lokalen Instanz verbinden, lassen Sie SERVERNAME auf (LOCAL) stehen.

9. Um in der ausgewählten Serverinstanz eine neue Tabelle zu erstellen, klicken Sie rechts neben der Dropdownliste DATENBANK auf die Schaltfläche NEU.

Es öffnet sich die Dialogbox DATENBANK ERSTELLEN.

10. Geben Sie der Datenbank den Namen `NordwindImport` (siehe Abbildung 20.9), und klicken Sie auf OK.

11. Sie kommen zurück zur Seite ZIEL AUSWÄHLEN und klicken auf WEITER.

12. Markieren Sie auf der Seite TABELLE KOPIEREN ODER DATENBANK ABFRAGEN die Option ABFRAGE ZUM ANGEBEN DER ZU ÜBERTRAGENDEN DATEN SCHREIBEN, und klicken Sie auf WEITER.

Es öffnet sich die Seite QUELLABFRAGE ANGEBEN.

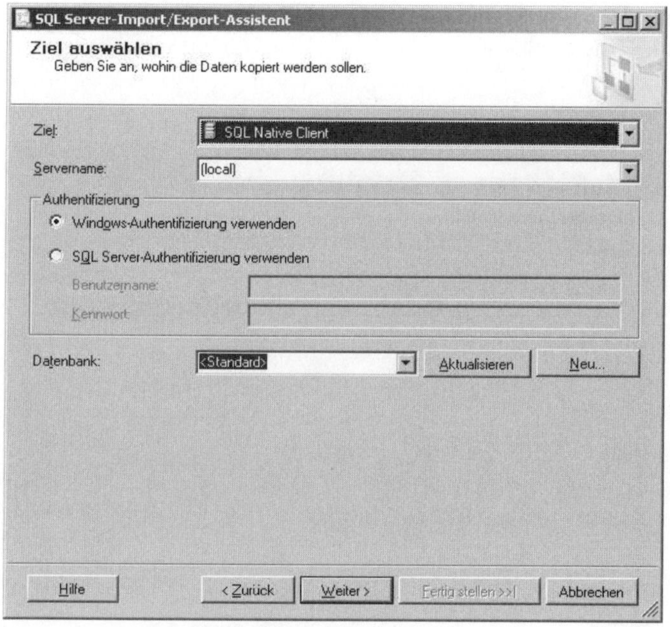

Abbildung 20.8: Ein Ziel auswählen

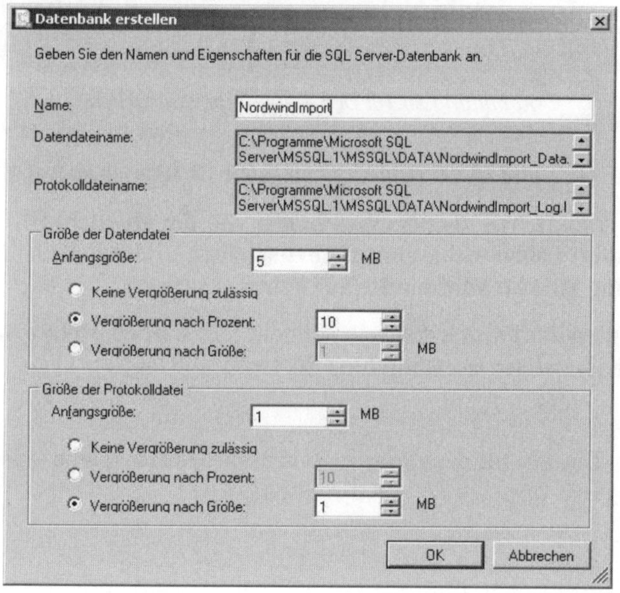

Abbildung 20.9: Eine Datenbank angeben, die die importierten Daten aufnehmen soll

13. **Geben Sie die folgende SQL-Anweisung (siehe Abbildung 20.10) ein, und klicken Sie auf WEITER.**

```
SELECT *
FROM Personal
```

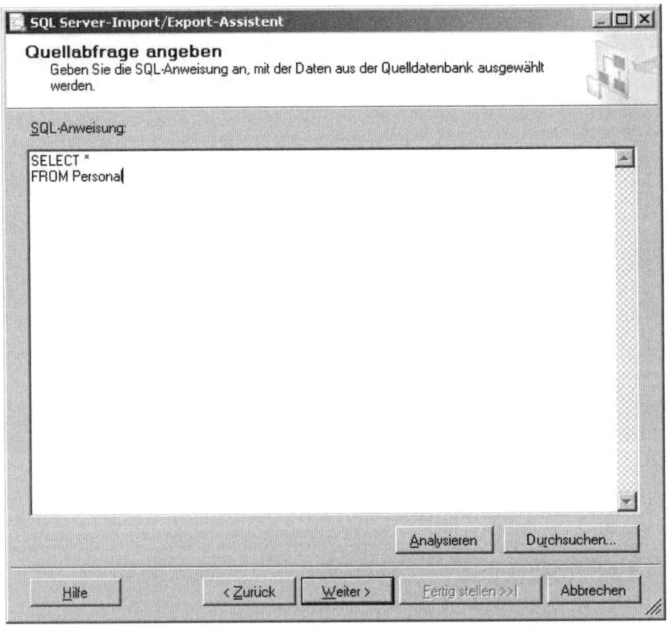

Abbildung 20.10: Den Datenimport festlegen

14. **Klicken Sie auf der Seite QUELLTABELLEN UND -SICHTEN AUSWÄHLEN auf WEITER.**

15. **Auf der Seite ASSISTENTEN ABSCHLIESSEN haben Sie die Möglichkeit, sich die Aktionen, die Sie ausgewählt haben, noch einmal anzuschauen und gegebenenfalls zu korrigieren (siehe Abbildung 20.11). Klicken Sie auf FERTIG STELLEN.**

    Wenn der Assistent das Paket erfolgreich erstellt hat, sollte die letzte Seite des Export/Import-Assistenten aussehen wie Abbildung 20.12.

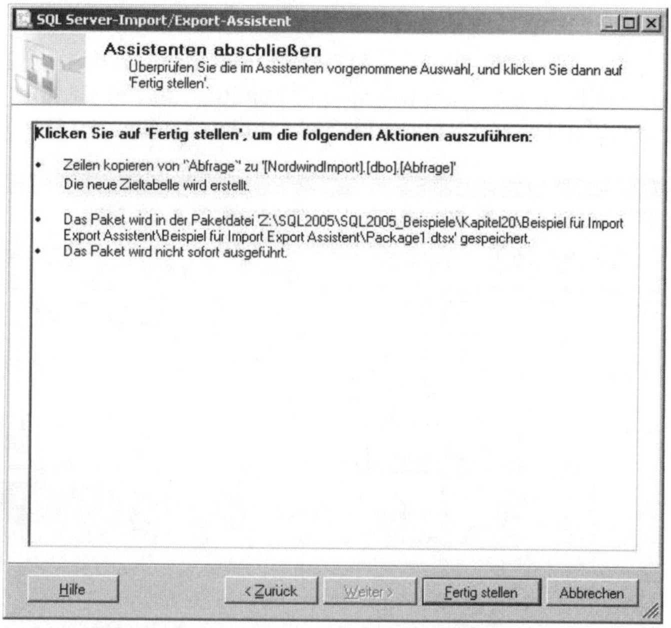

Abbildung 20.11: Auf der Seite Assistenten abschliessen *werden Ihre Angaben zusammengefasst.*

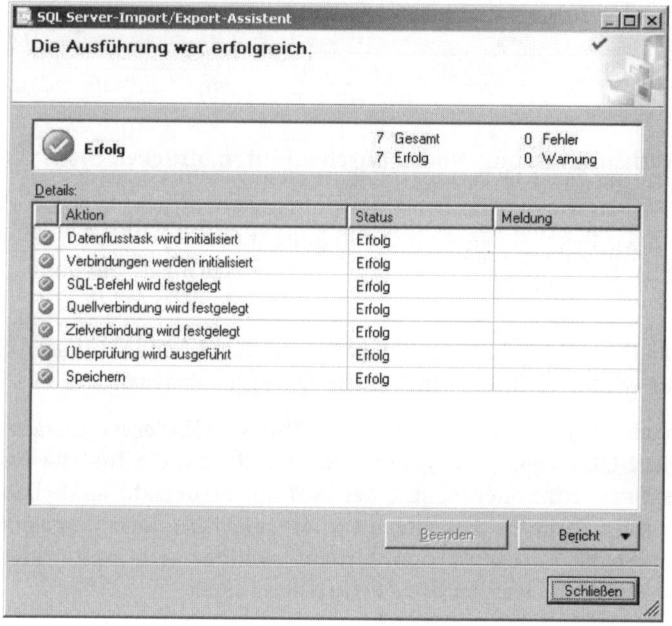

Abbildung 20.12: Das Paket ist erfolgreich erstellt worden.

16. Klicken Sie auf SCHLIESSEN.

Sie kehren ins Business Intelligence Development Studio zurück. Die Registerkarte ABLAUFSTEUERUNG sollte so aussehen wie die in Abbildung 20.13. Sie sind jetzt soweit, dass Sie das Paket ablaufen lassen können, das Sie mit dem Assistenten erstellt haben.

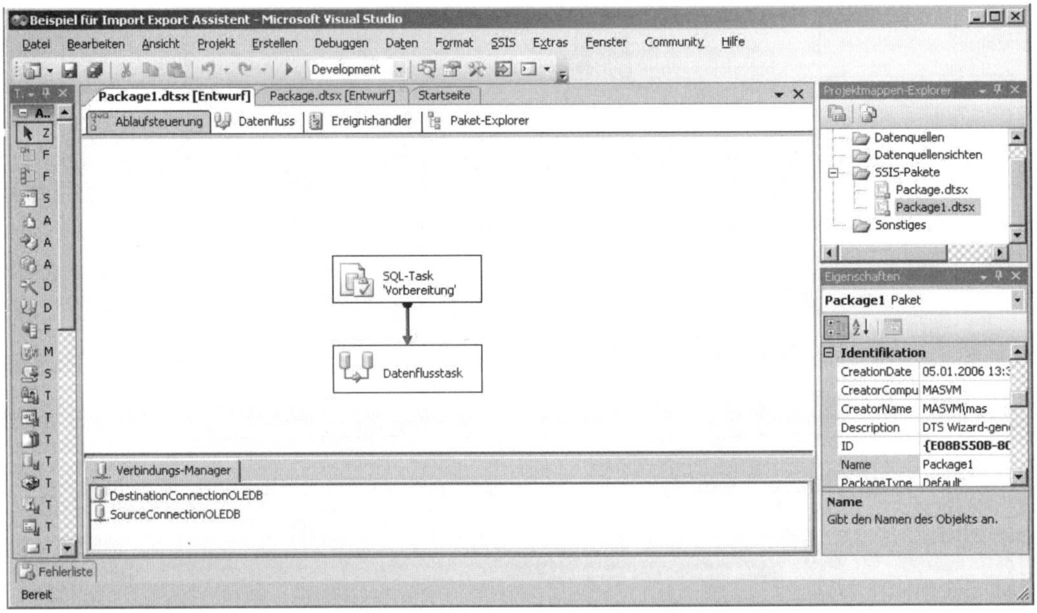

Abbildung 20.13: Die Registerkarte ABLAUFSTEUERUNG enthält die notwendigen Shapes.

17. Um einen Testlauf im Debug-Modus durchzuführen, drücken Sie [F5].

Nach einer Pause ändert sich das Fensterlayout gravierend, wenn BIDS in den Debug-Modus eintritt. Wenn das Paket erfolgreich durchläuft, ändert jedes Shape seine Farbe von Gelb nach Grün. Ein erfolgreicher Lauf sollte ein Ergebnis bringen, das dem in Abbildung 20.14 ähnelt.

18. Damit Sie das Paket des nächsten Beispiels erstellen können, müssen Sie zunächst den Debug-Modus wieder verlassen, indem Sie [⇧]+[F5] drücken.

19. Prüfen Sie nach, ob die Tabelle in der ausgewählten SQL Server-Instanz angelegt worden ist, indem Sie SQL Server Management Studio öffnen, die Instanz im Fensterelement REGISTRIERTE SERVER markieren, mit der rechten Maustaste anklicken und VERBINDEN| OBJEKT-EXPLORER auswählen. Erweitern Sie im Objekt-Explorer den Knoten DATENBANKEN. Falls die Datenbank `NordwindImport` nicht sichtbar sein sollte, klicken Sie mit der rechten Maustaste, und wählen Sie AKTUALISIEREN aus.

Zum Inhalt des Knotens DATENBANKEN gehört auch die Datenbank `NordwindImport`, die durch das Integration Services-Paket erstellt worden ist.

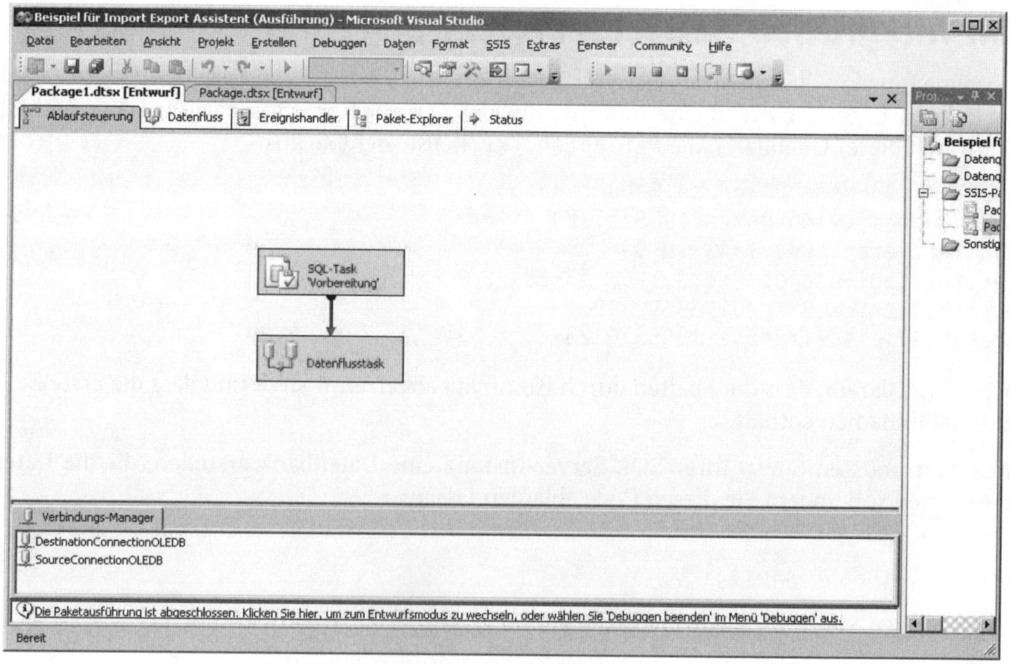

Abbildung 20.14: Das Paket ist erfolgreich durchgelaufen.

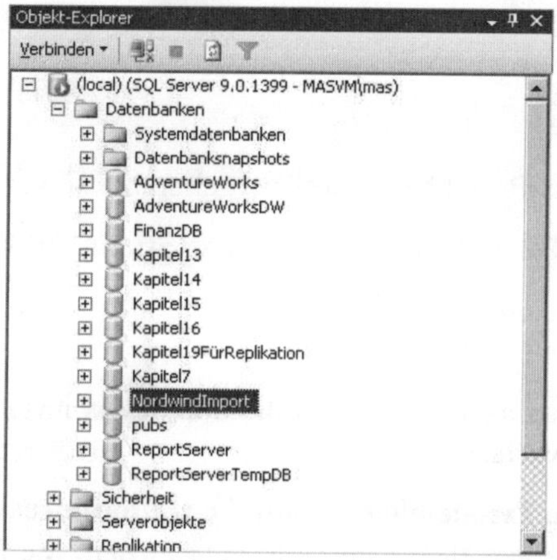

Abbildung 20.15: Die Datenbank `NordwindImport` im Objekt-Explorer

20. Um die Daten zu sehen, die Sie importiert haben, erweitern Sie nacheinander die Knoten `NordwindImport` und TABELLEN, klicken Sie mit der rechten Maustaste auf `dbo.Abfrage` (dieser Name wurde durch das Paket vergeben) und wählen Sie TABELLE ÖFFNEN aus.

Im rechten Fensterelement von SQL Server Management Studio erscheinen die Namen aus der Access-Datenbank.

Ein Integration Services-Projekt erstellen

Ich zeige Ihnen in diesem Abschnitt, wie Sie ein einfaches Integration Services-Projekt erstellen können. Legen Sie zuerst eine einfache Quelldatei an, die Komma-separierte Daten enthält. Der Inhalt dieser Quelldatei, die `Patienten.txt` heißt, sieht so aus:

```
NachName,VorName,Diagnose,Geburtsdatum
Smith,James,Lymphknoten,1955-11-20
Schmidt,Peter,Akne,1943-10-03
Carlton,Sheila,Brustkrebs,1965-03-28
Nutten,Patrick,Brand,1933-02-19
Craven,Alicia,Zirrhose,1955-10-23
```

Achten Sie darauf, dass die Spalten durch Kommata abgetrennt sind, und dass die erste Zeile die Spaltennamen enthält.

Weiterhin müssen Sie in Ihrer SQL Server-Instanz eine Datenbank erstellen, die die Daten aufnehmen soll, indem Sie diesen Code ablaufen lassen:

```
USE master
CREATE DATABASE Kapitel20
```

Danach legen Sie eine Tabelle an, in die die Daten geschrieben werden sollen:

```
USE Kapitel20

CREATE TABLE PatientenDaten
 (NachName nvarchar(25),
 VorName nvarchar(25),
 Diagnose nvarchar(50),
 Geburtsdatum datetime)
```

Um ein Integration Services-Projekt zu erstellen, gehen Sie so vor:

1. **Öffnen Sie Business Intelligence Development Studio. Wählen Sie DATEI|NEU|PROJEKT aus.**

   Es öffnet sich die Dialogbox NEUES PROJEKT.

2. **Markieren Sie im linken Fensterelement der Dialogbox NEUES PROJEKT die Option BUSINESS INTELLIGENCE-PROJEKTE.**

3. **Klicken Sie im rechten Fensterelement auf die Option INTEGRATION SERVICES-PROJEKT.**

4. **Klicken Sie in die Textbox NAME, löschen Sie den Standardnamen, und geben Sie als Namen `Kapitel20` ein.**

5. **Geben Sie einen SPEICHERORT ein, wenn Sie mit der Standardvorgabe nicht einverstanden sind.**

6. **Sorgen Sie dafür, dass das Kontrollkästchen PROJEKTMAPPENVERZEICHNIS ERSTELLEN markiert ist, und klicken Sie auf OK.**

Es öffnet sich der Integration Services-Designer. Sie müssen für die Datenquelle einen Verbindungs-Manager erstellen.

7. **Klicken Sie mit der rechten Maustaste auf die Arbeitsoberfläche der Registerkarte Ablaufsteuerung, wählen Sie im Kontextmenü Neue Verbindung aus, markieren Sie in der Dialogbox SSIS-Verbindungsmanager hinzufügen die Option FLATFILE, und klicken Sie auf die Schaltfläche Hinzufügen.**
8. **Es öffnet sich die Dialogbox Verbindungs-Manager-Editor für Flatfiles, in der Sie als Namen für den Verbindungsmanager** `Patientendaten abrufen` **eingeben.**
9. **Fügen Sie eine Beschreibung wie** `Ruft die Daten neuer Patienten aus einer Datei ab` **hinzu.**
10. **Klicken Sie auf die Schaltfläche Durchsuchen, die sich rechts neben der Textbox Dateiname befindet, und navigieren Sie zu dem Ort, an dem sich die Datei** `Patienten.txt` **befindet. Markieren Sie diese Datei, und klicken Sie auf Öffnen.**
11. **Da in der ersten Zeile von** `Patienten.txt` **Spaltentitel stehen, markieren Sie das Kontrollkästchen Spaltennamen in der ersten Datenzeile.**
12. **Klicken Sie im linken Fensterelement des Verbindungs-Manager-Editors auf Spalten.**

Ihre Ansicht sollte so ähnlich sein wie die in Abbildung 20.16.

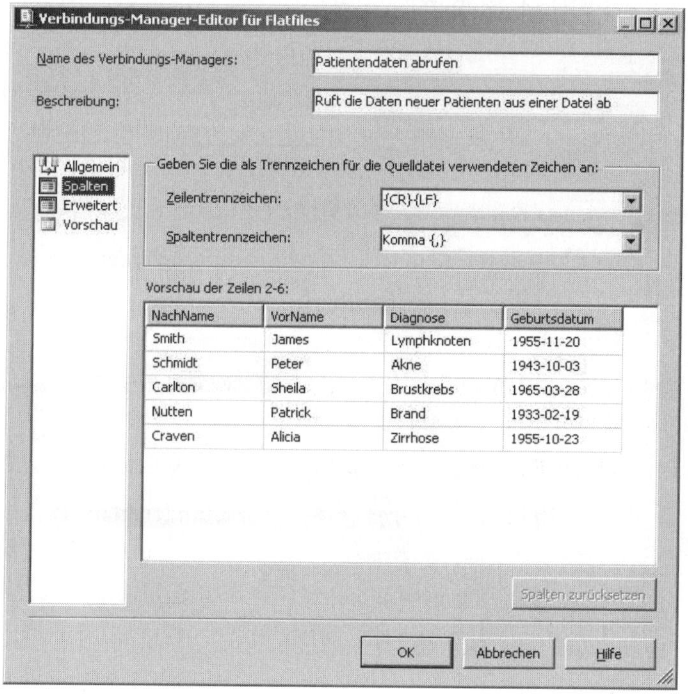

Abbildung 20.16: Der Verbindungs-Manager-Editor für Flatfiles stellt die Quelldaten dar.

13. **Klicken Sie im linken Fensterelement auf ERWEITERT.**

    Es werden (im mittleren Fensterelement) die Namen aller Spalten der Quelldatei angezeigt. Im rechten Fensterelement haben Sie Zugriff auf die Eigenschaften der Spalte `NachName`. Die vorgeschlagene Breite der Spalte von 50 Zeichen ist viel zu groß.

14. **Ändern Sie den Wert der Eigenschaft OUTPUTCOLUMNWIDTH in `25` und DATATYPE in UNICODE-ZEICHENFOLGE.**

15. **Klicken Sie auf `VorName`. Ändern Sie den Wert der Eigenschaft OUTPUTCOLUMNWIDTH in `25` und DATATYPE in UNICODE-ZEICHENFOLGE.**

16. **Ändern Sie die Breite der Spalte `Diagnose` nicht, weil die Einträge hier bis zu 50 Zeichen haben können, aber ändern Sie DATATYPE in UNICODE-ZEICHENFOLGE.**

17. **Klicken Sie auf `Geburtsdatum`. Klicken Sie in die Dropdownliste von DATATYPE, und wählen Sie die Option DATENBANKTIMESTAMP aus.**

    Sie müssen in der Regel nach oben rollen, um den Eintrag zu finden (siehe Abbildung 20.17).

18. **Klicken Sie im linken Fensterelement auf VORSCHAU, und schauen Sie sich die Daten an, um sicherzustellen, dass nichts abgeschnitten wird. Klicken Sie auf OK.**

    Sie haben einen Verbindungs-Manager erstellt. Er erscheint als eigenständige Registerkarte im unteren Teil des BIDS-Designers.

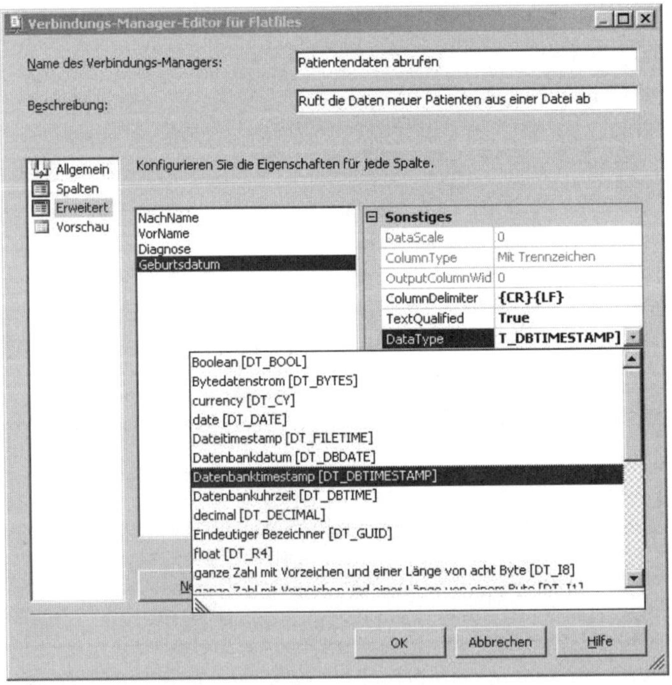

Abbildung 20.17: Den Datentyp der Spalte `Geburtsdatum` ändern

19. Um einen Datenfluss zu erstellen, wechseln Sie auf die Registerkarte DATENFLUSS, und klicken Sie auf den Text in der Mitte der Entwurfsoberfläche.

Nach einer Pause ändert sich die Oberflächenfarbe in Crème. Dadurch wird angezeigt, dass Sie die Oberfläche als Entwurfsumgebung verwenden können.

Sie haben bisher festgelegt, dass das Projekt aus einem einzigen Datenfluss-Task besteht. Jetzt müssen Sie noch angeben, woraus der Datenfluss-Task besteht.

20. Ziehen Sie aus der Toolbox eine FLATFILEQUELLE auf die Entwurfsumgebung von DATENFLUSS.

Die Flatfilequelle hat ein rotes X, das anzeigt, dass die Verbindung noch nicht richtig aufgebaut wird.

21. Klicken Sie mit der rechten Maustaste auf die Flatfilequelle, und wählen Sie BEARBEITEN aus.

Es öffnet sich der Quellen-Editor für Flatfiles (siehe Abbildung 20.18).

Im linken Fensterelement des Quellen-Editors für Flatfiles ist der Verbindungs-Manager markiert. Der Verbindungs-Manager PATIENTENDATEN ABRUFEN ist standardmäßig ausgewählt, weil es sich um den einzigen verfügbaren Verbindungs-Manager im Paket handelt.

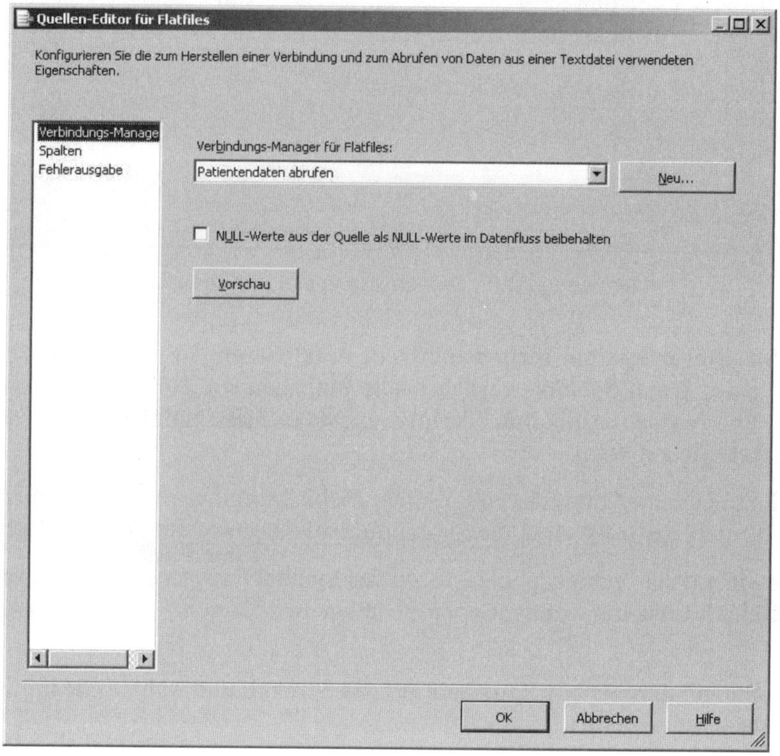

Abbildung 20.18: Der Quellen-Editor für Flatfiles

22. **Klicken Sie im linken Fensterelement des Quellen-Editors für Flatfiles auf Spalten, um zu überprüfen, ob die externen Spalten (das sind die von `Patienten.txt`) auch mit den Ausgabespalten übereinstimmen (siehe Abbildung 20.19).**

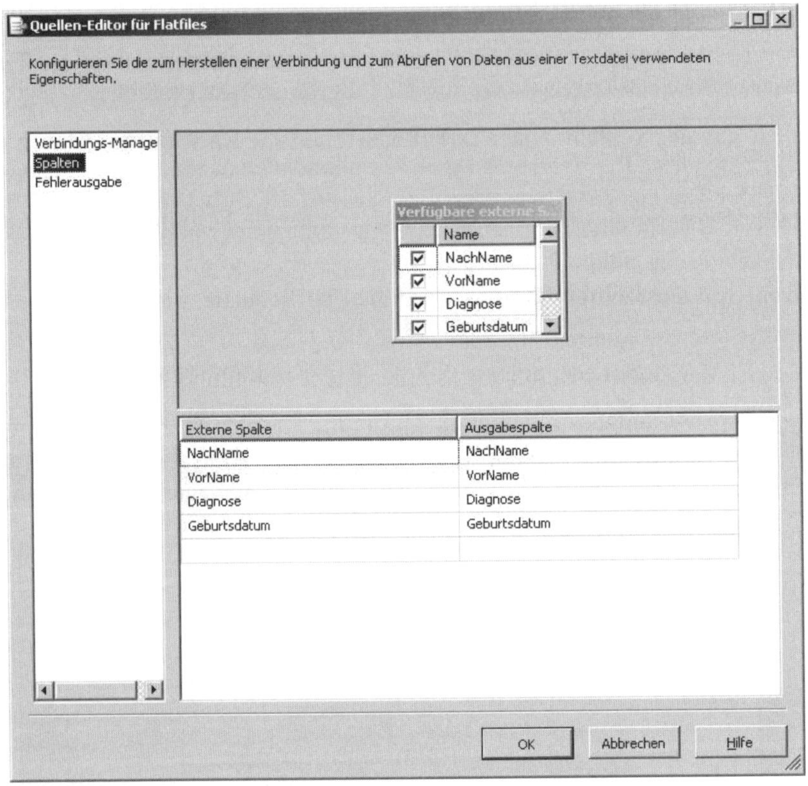

Abbildung 20.19: Spalten auswählen und zuordnen

23. **Wenn Sie Eingabespalten nicht benötigen, deaktivieren Sie die entsprechenden Kontrollkästchen. Wenn Sie eine Ausgabespalte umbenennen wollen, klicken Sie auf ihren Namen, und bearbeiten Sie ihn. Akzeptieren Sie in diesem Beispiel die Standardwerte, und klicken Sie auf OK.**

    In der Flatfilequelle gibt es das rote X nicht mehr. Damit wissen Sie, dass alle Informationen eingegeben worden sind, die für den Aufbau einer Verbindung benötigt werden.

24. **Klicken Sie mit der rechten Maustaste auf das Symbol Flatfilequelle, und wählen Sie im Kontextmenü Umbenennen aus. Geben Sie als neuen Namen `Patientendaten abrufen` ein.**

25. **Klicken Sie mit der rechten Maustaste auf das Symbol, und wählen Sie im Kontextmenü Automatisch anpassen aus.**

    Sie haben für die Daten ein Ziel erstellt.

26. **Klicken Sie mit der rechten Maustaste in die Entwurfsoberfläche der Registerkarte ABLAUFSTEUERUNG, wählen Sie NEUE VERBINDUNG aus, und fügen Sie eine OLE DB-Verbindung hinzu.**

27. **Klicken Sie in der Dialogbox OLE DB-VERBINDUNGS-MANAGER KONFIGURIEREN auf NEU.**

28. **Geben Sie in der Dialogbox VERBINDUNGS-MANAGER einen Punkt (.) als Servernamen ein, und wählen Sie als Datenbankname `Kapitel20` aus. Klicken Sie auf OK, bis Sie wieder auf der Registerkarte ABLAUFSTEUERUNG angekommen sind.**

29. **Wechseln Sie auf die Registerkarte DATENFLUSS, und ziehen Sie aus der Kategorie DATENFLUSSZIELE der Toolbox das Shape OLE DB-ZIEL auf die Entwurfsumgebung. (Das Shape hat ein rotes X, was wieder anzeigt, dass es noch nicht vollständig konfiguriert ist.) Klicken Sie auf das Shape `Patientendaten abrufen`, und ziehen Sie die grüne Linie (eine Prioritätseinschränkung) auf das neue Shape `OLE DB-Quelle`.**

30. **Klicken Sie mit der rechten Maustaste auf das Shape `OLE DB-Ziel`, und wählen Sie BEARBEITEN aus. Klicken Sie, auch wenn Sie eine Warnung erhalten sollten, auf OK.**

Es öffnet sich die Dialogbox ZIEL-EDITOR FÜR OLE DB (siehe Abbildung 20.20).

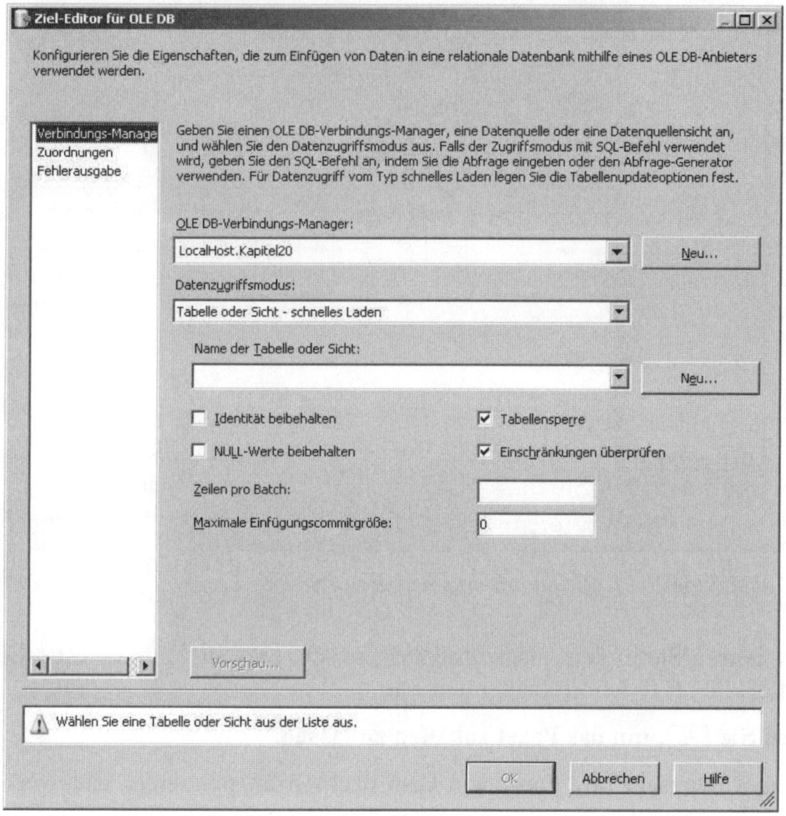

Abbildung 20.20: Die Dialogbox ZIEL-EDITOR FÜR OLE DB

Weil bisher nur ein geeigneter Verbindungs-Manager erstellt worden ist, wird er sofort ausgewählt.

31. **Klicken Sie auf die Dropdownliste NAME DER TABELLE ODER SICHT. Nach einer kurzen Pause erscheint die Tabelle `PatientenDaten` (als einzige Option der Datenbank `Kapitel20`) in der Liste.**

32. **Klicken Sie im linken Fensterelement der Dialogbox ZIEL-EDITOR FÜR OLE DB auf ZUORDNUNGEN.**

    Ihre Dialogbox sollte so ähnlich aussehen wie die in Abbildung 20.21. Es wird angezeigt, dass die Eingabespalten gut zu den Ausgabespalten passen.

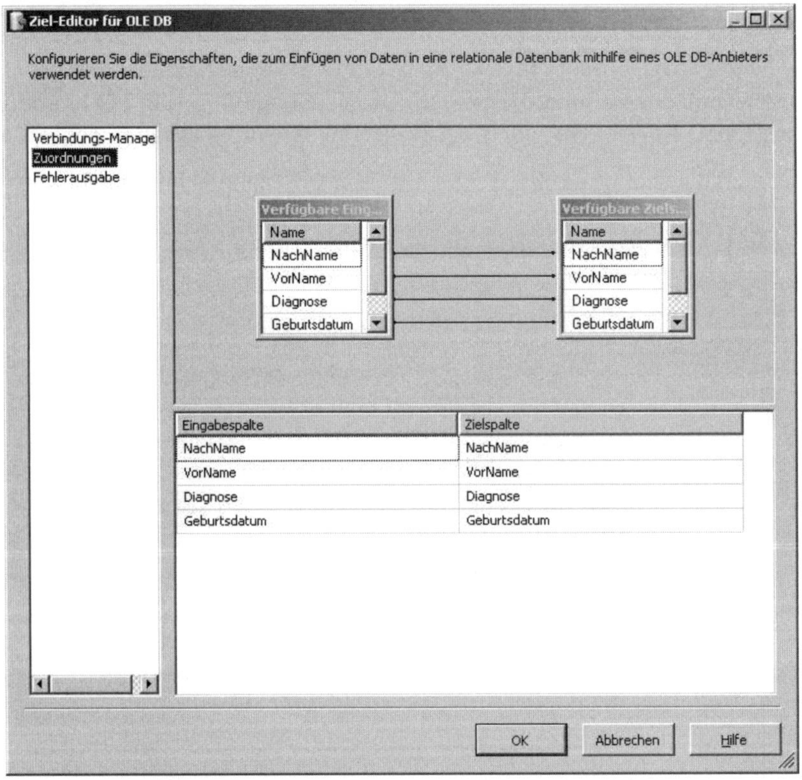

Abbildung 20.21: Die Zuordnungen in der Dialogbox ZIEL-EDITOR FÜR OLE DB

Mit OK kehren Sie in den Ausgangsdialog zurück, und Sie können feststellen, dass das Shape `OLE DB-Ziel` kein rotes X mehr hat.

33. **Drücken Sie F5, um das Paket ablaufen zu lassen.**

    Die Shapes wechseln ihre Farbe von Gelb nach Grün und zeigen dadurch an, dass das Paket erfolgreich läuft.

34. Sie können sich die Abläufe im Paket anschauen, indem Sie auf die Registerkarte Status klicken (siehe Abbildung 20.22).

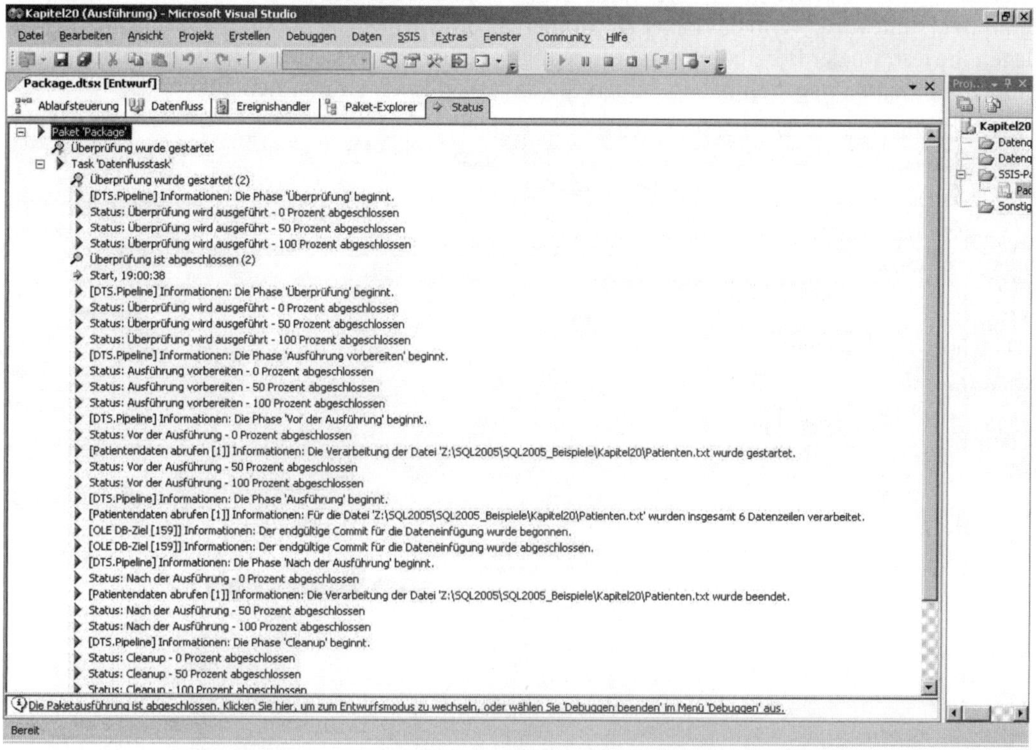

Abbildung 20.22: Die Registerkarte Status

35. Drücken Sie [⇧]+[F5], um den Debug-Modus zu verlassen.

36. Wählen Sie Datei|Alle Speichern, um das Paket zu speichern.

Sie können SQL Server Integration Services dazu verwenden, um komplexere Pakete als das Beispiel dieses Abschnitts zu erstellen. Ich habe Ihnen aber auf jeden Fall einige der Schlüsseltechniken gezeigt, die Sie einsetzen, um eine solche Aufgabe zu erledigen.

Ein Integration Services-Projekt bereitstellen

Es gibt zwei Möglichkeiten, ein Integration Services-Projekt bereitzustellen: Sie können es innerhalb von SQL Server 2005 über die Datenbank `msdb` oder im Dateisystem bereitstellen.

Vor der Bereitstellung muss aber eine Paketkonfiguration erstellt werden. Um eine Bereitstellung über SQL Server 2005 zu erreichen, legen Sie die Konfiguration in der Datenbank `msdb` an. Bei einer Bereitstellung über das Dateisystem stehen Ihnen mehrere Möglichkeiten – einschließlich einer XML-Konfigurationsdatei – zur Verfügung.

Damit ein Paket bereitgestellt werden kann, klicken Sie im Projektmappen-Explorer mit der rechten Maustaste auf `Kapitel20` und wählen EIGENSCHAFTEN aus. Es öffnet sich die Dialogbox EIGENSCHAFTSSEITEN. Hier finden Sie Optionen vor, um anzugeben, dass ein Bereitstellungsprogramm erstellt wird, wenn das Paket zusammengebaut wird (siehe Abbildung 20.23). Weiterhin legen Sie fest, wo der Bereitstellungsordner angelegt werden soll. Wenn Sie die Bereitstellungsinformationen eingegeben haben, bauen Sie das Paket noch einmal neu auf.

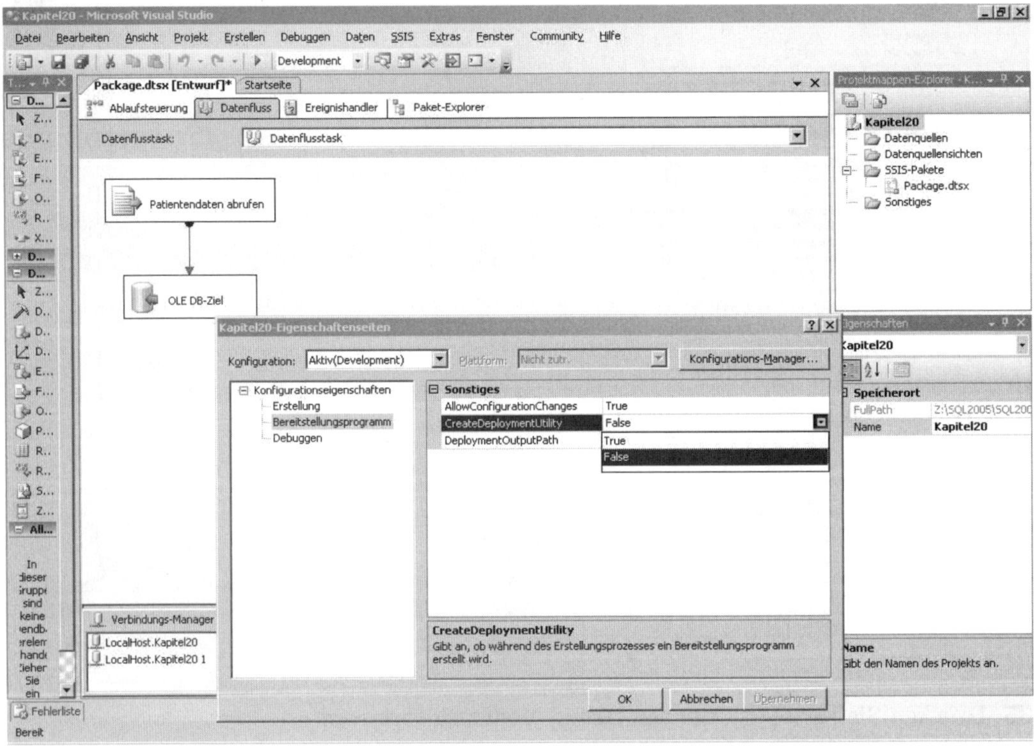

Abbildung 20.23: Das Erstellen eines Bereitstellungsprogramms ermöglichen

Analysis Services

21

In diesem Kapitel

- Schauen Sie sich Ihre Daten mit Analysis Services an
- Vergleichen Sie BIDS und Analysis Services
- Erstellen Sie ein Analysis Services-Projekt
- Berechnen Sie mit Data Mining Szenarien im Voraus
- Machen Sie Analysis Services-Daten sicher

SQL Server Analysis Services ist die zweite Komponente des Paradigmas Integration, Analyse und Berichtswesen, die in SQL Server 2005 die Business Intelligence ausmacht. Sie verwenden SQL Server Integration Services, um Daten von möglicherweise heterogenen Quellen zu sammeln. Sie verwenden Analysis Services, um die Daten zu analysieren. Sie verwenden Reporting Services, um Berichte zu erstellen, die Ihre Kollegen nutzen können.

Analysis Services geben Ihnen die Möglichkeit, Daten mithilfe von Online Analytical Processing (OLAP) oder Data Mining zu analysieren. Um Online Analytical Processing verwenden zu können, erstellen Sie multidimensionale Strukturen, die Datenaggregate aus unterschiedlichen Quellen enthalten. Um die Funktionalitäten von Data Mining zu verwenden, erstellen Sie Data Mining-Modelle.

Leider kann ich nur einen kleinen Teil der vielen Features von SQL Server 2005 Analysis Services vorstellen, weil der Umfang dieses Buchs mehr einfach nicht zulässt.

Einführung in Analysis Services

Analysis Services helfen Ihnen dabei herauszufinden, was in Ihrem Unternehmen geschieht. Sie können Analysis Services als einen Weg ansehen, das Sinnvolle aus einem Berg von Informationen herauszuholen, den viele Unternehmen anhäufen.

Analysis Services bestehen aus zwei grundlegenden Verarbeitungsarten: OLAP (Online Analytical Processing) und Data Mining.

Analysis Services besitzen sowohl client- als auch serverbasierte Komponenten. Die Serverkomponenten bestehen aus einer oder mehreren Serverinstanzen von SQL Server 2005. Analysis Services-Clients kommunizieren mit Analysis Services, indem sie XML for Analysis (XMLA) verwenden. XMLA ist ein auf SOAP basiertes Protokoll, das als Webdienst veröffentlicht worden ist, der das Senden von Anfragen und das Empfangen von Antworten unterstützt.

Die Serverkomponenten von Analysis Services führen diese Aufgaben durch:

- ✔ Anweisungen parsen, die von Clientanwendungen empfangen werden
- ✔ Mit Transaktionen umgehen
- ✔ Berechnungen ausführen
- ✔ Datendimensionen speichern
- ✔ Aggregate erstellen
- ✔ Abfragen zeitlich steuern
- ✔ Serverressourcen verwalten
- ✔ Metadaten verwalten

Sie können Analysis Services-Abfragen in einer dieser Sprachen schreiben:

- ✔ T-SQL
- ✔ Multi Dimensional Expressions (MDX)
- ✔ Data Mining Extensions (DMX)

Der Analysis Services-Server gibt Clientkomponenten der Vorgangsdaten zurück. Darüber hinaus hat der Benutzer die Möglichkeit anzugeben, welche Analysen durchgeführt werden sollen.

Sie können Analysis Services-Objekte direkt über die Analysis Services Scripting Language (ASSL) verwalten. Sie sind häufig in der Lage, andere Anwendungen einzusetzen, um ASSL indirekt anzusprechen. So können zum Beispiel sowohl SQL Server Management Studio als auch Business Intelligence Studio ASSL verwenden, um mit Analysis Services zu kommunizieren. ASSL besteht aus zwei Komponenten:

- ✔ Eine Data Definition Language (DDL – Datendefinitionssprache)
- ✔ Eine Anweisungssprache

Neue Features in Analysis Services 2005

Analysis Services kennen in SQL Server 2005 diese neuen oder verbesserten Features:

- ✔ Business Intelligence Development Studio als Entwicklungsumgebung
- ✔ SQL Server Management Studio als Verwaltungswerkzeug
- ✔ Unified Dimensional Model als Möglichkeit, die Daten zu modellieren oder zu betrachten
- ✔ Vorausschauendes Cachen, so genanntes Proactive Caching, führt zu einer Leistungssteigerung beim Aktualisieren von Daten.
- ✔ Key Performance Indicators (KPI) fassen Schlüsselwerte der geschäftlichen Leistungsstärke zusammen.

- ✔ Übersetzungen sorgen in vielen Sprachen für einen Zugriff auf Metadaten, damit Analysis Services-Analysen auch international verwendet werden können.
- ✔ Mehrere Instanzen von Analysis Services
- ✔ Ausfallsicheres Clustern von Analysis Services
- ✔ Unterstützung von XML for Analysis
- ✔ In einem Cube werden Tabellen mit mehreren Wirklichkeiten unterstützt.
- ✔ Perspektiven sind vordefinierte Untermengen eines Cubes. Sie geben Ihnen die Möglichkeit, Geschäftsdaten aus unterschiedlichen Gesichtspunkten zu betrachten.
- ✔ Attribute lassen es zu, die Informationen einer Dimension sinnvoll zu durchsuchen.
- ✔ In einer Dimension werden jetzt mehrere Hierarchien unterstützt.
- ✔ Im Gegensatz zu den vier Arten von Dimensionen unter SQL Server 2000 gibt es unter SQL Server 2005 nur noch zwei: Standard und Verknüpft.
- ✔ Unterstützung von SQL Server 2005 Integration Services
- ✔ Business Intelligence-Assistenten führen komplexe Tasks durch.

Key Performance Indicators

Ein Key Performance Indicator (KPI) gibt Ihnen die Möglichkeit, Zusammenfassungen von Daten so anzuzeigen, dass sie von berechtigten Mitarbeitern und der Geschäftsführung eines Unternehmens sinnvoll verwendet werden können, um das Leistungsvermögen eines Unternehmens mit seinen Zielen zu vergleichen.

Ein KPI erlaubt Ihnen, einen Geschäftsindex mit dem aktuellen Leistungsverhalten des Unternehmens zu vergleichen. Es werden Grenzwerte definiert, und die Ausgabe vergleicht grafisch (in Zusammenfassungen) das aktuelle mit dem geplanten Leistungsverhalten.

Ein Key Performance Indicator umfasst die folgenden Komponenten, von denen Sie in Ihren Einstellungen nicht immer alle verwenden müssen:

- ✔ Ein Geschäftsziel für das Leistungsverhalten
- ✔ Das aktuelle Leistungsverhalten
- ✔ Vergleich des aktuellen Leistungsverhaltens mit dem geplanten Leistungsverhalten
- ✔ Einschätzungen, wie sich ein Zustand im Laufe der Zeit verändern wird
- ✔ Grafische Darstellung von Zuständen
- ✔ Grafische Darstellung von Trends
- ✔ Einzelne KPIs mit einer besonderen Bedeutung versehen

Analysis Services verwalten

Das Werkzeug, mit dem Sie viele Verwaltungsaufgaben bei einer Instanz von SQL Server 2005 Analysis Services durchführen können, ist SQL Server Management Studio.

Um mithilfe von SQL Server Management Studio eine Instanz von Analysis Services zu registrieren und die Eigenschaften der Instanz zu sehen, gehen Sie so vor:

1. **Öffnen Sie SQL Server Management Studio. Falls das Fensterelement REGISTRIERTE SERVER nicht sichtbar sein sollte, wählen Sie ANSICHT|REGISTRIERTE SERVER aus.**

2. **Klicken Sie im oberen Teil des Fensterelements REGISTRIERTE SERVER auf das Symbol ANALYSIS SERVICES.**

   Dieses Symbol ist in Abbildung 21.1 das zweite von links.

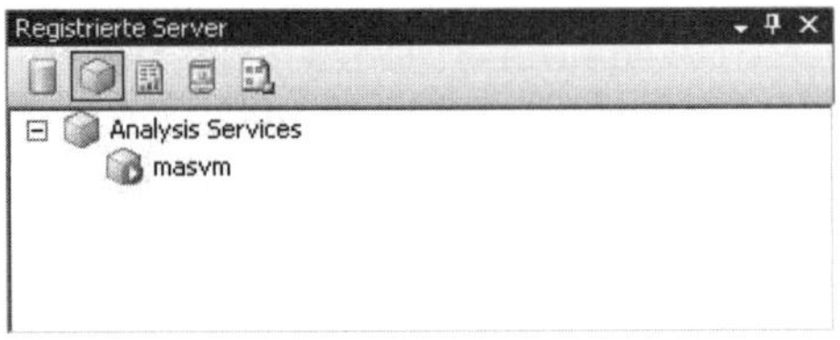

Abbildung 21.1: Das Fensterelement REGISTRIERTE SERVER im SQL Server Management Studio

3. **Klicken Sie mit der rechten Maustaste in das Fensterelement REGISTRIERTE SERVER, und wählen Sie NEU|SERVERREGISTRIERUNG aus.**

   Es öffnet sich die Dialogbox NEUE SERVERREGISTRIERUNG.

4. **Sorgen Sie in der Textbox SERVERNAME für einen Servernamen oder den Namen einer Instanz. Klicken Sie auf die Schaltfläche TESTEN, um zu testen, ob eine Verbindung möglicht ist. Klicken Sie auf SPEICHERN.**

   Es wird eine Analysis Services-Instanz zum Fensterelement REGISTRIERTE SERVER hinzugefügt.

5. **Wenn Sie sich die Eigenschaften einer Analysis Services-Instanz anschauen wollen, klicken Sie mit der rechten Maustaste auf die entsprechende Instanz von Analysis Services, und wählen Sie VERBINDEN|OBJEKT-EXPLORER aus.**

   Ihr Objekt-Explorer sollte jetzt so aussehen wie der in Abbildung 21.2.

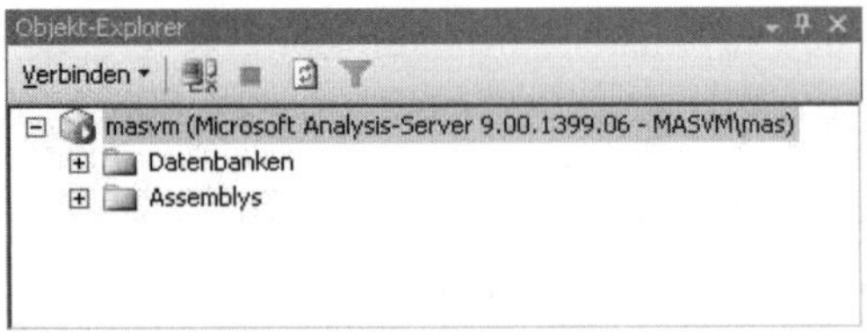

Abbildung 21.2: Eine Analysis Services-Instanz im Objekt-Explorer

6. **Erweitern Sie die Knoten Datenbanken und Assemblys.**

   Wenn Sie nur Analysis Services installiert haben, ist der Knoten Datenbanken leer. Abbildung 21.3 stellt den Knoten Assemblys dar.

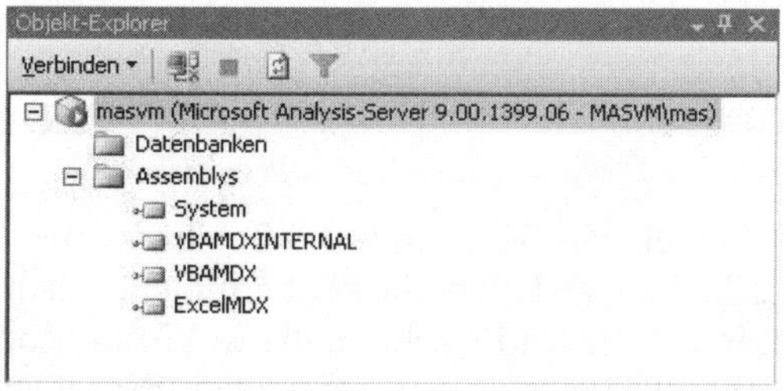

Abbildung 21.3: Der Knoten Assemblys von Analysis Services im Objekt-Explorer

Business Intelligence Development Studio und Analysis Services

Sie verwenden das Business Intelligence Development Studio, um Analysis Services-Lösungen zu erstellen (was so ähnlich funktioniert wie das Erstellen von Integration Services-Lösungen, was in Kapitel 20 beschreiben wird). Ich zeige Ihnen aber weiter unten in diesem Kapitel, dass sich die Entwurfsumgebung für Analysis Services-Lösungen in einigen wesentlichen Punkten von der der Integration Services unterscheidet.

Wenn Sie ein Analysis Services-Projekt einrichten, können Sie einige Objekte im Business Intelligence Development Studio wiederholt verwenden:

- ✔ **Datenquellen:** Eine *Datenquelle* stellt eine Verbindung zu einer Quelle mit Daten dar. Sehr oft verwenden Sie, so wie in dem Beispiel weiter unten in diesem Kapitel, eine relationale Datenbank als Datenquelle. Datenquellen können aber auch XML, Excel-Dateien, das Active Directory und so weiter sein.

  Sie geben die SQL Server-Instanz, die Datenbank, die Tabellen und die Spalten an, die Sie verwenden wollen.

- ✔ **Datenquellensicht:** Bei einer *Datenquellensicht* handelt es sich um eine Sicht auf die Tabellen, die die Datenquelle bilden. Sie können Sichten in Analysis Services so verwenden wie in normalen relationalen Datenbanken. Sichten geben Entwicklern beispielsweise die Möglichkeit, berechnete Spalten zu erstellen, die es nur in Datenquellensichten gibt. Ein Benutzer benötigt keine Berechtigungen an den der Sicht zugrunde liegenden Tabellen, um zusätzliche Spalten hinzuzufügen.

- ✔ **Cubes:** Ein *Cube* ist ein mehrdimensionales Modell geschäftlicher Daten. Jede Dimension beschreibt einen Aspekt der geschäftlichen Daten. Unter Analysis Services kann jeder Cube mehrere Dimensionen haben.

- **Dimensionen:** Jede *Dimension* stellt eine Dimension eines mehrdimensionalen Cubes dar.
- **Mining-Strukturen:** Die Werkzeuge zum *Data Mining* von SQL Server 2005 geben Ihnen die Möglichkeit, Ihre Daten zu untersuchen, um in ihnen Muster zu finden. Ich beschreibe die unter Analysis Services 2005 Data Mining unterstützten Algorithmen weiter unten in diesem Kapitel.
- **Rollen:** *Rollen* werden verwendet, um Sicherheiten für Objekte und Modelle von Analysis Services zu verwalten.

Ich beschreibe in diesem Kapitel, wie Sie mithilfe des Business Intelligence Development Studios eine Analysis Services-Lösung erstellen. Sie können solche Lösungen aber auch programmiertechnisch erreichen, indem Sie in Projekten, die in Visual Studio 2005 erstellt werden, Analysis Services Management Objects (AMO) verwenden. Einzelheiten zu Analysis Services Management Objects werden in diesem Buch nicht besprochen.

Ein Analysis Services-Projekt erstellen

In diesem Abschnitt beschreibe ich einen Weg, eine Analysis Services-Lösung mit dem Business Intelligence Development Studio zu erstellen.

Gehen Sie so vor:

1. **Öffnen Sie Business Intelligence Development Studio.**
2. **Wählen Sie DATEI|NEU|PROJEKT aus.**

   Es öffnet sich die Dialogbox NEUES PROJEKT.
3. **Wählen Sie im linken Fensterelement der Dialogbox NEUES PROJEKT die Option BUSINESS INTELLIGENCE-PROJEKT aus. Markieren Sie dann im rechten Fensterelement ANALYSIS SERVICES-PROJEKT. Geben Sie dem Projekt den Namen `Kapitel21`.**

   Ihre Dialogbox NEUES PROJEKT sollte so ähnlich aussehen wie die in Abbildung 21.4.

   Beachten Sie, dass die Dialogbox NEUES PROJEKT eine Option enthält, um ein Analysis Services 9.0-Datenbankprojekt zu importieren. Wenn Sie bereits über eine Analysis Services 2005-Datenbank verfügen, können Sie diese Option nutzen.
4. **Klicken Sie auf OK.**

   Nach einer Pause haben Sie das leere Projekt vor sich (siehe Abbildung 21.5). Wenn die Startseite bei Ihnen aktiv ist, bildet sie den Hintergrund und nicht die graue Fläche.

   Achten Sie auf die Ordner oben rechts im Projektmappen-Explorer.

   Zunächst müssen Sie festlegen, woher die Daten kommen. Dies erledigen Sie, indem Sie eine Datenquelle für die Lösung erstellen.
5. **Klicken Sie im Projektmappen-Explorer mit der rechten Maustaste auf den Ordner DATENQUELLEN. Wählen Sie im Kontextmenü NEUE DATENQUELLE aus.**

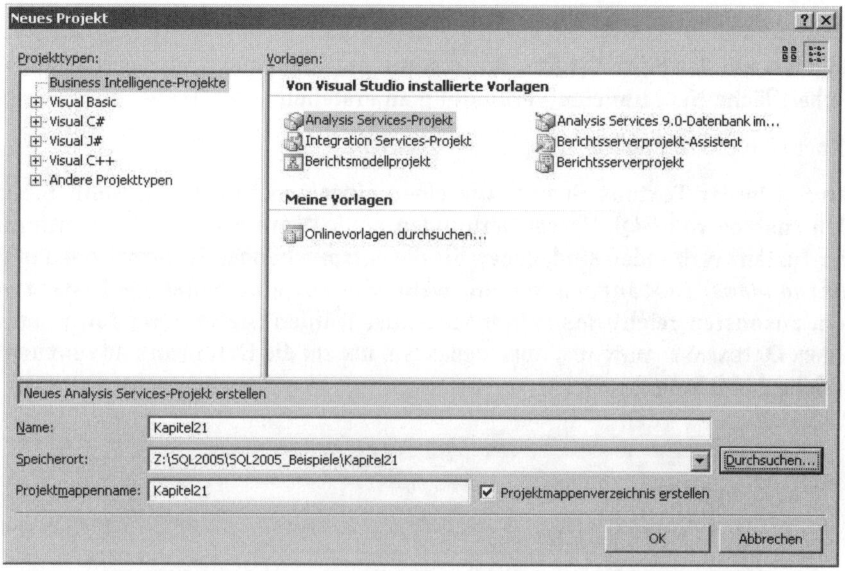

Abbildung 21.4: Ein Analysis Services-Projekt erstellen

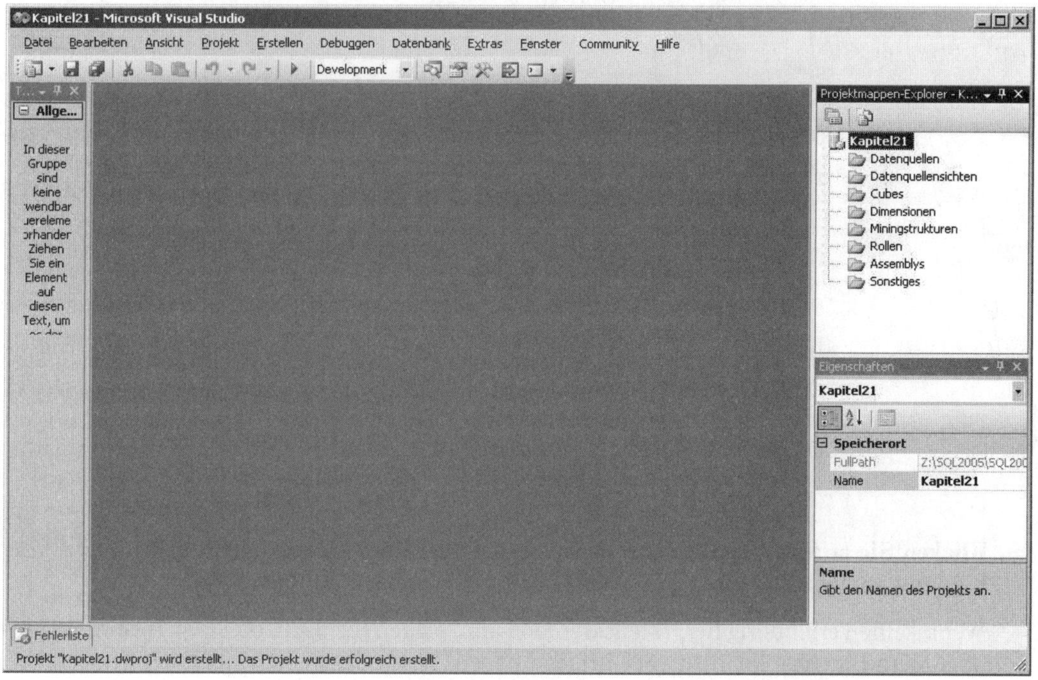

Abbildung 21.5: Der Startbildschirm Ihres Analysis Services-Projekts im BIDS

6. **Wenn sich der Datenquellen-Assistent öffnet, klicken Sie auf WEITER.**

7. **Klicken Sie auf der Seite WÄHLEN SIE AUS, WIE DIE VERBINDUNG DEFINIERT WERDEN SOLL auf die Schaltfläche NEU, um eine Verbindung zu erstellen.**

   Es öffnet sich die Dialogbox VERBINDUNGS-MANAGER.

8. **Geben Sie in der Textbox SERVERNAME einen einzelnen Punkt ein, wenn Sie mit einer lokalen Instanz von SQL Server verbunden sind. Wenn Sie mit einer entfernten SQL Server-Instanz verbunden sind, geben Sie die entsprechenden Informationen in der Form `MaschinenName\InstanzenName` ein, wenn Sie auf eine benannte Instanz zugreifen wollen, ansonsten reicht `MaschinenName` aus. Wählen Sie im Dropdownmenü WÄHLEN SIE EINEN DATENBANKNAMEN AUS, ODER GEBEN SIE IHN EIN die Datenbank `AdventureWorksDW` aus (siehe Abbildung 21.6).**

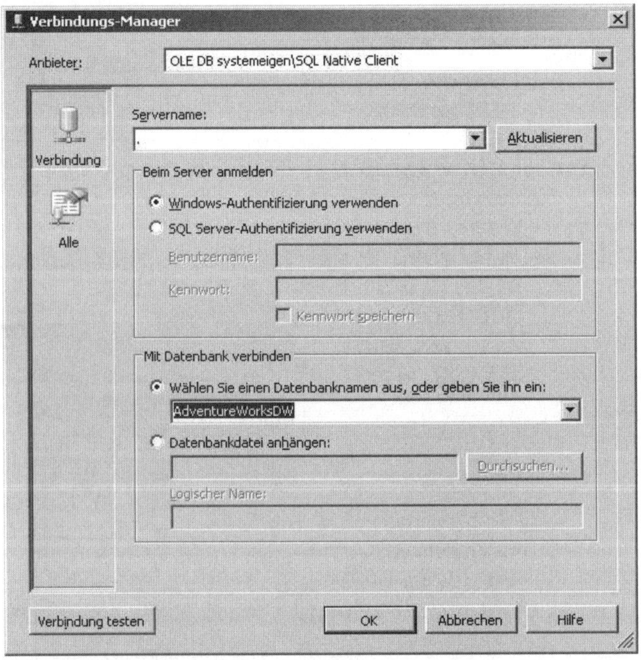

Abbildung 21.6: Einen Server und eine Datenbank auswählen, zu denen eine Verbindung aufgebaut werden soll

9. **Klicken Sie auf die Schaltfläche VERBINDUNG TESTEN, um sicherzustellen, dass eine Verbindung aufgebaut werden kann, und klicken Sie danach auf OK.**

   Wenn keine Verbindung hergestellt werden kann, prüfen Sie nach, ob Sie sich beim Server- oder beim Datenbanknamen verschrieben haben. Wenn der Fehler nicht so offensichtlich ist, sollten Sie prüfen, ob Ihre Serverinstanz auch läuft, und ob das Netzwerk funktioniert.

10. **Klicken Sie in der Dialogbox VERBINDUNGS-MANAGER auf OK.**

Sie kehren zur Seite WÄHLEN SIE EINEN DATENBANKNAMEN AUS, ODER GEBEN SIE IHN EIN zurück (siehe Abbildung 21.7).

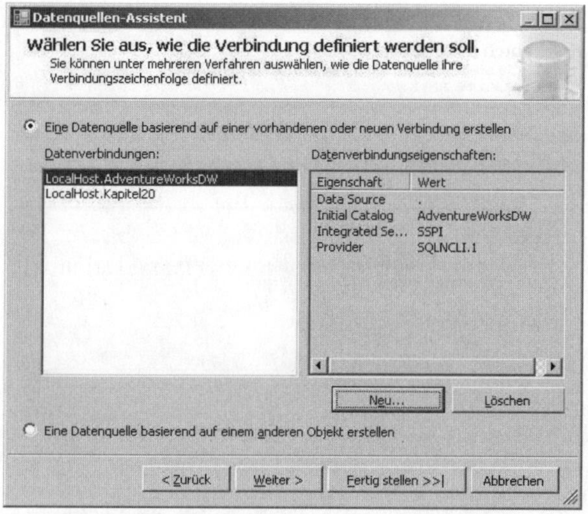

Abbildung 21.7: Die Verbindung ist definiert.

11. **Sollten Sie die Übung aus Kapitel 20 gemacht haben, müssen Sie in der Dialogbox die richtige Verbindung (zu `AdventureWorks`) markieren, bevor Sie auf WEITER klicken.**

    Es öffnet sich die Dialogbox IDENTITÄTSWECHSELINFORMATIONEN.

12. **Markieren Sie das Optionsfeld DIENSTKONTO (siehe Abbildung 21.8), und klicken Sie auf WEITER. Es öffnet sich die Dialogbox ASSISTENTEN ABSCHLIESSEN.**

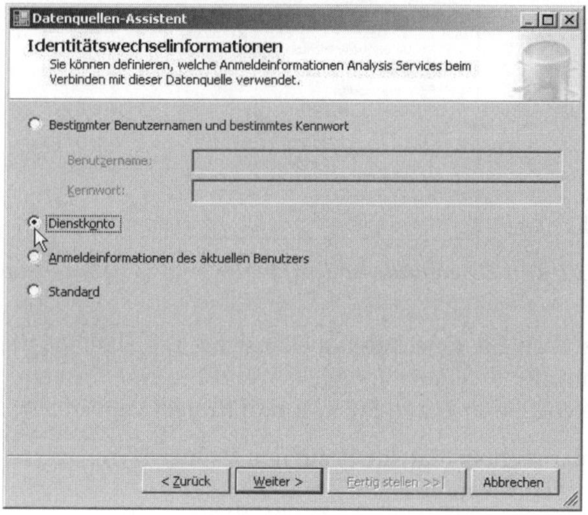

Abbildung 21.8: Eine Anmeldeform auswählen

13. Geben Sie der Datenquelle den Namen `AdventureWorksDW Quelle` **(siehe Abbildung 21.9). Schauen Sie sich die Verbindungsinformationen an, und klicken Sie auf FERTIG STELLEN.**

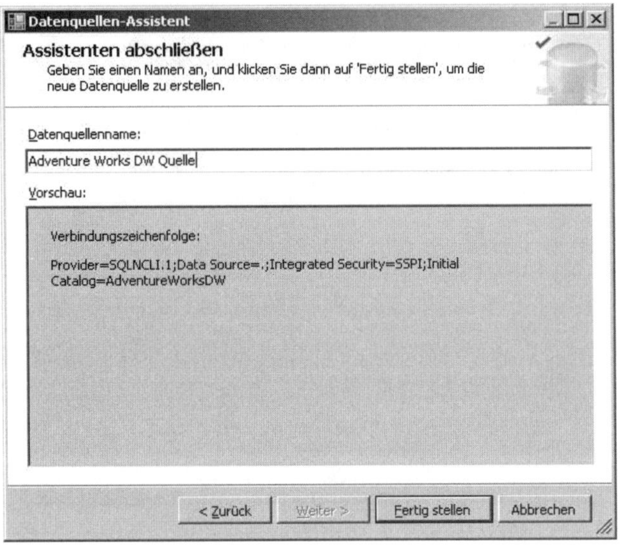

Abbildung 21.9: Die Datenquelle benennen

Die neue Datenquelle wird dem Ordner DATENQUELLEN im Projektmappen-Explorer hinzugefügt (siehe Abbildung 21.10).

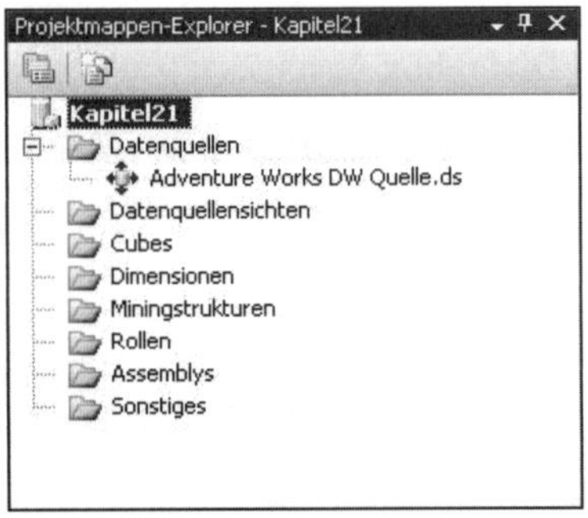

Abbildung 21.10: Eine Datenquelle ist dem Ordner DATENQUELLEN hinzugefügt worden.

Als Nächstes erstellen Sie eine Datenquellensicht. Die Datenquelle hat Zugriff auf alle Daten der Datenbank `AdventureWorksDW`. Wenn Sie eine Datenquellensicht definieren, geben Sie an, welche dieser Daten Sie in Ihrem Projekt verwenden wollen.

14. Klicken Sie mit der rechten Maustaste auf den Ordner DATENQUELLENSICHTEN, und wählen Sie NEUE DATENQUELLENSICHT aus.

Nach einer Pause öffnet sich der Datenquellensicht-Assistent (siehe Abbildung 21.11).

Abbildung 21.11: Der Datenquellensicht-Assistent

15. **Klicken Sie auf WEITER.**

    Es öffnet sich die Seite DATENQUELLE AUSWÄHLEN.

16. **Wählen Sie eine Datenquelle aus, um sie in der Datenquellensicht zu verwenden, die Sie gerade erstellen.**

    Wenn Sie in diesem Beispiel nur eine Datenquelle erstellt haben, sollte die Seite so aussehen wie die in Abbildung 21.12.

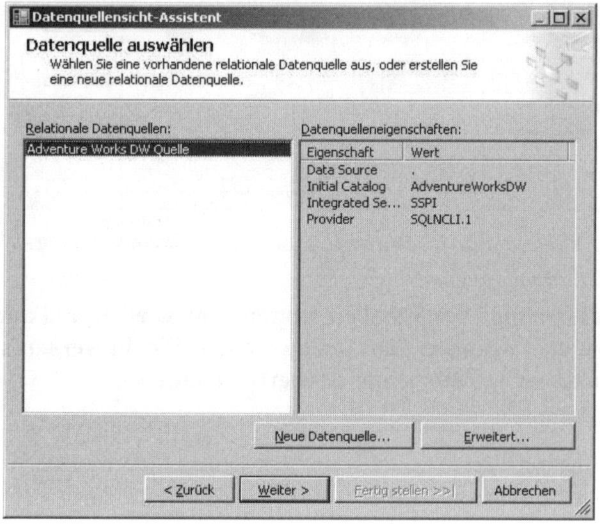

Abbildung 21.12: Eine Datenquelle auswählen, die in einer Datenquellensicht verwendet werden soll

17. **Wenn Sie eine Datenquelle ausgewählt haben, klicken Sie auf WEITER.**

    Nach einer kurzen Pause erscheint die Seite.

    Sie müssen sich jetzt dafür entscheiden, welche Tabellen und/oder Sichten der Datenbank `AdventureWorksDW` Sie in die Datenquellensicht aufnehmen wollen, die Sie gerade erstellen.

18. **Erweitern Sie die Seite TABELLEN UND SICHTEN AUSWÄHLEN, um einen besseren Überblick über die zur Verfügung stehenden Objekte zu bekommen (siehe Abbildung 21.13). Deaktivieren Sie auch das Kontrollkästchen SYSTEMOBJEKTE ANZEIGEN.**

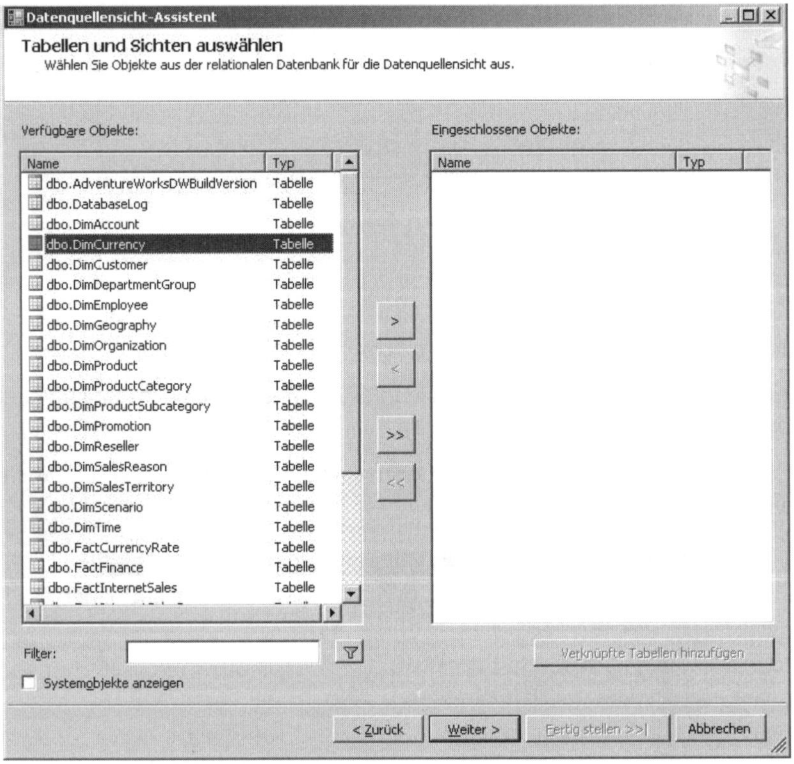

Abbildung 21.13: Die Seite TABELLEN UND SICHTEN AUSWÄHLEN

19. **Beachten Sie, dass einige der Tabellen Dimensionstabellen und andere Faktentabellen sind. Wählen Sie die folgenden Tabellen aus, damit Sie die Verkaufszahlen je Kunde, je Gebiet, je Produkt und je Zeitspanne auswerten können:**

    - `DimCustomer`
    - `DimGeography`
    - `DimProduct`

- `DimTime`
- `FactInternetSales`

Sorgen Sie dafür, dass immer eine Faktentabelle mit ausgewählt wird.

Sie haben sich jetzt für einige Tabellen entschieden, die die Informationen enthalten, um die es Ihnen geht. Um nun die angestrebte Datenquellensicht zu erstellen, benötigen Sie auch Informationen aus Tabellen, die mit Ihrer Auswahl verknüpft sind. Der Assistent kann Ihnen dabei helfen, die entsprechenden Tabellen zu finden.

20. Nachdem Sie die Tabellen ausgewählt haben, markieren Sie sie, und klicken Sie auf die Schaltfläche VERKNÜPFTE TABELLEN HINZUFÜGEN (siehe Abbildung 21.14).

Abbildung 21.14: Die benötigten Tabellen sind ausgesucht worden.

Es werden dem rechten Fensterelement der Seite TABELLEN UND SICHTEN AUSWÄHLEN einige weitere Tabellen hinzugefügt (siehe Abbildung 21.15). Die Tabellen, die der Assistent hinzugefügt hat, sind grau unterlegt.

21. Klicken Sie auf WEITER.

22. Es öffnet sich die Seite ASSISTENTEN ABSCHLIESSEN. Geben Sie der Datenquellensicht den Namen `AdventureWorksDW Datenquellensicht`. Überprüfen Sie im Vorschaufenster noch einmal die Komponenten Ihrer Datenquellensicht. Klicken Sie auf FERTIG STELLEN.

Abbildung 21.16 zeigt, dass sich die Ansicht im Business Intelligence Development Studio grundlegend geändert hat.

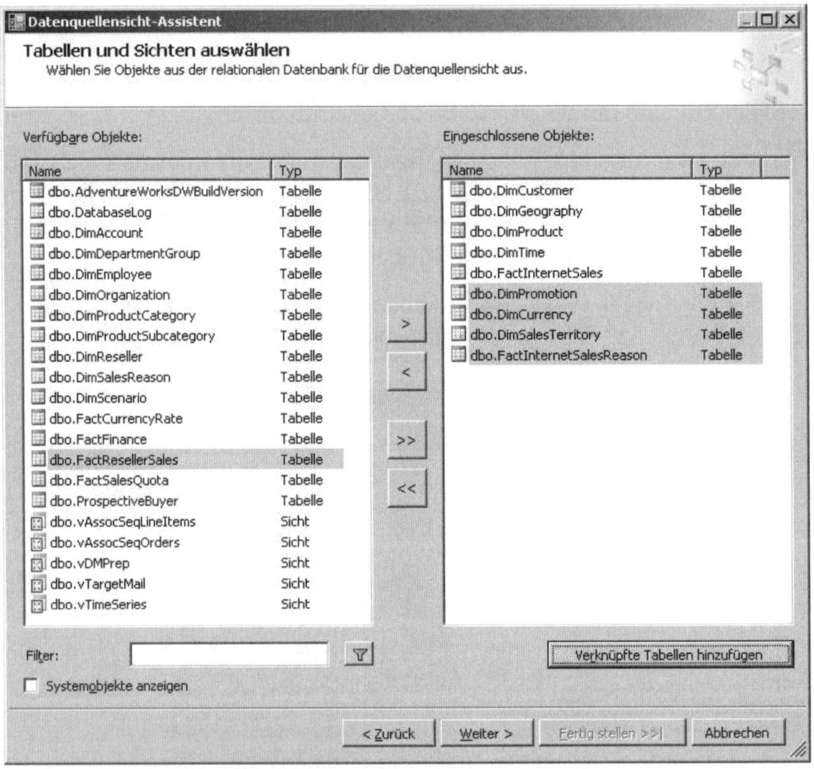

Abbildung 21.15: Die verknüpften Tabellen sind markiert.

23. Prüfen Sie nach, ob die Datenquellensicht, die Sie erstellt haben, im Projektmappen-Explorer dem Knoten DATENQUELLENSICHTEN hinzugefügt worden ist.

24. Machen Sie sich mit den Elementen Ihrer Datenquellensicht auf der Entwurfsoberfläche vertraut.

Akzeptieren Sie aus Platzgründen die Datenquellensicht so, wie sie vom Assistenten erstellt worden ist. Natürlich könnten Sie problemlos zum Beispiel weitere Spalten hinzufügen.

Sie erstellen in den nächsten Schritten aus der Datenquellensicht einen Cube.

25. Klicken Sie im Projektmappen-Explorer mit der rechten Maustaste auf CUBES, und wählen Sie NEUER CUBE aus.

26. Wenn sich der Cube-Assistent geöffnet hat, klicken Sie auf WEITER.

Es öffnet sich die Seite ERSTELLUNGSMETHODE AUSWÄHLEN (siehe Abbildung 21.17).

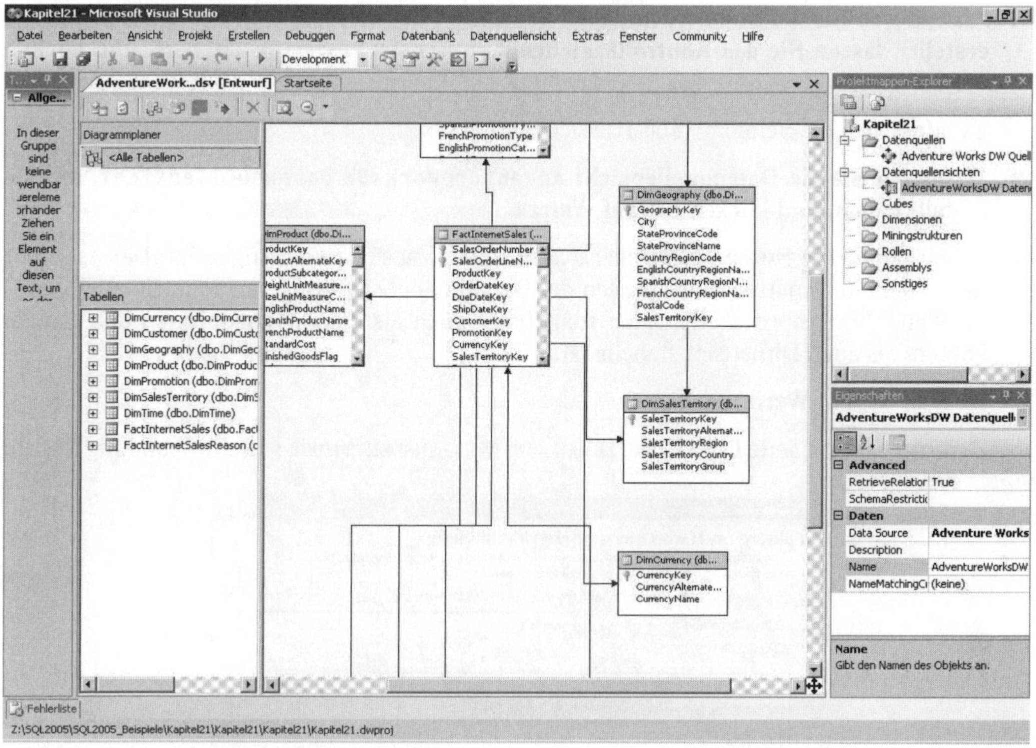

Abbildung 21.16: Die Entwurfsoberfläche einer Datenquellensicht

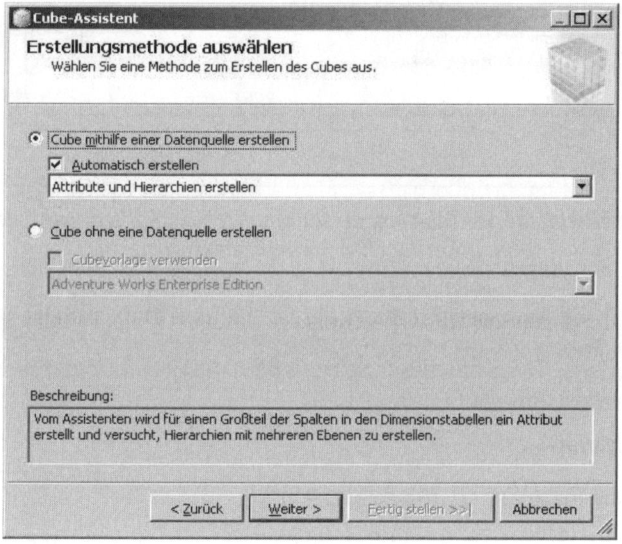

Abbildung 21.17: Legen Sie die Methode fest, mit der der Cube aufgebaut werden soll.

27. **Akzeptieren Sie die Standardvorgaben der Seite (die *Attribute* und *Hierarchien* für Sie erstellt), lassen Sie das Kontrollkästchen AUTOMATISCH ERSTELLEN aktiviert, und klicken Sie auf WEITER.**

    Es öffnet sich die Seite DATENQUELLENSICHT AUSWÄHLEN.

28. **Markieren Sie die Datenquellensicht** `AdventureWorksDW Datenquellensicht`**, die Sie erstellt haben, und klicken Sie auf WEITER.**

    Es wird die Seite FAKTEN- UND DIMENSIONSTABELLEN WERDEN GESUCHT angezeigt. Der Assistent untersucht automatisch die Tabellen der Datenquellensicht und versucht, sie als Faktentabellen, Dimensionstabellen oder manchmal auch als Tabelle zuzuordnen, die sowohl Fakten- als auch Dimensionstabelle ist.

29. **Klicken Sie auf WEITER.**

    Es öffnet sich die Seite FAKTEN- UND DIMENSIONSTABELLEN IDENTIFIZIEREN (siehe Abbildung 21.18).

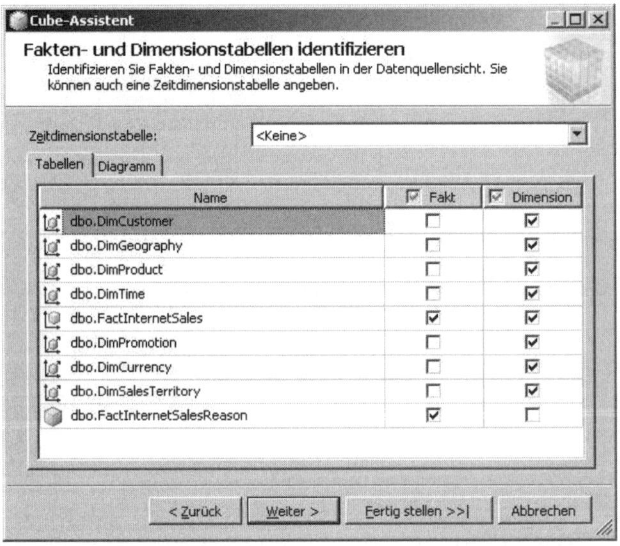

Abbildung 21.18: Tabellen, die automatisch als Fakten- und/oder Dimensionstabellen klassifiziert worden sind

30. **Wählen Sie in der Dropdownliste ZEITDIMENSIONSTABELLE die Tabelle** `DimTime` **aus.**

    Auf der Registerkarte DIAGRAMM dieser Seite werden die Beziehungen zwischen den Tabellen grafisch aufgezeigt (siehe Abbildung 21.19).

31. **Klicken Sie auf WEITER.**

    Es öffnet sich die Seite ZEITRÄUME AUSWÄHLEN.

32. **Weisen Sie den Eigenschaften der linken Spalte rechts die Namen der Tabellenspalten so zu, wie es Abbildung 21.20 darstellt, und klicken Sie auf WEITER.**

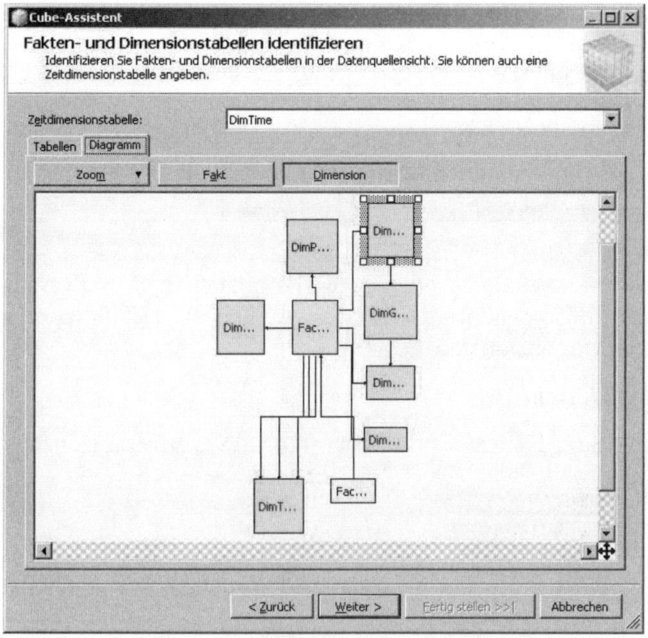

Abbildung 21.19: Eine grafische Darstellung der Beziehungen zwischen Fakten- und Dimensionstabellen

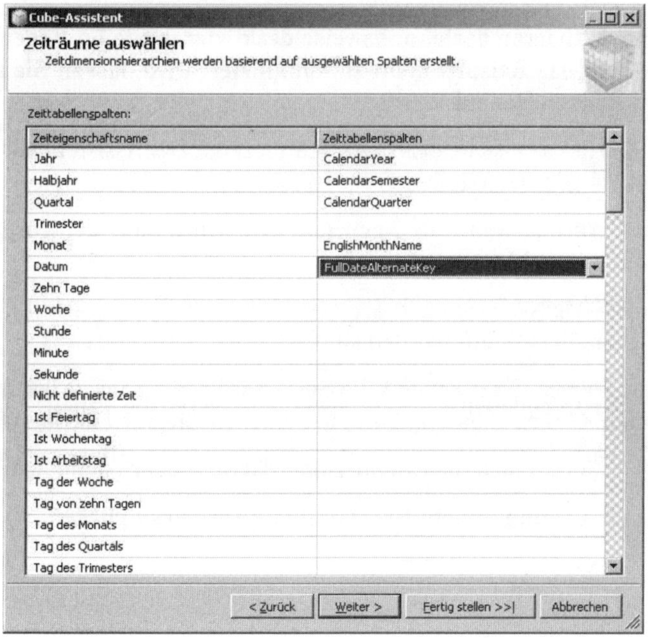

Abbildung 21.20: Zeiteigenschaften-Spalten der Tabelle `DimTime` *zuweisen*

Es öffnet sich die Seite MEASURES AUSWÄHLEN (siehe Abbildung 21.21).

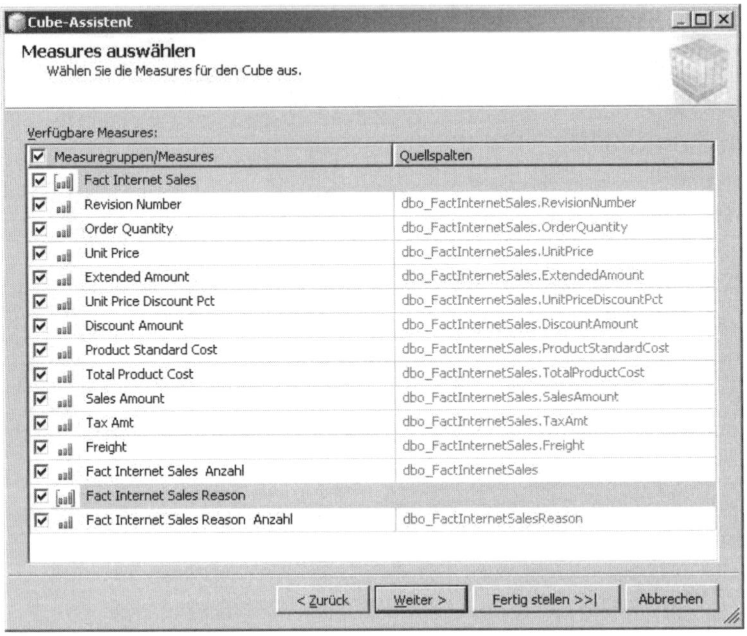

Abbildung 21.21: Sie können wählen, welche Measures Sie aus- oder abwählen wollen.

33. Auf dieser Seite aktivieren beziehungsweise deaktivieren Sie im Regelfall Maßeinheiten (Measures). Damit das Beispiel nicht zu kompliziert wird, lassen Sie alle Kontrollkästchen aktiviert. Klicken Sie auf WEITER.

Es wird die Seite HIERARCHIEN WERDEN GESUCHT angezeigt. Der Assistent sucht Hierarchien in dem Cube, den Sie gerade erstellen.

34. Klicken Sie auf WEITER, wenn die Nachricht erscheint, dass der Vorgang des Suchens von Hierarchien abgeschlossen ist.

Es erscheint die Seite NEUE DIMENSIONEN PRÜFEN (siehe Abbildung 21.22). Schauen Sie sich die Hierarchien an, die erstellt worden sind.

35. Klicken Sie auf WEITER. Es erscheint die Seite ASSISTENTEN ABSCHLIESSEN. Geben Sie dem Cube den Namen `AdventureWorksDW Cube`. Klicken Sie auf FERTIG STELLEN.

Nach einer Weile ändert sich die Entwurfsoberfläche wieder (siehe Abbildung 21.23).

36. Speichern Sie die Lösung, indem Sie DATEI|ALLE SPEICHERN klicken.

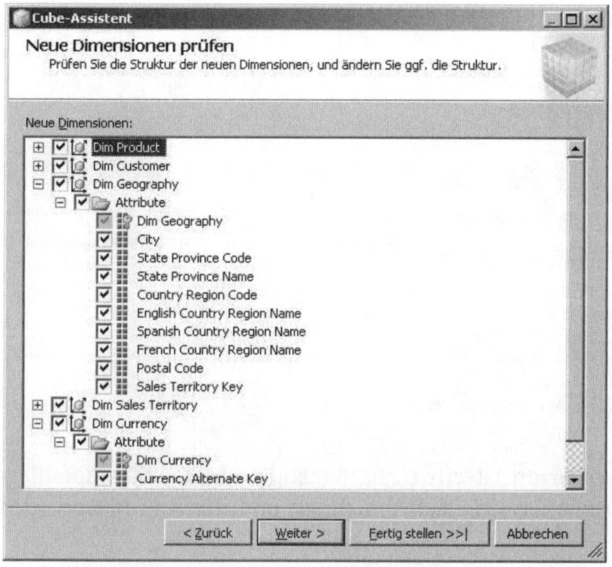

Abbildung 21.22: Inspizieren Sie die Hierarchien der Dimensionen.

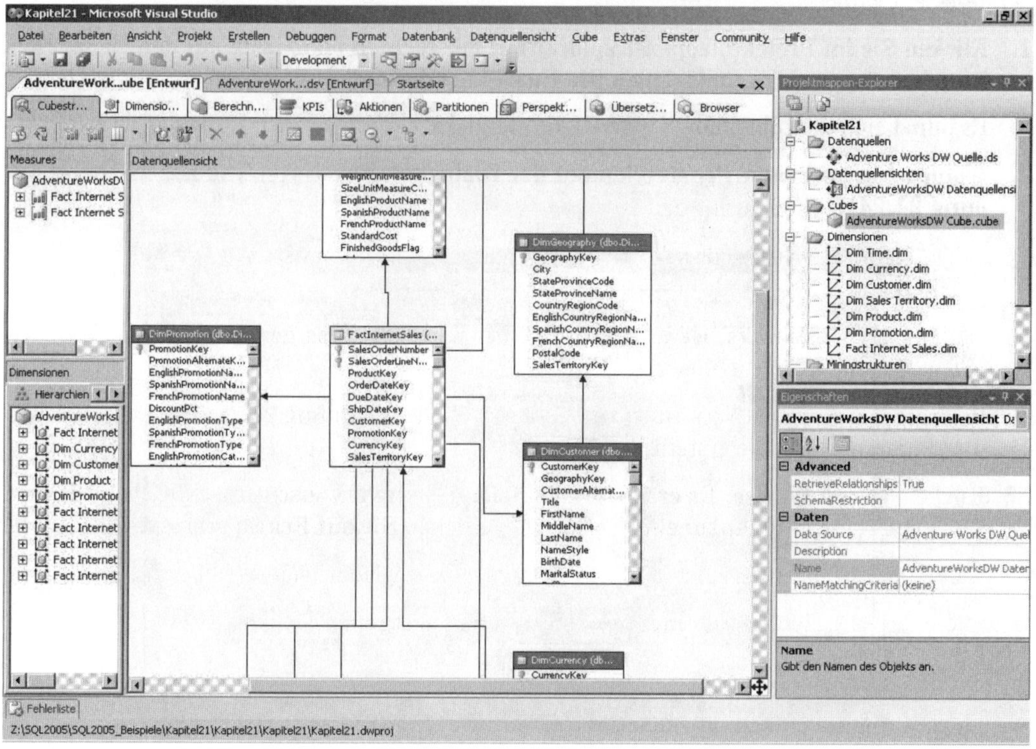

Abbildung 21.23: In der Entwurfsumgebung wird eine neue Registerkarte angezeigt.

Achten Sie darauf, dass im Verlauf des Beispiels einige neue Registerkarten aufgetaucht sind:

- ✔ Cubestruktur
- ✔ Dimensionsverwendung
- ✔ Berechnungen
- ✔ KPIs
- ✔ Aktionen
- ✔ Partitionen
- ✔ Perspektiven
- ✔ Übersetzungen
- ✔ Browser

Jeder dieser Registerkarten ist ein Designer zugeordnet. Ich empfehlen Ihnen, jede dieser Registerkarten anzuklicken und sich mit ihnen und ihren Funktionalitäten vertraut zu machen.

Normalerweise würden jetzt Sie bestimmte Punkte des Projekts genauer untersuchen und gegebenenfalls modifizieren. Aus Platzgründen zeige ich Ihnen nun nur noch, wie das Projekt bereitgestellt wird:

1. **Klicken Sie im Projektmappen-Explorer mit der rechten Maustaste auf den Namen des Projekts, `Kapitel21`, und wählen Sie Eigenschaften aus.**

   Es öffnet sich die Dialogbox Kapitel21-Eigenschaften.

2. **Wählen Sie im linken Fensterelement der Dialogbox Bereitstellung aus (siehe Abbildung 21.24).**

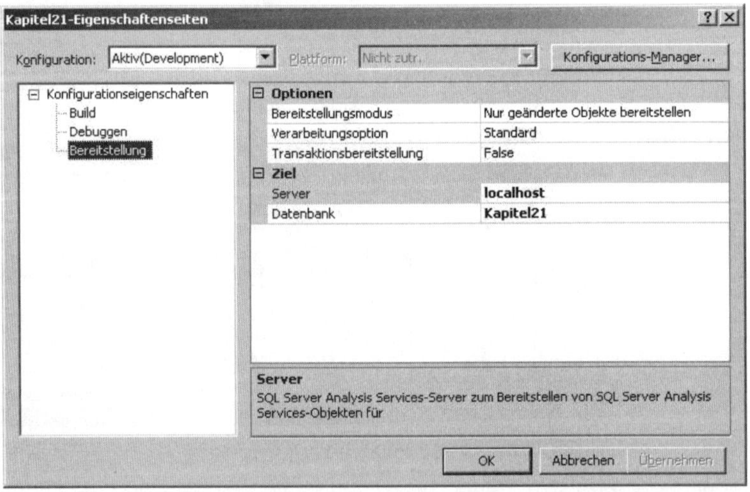

Abbildung 21.24: Eigenschaften der Bereitstellung markieren

3. **Ändern Sie gegebenenfalls die Eigenschaften, damit sie zu Ihrem Bereitstellungsszenarium passen. Klicken Sie auf OK, um die Änderungen zu bestätigen.**

   Wenn Sie vorhaben, die Daten auf einer lokalen Maschine bereitzustellen, nehmen Sie keine Änderungen an den Eigenschaften vor.

Um ein Analysis Services-Projekt bereitzustellen, gehen Sie so vor:

1. **Klicken Sie im Projektmappen-Explorer mit der rechten Maustaste auf den Namen des Projekts, und wählen Sie im Kontextmenü BEREITSTELLEN aus.**

   Nach einer etwas längeren Pause erscheint (rechts unten) das Fensterelement BEREITSTELLUNGSSTATUS.

2. **Beobachten Sie im Fensterelement BEREITSTELLUNGSSTATUS den Fortgang der Aktion, bis die Meldung über eine erfolgreiche Verarbeitung oder eine Fehlermeldung erscheint (siehe Abbildung 21.25).**

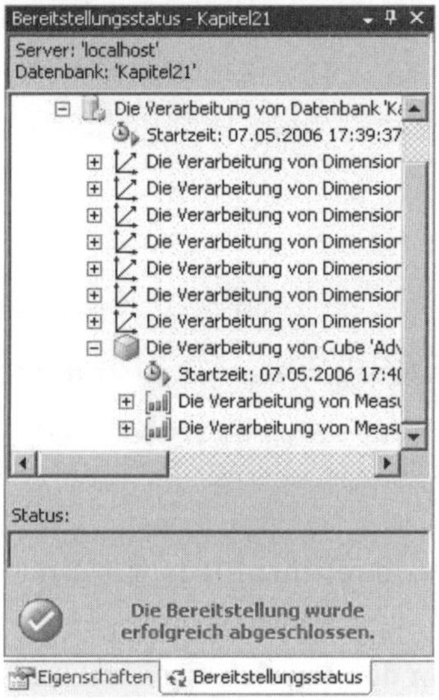

Abbildung 21.25: Das Fensterelement BEREITSTELLUNGSSTATUS zeigt den Fortgang der Bereitstellung an.

3. **Nachdem das Projekt erfolgreich bereitgestellt worden ist, klicken Sie auf die Registerkarte BROWSER.**

   Die Darstellung auf Ihrem Monitor sollte so sein wie die in Abbildung 21.26.

4. **Sie können Elemente aus dem linken Fensterelement in die Entwurfsoberfläche ziehen.**

   Der Designer liefert Ihnen grafische Hilfestellung bei der Frage, wohin Sie welche Elemente ziehen sollten.

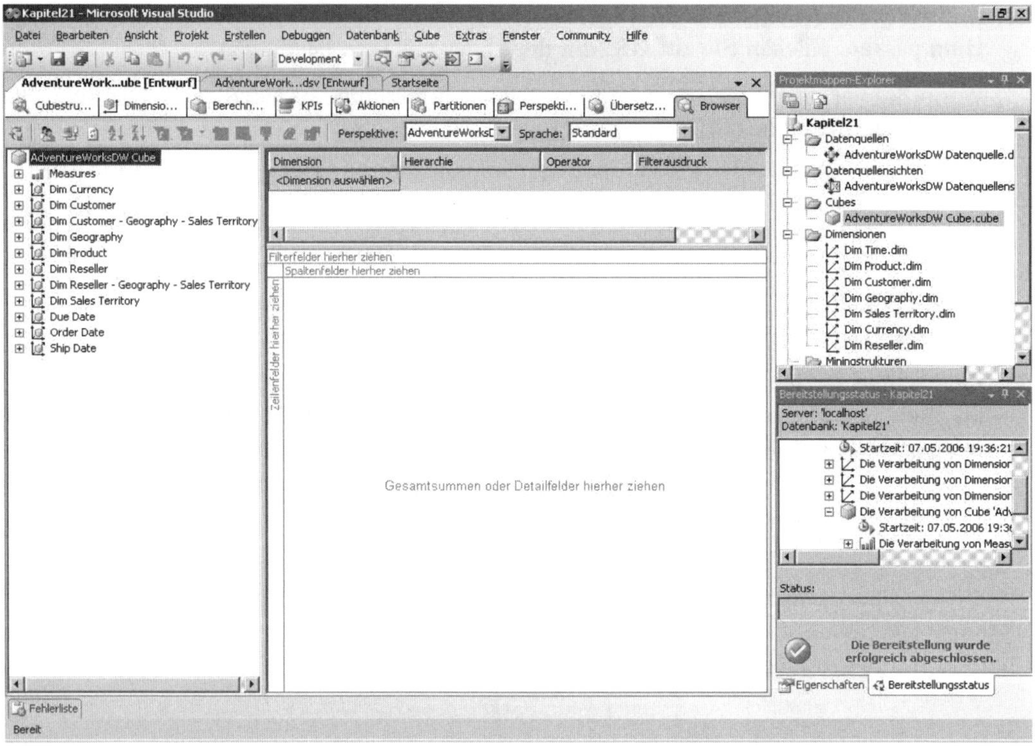

Abbildung 21.26: Die Registerkarte BROWSER *nach der Bereitstellung*

Um eine einfache Darstellung der Verkäufe pro Jahr und Gebiet zu erreichen, gehen Sie so vor:

1. **Erweitern Sie im linken Fensterelement (das mit den Metadaten) die Knoten MEASURES UND FACT INTERNET SALES.**
2. **Ziehen Sie** `Sales Amount` **in den Bereich GESAMTSUMME ODER DETAILFELDER HIERHER ZIEHEN.**
3. **Erweitern Sie den Knoten** `Fact Sales Territory`**.**
4. **Ziehen Sie** `Sales Territory Country` **nach ZEILENFELDER HIERHER ZIEHEN.**
5. **Erweitern Sie die Knoten** `Dim Time` **und** `Tim Time Calender Year`**.**
6. **Ziehen Sie** `Calendar Year` **nach SPALTENFELDER HIERHER ZIEHEN.**

Abbildung 21.27 zeigt, wie diese einfache Datendarstellung aussehen kann.

In einem echten Projekt würden Sie die Datenausgabe jetzt noch sorgfältig formatieren. Dieses Beispiel sollte Ihnen nur einen Eindruck davon vermitteln, was Sie mit einem Analysis Services-Projekt machen können.

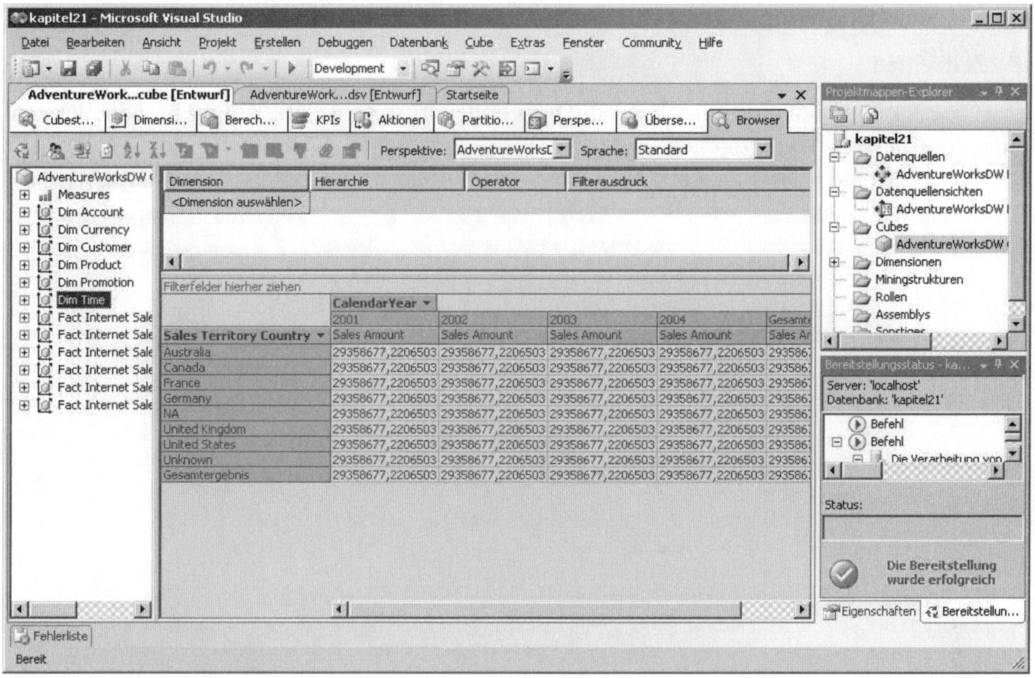

Abbildung 21.27: Ein einfache, mit Analysis Services erstellte Datenanalyse

Data Mining

Data Mining gibt Ihnen eine Möglichkeit vorherzusagen, was geschehen könnte. Sie können zum Beispiel abschätzen, welche Zielgruppe sich am besten für ein Produkt-Mailing eignet. Sie sind weiterhin in der Lage, Umsatzzahlen oder andere Leistungswerte des Unternehmens vorherzusagen, indem Sie Beziehungen zwischen Faktoren Ihrer Daten herstellen.

Data Mining unterstützt in SQL Server 2005 verschiedene komplexe mathematische Algorithmen:

- ✔ Assoziationen
- ✔ Clustering
- ✔ Entscheidungsbäume
- ✔ Lineare Regression
- ✔ Logische Regression
- ✔ Naive Bayes
- ✔ Neurale Netzwerke

- Sequence Clustering
- Zeitreihen

Es würde den Rahmen dieses Buches jedoch sprengen, tiefer auf Data Mining und die Verwendung der Assistenten einzugehen.

Berichte mit Reporting Services erstellen

22

In diesem Kapitel

- Herausfinden, was Sie mit Reporting Services machen können
- Berichte erstellen
- Berichte betrachten
- Berichte verwalten
- Berichte an Dritte weitergeben
- Berichte mit Berichts-Generator betrachten

Die dritte Komponente des SQL Server 2005-Paradigmas Integration, Analyse und Berichtswesen sind SQL Server 2005 Reporting Services. SQL Server 2005 Reporting Services bauen auf den Reporting Services von SQL Server 2000 auf, die im Januar 2004 freigegeben worden sind.

Eines der Schlüsselziele eines geschäftlichen Berichtswesens ist, Benutzern tagesaktuelle, wichtige geschäftliche Informationen in einer Form zur Verfügung zu stellen, die auf unkomplizierte Art und Weise ausgeliefert beziehungsweise auf die mit einfachen Mitteln zugegriffen werden kann. Einige Benutzer benötigen Text- oder numerische Daten. Andere wollen eine grafische Darstellung der Daten haben. SQL Server Reporting Services können beide Ansprüche erfüllen.

SQL Server 2005 Reporting Services geben Ihnen als Entwickler die Möglichkeit, Geschäftsberichte für Endbenutzer wie Manager, Abteilungsleiter und einzelne Mitarbeiter mit Informationsbedarf zu erstellen. Sie können Auslieferungsmechanismen festlegen, auf die ich weiter unten in diesem Kapitel eingehe.

Wenn Sie Reporting Services von SQL Server 2005 so einsetzen, haben sie viele Gemeinsamkeiten mit denen von SQL Server 2000. Es gibt aber unter SQL Server 2005 ein neues Werkzeug, den Berichts-Generator, das es Endbenutzern ermöglicht, *ad hoc* ihre eigenen Geschäftsberichte zu erstellen. Dazu muss der Entwickler das den individuellen Berichten zugrunde liegende Berichtsmodell mit dem Business Intelligence Development Studie erstellen. Der Endbenutzer verwendet dieses Berichtsmodell, um *ad hoc* seine eigenen Berichte zu erstellen.

Reporting Services im Überblick

Bei den SQL Server 2005 Reporting Services handelt es sich um ein serverbasiertes Produkt, das entworfen worden ist, um ein breites Spektrum von Geschäftsberichten herzustellen.

SQL Server Reporting Services unterstützen diese Aktivitäten:

- **Erstellung:** Berichts-Generator (als Teil des Business Intelligence Development Studios), Berichtsmodell-Designer (ebenfalls Bestandteil des BIDS) und Berichts-Generator (ein Entwicklungswerkzeug für die Berichtserstellung durch Endbenutzer)
- **Bereitstellung:** Berichts-Generator und Berichtsmodell-Designer (beides Bestandteile des Business Intelligence Development Studios)
- **Verwaltung:** Berichts-Manager (ein Browser-basiertes Verwaltungswerkzeug) und SQL Server Management Studio
- **Auslieferung:** Sie können die Auslieferung von Berichten zeitlich steuern, und Sie sind in der Lage, Berichte über E-Mails oder Dateifreigaben auszuliefern.

Sie verwenden Reporting Services, um diese Berichtstypen anzulegen:

- Tabellarisch
- Matrix
- Diagramme
- Freiform

Sie können Berichte auf der Grundlage dieser Datenquellen erstellen:

- SQL Server-Daten
- Andere relationale Daten, zum Beispiel Oracle
- XML-Daten
- Mehrdimensionale Daten von Analysis Services-Cubes

Sie haben die Möglichkeit, Berichte in diesen Formaten darzustellen:

- HTML
- Excel
- PDF
- XML

Die Installation der Reporting Services kann ein recht schwieriger Vorgang sein. Um Probleme zu minimieren, schlage ich vor, dass Sie Reporting Services zu Testzwecken immer auf derselben Maschine einrichten wie SQL Server 2005. Achten Sie dabei darauf, Reporting Services mit der Standardkonfiguration zu installieren.

Bevor Sie Reporting Services installieren, müssen Sie Internet Information Services (IIS) installieren. Sie werden während der Konfigurationsüberprüfung Ihres Systems (im Vorfeld der Installation von SQL Server und Reporting Services) zwar gewarnt, wenn IIS fehlt, Sie können aber mit der Installation von SQL Server fortfahren.

Sie können einen Reporting Services-Server im Fensterelement Registrierte Server von SQL Server Management Studio registrieren. Sie sind in der Lage, sich Informationen über diesen Server anzusehen, wenn Sie ihn im Fensterelement Registrierte Server mit der rechten Maustaste anklicken und Verbinden|Objekt-Explorer auswählen.

Ein Berichtsserver enthält die Metadaten, die die Berichte und die Informationen darüber enthalten, wie und wann sie ausgeliefert werden sollen. Weiterhin enthält er die Berichtigungen, die benötigt werden, um sich mit den Datenquellen zu verbinden, die in den Berichten verwendet werden.

Berichtsserver und Replikationen

Sie können Daten zum Reporting Services-Server replizieren. Damit verhindern Sie, dass das Erstellen der Berichte Ihren Hauptserver belastet. Der Berichtsserver greift auf die Daten des Servers zu, der die replizierten Daten enthält, und lässt die Ressourcen des Hauptserver unangetastet, wenn er mit einer teilweise erheblichen Last für den Zielserver die Daten holt, die er für die Berichte benötigt.

Datenbankspiegelung und Datenbanksichten

Eine andere Art, einen Reporting Services-Server aufzubauen, ist die Verwendung von Datenbankspiegelungen. Sie erstellen damit einen Server, auf dem es eine Kopie der Transaktionsdatenbank gibt, die meistens innerhalb von Sekunden aktuell ist. Sie sind nicht in der Lage, Berichte direkt gegen eine Datenbankspiegelung anzulegen, Sie können auf der Datenbankspiegelung eine Datenbanksicht erstellen, gegen die Sie Ihre Berichte laufen lassen. Eine Datenbanksicht ist eine Kopie der Datenbank, die zu einem bestimmten Zeitpunkt erstellt wird und die nur lesend ist.

Die Kombination von Datenbankspiegelung und Datenbanksicht sorgt für einen guten Weg, um zu einem Berichtsserver zu kommen, der wahrscheinlich nicht immer unter voller Last fahren muss. Wenn Sie aber davon ausgehen, dass der Reporting Services-Server ausgelastet sein wird, müssen Sie sich im Vorfeld überlegen, wie Sie mit Lastspitzen umgehen wollen, wenn Ihr primärer Server ausfällt und der Spiegelserver seine Aufgaben übernehmen muss.

Berichte erstellen

Wenn Sie nur SQL Server 2005 auf einer Entwicklungsmaschine installiert haben, heißt das Werkzeug, mit dem Sie Reporting Services-Berichte erstellen, Business Intelligence Development Studio. Wenn Sie aber auch Visual Studio 2005 installiert haben, ist die Shell von BIDS mit der von Visual Studio 2005 verschmolzen, und Sie können auch dort Berichte erstellen.

Ich zeige Ihnen, wie Sie Business Intelligence Development Studio verwenden. Der Vorgang ist unter Visual Studio 2005 so gut wie identisch, wenn SQL Server 2005 auf derselben Maschine installiert ist.

Sie können einen Bericht auf zwei Arten entwerfen: mit dem Berichts-Assistenten oder über einen leeren Bericht.

Um einen Reporting Services-Bericht mithilfe des Berichts-Assistenten zu erstellen, gehen Sie so vor:

1. **Öffnen Sie Business Intelligence Development Studio (oder Visual Studio 2005).**
2. **Wählen Sie DATEI|NEUES PROJEKT aus.**

   Es öffnet sich die Dialogbox NEUES PROJEKT.
3. **Markieren Sie im linken Fensterelement BUSINESS INTELLIGENCE-PROJEKTE. Markieren Sie im rechten Fensterelement BERICHTSSERVERPROJEKT-ASSISTENT (siehe Abbildung 22.1).**

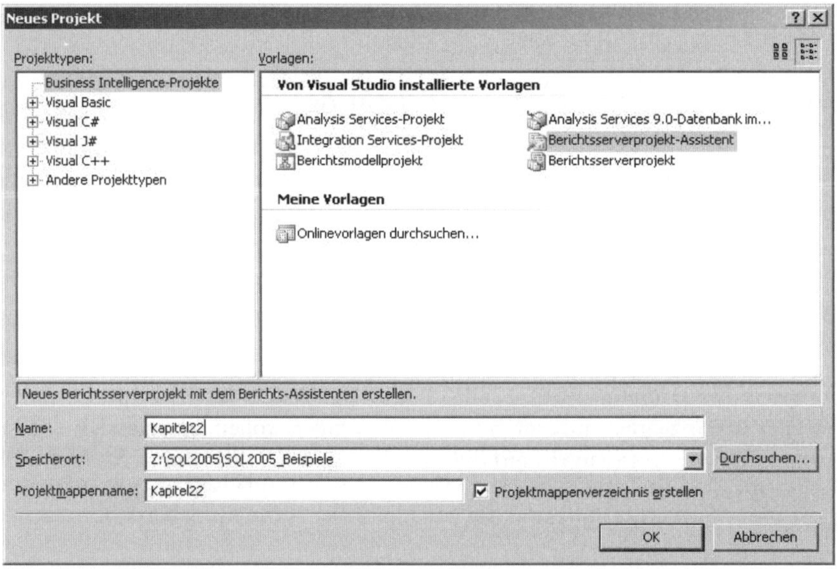

Abbildung 22.1: Ein BERICHTSSERVERPROJEKT-ASSISTENT-Projekt erstellen und benennen

Achten Sie im rechten Fensterelement auf die Option BERICHTSSERVERPROJEKT. Wenn Sie ein leeres Berichtsprojekt erstellen wollen, wählen Sie diese Option aus.

4. **Klicken Sie auf OK.**

   Nach einer Weile erscheint die Seite WILLKOMMEN (siehe Abbildung 22.2). Sie führt die Schritte auf, denen Sie folgen müssen, wenn Sie den Assistenten verwenden.

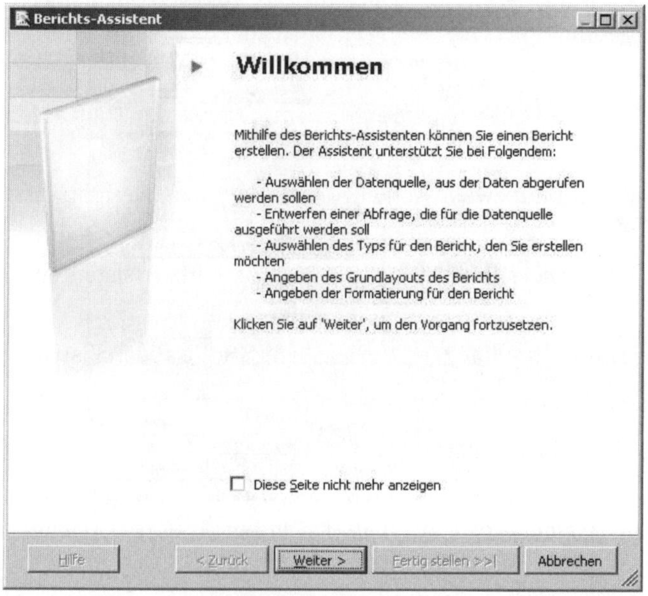

Abbildung 22.2: Die WILLKOMMEN-Seite des Berichts-Assistenten

5. **Klicken Sie auf WEITER.**

   Es erscheint die Seite DATENQUELLE AUSWÄHLEN. Sie müssen eine Datenquelle erstellen.

6. **Geben Sie in der Textbox NAME als Name der Datenquelle** `AdventureWorks verwenden` **ein.**

7. **Klicken Sie auf die Schaltfläche BEARBEITEN.**

   Es öffnet sich die Dialogbox VERBINDUNGSEIGENSCHAFTEN (siehe Abbildung 22.3).

8. **Geben Sie in die Dropdownliste** `(local)` **(einschließlich der Klammern) ein. Wenn Sie sich mit der Instanz eines entfernten Servers verbinden wollen, ersetzen Sie** `(local)` **durch den Namen des Servers (Zugriff auf die Standardinstanz) oder durch *ServerName\Instanzen Name* bei einer benannten Instanz. Wählen Sie in der Dropdownliste WÄHLEN SIE EINEN DATENBANKNAMEN AUS, ODER GEBEN SIE IHN EIN die Datenbank** `AdventureWorks` **aus.**

9. **Klicken Sie auf die Schaltfläche TESTVERBINDUNG. Wenn die Verbindung erfolgreich aufgebaut werden konnte, klicken Sie auf OK, um die Dialogbox zu beenden.**

10. **Klicken Sie auf OK, um wieder zur Seite DATENQUELLE AUSWÄHLEN zurückzukehren (siehe Abbildung 22.4).**

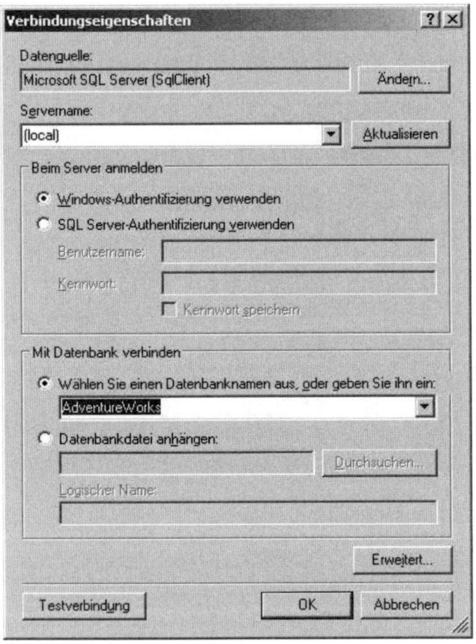

Abbildung 22.3: Die Dialogbox VERBINDUNGSEIGENSCHAFTEN

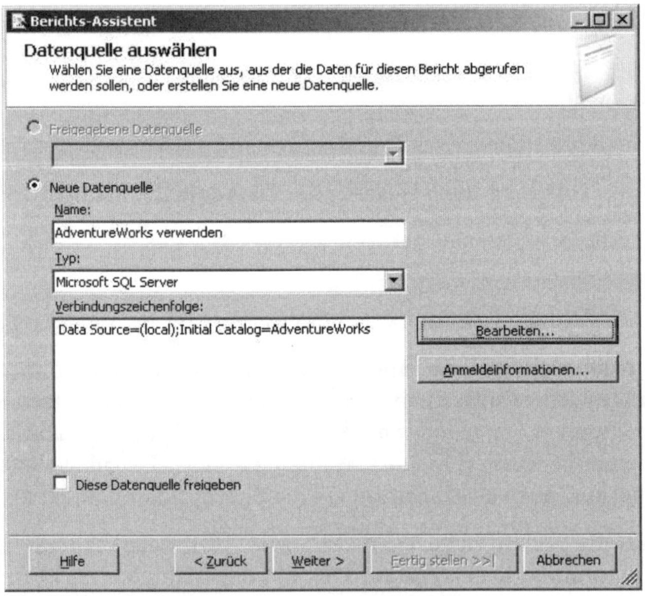

Abbildung 22.4: Die Seite DATENQUELLE AUSWÄHLEN

11. Klicken Sie auf WEITER.

Es wird die Seite ABFRAGE ENTWERFEN angezeigt (siehe Abbildung 22.5).

Abbildung 22.5: Die Seite ABFRAGE ENTWERFEN

Ihnen stehen an dieser Stelle zwei Optionen zur Verfügung:

- Geben Sie in die Textbox ABFRAGEZEICHENFOLGE eine Abfrage ein, oder kopieren Sie eine dorthin. Klicken Sie auf WEITER, und setzen Sie das Beispiel unter Punkt 24 fort.
- Entwerfen Sie eine Abfrage grafisch. Machen Sie mit Schritt 12 weiter.

12. Klicken Sie auf die Schaltfläche ABFRAGE-GENERATOR, um eine Abfrage grafisch zu erstellen.

Es öffnet sich der Abfrage-Generator (siehe Abbildung 22.6).

13. Klicken Sie auf die Schaltfläche links neben dem Ausrufezeichen in der linken oberen Ecke des Abfrage-Generators.

Der Abfrage-Generator ändert sein Aussehen (siehe Abbildung 22.7).

14. Vergrößern Sie den Abfrage-Generator auf den Vollbildmodus, damit Sie einen guten Überblick über seine Werkzeuge bekommen.

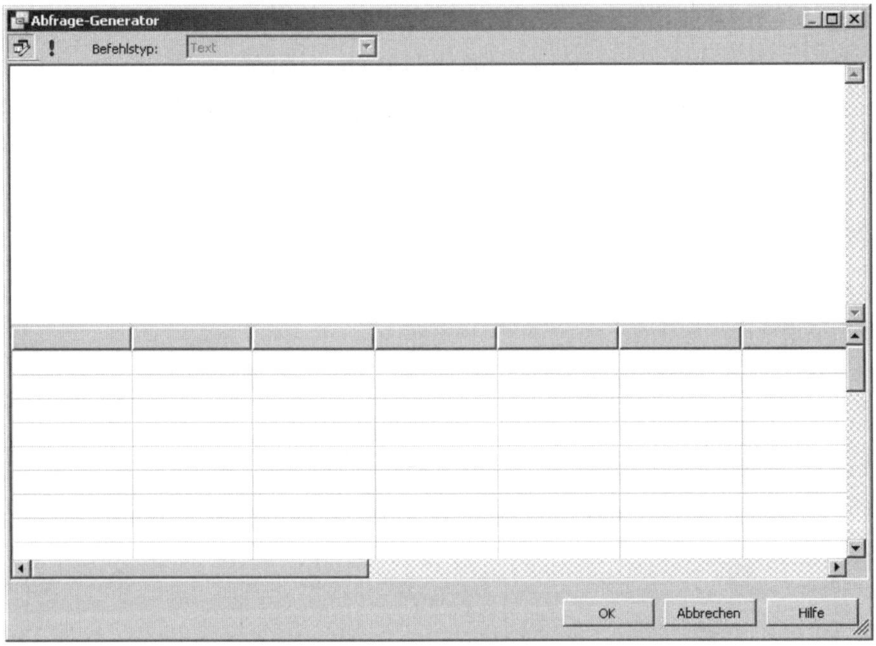

Abbildung 22.6: Der Abfrage-Generator, in dem Sie eine T-SQL-Abfrage grafisch erstellen

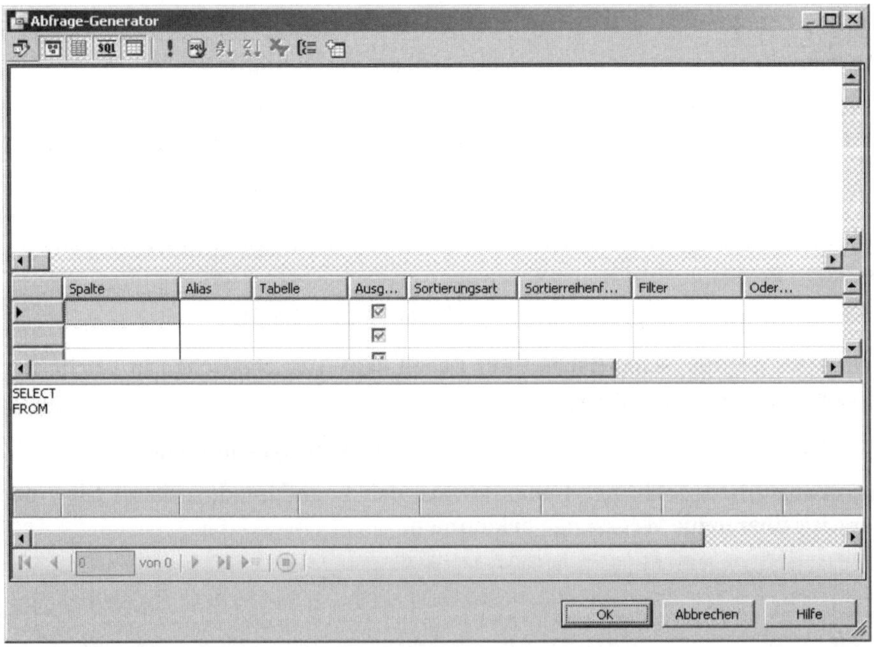

Abbildung 22.7: Der Abfrage-Generator mit seiner grafischen Oberfläche

15. **Klicken Sie mit der rechten Maustaste in die leere Fläche, und wählen Sie im Kontextmenü TABELLE HINZUFÜGEN aus.**

    Es öffnet sich die Dialogbox TABELLE HINZUFÜGEN (siehe Abbildung 22.8).

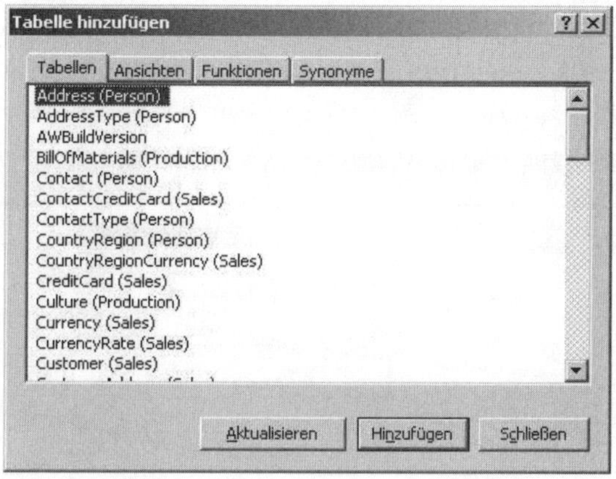

Abbildung 22.8: Die Dialogbox TABELLE HINZUFÜGEN

16. **Markieren Sie jede der folgenden Tabellen, und klicken Sie auf HINZUFÜGEN:**

    - `Customer`
    - `SalesTerritory`
    - `CustomerAddress`
    - `SalesOrderHeader`
    - `Address`
    - `StateProvince`

    Klicken Sie auf SCHLIESSEN, wenn Sie alle Tabellen hinzugefügt haben.

17. **Markieren Sie in der Tabelle `Customer` die Kontrollkästchen `CustomerID` und `TerritoryID`. Setzen Sie für `CustomerID` den Filter `<10000`.**

18. **Markieren Sie in der Tabelle `SalesTerritory` die Kontrollkästchen `TerritoryID`, `Name`, `Group`, `SalesYTD` und `CostYTD`.**

19. **Markieren Sie in der Tabelle `CustomerAddress` die Kontrollkästchen `CustomerID` und `AddressID`.**

20. **Markieren Sie in der Tabelle `SalesOrderHeader` die Kontrollkästchen `SalesOrderID`, `OrderDate`, `TerritoryID`, `CustomerID` und `TotalDue`.**

21. **Markieren Sie in der Tabelle `Address` die Kontrollkästchen `AddressID`, `StateProvinceID` und `City`.**

22. **Markieren Sie in der Tabelle** `StateProvince` **die Kontrollkästchen** `StateProvinceID` **und** `Name`**.**

    Abbildung 22.9 zeigt den grafischen Aufbau der Abfrage. Ich habe die Shapes, die die Tabellen darstellen, neu positioniert, damit die Beziehungen zwischen den Tabellen besser sichtbar werden. Beachten Sie, dass gleichzeitig aus den Tabellen und Spalten, die Sie ausgewählt haben, eine T-SQL-Anweisung erstellt worden ist, und achten Sie auf den Filter für das Feld `CustomerID`.

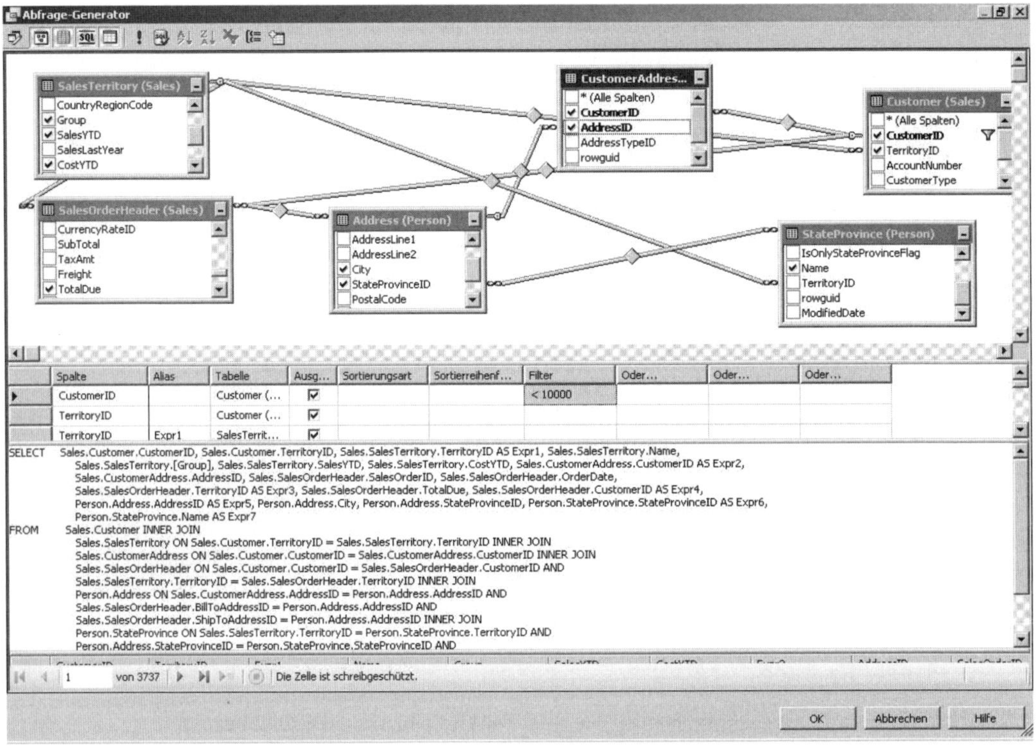

Abbildung 22.9: Der Abfrage-Generator, nachdem eine Abfrage erstellt worden ist

23. **Klicken Sie auf OK. Sie kehren zur Seite ABFRAGE ENTWERFEN zurück, auf der Sie auf WEITER klicken.**

24. **Auf der Seite BERICHTSTYP AUSWÄHLEN markieren Sie die Option TABELLARISCH und klicken auf WEITER.**

25. **Markieren Sie auf der Seite TABELLE ENTWERFEN das Feld** `Group`**, und klicken Sie auf die Schaltfläche SEITE. Markieren Sie** `Name` **(der Name des Gebiets von** `Group`**), und klicken Sie auf die Schaltfläche GRUPPIEREN. Markieren Sie** `City`**,** `CustomerID`**,** `SalesYTD` **und** `CostYTD`**, und klicken Sie auf DETAILS.**

26. **Klicken Sie auf WEITER.**

27. **Markieren Sie auf der Seite Tabellenlayout auswählen die Option Abgestuft aus, und klicken Sie auf Weiter.**

28. **Wählen Sie auf der Seite Tabellenformat auswählen die Option Geschäftlich aus. Klicken Sie auf Weiter.**

29. **Geben Sie dem Bericht auf der Seite Assistenten abschliessen den Namen** `Beispielbericht Kapitel 22`. **Markieren Sie das Kontrollkästchen Berichtsvorschau. Klicken Sie auf Fertig stellen.**

    Nach einer Weile stellt sich Ihr Bildschirm so ähnlich dar wie Abbildung 22.10. Die Fenster können sich deswegen im Layout unterscheiden, weil sie von den Vorgaben in Business Intelligence Development Studio abhängen.

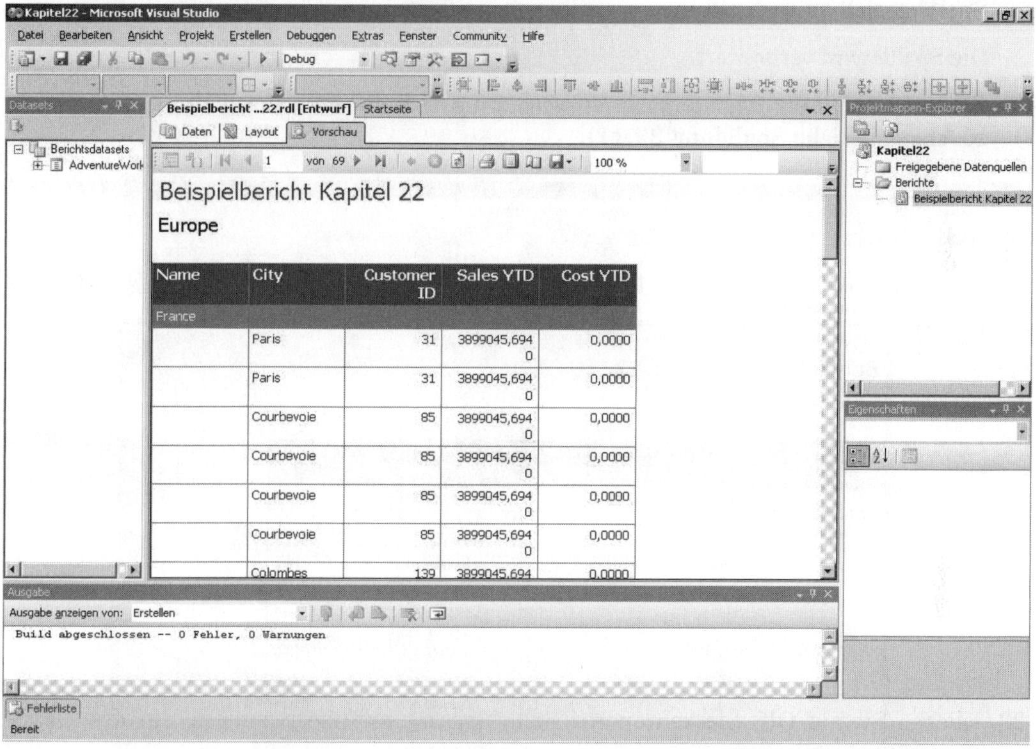

Abbildung 22.10: Die Vorschau eines mit dem Berichts-Assistenten erstellten Berichts

Sie können erkennen, dass die Spalten `SalesYTD` und `CostYTD` zu viele Dezimalstellen haben.

30. **Klicken Sie auf die Registerkarte Layout.**

    Die Registerkarte Layout wird dargestellt.

31. **Markieren Sie die Zellen unterhalb von `SalesYTD` und `CostYTD`, indem Sie die erste Zelle normal und die zweite Zelle mit gedrückt gehaltener [Strg]-Taste anklicken. Suchen Sie im Fensterelement EIGENSCHAFTEN die Eigenschaft FORMAT, und geben Sie als Wert `c` ein (für »Currency« – deutsch: Währung).**

32. **Ziehen Sie auf der Registerkarte LAYOUT die rechte Kante nach rechts, um die Spalten etwas zu verbreitern.**

33. **Klicken Sie auf `CostYTD`, und ziehen Sie den Spaltenrand etwas nach rechts, um diese Spalte gezielt zu verbreitern.**

    Die Spalte wird verbreitert.

34. **Klicken Sie auf `SalesYTD`, und ziehen Sie den Spaltenrand etwas nach rechts, um diese Spalte gezielt zu verbreitern.**

    Die Spalte wird verbreitert.

35. **Klicken Sie auf die Registerkarte VORSCHAU, um sich die neue Form Ihres Berichts anzuschauen (siehe Abbildung 22.11).**

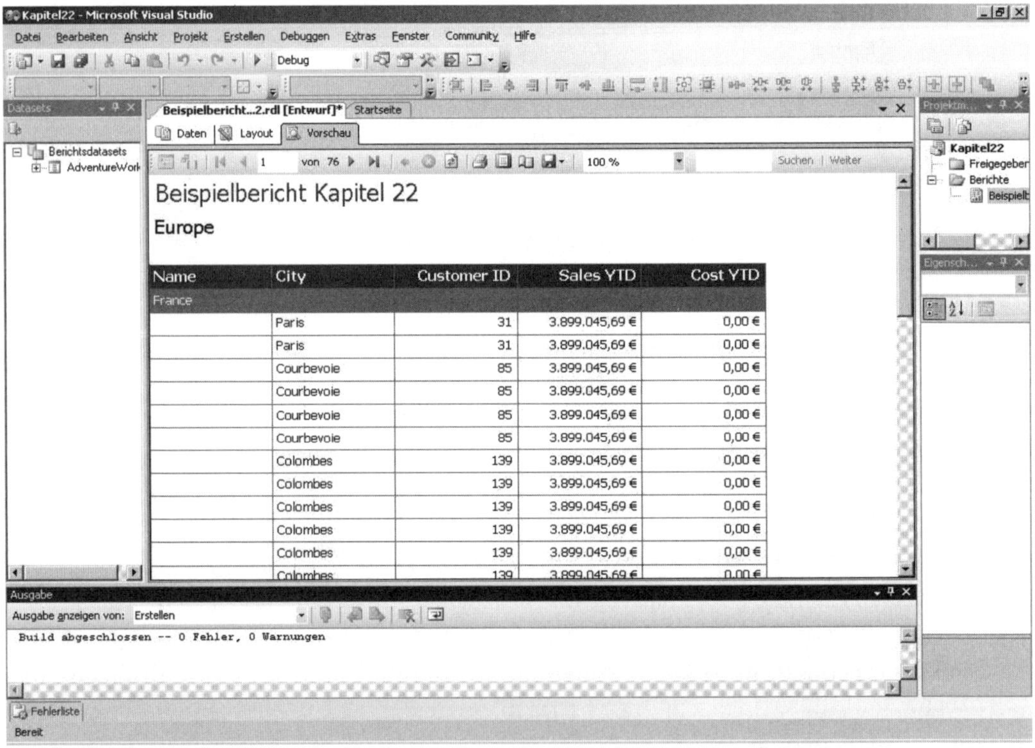

Abbildung 22.11: Verkäufe im Währungsformat und in verbreiterten Spalten

36. **Wählen Sie DATEI|ALLES SPEICHERN aus, um Ihren Bericht zu speichern.**

Sie haben auf der Registerkarte LAYOUT die Möglichkeit, das Erscheinungsbild von Text zu ändern, Elemente auf der Seite zu verschieben usw. Dieses Beispiel ist sehr einfach gehalten. Es sollte Ihnen nur zeigen, wie Sie den Berichts-Assistenten einsetzen können.

Nachdem Sie den Bericht entworfen und mit dem Erscheinungsbild versehen haben, mit dem Sie zufrieden sind, können Sie den Bericht bereitstellen. Dafür müssen Sie angeben, wo er bereitgestellt wird, und ihn dann bereitstellen.

Sie legen fest, wo ein Projekt bereitgestellt wird, indem Sie diesen Schritten folgen:

Überprüfen Sie auf jeden Fall in den Konfigurationstools von SQL Server 2005 Ihre Reporting Services. Es reicht aus, überall Standardparameter zu aktivieren.

1. **Klicken Sie im Projektmappen-Explorer mit der rechten Maustaste auf `Kapitel22` (nicht auf den Knoten `Beispielbericht Kapitel 22`), und wählen Sie EIGENSCHAFTEN aus.**

   Es öffnet sich die Dialogbox KAPITEL22-EIGENSCHAFTENSEITEN (siehe Abbildung 22.12).

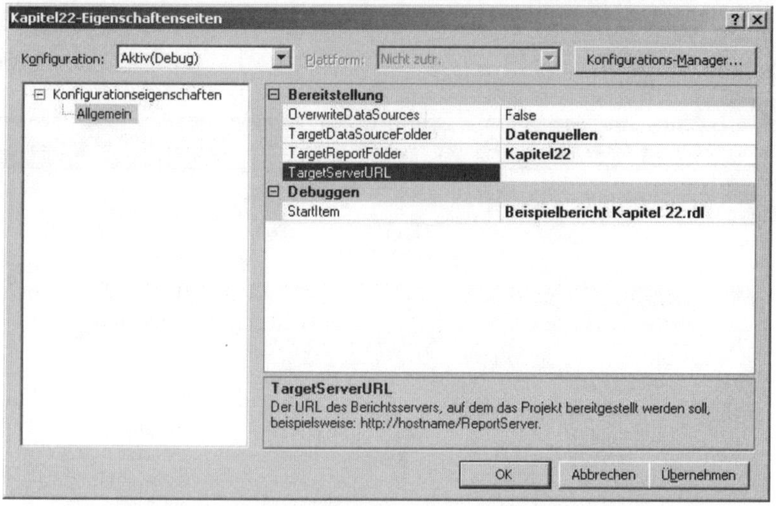

Abbildung 22.12: Die Dialogbox KAPITEL22-EIGENSCHAFTENSEITEN

2. **Wenn Sie lokal arbeiten, geben Sie `http://localhost/Report/Server` als Ziel der Eigenschaft TARGETSERVERURL ein.**

3. **Klicken Sie auf OK, um Ihre Einstellungen zu übernehmen.**

Um den Bericht bereitzustellen, klicken Sie im Projektmappen-Explorer mit der rechten Maustaste auf `Kapitel22`. Wählen Sie im Kontextmenü BEREITSTELLEN aus. Sie sehen im Fenster AUSGABE eine Nachricht, dass die Bereitstellung gestartet und erfolgreich beendet wurde.

Berichte lesen

Nachdem Sie einige Berichte erstellt haben, können Sie sie lesen, indem Sie den Berichts-Manager verwenden. Öffnen Sie ihn auf diese Art und Weise:

1. **Öffnen Sie Internet Explorer.**
2. **Geben Sie in der Adressleiste diesen URL ein:** `http://localhost/Reports` **Wenn Sie versuchen, auf entfernte Reporting Services zuzugreifen, ersetzen Sie** `localhost` **durch den Namen des entsprechenden Zielservers.**
3. **Drücken Sie** [↵]**.**

   Es öffnet sich der Berichts-Manager und bietet eine Liste mit den Berichten an, die auf dem Server bereitgestellt worden sind (siehe Abbildung 22.13).

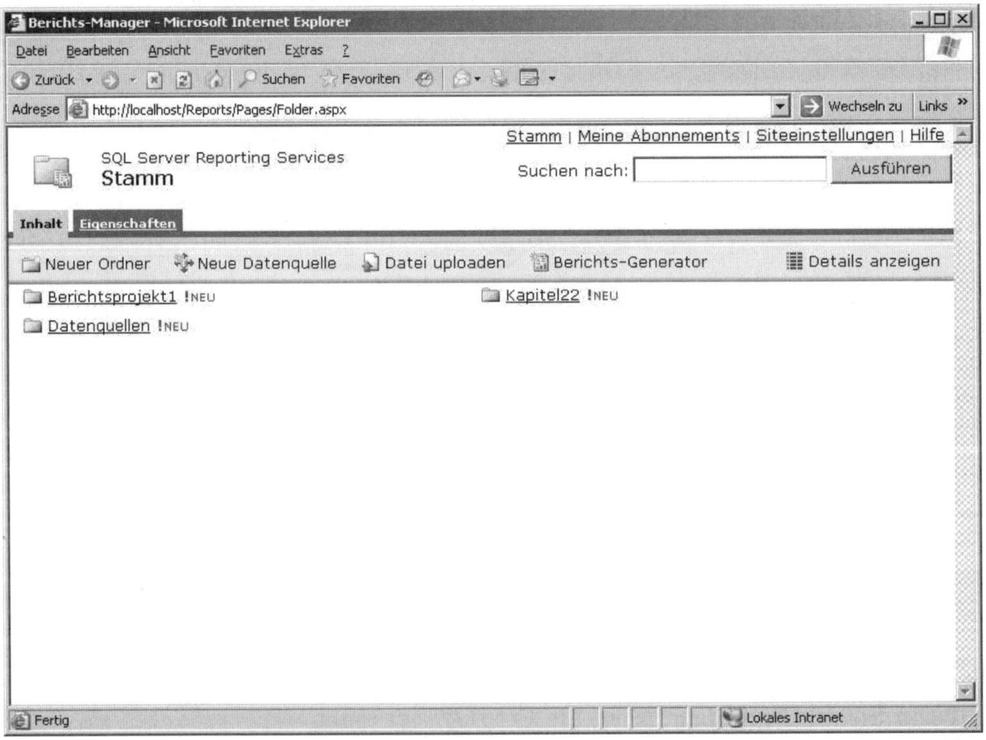

Abbildung 22.13: Der Berichts-Manager

Berichte verwalten

SQL Server 2005 Reporting Services bieten zwei Werkzeuge an, mit denen Sie Berichte verwalten können: Berichts-Manager und SQL Server Management Studio.

Verwalten mit Berichts-Manager

Berichts-Manager ist ein Browser-basiertes Werkzeug, das Berichte in Abhängigkeit von den Berechtigungen anzeigt, die einem Benutzer gewährt wurden. Wenn Sie Administrator sind, können Sie im Berichts-Manager alle Berichte sehen, die sich auf einem Berichtsserver befinden, und ihre Eigenschaften einstellen.

Sie sind in der Lage, einzelnen Benutzern oder Gruppen bestimmte Eigenschaften zuzuweisen. So kann zum Beispiel eine Gruppe mit dem Namen `Entwickler` Zugriff auf einen Ordner `Testberichte` haben, den Endbenutzer nicht sehen können.

Verwalten mit SQL Server Management Studio

Sie können im Fensterelement REGISTRIERTE SERVER von SQL Server Management Studio auch Instanzen von Reporting Services registrieren. Sie sind dann in der Lage, jede registrierte Reporting Services-Instanz im Objekt-Explorer zu sehen und zu verwalten.

Berichte an diejenigen verteilen, die sie benötigen

Sie können Berichte mithilfe der Reporting Services über verschiedene Abonnementwege verteilen. Ein Abonnement eines Berichts oder einer Gruppe von Berichten besteht aus diesen Bestandteilen:

- ✔ Ein Bericht, der unbeaufsichtigt laufen kann. Die entsprechenden Berechtigungen werden normalerweise auf einem Berichtsserver gehalten.
- ✔ Eine Auslieferungsmethode oder eine Ablage für die Auslieferung, wie zum Beispiel E-Mail oder eine Ordnerfreigabe
- ✔ Eine Erweiterung zum Rendern der Berichte, damit sie im gewünschten Format ausgegeben werden können.
- ✔ Bedingungen für die Verarbeitung des Berichts – zum Beispiel eine vorgegebene Zeit oder ein bestimmtes Ereignis.
- ✔ Parameter, die verwendet werden, wenn der Bericht läuft

Zeitgesteuerte Berichte

Zeitgesteuerte Berichte werden zu bestimmten Zeiten verteilt. Zeitgesteuerte Berichte verwenden auf einem Reporting Services-Berichtsserver den SQL Server-Agent-Dienst. Wenn Sie vorhaben, zeitgesteuerte Berichte einzusetzen, achten Sie unbedingt darauf, dass SQL Server-Agent so eingestellt ist, dass er automatisch startet. Wenn Sie dies versäumen und Reporting Services neu starten, können Sie davon ausgehen, dass der SQL Server-Agent-Dienst nicht hochfährt und Ihre Benutzer keine zeitgesteuerten Berichte erhalten.

Berichte per E-Mail versenden

Sie haben zwei Möglichkeiten, E-Mails einzusetzen. Sie können die eigentlichen Berichte an Benutzer senden, oder Sie senden Benutzern einen URL, über den sie Zugriff auf die entsprechende Version des Berichts haben.

Report Definition Language

Der Berichts-Generator von Business Intelligence Development Studio bietet eine Entwurfsoberfläche an, auf der Sie Datenquellen vorgeben und das grafische Erscheinungsbild eines Berichts erstellen können. Im Hintergrund wird dabei ein Datei der Report Definition Language (RDL) erstellt.

Wenn Sie einen Bericht aus dem Business Intelligence Development Studio heraus bereitstellen, wird gleichzeitig eine RDL-Datei für den Reporting Services-Server bereitgestellt. Die RDL-Datei enthält Informationen über die Datenquelle(n) des Berichts und Layout-Informationen.

Die RDL-Version von SQL Server 2005 unterscheidet sich von der, die Reporting Services 2000 verwendet haben. Ein Reporting Services 2000-Server ist nicht in der Lage, mit RDL für SQL Server 2005 umzugehen.

Berichts-Generator

Berichts-Generator gibt es erst ab SQL Server 2005. Dieses Werkzeug lässt es zu, dass normale Mitarbeiter Reporting Services-Berichte erstellen, indem sie eine grafische Oberfläche verwenden, die dem Business Intelligence Development Studio stark ähnelt.

Bevor ein Mitarbeiter einen Bericht in Berichts-Generator erstellen kann, muss ein Entwickler – Sie – ein Berichtsmodell im Business Intelligence Development Studio anlegen.

Sie erstellen ein Berichtsmodell in Business Intelligence Development Studio, indem Sie diesen Schritten folgen:

1. **Öffnen Sie das Business Intelligence Development Studio.**
2. **Wählen Sie DATEI|NEUES PROJEKT aus.**

   Es öffnet sich die Dialogbox NEUES PROJEKT.
3. **Markieren Sie im linken Fensterelement der Dialogbox BUSINESS INTELLIGENCE-PROJEKTE.**
4. **Markieren Sie im rechten Fensterelement BERICHTSMODELLPROJEKT (Abbildung 22.14).**

Sie wählen als Nächstes die Unternehmensdaten aus, die der Endbenutzer benötigt, um einen Bericht zu entwerfen. Die Visual Studio-Lösung, die Sie erstellen, wird auf einem Reporting Services-Server bereitgestellt. Aus Platzgründen bin ich leider nicht in der Lage, Ihnen ein vollständiges Beispiel vorzustellen.

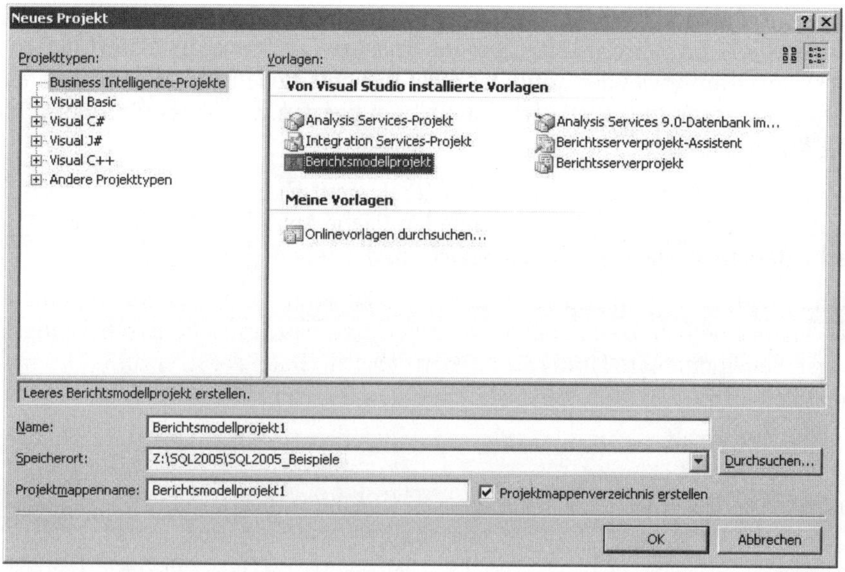

Abbildung 22.14: Eine Berichtsmodell-Vorlage im BIDS auswählen

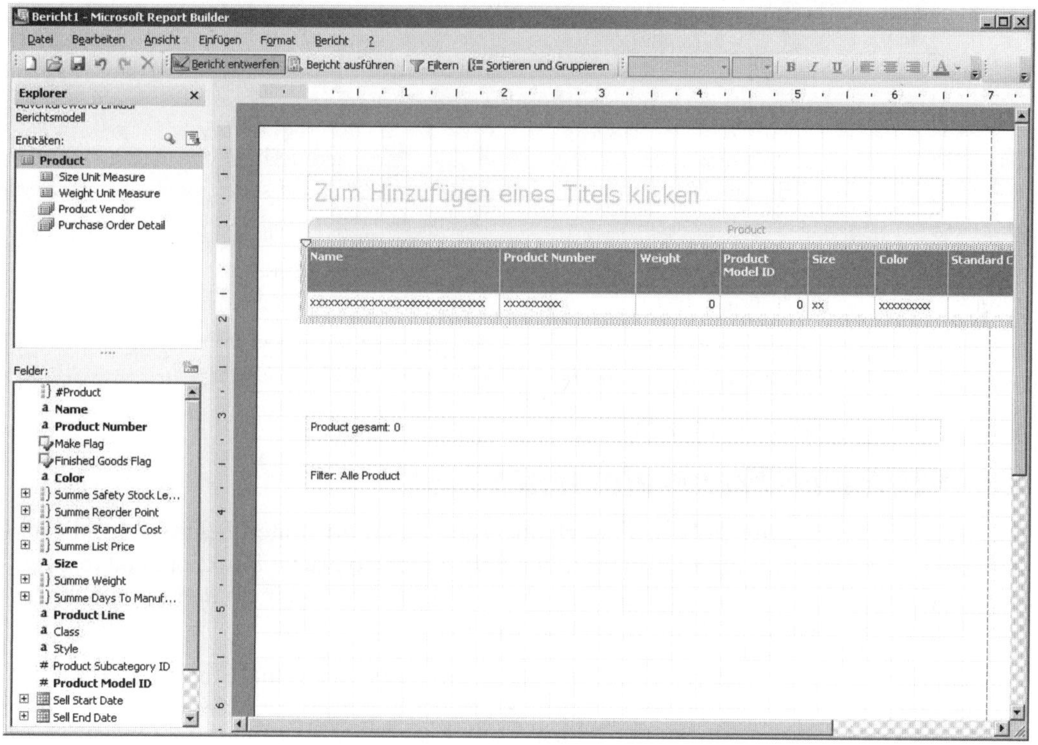

Abbildung 22.15: Der Berichts-Generator

Benutzer verwenden den Berichts-Manager, um Zugriff auf den Berichtsserver zu erhalten. Der Benutzer klickt im Berichts-Manager auf Berichts-Generator, installiert die Anwendung und führt sie aus. Der Anwender wählt dann ein Berichtsmodell aus und kann seinen Bericht mit den ihm zur Verfügung gestellten Daten so entwerfen, wie er es für richtig hält (siehe Abbildung 22.15).

Der Anwender kann Elemente aus dem Fensterelement Explorer in die Entwurfsoberfläche ziehen und somit einen *Ad-hoc*-Bericht erstellen (siehe Abbildung 22.16). Klicken Sie auf die Schaltfläche Bericht ausführen, um den Bericht darzustellen.

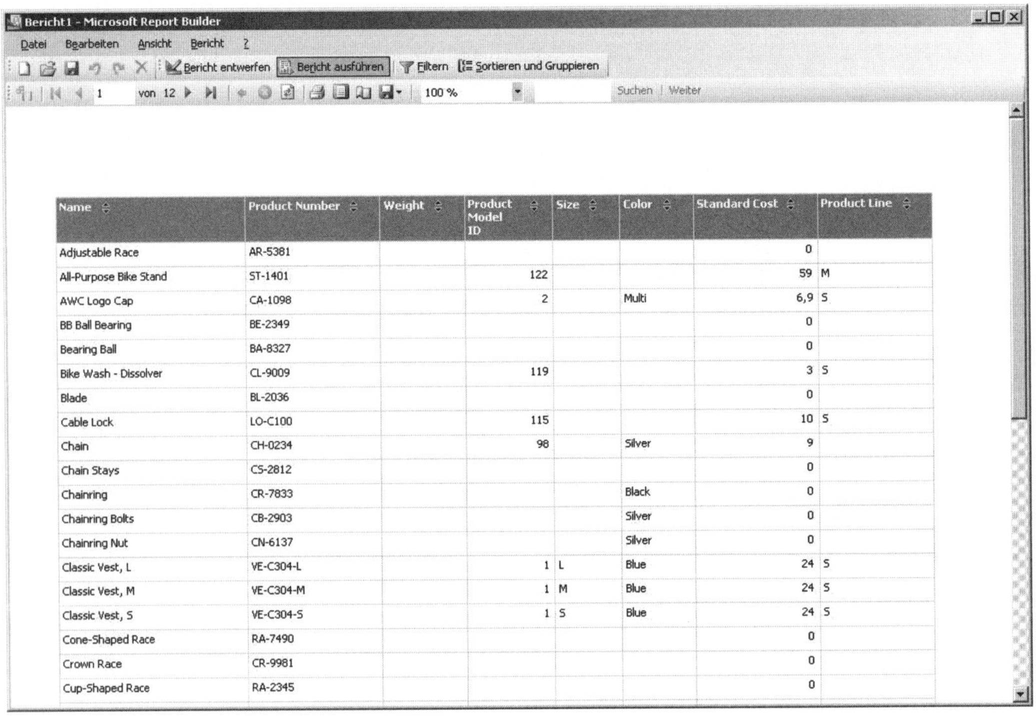

Name	Product Number	Weight	Product Model ID	Size	Color	Standard Cost	Product Line
Adjustable Race	AR-5381					0	
All-Purpose Bike Stand	ST-1401		122			59	M
AWC Logo Cap	CA-1098		2		Multi	6,9	S
BB Ball Bearing	BE-2349					0	
Bearing Ball	BA-8327					0	
Bike Wash - Dissolver	CL-9009		119			3	S
Blade	BL-2036					0	
Cable Lock	LO-C100		115			10	S
Chain	CH-0234		98		Silver	9	
Chain Stays	CS-2812					0	
Chainring	CR-7833				Black	0	
Chainring Bolts	CB-2903				Silver	0	
Chainring Nut	CN-6137				Silver	0	
Classic Vest, L	VE-C304-L		1	L	Blue	24	S
Classic Vest, M	VE-C304-M		1	M	Blue	24	S
Classic Vest, S	VE-C304-S		1	S	Blue	24	S
Cone-Shaped Race	RA-7490					0	
Crown Race	CR-9981					0	
Cup-Shaped Race	RA-2345					0	

Abbildung 22.16: Ein im Berichts-Generator erstellter Bericht

ReportViewer-Steuerelemente

In den letzten Abschnitten habe ich berichtstypische Funktionalitäten beschrieben, die serverbasiert sind. Microsoft hat in Visual Studio 2005 berichtstypische Funktionalitäten eingebunden, die clientbasiert sind. Sie benötigen keine Verbindung zu einem Reporting Services-Server, um sich einen Bericht anzeigen zu lassen.

Sie haben Zugriff auf die ReportViewer-Steuerelemente, wenn Sie Visual Studio 2005 besitzen. Sie verwenden die ReportViewer-Steuerelemente in einer Windows-Formularlösung von Visual Studio. Diese Steuerelemente sind nicht Bestandteil des Business Intelligence Development Studios.

Teil VII

Der Top-Ten-Teil

The 5th Wave By Rich Tennant

»Wir sind hier, um den Code zu säubern.«

In diesem Teil ...

Grenzen, die das geplante Volumen dieses Buches setzen, haben mich leider gezwungen, Ihnen nur Einiges von dem beschreiben zu können, was Sie insgesamt von SQL Server 2005 wissen sollten. In diesem Teil zeige ich Ihnen Quellen auf, an denen Sie weitere Informationen finden können (Kapitel 23). Weiterhin erhalten Sie Informationen über Dritthersteller-Werkzeuge, die Sie unter SQL Server 2005 verwenden können (Kapitel 24).

Zehn Informationsquellen für SQL Server 2005

23

Eines der größten Probleme, wenn es darum geht, SQL Server 2005 in den Griff zu bekommen, ist die unglaubliche Fülle seiner Anwendungen. Die Aussage, dass SQL Server enorm ist, wird diesem Programm nicht gerecht. SQL Server 2005 besteht aus verschiedenen Komponenten – Datenbankmodul, Integration Services und Analysis Services, um nur einige zu nennen –, die für sich schon sehr umfangreich sind.

Ich beschreibe in diesem Kapitel einige der vielen Quellen, wo Sie zusätzliche Informationen zu SQL Server 2005 finden können.

Onlinedokumentation

Die SQL Server-Onlinedokumentation ist Microsofts offizielle Dokumentation zu SQL Server 2005. Sie wird häufig nach ihrer englischen Bezeichnung *Books Online* auch BOL abgekürzt. Trotz des Namens verwenden Sie die Dokumentation normalerweise offline.

Wenn Sie die SQL Server 2000-Onlinedokumentation kennen, werden Sie feststellen, dass sie sich ziemlich von der von SQL Server 2005 unterscheidet. Die Schnittstelle ist vollständig neu aufgesetzt worden. Dies kann dazu führen, dass es am Anfang schwierig werden könnte, die gesuchten Informationen zu finden.

Sie können die Onlinedokumentation unabhängig von SQL Server 2005 installieren. Sie finden sie unter der Adresse `www.microsoft.com/downloads/details.aspx?familyid=BE6A2C5D-00DF-4220-B133-29C1E0B6585F&displaylang=de`. Wenn die Onlinedokumentation dort nicht sein sollte, starten Sie eine Suche nach »SQL Server 2005 Onlinedokumentation«, und Sie haben eine gute Chance, sie zu finden.

Sie können Inhalte mithilfe der Fensterelemente INDEX und INHALT nach Hauptsuchkriterien wie »Integration Services« oder »Reporting Services« filtern. Dieses Filtern ermöglicht Ihnen, genau die Informationen zu finden, die Sie benötigen.

Die Suchfunktion ist neu entwickelt worden. Ihre Symbolleiste hat eine Schaltfläche SUCHEN. Suchen können nach Technologien oder nach Art des Inhalts gefiltert werden.

Wenn Sie zusätzlich Visual Studio 2005 und MSDN installiert haben, werden Sie feststellen, dass alle BOL-Inhalte zum MSDN hinzugefügt worden sind. Das Verwenden der Filter ist eine große Hilfe, weil es verhindert, dass Sie von der Fülle an Informationen überwältigt werden.

Öffentliche Diskussionsforen

Ein guter Platz, um Hilfe bei speziellen Problemen zu bekommen, sind SQL Server-Diskussionsforen.

SQL Server hat ein breites Spektrum an Diskussionsforen. Hier können Sie Hilfe von Microsoft MVPs, Mitarbeitern von Microsoft und anderen Benutzern von SQL Server bekommen.

Die zentrale Seite für Diskussionsforen erreichen Sie unter `www.microsoft.com/germany/community`. Verwenden Sie eine Anwendung wie Outlook Express, Thunderbird oder Agent, um auf die Diskussionsforen von SQL Server zugreifen zu können. Sie finden die deutschsprachige Newsgroup zu SQL Server, wenn Sie im Browser `http://support.microsoft.com/newsgroups/default.aspx?ICP=GSS3&NewsGroup=microsoft.public.de.sqlserver&SLCID=DE&sd=GN&id=fh;DE;NEWSGROUPS` eingeben oder aus der Cummunity-Seite heraus über die URL-Kette SERVER|NEWSGROUPS|DEUTSCHSPRACHIGE NEWSGROUPS in die SQL Server-Gruppe wechseln.

Microsoft-Foren

Microsoft hat, kurz bevor dieses Buch fertig gestellt wurde, diverse Foren eingerichtet, die es Benutzern ermöglichen, Fragen zu SQL Server 2005 zu stellen.

Deutschsprachige Foren finden Sie unter `www.microsoft.com/germany/community/server/webforen.mspx`. Das englischsprachige SQL Server-Forum erreichen Sie unter der Webadresse `forums.microsoft.com/msdn/default.aspx?ForumGroupID=19`.

Wenn sich die Adressen geändert haben sollten, können Sie Foren auch über `www.microsoft.com/germany/msdn/default.mspx` beziehungsweise `forums.microsoft.com/msdn/default.aspx` finden.

Die SQL Server 2005-Website

Die wichtigste Microsoft-Webseite zum Thema SQL Server finden Sie unter `www.microsoft.com/germany/sql/default.mspx`. Sie erhalten hier einen Überblick über Links zu vielen Quellen mit detaillierten Informationen, die auch so genannte *White Papers* einschließen. Weiterhin können Sie hier kostenlos das Service Pack 1 zu SQL Server 2005 herunterladen, das Ende April/Anfang Mai erschienen ist.

Das SQL Server Development Center

Das SQL Server Development Center unter `msdn.microsoft.com/sql/` enthält eine Menge nützlicher Informationen für jeden, der auf SQL Server 2005 Entwicklungsarbeiten ausführen möchte.

Die Business Intelligence-Site

Eine Website, die sich ausschließlich mit SQL Server 2005 Business Intelligence beschäftigt, finden Sie unter www.microsoft.com/sql/bi/default.mspx. Hier stoßen Sie auf nützliche Informationen zu SQL Server Integration Services, SQL Server Analysis Services und SQL Server Reporting Services.

Das Integration Services Developer Center

Ich habe früher schon darauf hingewiesen, dass SQL Server Integration Services eine sehr weit gefächerte Anwendung sind. Sie haben ihr eigenes Development Center unter msdn.microsoft.com/SQL/sqlwarehouse/SSIS/default.aspx. Sie finden hier technisch orientierte White Papers, Informationen über Webcasts, Blogs und viele weitere Informationen, die Ihnen bei den Integration Services helfen können.

Unter der allgemeinen Adresse www.microsoft.com/germany/msdn/default.mspx haben Sie Zugriff auf deutschsprachige Seiten der MSDN-Website. Adressen, die in diesem und im folgenden Kapitel auf englischsprachige Sites verweisen, haben leider im Deutschen zum Zeitpunkt der Übersetzung des Buches noch kein Gegenstück.

Die Reporting Services-Website

Diese Website enthält Informationen zu den Reporting Services von SQL Server 2005 und SQL Server 2000. Sie finden sie unter www.microsoft.com/sql/reporting/default.mspx.

Hier finden Sie Downloads mit Beispielberichten, Service Packs, White Papers und ein ganzes Bündel weiterer Informationen.

Channel 9

Hier, unter channel9.msdn.com, finden Sie viele interessante Informationen zu Microsoft-Produkten. Es gibt Videos mit Mitgliedern des SQL Server 2005-Teams und Webcasts.

Es ist ab und an schwierig, die gewünschten Informationen zu finden. Häufig erreichen Sie Ihr Ziel schneller, wenn Sie die Suchfunktionen von Google einsetzen.

Weitere Websites

Es gibt eine Vielzahl von Websites, die sich mit SQL Server 2005 beschäftigen. Ich könnte einige von Ihnen aufführen, empfehle Ihnen aber, lieber eines der besten Werkzeuge, um zusätzliche Informationen zu SQL Server 2005 aufzuspüren: Google.de.

Wenn Sie Informationen zu einem Thema finden wollen, das SQL Server 2005 betrifft, ist eine Suche in der Form `SQL Server 2005` *`Thema`* `site:microsoft.de` häufig der schnellste und effektivste Weg, um Informationen über SQL Server 2005 auf der Microsoft-Website zu finden.

Natürlich kann auch ein Suchbegriff wie `SQL Server 2005 Integration Services` interessantes Material ans Tageslicht bringen.

Wenn Sie sich mit Googles Suchsyntax nicht auskennen, verwenden Sie die Google-Suchoption ERWEITERTE SUCHE.

Denken Sie daran, dass Sie Usenet-Newsgroups dadurch suchen können, dass Sie auf der Homepage von Google den Link GROUPS anklicken.

Produkte, die mit SQL Server 2005 zusammenarbeiten

24

Zu dem Zeitpunkt, als dieses Buch geschrieben worden ist, war SQL Server 2005 noch nicht freigegeben. Deshalb kann ich nur hinweisend auf nützliche Produkte eingehen. Sie sollten also regelmäßig die entsprechenden Websites überprüfen, um herauszufinden, ob es für die hier beschriebenen Produkte zusätzliche Informationen gibt.

Sie können aber sicher sein, dass die Entwickler von Drittherstellern zügig daran arbeiten, die Synergien der SQL Server 2005-Plattform auszuschöpfen. Sie finden in Kapitel 23 eine Reihe von Websites, die häufig auch einen Überblick über weitere Anwendungen aus dem SQL Server 2005-Umfeld geben.

Visual Studio 2005

Visual Studio 2005 und Business Intelligence Development Studio verwenden dieselbe Shell. Wenn Sie Visual Studio 2005 auf derselben Maschine installieren, auf der Business Intelligence Development Studio installiert ist, werden Sie sehen, dass die Vorlagen für Business Intelligence-Projekte nahtlos zu Visual Studio hinzugefügt worden sind.

Wenn Sie Windows- oder Weblösungen erstellen wollen, die die neuen ReportViewer-Steuerelemente verwenden, benötigen Sie Visual Studio 2005. Dies gilt auch, wenn Sie SQL Server Managed Objects, Replication Managements Objects und andere neue APIs (Applikation Programming Interface – Programmierschnittstelle für Anwendungen) in SQL Server 2005 verwenden: Sie erstellen Projekte (häufig Windowsformular-Projekte) in Visual Studio.

Microsoft InfoPath 2003

InfoPath ist neu in Office 2003 Professional Enterprise Edition. Es handelt sich dabei um ein Werkzeug für das Entwerfen und Vervollständigen von Formularen. Zu seinen Vorteilen gehört, dass Daten als XML ausgegeben werden. Datenquellen und Datenziele können auf SQL Server und Microsoft Access verweisen.

Sie finden weitere Informationen zu InfoPath 2003 unter der Adresse `office.microsoft.com/de-de/FX010857921031.aspx`.

Werkzeuge von Red-Gate

Red-Gate (www.red-gate.com) ist als Lieferant von Zusatzprodukten für SQL Server 2000 bekannt geworden. In der Zwischenzeit steht die folgende Software auch für SQL Server 2005 zur Verfügung:

- ✔ **SQL Compare:** Automatisiert das Vergleichen und Synchronisieren von SQL Server-Datenbankschemata.
- ✔ **SQL Data Compare:** Automatisiert das Vergleichen und Synchronisieren von Daten einer SQL Server-Datenbank.
- ✔ **SQL Packager:** Hilft als Teil einer .NET-Anwendung bei der Bereitstellung von SQL Server-Datenbanken.
- ✔ **SQL Backup:** Erstellt komprimierte und verschlüsselte SQL Server 2005-Datensicherungen.
- ✔ **DTS Package Compare:** Vergleicht DTS (Data Transformation Services) 2000 auf SQL Server-Instanzen. Auf eine Version für Integration Services wird noch gewartet.

Quest Software

Die Firma Quest Software (www.quest.com/sql%5Fserver) stellt Werkzeuge her, die bei der Verbesserung des Leistungsverhaltens, der Verfügbarkeit und der Qualität und Optimierung von Code hilfreich sind.

- ✔ **TAOD for SQL Server:** Sorgt für eine Entwicklungsumgebung, in der T-SQL-Code erstellt und analysiert werden kann.
- ✔ **Benchmark Factory:** Gibt Ihnen die Möglichkeit, auf einem SQL Server Lasttests durchzuführen.
- ✔ **Quest Central for SQL Server:** Eine Arbeitsumgebung für die Datenbankverwaltung für DBAs (Datenbankadministratoren)
- ✔ **Spotlight on SQL Server:** Diagnostiziert SQL Server-Probleme in Echtzeit.
- ✔ **LiteSpeed for SQL Server:** Sichert SQL Server-Software und stellt sie wieder her.

PromptSQL

Es ist nicht das Abfragefenster in SQL Server Management Studio, das für Intellisense sorgt, sondern SQL Prompt (www.promptsql.com) sorgt in T-SQL-Code dafür. Intellisense schlägt kontextsensitive Vervollständigung von Anweisungen vor.

Stichwortverzeichnis

Symbole

A

B

C

D

E

F

U

V

W

X

Z

FÜR DUMMIES®

KÖRPER UND GEIST

3-527-70123-0

3-527-70031-5

3-527-70137-0

3-527-70267-9

3-527-70144-3

3-527-70145-1

Außerdem erhältlich:

Astrologie für Dummies
ISBN 3-527-70239-3

Astronomie für Dummies
ISBN 3-527-70148-6

Babys erstes Lebensjahr für Dummies
ISBN 3-527-70237-7

Diät für Dummies
ISBN 3-527-70020-X

Ernährung für Dummies
ISBN 3-527-70019-6

Pilates für Dummies
ISBN 3-527-70162-1

Rotwein für Dummies
ISBN 3-527-70134-6

Schach für Dummies
ISBN 3-527-70221-0

Schwangerschaft für Dummies
ISBN 3-527-70139-7

Stressmanagement für Dummies
ISBN 3-527-70023-4

T'ai Chi für Dummies
ISBN 3-527-70163-X

Weißwein für Dummies
ISBN 3-527-70135-4

Yoga für Dummies
ISBN 3-527-70238-5

Zaubern für Dummies
ISBN 3-527-70094-3

RELIGION UND GEISTESGESCHICHTE

3-527-70143-5

3-527-70216-4

3-527-70217-2

Außerdem erhältlich:

Die Bibel für Dummies
ISBN 3-527-70253-9

Frauengestalten der Bibel für Dummies
ISBN 3-527-70252-0

Islam für Dummies
ISBN 3-527-70215-6

Philosophie für Dummies
ISBN 3-527-70095-1